坐标

未来领袖企业的管理变革

佟景国 [著]

中国财政经济出版社

图书在版编目（CIP）数据

坐标：未来领袖企业的管理变革/佟景国著．—北京：中国财政经济出版社，2012.1

ISBN 978-7-5095-3331-4

Ⅰ.①坐… Ⅱ.①佟… Ⅲ.①企业管理－研究－中国 Ⅳ.①F279.23

中国版本图书馆 CIP 数据核字（2011）第 271677 号

责任编辑：王　飏　　　　　　　　责任校对：徐艳丽
封面设计：九州设计

中国财政经济出版社出版

URL：http://www.cfeph.cn
E-mail：cfeph@cfeph.cn

（版权所有　翻印必究）

社址：北京市海淀区阜成路甲 28 号　邮政编码：100142
营销中心电话：88190406　北京财经书店电话：64033436　84041336
北京富生印刷厂印刷　各地新华书店经销
787×1092 毫米　16 开　20.75 印张　450 000 字
2012 年 1 月第 1 版　2012 年 1 月北京第 1 次印刷
定价：65.00 元
ISBN 978-7-5095-3331-4/F·2821
（图书出现印装问题，本社负责调换）
本社质量投诉电话：88190744

序一 从制造型到服务型

本书著作者佟景国是一位管理科学的热爱者,他本是西安交通大学流体传动与控制专业的,但是他挤出很多时间来管理学院旁听本硕博生的主要课程,也听说他参加工作后在大型中外合资企业从事技术和一线生产工作时购买并阅读几十万元的图书——用给自己买房子的钱,后来他又在复旦大学完成硕士学业。他也是扎根合资企业、集团公司和高新技术企业解决管理问题的实践者,是国内最早一批把管理科学与技术按市场经济模式来解决企业经营管理问题的人之一,我到过他所创立的公司,也非常赞同他们公司所秉承的"做管理工程师,不做牧师"的理念。这本书中所描述的企业的困惑、案例、经验是来自企业经营实情的,也非常新鲜,思路和观点都是他多年思考和工作中提炼出来的,这与他上述经历有关。

我赞赏他带领他的团队多年来所做的"制造型向服务型的企业转型"的工作,这也是我向广大读者重点推荐的地方,制造型企业转向服务型企业,这是一次中国企业群体性的业务创新、组织变革实践与理论创新。作为大国经济的中国,不可能没有强大的工业,更不可能没有一批在全球具有竞争力的工业企业。佟景国十多年来关注并专注服务"研产销服"全价值链企业,在分析工业企业的困惑和实践的基础上,认为"服务型功能"缺失比"制造型功能"薄弱更可怕,就制造理念和服务理念在策略、结构、制度、流程、文化等方面,就如何完成转变也给出了可操作的方案。

品牌营销体系和新产品开发之所以成为中国制造企业转型的难点,就在于要用制造理念而不是服务模式来治理企业。关于上述两项职能的重要性,我不多说。想谈的是"怎么做"的问题,品牌营销体系核心就是服务客户和市场,客户得到比竞争对手更好的价值才能持续购买和忠诚于品牌；新产品开发，也是为客户的价值、制造的质量成本、过程的安全和环保、节能等提供的服务。如在营销过程中与金融融合，为客户提供购买本公司产品的融资服务，整合社会维修维护力量为客户建立贴身的售后保障体系，与商业地产模式、电子商务模式结合发展新型销售与商业体系，与文化传媒体系结合建立企业信息对话沟通机制。大大丰富营销体系的内涵，成功完成转型难点是"发现客户需求并提供更有竞争力的价值"的服务理念和战略模式，长期以来形成的制造思维限制企业管理变革的空间，本书作者在这方面分享了大量的实践经验和解决办法。

人、财、物流、信息等专业管理系统，本身就具有服务价值，以服务方式来实现价值吸引，确保资源凝聚力和生产力。人力资源管理只有为员工个人的生产力的提高提供专业支持，才能得到员工和组织的支持，但是传统的人力资源管理重在对员工的行为约束，这无法符合新生代员工的特点。现在产业梯度转移瓶颈也是物流服务能力，比如产业异地转移降低10%的制造成本，但物流成本却新增12%，这样是无法实现制造基地梯度转移的。其他财、信的管理也是如此。

本书作者将中国企业的真实情境与自身丰富的管理变革实践相结合，形成独到的有特色的管理变革思路，作为一项系统工程，他也从实践角度创造性地提出了中国公司管理变革的坐标系：以"历经30年磨练而成七个层次的企业经营机制和三种类型的管理体制"为坐标原点，"从资本与资金市场、人才与技术市场、物料与装备市场、法规与政策市场、商品与行业市场五个市场角度重构公司制管理"和"通过基于全球资源要素配置的市场化治理、系统化经营、正轨化控制来晋身全球化公司"分别为横纵轴。反思"企业管理不等于公司管理"，强调中国企业科学系统的发展，为处于管理变革期的中国企业提供了"实践坐标"，希望本书能够给中国企业管理实践以方向和借鉴，推动转型与变革时期的全面协调及可持续发展。

佟景国近几年开始从事宏观研究与理论教学工作，对国家级课题的研究提高了他的宏观视野，我院研究生教学工作也提升了他的理论思维素养，本书就是他不断进步的成果之一。本书还首次把"管理、创新和变革"作为企业再发展的新力量，全面解析了"第三代业务创新与组织变革流程"并就关键问题提出解决方案框架，由此完成从变革思想、理论体系到解决方案的落地，为面对复杂经济环境的中国企业提供了理论指导和实践经验。

希望这本书对企业高级管理人员、战略规划、财务和人力资源等参谋部门的人员有指导作用，本书也是管理教育者有意义的实践参考资料。

汪应洛

汪应洛教授：管理科学与管理工程专家，中国工程院院士，西安交通大学管理学院名誉院长。曾任西安交通大学副校长、管理学院院长。我国管理工程、系统工程和工业工程的学科带头人。

序二　管理变革：一个必须完成的历史跨越

改革开放以来，中国的经济发展取得了令全球瞩目的骄人成就，年均增速达到10%，位居世界前列。2010年，中国更是超越德国成为世界最大的出口国，超越日本成为世界第二经济大国。

时针指向2011年，中国经济带着独有的惯性迈入第十二个五年计划时期。步入"十二五"的中国，将要迈出由经济大国向经济强国转变的坚定步伐。怎样才能成为经济强国？经济强国的标志又是什么？这是在中华民族伟大复兴大潮中每一个中国人都在憧憬和思索的大问题。在我看来，经济强国的主要标志至少要有三条：一条是必须要有一批占据世界技术制高点的产业核心技术；第二条是要有一批代表国家最高水平并具有国际竞争优势的企业和企业集团。也就是说，成为经济强国的基础，要靠企业和企业集团的核心竞争能力和市场竞争优势。第三条是必须拥有一大批国际顶尖的各类精英人才，引领本国乃至全球的经济社会发展。

在这历史转折的重要时刻，佟景国先生的新著《坐标——未来领袖企业的管理变革》问世了，这实在是有着重要现实意义的好事。景国先生借助丰富的实践经验和冷静的理性思考，创作了一个完整的坐标系：横轴——重构公司制管理；纵轴——晋身全球化升级，系统地提出了企业管理变革的方向、任务和解决方法。管理变革，这是每一个有志于为中国走向经济强国做出贡献的企业和企业家都必须直面的课题，也是中国企业和企业家们为推动国家实现经济强国的历史跨越目标应当承担的责任和义务。

中国是一个经济大国，企业数量众多，据国家工商行政管理总局的最新数据显示，到2011年上半年，我国共有企业1191.16万户，其中工业企业327.81万户。但无论从技术水平、管理水平、还是从国际化运营能力、品牌影响力来看，真正具有国际竞争优势的企业还为数太少。中国企业必须在从计划经济走向市场经济、从国内市场走向全球市场的重大改革中，彻底完成企业内部管理的根本性变革，充分释放体制、机制、管理和人才的巨大活力，打造一大批具有国际竞争优势的领袖企业。试想，如果有了这样一大批占据国际市场竞争制高点并令国人自豪的领袖企业，中国从经济大国走向经济强国的日子还会遥远吗?!

我想强调的是，管理变革是一件永远没有终点的事业，必须永续不停地创新发展。前不久，我和全球顶极极限攀岩专家托马斯·布本尔多夫会晤时，他讲了一段很有哲理的话，引用来结束我的序言。他说："通向顶点的每一步都是起点，即使到达顶点，顶点也不是终点，而只是另一个起点。从这个意义上讲，我们的生命不是路，因为每条路都有开始；生命也不是目的，因为有目的就有终结；生命的每一时刻都是一个机会，因为我们时时刻刻可以做出决定，可以行动。所以，生命是持续不断的出发点。"

这同样是管理变革的真谛。

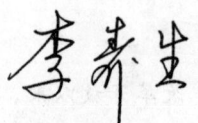

李寿生：原国务院国有资产监督管理委员会党委委员，业绩考核局局长。

前言

中国产业升级与结构转型等环境巨变，中国公司的管理变革到底该怎么办，成为企业的董事会、高管、战略与企业管理部门、人力资源与财务等职能部门及企业研究人员最为关心的课题。在微观实践和系统思考的基础上，本书作者提出中国公司的管理变革的坐标系，成为写给中国公司所有变革领导人的"项目建议书"，不仅给盲目乐观者以提醒，而且给迷茫悲观者以启发，更为重要的是给欧美视角下"把中外公司管理的差异当成中国公司的问题"的人以纠正。

以中国公司30年来形成的企业经营机制和管理体制为坐标原点，首次把中国企业群体细分为市场型公司、行政型公司、职能型公司，从治理结构、战略管理、组织架构、运营流程、制度管理、人力资源、管理变革绩效七个层次，也是首次从共性层次上系统盘点了中国企业管理的真实情境、优势劣势和管理变革成败的原因。因本文作者一直工作在公司管理一线，摸着中国公司的脉搏、体味着中国公司的体温，有着丰富的管理变革实践。作为职业经理人在领先高技术股份公司担任总裁，作为业务创新与组织变革顾问成功领导数十家上市及准上市公司的管理变革项目，可以说本书是中国版的《公司管理实践》。

坐标横轴是重构公司制管理，首次对"企业管理=公司管理"的普遍认识提出质疑，从商品与行业市场、资本与资金市场、人才与技术市场、物料与装备市场、法规与政府管制五大环境角度，分析作为完整的组织形态和法律主体的公司，在环境差异和资源差异下的建立、成长、竞争的过程，与"从公司的内部研发、生产、营销、综合职能"的盲人摸象式分析有着完全不同的视角,目的在于使管理能够发扬公司精神、遵守公司制度、公司在社会环境中的价值创造机制方面"有的放矢",被企业界和管理界誉为"中国管理界的生理卫生课"。

坐标纵轴是晋身全球化公司,基于资本、人才、产品、客户、企业家精神等公司要素资源已经全球化配置。本书作者熟悉欧美与中国公司的管理变革差异和共同之处,亲历多起全球领袖企业与本土企业的并购重组项目,中国各类公司经"市场化治理、系统化经营、正轨化控制"三步走实现全球化管理,并给出具体着力点。

本书作者毫无保留地介绍自己已经过成功实践验证的第三代业务创新与组织变革流程,给身处管理变革前线的人们以具体指导和关键问题解决方案框架。更是首次把管理(Management)、创新(Creative)和变革(Change)作为塑造未来领袖企业(Enterprise)的新力量。

目　录

前　言 ··· 1

第一篇　坐标原点：30 而立 ·· 1

第一章　中国企业的"三国演义" ·· 2

一、市场型企业及其成败分析 ·· 2
二、行政型企业及其成败分析 ·· 6
三、职能型企业及其成败分析 ·· 9

第二章　盘点中国企业的管理修炼 ·· 12

一、中国本土 30 年的企业管理进程 ··· 14
二、港澳台粤地区企业管理的进程 ··· 16
三、治理结构的盘点 ·· 18
四、战略管理的盘点 ·· 20
　　【专栏】万向集团：别人下马我上马 ·· 22
　　【专栏】中粮集团全产业链战略剖析 ·· 30

五、组织架构的盘点 ……………………………………………………… 31
六、运营流程的盘点 ……………………………………………………… 33
七、绩效改善的盘点 ……………………………………………………… 34
【专栏】华为：清晰方向是在混沌中产生的 …………………………… 37

第三章　管理变革 …………………………………………………………… 40

一、基于规范化和业务能力提升的第一次管理变革 …………………… 40
二、基于体系整合的第二次管理变革 …………………………………… 42
【专栏】中国近代企业家的百年管理修行 ……………………………… 45

第四章　基于企业文化资产的竞争力等级化 ………………………………… 49

一、以人为本的成长路径 ………………………………………………… 49
二、独特的组织文化 ……………………………………………………… 56
【专栏】中国版职业精神 ………………………………………………… 58
三、解码企业家心智模式 ………………………………………………… 65
四、企业竞争力三维五层评估体系 ……………………………………… 67

第二篇　坐标横轴：重构公司制管理 ……………………………………………… 71

第五章　泛企业管理遭遇瓶颈 ………………………………………………… 74

一、张瑞敏的领袖之惑：中国企业管理遭遇管理哲学天花板 ………… 75
二、任正非的美国鞋走到世界边界 ……………………………………… 75
三、百年青啤寻求市场求生 ……………………………………………… 76
四、混淆"企业＝公司"的管理走到绝境 ……………………………… 78
五、从泛企业模式到公司制模式 ………………………………………… 80

第六章　公司制企业治理结构：从掠夺到吸引 ……………………………… 83

一、困境：创业基因失效 ………………………………………………… 84
二、公司制度通过治理体系发挥作用 …………………………………… 85
三、告别掠夺式企业治理模式 …………………………………………… 85
【专栏】资源错位发挥作用 ……………………………………………… 88

第七章　公司制企业战略管理：从牺牲到赢取 ……………………………… 90

一、机会选择进入迷茫时代 ……………………………………………… 90
二、以产业战略创新超越产业价值 ……………………………………… 91

三、公司制企业战略救赎 …………………………………………… 91
四、告别牺牲式泛企业战略管理 …………………………………… 97
五、中国企业群的三类价值模式与九条转型线路，即"三九式" …… 102

第八章 公司制企业组织架构：从实习地到专家梦园 ……………… 137

一、泛企业模式下的管理秀 ………………………………………… 137
二、公司制企业组织架构 …………………………………………… 138
三、公司制企业组织架构如何满足 IBM ………………………… 139
四、公司制企业的流程：不是枷锁是发动机 …………………… 141
五、公司制企业组织架构的才能与孵化能力 …………………… 141
六、建立功能体系 …………………………………………………… 145
【专栏】联华超市的财务管理 …………………………………… 147

第九章 公司制企业 = 价值创造平台 …………………………………… 151

一、全球环境突变导致高代价体检"公司价值创造体系" ……… 151
二、中国企业的价值创造循环体系面临着全球化的考验 ……… 154
【专栏】丰田与上汽的对比 ……………………………………… 155
【专栏】索尼与联想的对比 ……………………………………… 156
三、高价值公司的价值创造循环体系 …………………………… 158
四、中国企业的价值创造体系差距 ……………………………… 160
五、企业价值创造体系的重构是对环境基本特征的适应 ……… 162
六、企业价值升级：体系的精益化和多体系的整合 …………… 168
七、企业利润间接化：决胜新利润链 …………………………… 168
八、区域性品牌价值链的空间 …………………………………… 171

第十章 修复式系统变革管理 …………………………………………… 176

一、中国企业群体管理变革的误区 ……………………………… 176
二、美国管理变革动力不是中资公司的组织变革的原因 ……… 180
三、变革绩效：变而不革 ………………………………………… 182
四、修复式系统变革管理 ………………………………………… 183

第三篇 坐标纵轴：晋身全球化升级 ……………………………………… 197

第十一章 市场化治理：BSA 模型 ……………………………………… 198

一、产品——市场战略挽救公司命运 …………………………… 198

二、市场化治理：搭建全球化经营战略架构 …………………… 202
　　【专栏】讨论会 …………………………………………… 204
三、如何实现市场化治理 ………………………………………… 207
　　【解决方案一】集团化管理架构：搭建集团架构，塑造超级公司
　　　　　　　　　　………………………………………………… 216
　　【解决方案二】供应链效率型管理架构搭建 ………………… 223
　　【解决方案三】新品化管理架构搭建：不断自己给自己机会 …… 227
　　【解决方案四】品牌化管理架构搭建：让平凡业务超越低俗 …… 230
四、C-STEP 成为市场化治理的挑战 …………………………… 235

第十二章　系统化经营：IPM 模型 ……………………………… 238

一、静态经营的终结 ……………………………………………… 238
二、系统化经营才是有效的解决之道 …………………………… 241
三、如何实现系统化经营 ………………………………………… 246

第十三章　正轨化控制：GMP ……………………………………… 258

一、"人力资源组织化"模式终结 ……………………………… 258
二、正轨化控制 …………………………………………………… 260
三、如何实施正轨化控制 ………………………………………… 262
四、如何提高正轨化控制效能：企业文化决定上限 …………… 272
五、如何提高正轨化控制效能：年度运营流程确立中线 ……… 281
六、如何提高正轨化控制效能：经济增值责任确保底线责任 … 292

第四篇　成为全球未来领袖 ……………………………………… 299

第十四章　新变革力量 …………………………………………… 300

一、管理的力量 …………………………………………………… 301
二、变革的力量 …………………………………………………… 302
三、创新的力量 …………………………………………………… 304
四、乘数的力量 …………………………………………………… 305

第十五章　新变革模式 …………………………………………… 307

一、回归"真管理" ……………………………………………… 307
二、业务创新与组织变革方法论 ………………………………… 308

第一篇
坐标原点：30而立

30而立——中国的改革开放已经到了而立之年。在这30年中，中国企业群经历了从无到有、从有到优的发展历程，企业管理也有了扎根的土壤和生长的养分，立足中国生存环境的企业也逐渐打上"中国"的红色烙印。本书回顾30年来中国企业群的发展，不为评头论足，只为找寻中国企业群的管理基础！

第一章
中国企业的"三国演义"

在中国已经逐步形成了市场型企业、行政型企业、职能型企业三类企业，类似"三国演义"。"中国企业管理如何如何"的大一统说法本身就是个"伪命题"，与欧美日韩企业发展历史不同，评估中国企业的任何问题都必须采用"三分法"，否则就是以偏概全。

一、市场型企业及其成败分析

所谓市场型企业，一般以民营企业为主体，完全依赖于市场和创业家（团队）的努力而创立。另外还有两类特殊企业也属于市场型企业：一是诞生于港澳等纯市场经济环境下的部分国有企业，比如华润、中海、招商等；二是依托国家身份设立但完全按市场规则自主发展的企业，比如联想、海尔、格力、伊利、中兴通讯等。

1. 市场型企业的成长特点：按资源自然积累逻辑来设立和发展

首先，不专业的创业者被迫创业。创业者发现一两个偶然性机会，迅速组织自有或借用朋友的资源，完成"签合同、履行合同、收款、结算"等商务活动，是典型的"机会+商务"的生意模式，而不是公司创立模式。但创业者如果还有其他更好的工作，这就仅仅是"赚钱"，然后潜入现有的工作、学习和生活环境中继续等待下一次机会，更诞生了中国特有的商人隐形化、兼职化、阶段化，使中国拥有信息优势的官场腐败严重。另外，还有些人出于现有工作的无奈或根本就没有工作等因素继续复制上述模式，这就是"第一桶金"现象。到了20世纪90年代中后期开始出现了马云（阿里巴巴创始人）、马化腾（腾讯创始人）和留学归国人员等一批专职的创业者，使创业群体专业化，但只有史玉柱等少部分人带给市场以"创业者专职化"的故事。正因为中国市场型企业在创立初期"关系而非资本是创业的原动力"，导致"股东尊重、资本价值、企业家精神"的固有缺陷，这种创业机制与欧美"先完成系统思考再整合外部资源最后按公司制启动运营"的创业模式截然不同。恰恰相反，形成了"先积累资源再拿着资源找事情，先使用内部资源做核心再整合外部资源做辅助，先运行生意赚小钱再管理公司体系避免浪费钱"的创业机制。

其次，因资源持续积累和机会常态跟踪的需要，"生意披上公司的外衣"。因中国税法等法规政策因素和"相信单位不相信个人"的社会潜规则，那些需要继续做生意的人开始设立公司、开立账户往来资金或参与招投标等活动，使公司首先成为"积累平台，而非资源激励的载体"。这些披上公司外衣的生意人，启动下一循环："积累的资金越来越多——积累的关系越来越广——操作的机会越来越大——积累的资金越来越多"。很多没有转变为这个循环的生意人，要么原地踏步要么被淘汰。正是公司这一法律主体存在的理由仅仅是个外衣，导致中国市场型企业的公司原则和规则先天不足。

再次，完成三次内部分工的企业，开始走上数量发展的轨道。随着部分生意人和公司发展壮大，公司开始进行内部分工：招聘勤奋的人从事商务处理工作，以分担生意人的事务工作量来使他们做更重要的工作；招聘专业的人从事商务分析工作，以分担生意人的专业分析工作来发现更多机会；招聘创业的人从事机会开发工作，以增加生意人的商务工作收益来走出单纯依赖生意人发展机会的局限；招聘职业的人从事人员管理工作，以提高各类人的工作效率避免资源浪费并获得客户信赖，这是中国市场型企业的第一次角色分工。第二次分工，就是把处理机会发展和关系构建的资源组织起来设立"营销体系"；把完成机会和保证质量的资源组织起来设立"生产体系"；把新产品新服务设计与支持的资源组织起来设立"研发体系"。这次分工是在角色分工基础上完成的，每个体系内既有作业又有专业、创业、职业等人员和资源。当完成两次分工后，各类资源尤其是人力资源开始出现不合理投入、没有使用到合适地方和利用率不高等问题，这仅依靠三大职能的负责人觉醒是不可能的，于是开始出现按人、财、物、信息四大管理要素分工的职能部门，把经营与管理分开，这是第三次分工。

最后，继续完成多种模式的外部分工的企业，开始走上质量发展之路。企业数量增长叫做大，但做大不一定对股东、客户、员工和政府等利益相关者有好处，比如规模大了不等于利润高而对股东有好处，规模大不等于服务好而对客户有好处，规模大不等于收入高而对员工有好处，这就产生了最强的需要。市场型企业开始外部分工，把核心业务与辅助业务分离，使核心业务做专；把市场营销部分职能分离出去（整合进来），比如把自有销售机构转化为合作代理机构或者反之。这也叫第四次分工。因业务自然而然发展起来，各个组成部分之间存在自适应问题，并不是简单地"关停并转"就可解决的，因领导层精力和能力的局限，有些业务承担"投资"角色只负责索要投资收益，有些业务承担"管理"角色只索要目标完成，有些业务承担"经营"角色确保全面发展，这是第五次分工。但是随着五次分工的完成，开始出现企业家与经理人的冲突、员工与上级的冲突、新老员工的冲突、职业人与专业人（或创业人）的冲突，这是第六次分工。

所有熟悉美国企业发展历史的人都清楚，诞生在中国的市场型企业的分工路线与美国企业分工路线正好相反。背后的原因是美国企业是"先设计后运营"的战略性创业，中国是"先运行再整合"的自然创业。

2. 市场型企业的成败要素分析

市场型企业独特的生存和发展道路也造就了其成功的共性和失败的个性。产业选择："身在主流产业不怕定位有多低"。如华为代理小交换机业务，联想代理国外电脑及安装维护业务，平安保险、招商银行和中集集团是招商局蛇口工业区配套企业但进入主流地位的金融行业。大部分企业所从事的业务处于初级层次，是国际企业价值链的末端业务，或是主业配套业务。这种业务定位也使这些企业分享了"产业红利"，更随着产业发展演变规律而发展起来。而失败者就是没有明确的产业选择，不断挑选项目、产品、客户等经营要素，最后因缺乏稳定的商业网络或转化成本太高而失败。

功能选择："先贸易再工厂而后技术改进"。市场型企业先建立贸易机构，打通客户关系和商业体系；其次建立工厂来降低代理产品的成本，进而增加产品掌控力，提高产销协作效率；最后针对客户问题基本围绕QCDEF等指标不断引进并改进国内外各种技术。中国企业功能选择基本围绕着客户展开，靠不断挖掘潜力而锁定目标客户。这就决定了市场型企业的客户优先属性。而失败企业的失败之处在于：在内部没有客户需求培育能力和外部没有技术配套体系的基础上从事技术开发，导致研究开发成本过高；在内有技术和资金优势、商业配套资源的基础上先行建立工厂，导致工厂利用率低或受到商业端利益挤压。

市场选择："从一两个客户到行业客户"。市场型企业市场选择的步骤为：（1）拥有一两个稳定的客户，建立样板信任关系。（2）以这一两家客户为中心延伸到同类客户中去，这样从区域市场到全国市场，从低端农村、县乡到三级城市，躲避与跨国公司在一线城市的竞争。（3）市场型公司与全球主力公司在二线城市遭遇，市场型公司由于没有客户需求开发能力和客户发展预测能力采用低成本战略，填补全球主力公司培育的市场需求。相反很多市场型企业失败于市场选择，自不量力地从高端市场和核心客户切入。

产品选择："从事劳动密集型但低利的产品"。因不具备资源优势和能力优势，市场型企业所研发、生产、销售和服务的产品基本属于劳动密集型和利润微薄型,而且产品种类因受高端产品、客户多变等因素影响更替频繁,管理稍微失误就导致亏损。即使部分工程师开发出很多优秀的产品,也因与现有商业体系不配套而夭折在实验室。

管理选择:"以利益分配为核心的管理"。市场型企业的管理体系就是以人为核心,更直截了当地说就是以"利益分配"为核心。抓住"企业管理问题的核心是人",人的问题归根结底是利益问题,即拿多少、得多少的问题。人若多得,就会产生积极性、业绩和忠诚度。所以,管理围绕利益分配逐步延伸出考核制度、生产制度、研发制度、客户服务制度等。据此有人认为,这就是管理的全部。但稍有常识的人都知道,积极性、业绩、忠诚度是原因,利益分配是结果。从企业管理的逻辑来看,管理的依据是战略。然而很多企业在对实现企业目标都不知道的情况下建立了激励和考核体系,在组织结构都不清楚的情况下就建立了人力资源管理体系,在企业发展方向都不明确的情况下就建立了文化管理体系。这样不按逻辑办事的结果就是,已建立的人力资源和文化体系不太稳定,员工的积极性并不能保证企业投资者的积极性。利益分配是管理的最终结果,"是管理的最后一个环节"。但众多以美式管理、流程、财务为核心的企业最终被市场淘汰,原因是"靠人弥补产品、市场、制度、技术的不足"是中国当时背景下企业唯一生存发展的途径。产品不稳定无法建立流程,财务利润微薄无法建立分权管理空间,人才职业化和专业化不足无法实施美式管理。

如图1-1,市场型企业的关键成功要素:"客户为本、仆从服务、勤奋吃苦、学习成长、灵活机动、关系构建、共同致富"也是该类企业的灵魂,正是这七大要素决定他们的生存和发展之道。

图1-1 市场型企业的关键成功要素

市场型企业也存在"另类失败者":第一种,就是那些改制为民营企业的原各种类型的公司,他们虽然从公立到私立,但并不是一私就灵,改制为民营的成功率并不高,原因就是没有掌握市场型企业的生存之道;第二种,是那些发展起来的民营上市公司"背叛"了7大原则,走上"规范控制"的发展之路。

二、行政型企业及其成败分析

国家或地方政府的经营资源通过"改组、改造、改制"等公司化改革成为行政型企业。现中央企业、地方国资委所属企业、中央控股的公众公司，基本属于这种类型。这类企业经过"市场建立的僵化萧条期、市场成长期的改革重组期、市场转型期的资源垄断期"而逐步发展成为中国市场上的强势者。

1. 行政型企业的发展历程

第一阶段，市场建立的僵化萧条期。在中国改革开放初期到20世纪90年代中期，行政型企业是非常弱势的，甚至作为反面典型而存在。直接表现为技术与管理人才流失严重、产品与市场脱节导致停工停产、员工收入较低导致士气低落、成本高质量差、经营机制僵化等。深层次原因就是大家熟悉的"与市长挂钩与市场脱钩、善于依令行事不善于动脑筋、善于社会职能保障人生活不善于企业职能激励人发展"，但最核心的问题是"企业（家）精神丧失＋政府未使用这只有形的手"，但是这个阶段行政型企业发挥溢出效应——给其他类型的企业提供了人才和经验，在事务层管理上积累了丰富的经验。

第二阶段，市场成长期的改革重组期。在1994年前后中国经济建设启动了国有企业改革，这是人所共知的。但事实上存在着四条改革路线。

- 第一条改革路线，就是充当外商独资企业进入中国的平台，这类企业今天绝大部分作为空壳集团而存在，丧失了自我发展能力。通过合资经营形式接受生产、工程服务等非核心职能，能够作为外商独资企业优选合资对象的原因是什么呢？一是可以绕开政策壁垒；二是为外商独资企业在华销售提供资金贷款；三是因处于困难期要价比较低；四是因所在政府招商引资迫切，可以接受发达国家废旧设备作为新技术引进；五是所有者缺位，可以接受采购贸易或技术贸易而转移利润。

- 第二条改革路线，就是改组改制改造恢复市场的主体功能，这类企业成为今天国企中的佼佼者，包括长虹、海信、上汽和各大国有银行等新国企。以"股权多元化脱离唯市长单方意志、剥离附属业务或划转等非核心业务、资金上从行政拨款改为自行贷款、引进现代化管理手段改变员工与企业关系"四大手段为主，但是企业依然背负着很多负担，比如多种身份的员工、现代管理意识薄弱、区域或行业政策干涉多、经营利益与政府公共利益捆绑而形成非市场规则的利益输送等，虽然向市场迈出了关键步骤，但依然在市场门口。

- 第三条改革路线，就是行政转化，这类企业成为今天中国规模最大的企业群体。比如石油化工、电力、军工等行业性公司，很多是原有部委转型而来；地方上也是原厅局转型而来，比如××省能源集团、物资集团、国贸集团等等。这类企业继续充当原行业主管角色，成为典型的翻牌公司。

- 第四条改革路线，就是关停并转的主体转移，随着国有企业上述三大市场化企业主体的建立，民营企业也开始具备规模。部分财政困难省份采取对中小型企业的关停并转，甚至"靓女先嫁"等"创新"模式，但是这些企业最终退出行政型企业序列成为民营企业，还有少部分划入行政型企业继续发挥作用，其他按MBO（Management Buy-Outs，管理者收购）模式转为内部人控制的私营企业。

第三阶段，市场转型期的资源垄断期。随着中国经济总量加大，资源需求开始迅速释放，同时国家产业或经济安全未能成为核心；行政管理体制改革加速国资局委办设立，使国有企业管理开始集中。"以按公司法建立现代化公司推动法人治理结构变革，以按市场规则规范建立现代激励约束机制推动薪酬和绩效改革，以按信息技术化规范建立的运营与管理流程改革"等加快这类企业从实质的行政官僚向企业制度的转移。但是后来国有资产增值保值、利润考核、资本责任制度等推行，把行政型企业的"资金资源、政策资源、人际资源、国民资源、国家资源"等综合资源优势迅速激活，甚至掠夺式进入房地产、金融证券、矿产开采等高利润领域，更开始到国外扩张，造成事实的"垄断效益"。

2. 行政型企业的特征

我们依然倾向于使用"行政型"称谓行政型企业，虽然理论上和法理上取消了行政级别和身份，但事实上行政型企业尚需存在二三十年。行政型企业真正可怕之处在于"资源丰富、投资驱动、集而不团、产业扼杀、创新不足、营销薄弱、止于纠错"等而产生乘法效应，将演化为比"行政官僚"更可怕的社会怪物或经济怪胎。更为严重的是，在中国企业群中产生"劣币驱逐良币"的现象，继续成为大学生的避风港，继续成为其他市场型企业模仿的对象而使市场型企业退步为行政型企业。行政型企业具备下列特征（也是行政型企业的成功之道）：

- 以资源管理为企业核心存在理由。行政型企业的核心任务是管理财务资源，确保资产增值保值，因为这些资产属于国家或国民所有。但是成败却在于非财务资源的使用和管理。"优秀的行政型企业"善于获取、开发、使用和保护"政策等先天的行政代理资源"和"品牌、知识产权等商业经营资源"，比如中粮在并购上更容易获取并购对象的信息和审批支持，更能获得土地和资金；而那些失败的行政型企业的无形资源却被别人低效率地使用，其中绝大部分被外商独资企业使用，少部分被民营中接近核心层的关联人员使用。

- 以唯我独尊为商业行为而挤占上下游资源，导致行政型企业所主导的产业链上精英和渣滓同在。因行政型企业是由产业主管公司而来，任何投资项目本身就是巨大的市场，比如三大电信运营商培育中兴、华为等通信巨头。但是，这类公司无法生产技术最好的产品，也无法提供最好的服务，而在靠体力劳动赚取微薄盈利的产品方面也不具备竞争力。前者成为外商独资企业的市场，后者成为市场型企业的市场。但是行政型企业对上下游的商业资信并不很好，也使用了大量市场型企业的资金甚至直接扼杀他们的发展速度。原因很简单，外商独资的不敢，同类行政型企业的不能，而自身需要大量投资却又资金紧张。

- 以工矿重资产经营为核心经营模式，导致软实力不足和经营风险加大。很多行政型企业其组织形态要么是一个机构，要么是一个工厂，要么是一个矿区，要么是一个银行，但是"创新和营销"职能是最薄弱的，甚至连"客户是谁"其内部很多部门都说不清楚。面向客户服务的营销职能和面向市场竞争的研究发展职能薄弱，与管理大师说的企业就两个职能"创新与营销"正好相反。

- 以投资推动规模扩张的成长机制，导致市场品牌竞争力不高和资源利用率低。行政型企业的成长很大程度上来源于投资驱动，或者说该类企业规模是资源堆砌而成，不是能力吸引的结果，因此资产增值保值就是从外部抢夺资源，甚至与地方政府联手制造 GDP，这并不是健康的和可持续的。缺乏市场导向和产品支撑的业务管理，因缺乏产品、流程理念，形成了以人财物为核心，以规范化科学管理制度为依据，以提高业务质量为目标并借鉴发达国家业务管理经验的模式。这一模式的运行使企业标准化覆盖率增长 50%；班组建设活动强化了业务基础；以考核质量、消耗、安全、效益和思想政治保证等指标为基础的标准制度使消耗得到降低、标准化管理驾轻就熟；物资物料实施定额管理，建立了物资物料使用定额责任制；资金资产实施定额管理，建立了资金资产使用定额责任制；28% 的企业采用了国际标准和国外先进标准，计量工作得到加强，计量器具配置率达到 80%，计量检测率达到 88%；产品质量达到 20 世纪 80 年代国际水平、资金利润率高于大中型企业平均水平的 2.9 倍，4078 家企业产品质量、物质消耗、利润水平达到了全国各个行业先进水平。

- 先有子女后有父母的纠结的集团管理体制，导致集团与下属子分公司相比只有权力没有能力，这种集团必然难以为继。因此该类企业的管理核心问题不是与国际接轨，而是与市场接轨。所谓与"国际接轨"，是指中国企业群对国际企业管理体系和实践的学习与借鉴。就这句话本身而言是没有问题的，但话中所指却值得商榷。一般持有这种观点的人把"学习"看做简单模仿，他们"依葫芦画瓢"，认为只要仿得"一模一样"就是零距离"接轨"。他们把"国际"直指欧美，直指相对成熟的市场环境中的企业管理实践。他们"言必及英美"、"语必谈国际"，但对"什么是国际企业管理体系"却一知半解。原因非常简单，每个企业的管理都各不相同，即使是全球100强企业也没有统一的管理标准。作者曾工作于两家分别来自日本和美国的全球100强同行业公司，这两家公司在管理体系上就存在着本质的区别。有趣的是，这两家公司将其在中国的业务逐渐合并，且合并后的公司在流程环节采用日本公司的方式，而制度条款则是采用美国公司的方式。由此，我们大胆推测，没有突破性的管理创新就不可能有处于全球领先地位的中国企业群。

- 因企业精神缺乏和市场压力不足，把规范纠错作为管理核心。中国企业群决策太灵活、程序太机动、行为太混乱，亟需规范化管理。于是"A模式"、"B模式"、"C模式"应运而生，且大肆标榜按其模式管理的功效。更有甚者，把ISO9000等国际标准规范作为企业管理的全部。

长沙的一家空调企业，把对员工的规范细致到员工在公司大院内行走都有动作标准。规范，即是对"什么该做和该怎么做，什么不该做和不该怎么做"进行规定和示范。但凡有经营企业经历的人都知道，对"规"的内容与"范"的标准的把握具有很大的难度，甚至"因比果都难"。除非这个问题已经发生，并且知道是怎么发生的，如此则是基于历史的管理了。但在瞬息万变的不确定性时代，管理只能是基于未来的管理、基于道理的管理。正如王永庆先生所倡导的"合理化管理"，管理就是要"追根究底，止于至善"，只有管出了道理才能坚持下去。"管"以"理"为先，"理"以"修"为重，这是管理的普遍规律。只有抓住管理的脉搏，才能使管理出绩效。但是，行政型企业主要解决"产品质量低、浪费严重、经济效益差"的问题，以原有产品扩大化生产为主剥离生活和生产服务等第三产业，独立成为一种避免与主业冲突的业务，面对客户除行业或区域外拓展市场结构并利用地域优势实施"窗口贸易"。业务信息渠道对接经营环境，使信息也值钱。信息搜集、整理、传递、分析、控制、网络等系统开始成为指导企业生产经营活动的重要工具，但基本上处于人工阶段。人际关系成为信息通路的基本因素。

三、职能型企业及其成败分析

职能型企业，主要是指那些外商独资和合资企业在华设立的分支机构为主，以单一职能而存在的公司，执行总部在华的单一职能业务，要么是市场营销职能，要么是采购与供应链管理职能，要么是行政与投资管理职能等。可悲的是，诞生于中国本土的企业也成为职能型企业，丧失母国优势，在发财中丢失了自我生存能力，沦陷为跨国公司在华附庸。关于"市场换技术失败"的报告太多了，本书只从企业研究角度分析其成败趋势，给微观管理者们以思考和借鉴。

职能型企业的特征：

1. 将枯燥的管理规则形成文化形成生活使管理更能得到重视和遵守

在中国做生意而不是生根于中国。作为单职能型企业，是以总部利益最大化为目标，以与跨职能协同为条件，完成总部从产品和职能角度交办的目标和任务。因此严格地讲，职能型企业尚未构成完整意义的企业，只是部门的另外一种存在方式，不可能把目标市场总体利益最大化作为目标，建议读者朋友们不要以分析"市场型企业、行政型企业"等总部公司那样的视角来评判他们，因为他们不履行市场基础建设职能，只要他们在实施资源攫取的时候尊重中国法律和中国文化就可以。而部分外商独资企业，尤其是日韩企业，甚至中国台湾的企业，赤裸裸地表现出攫取战略，最终与在中国实施"扎根战略"的欧美企业相比，其战略是失败的。

2. 以网络来组织职能公司形成整个品牌的优势

以品牌无形资产推广来统领分而治之的职能战略。跨国公司在华分支机构靠这些不同类型的职能型企业组织品牌和业务支撑网络体系。我们非常清晰地看到，跨国公司采购与国际物流职能、生产制造职能、市场营销职能、投资与管控职能各自具有不同的战略定位与目标，比如市场营销职能是全面锁定中国客户，一般采取本土高价高质的市场战略，先开发市场再销售投放的稳步进入。而生产制造职能则针对不同产品的毛利水平实施梯度进入策略，高毛利高技术则在中国采取分装（化学品）和后工序组装策略，低利润有些技术壁垒则采取合资合作经营，没有技术含量的则采取本地采购全球供应的策略，依靠生产投资价值和政治经济价值来获取生产价值的最大化。投资与管控职能则承担公共关系和政府事务职能，代表总部实施市场与资源维护，被百姓误解为"中国总部"，但对本地业务却没有真正管理权，只是负责品牌推广。这种分而治之的职能分工分散整体风险，避免因单一事件导致前功尽弃和全军覆没。这些企业尊重中国商业文化特点，与政府战略联手，不断推出"管理、文化、人力资源开发、企业家"等品牌构成要素，为企业树立整体健康的品牌形象，树立企业公民形象。

3. 对接人才的成长命运以及封闭的管理优势

以开发职能型经理人才来确保在华组织成长和业务成长。职能型企业在华人才战略，使之获得中高级就业者的全力拥护，一度成为就业首选地。而在华人才战略核心就是管理素质培训，为了推广其总部管理模式，把自身管理体系包装为全球放之四海而皆准的理论，避免人才学习的短期性和抵抗性，与中国本土企业过分强调自身管理特色来加重个人学习抵抗正好相反。但是在华绝不培养综合型企业家人才，仅关注他们的执行力和变革领导力，而不培养其产品经营能力，使这类人才永久性地成为他们业务成长和组织发展的工具之一。"可以移植美国的技术、人才、产品，但无法移植美国的管理"。最近几年来，很多跨国公司高级经理纷纷空降于各类企业，成功率并不高，就充分显示职能型人才战略成功管理的不可移植性。

第二章
盘点中国企业的管理修炼

中国现代企业管理的实践是从 1978 年开始的。伴随着市场经济、社会、法律和技术的飞速发展，在企业财富和企业规模成长的同时，企业在相互借鉴和学习的基础上开展了丰富的管理实践。30 年的管理实践让我们明白了"什么是企业和企业家"以及掌握"公司治理、战略结构、流程和人力资源"等基本概念和操作技巧的必要性。"怎么更好地运营、怎么更好地控制、怎么更好地发展"这一百年难题也终于在中国落地并有了实际案例的支撑。中国成功企业在过去 30 年形成了不同于西方经典管理的基本管理原则。

1. 中庸人道的个人化精神

与西方经典管理原则所强调的"大胆宏远的事业使命、令人激动的成员愿景和共同的行为核心价值观"作为企业支撑力量不同，过去 30 年中国成功企业的支撑力量是"企业家精神"，或者准确地说是企业家个人的精神代表了企业精神，这是其一。其二，与西方强调事业伟大意义不同，中国成功企业强调的是如何服务于人的理想。其三，与西方偏激执着的导向不同，中国强调的是中庸之道，在决策和变革时妥善处理冲突和矛盾。

2. 权宜善变的动态战略管理

与西方经典管理理论所强调的专注不同，中国企业成功之道是"持续跟踪内外环境变化，动态调整企业与环境的关系，适应但不挑战大环境，关注变化和困守"。这基于三个原因：一是中国商业数据是极其缺乏的；二是中国环境是不断变化的；三是中国企业尚未生存在各产业的核心价值区，基本停留在边缘状态，需要动态调整才能接近稳定生存的价值核心区域。

3. 稳定强力的核心领导者

与西方经典理论所宣扬的所有权与经营权分离不同，中国企业都有一位"长期布局、长期思考、长久影响"的领导人，围绕领导人形成相对稳定3—10人的管理层。这个团队既要管理股东会、塑造董事会，更要培养中层和与企业发展相适应的队伍。股东会和董事会保护企业利益的责任感远不如这个队伍，真正有权力的股东会和董事会所主导的企业平均寿命周期不足7年。

4. 规则森严的稳定性组织

与西方经典管理理论强调的平等民主的组织风格不同，中国成功企业非常强调长幼尊卑的秩序、鲜明的是非标准、自动自发的阶段性角色和强调结果目标而非过程公平。根据一个组织的调查表明，秩序导向组织的成长速度好于民主公平的组织。

5. 融合现实的理想型文化

与西方强调的目标导向和战略驱动的内在动力不同，中国人心中都有一种报效祖国的情怀，这是由知识人士特有的兼济天下的价值观决定的。在商业社会中，现实最容易获得认同，但太现实无法起到持久的激励和引导作用，所以现实需要用理想型文化的超越和解读，这是成功企业之道。但是，这种理想是创始人而非外部机构的理想来驱动的，创始人的价值观、规范和规则主张非常重要，外部职业经理人或咨询机构所带来的只有为创始人所接受并理解后才能成为企业的文化基石——价值观和行为规范的选择与人有关，而不是与道理或对错有关。

6. 和谐的人际关系型环境

中国社会环境中人情因素大，但最靠不住的也是人情世故。在"离不开靠不住"的人际关系形态下，企业领导人尤其是那些成功的企业处理内外关系能力就非常重要。

7. 追赶学习的创新行为模式

与社会层面强调自主创新和西方经典管理理论强调的系统创新不同，中国成功企业的首选创新方式是"模仿标杆企业行为、整合再造现实的学习"。

8. 拼搏的草根市场营销策略

与西方所强调的营销理念不同，中国市场上每两年就有一种全新营销模式出现，草根文化的营销方式最精确到位，因此中国成功企业都需要面对这种草根型市场情况，艰苦拼搏不断挑战自我成为成功的营销方式。

9. 严格苛刻的运营管理方式

与西方所强调的高效人性化生产运营环境不同，中国成功企业由于面临着人口工业化素养较低和利润空间低的双重挑战，因此其运营管理领域，资本权利大于管理权利，管理权利大于劳动权利，并将全球各类标准全部落地，采用严格的工作方式和管理方式，推动年轻幼稚的未经过任何训练的工人在全球最全面最严格的运营流程内完成任务。

一、中国本土30年的企业管理进程

30年的管理实践是中国企业群体在内部管理空白和外部环境结构性变化中大胆创新、不畏失败和持续调整的过程，是沿着"创业、治企、闯世界"的"三步走"成长轨迹经历混沌期的迷茫和觉醒期的探索过程。在这30年中，中国企业群在不同时代突破不同的问题，即使其中任何一个问题都有导致企业死亡的可能，仍然不断推动着中国企业向前发展。这个30年是中国企业管理建设最丰富多彩的阶段。

在这30年的时间里，中国企业由一个从不知、不懂、不愿接受到主动改善公司治理的过程。这是法律法规的约束、竞争的需要、股东的约定、客户的要求、员工的期望等共同作用的结果，但归根到底，主要还是来自于公司的不断自我完善。中国企业群过去30年的管理实践，在个体上无序，但总体上是围绕基本框架进行的，与欧美企业因社会环境和资源基础而导致管理框架差异较大不同。从本质上讲，以利益分配为核心的治理体系成为中国企业管理的中心，以市场为核心的业务体系成为欧美企业管理的中心。为什么呢？中国企业的发展环境与欧美企业不同，企业治理的法治环境相对落后，必须花费较大的精力来创造性地解决利益分配问题。中国企业的核心资源尤其是人才资源从外部整合较多，而欧美企业的核心资源是立足于内部培养的，前者导致利益格局不断变化，而后者利益格局相对稳定。

这种管理框架差异形成了中国企业管理的三大特色：以人员教育为主的文化而不是规则的理念化、以利益底线保护的法治利用而不是法治内部化延伸、以领导人才为核心的人治而不是权力资本化流动。这是缺乏资本环境、法治环境、资源理念导致的结果，最终使欧美企业自诞生之日起就以市场为核心关注业务发展，而中国企业却陷于利益格局的掌控偏重内部规则建设，以弥补资本市场化程度低、法治环境缺乏和资源抢夺理念的缺陷。

重视实践，探取源头活水。彼得·德鲁克的一本《管理的实践》，曾经成为中国企业界炙手可热的管理经典著作。事实上，中国30年的企业实践本身就是一本厚重且实用的本土管理巨著，是中国企业群管理的指导手册。它给人启发、

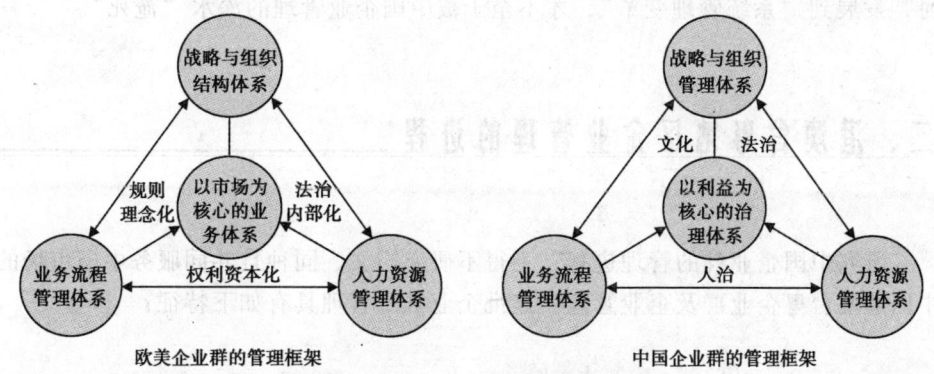

图1-2 中国企业群30年管理框架

引人思考,使中国企业家在思考中发现差距,在差距中找到办法,在办法的实践中创造未来。与其让全球的专家告诉中国企业该怎么管理,不如回望中国企业群30年的发展历程。因为中国企业群30年的实践本身就是探取管理源头活水的最好案例。在这30年间,中国企业家带领中国企业"脚踩大地,仰望星空",在少数成功和多数失败的实践中以不惧牺牲的历练不断缩短着与"世界先进"的差距,谱写了立足中国资源和环境现状的"中国版公司管理实践"。

因地制宜,掌握命运脉搏。一本名为《掌握命运——通用电气的改革历程》的著作在中国企业界不胫而走,成为风靡一时的中国企业变革宝典。事实上,中国改革开放的30年,就是中国企业内外环境不断变革的30年,是中国企业不断探索变革之路的30年。在这个"摸着石头过河"的变革过程中,中国企业群的管理变革与企业成长紧密相关,不同规模、不同发展周期需要处理不同的问题。与其简单运用全球领先企业的百年经验来"套改"我们并不成熟的治理结构、经营基础和变革能力,不如通过研究与我们管理对象相同的领先管理实践,制定和实施符合自身经营基础、治理基础和管理对象特点的组织变革策略和经营方案,将组织变革真正发展成为推进企业成长的方法论之一。

去掉镣铐,让思想跳舞。介绍IBM转型的《大象也能跳舞》一书,给国人提供了一个大企业突破自我迎接环境挑战的典型案例。事实上,30年来中国企业群的管理实践为中国企业提供了一个较之于IBM更好的管理与环境的案例。中国企业群的管理水平因地区、产业、产权和发展阶段的不同而呈现梯度建设模式,先进与传统在同一时段甚至同一企业同时存在,只有了解各个阶段的管理实践和所要面对的问题,才能结合当前和未来环境解决好企业的管理问题。中国企业群亟需改变"强势的企业家+无底线的执行力"的管理模式,突破这一内外环境发展的局限和思想瓶颈。有研究表明,在企业执行力所呈现的问题中,40%是因为缺乏有效的管理流程,20%是战略、战术不明确,15%是实际操作者能力不足,15%是员工责任心不强,最后10%是因为信息沟通不畅。因此,执行力的突破是职业化突破而不是企业家个人突破,是系统化突破而不是局部突破,是升级变革的突破而不是缝缝补补地优化、细化。管理思维只有从"摸着石头过河"发展到"系统管理变革",才不至于被中国企业管理的深水"淹死"。

二、港澳台粤地区企业管理的进程

研究中国企业群的管理进程,不得不研究同文、同种且共同服务中国市场的中国港澳台粤企业群及企业管理。这批企业群及管理具有如下特征:

1. 企业以原创为主,没有资源依托,更没有历史继承

他们没有内地企业的历史沉淀、没有经营管理的惯性,能适应环境、引进消化并吸收一切管理成果,以优化和发展企业经营机制和管理体制作为管理实践的唯一选择。企业管理体系就是"在企业家的精神追求与业务的实际问题之间架设一座桥梁"。因此,恰恰因为企业的管理体系上具有"面向外部环境、支撑企业业务成长和开放整合"的"DNA",才使我们这些管理者必须回归原点进而抓住管理的根和本。记得在20世纪80年代,内地各大企业在港澳台粤地区都设有"窗口",如南油集团、华联集团、振华集团等,但最后都以落后或失败而告终。这些"窗口"企业失败的原因就是忽略了管理的根和本而简单的"内引外联",用所谓的"成熟管理制度"来参与残酷的市场竞争,最终制约了企业的经营和发展。总之,企业发展的历史表明,忽略了管理的根本是必然失败的。

2. 企业管理在碰撞中升级,直接接受中国管理资源和全球企业文化的双重考验

港澳台粤地区曾经没有一家有规模的企业,他们的中高级经理都属于"杂牌军"和"联合国",他们中有来自日韩企业、欧美企业的,有来自世界500强企业的,有来自"世界隐形冠军"民营企业的,也有创业失败、政府干部下海和军队转业的。自20世纪90年代开始,企业在中国香港和欧美日等地区大量聘请有非华人背景的经理。他们大都有自己的管理理念和管理习惯,有自己习惯和倾向的管理系统。但作为一家企业,只能建立一套自己的管理体系,否则就会遭受灾难性的打击。而整合多文化和多背景的企业管理体系,又必须抓住这些多元管理理念的核心,即"怎么更好地运营、怎么更好地控制、怎么更好地发展",进而深度整合与兼容并包,否则将酿造一场"政治运动"。

3. 企业管理始终在变革过程,在没有资源依托的环境下适应中国市场的快速变化,更适应企业竞争主体之间的变化

该地区的企业自从诞生之日起就是全球化的整合企业(GIE)。作者经历的两家全球100强企业就都与中国企业群有过合资合作。在这两家企业的整合过程

中，作者置身处地地感受了全球领导企业的管理内涵之深、价值观影响之巨、战略创新性之强和功能系统性之成熟，同时痛苦、羞愧地体会到了自身所学的浅薄和中国本土企业经理人对管理的无知。鉴于此，在经营业绩方面总结了让作者终生受益的两个道理：一是管理没有先进落后之分，只有有效与无效之别；第二，管理是由资源、环境系统整合而来，又深入细致地与战略、价值观、经营职能磨合而去，否则这家企业将永远没有"扎根"的管理体系。但是，"怎么更好地运营、怎么更好地控制、怎么更好地发展"才是"来和去"的标准。

4. 企业管理就是价值创造和平台发展

这批企业是聚集知识等软性资源的企业。它不像传统企业那样靠日积月累而成，它的管理必须直接面对"谁创造价值"、"如何评价和分配价值"这一核心问题，否则无法聚集有用的个体性极强的资源和具有知识和技能的合作者，或者面对自己已有资源的被挖空的风险。高新科技企业的模式是全新的，没有现成的企业经营管理经验可借鉴，而这类企业管理又必须从市场需求的基本规律和成功的关键要素抓起，否则就会在组织结构如何搭建、流程制度怎么设计等基础性问题上失去依据和方向。"怎么更好地运营、怎么更好地控制、怎么更好地发展"，就是管理变革的任务，而不是方案背后的原则。

企业是富有创新的，必须支持创新、推动创新、管理创新，否则管理就将成为企业发展的障碍。管理必须将创新转变为一种"组织生态系统"，两者汇集成为一种力量，而不是相互抵消。但是创新引起"市场和产品"的不断变化，具体管理过程必然要迅速变化，否则市场机会和产品创新都将成为零甚至负数。但是"哪些东西要变，哪些东西不变"，分层分类地探讨"怎么更好地运营、怎么更好地控制、怎么更好地发展"，将不变化的转换为平台，将变化的转化为业务，以业务拉动平台，依平台支持业务。这样才能持续循环下去，而不是任何变化都需要从头再来，使企业永远处于无根无基的状态。

5. 企业管理基础是人本经营

企业是人才密集型的企业，它聚集了一批思想多元、行为各异的员工群体。高新科技企业的管理就是将各种人才集中在一起，将他们的思想转变为企业产品和订单，将他们的个人成长速度转变为企业的发展速度。同时，还要避免他们破坏企业正常的生产和发展。这需要每个员工把自己与公司的投入产出过程充分吻合，使管理体系成为"嫁接个人与公司的输油管道"，进而使各人的能力得到充分地加工与整合，输送到被需要和价值高的地方。"怎么做企业、怎么管理企业、怎么经营好企业"就是管理变革的全过程。

三、治理结构的盘点

作为市场"隐形的手"的替代者之一,公司需要持续与外部市场交换资源才能生存,解决这种交易的方法论就是"公司治理"。治理架构重点解决包括:(1)如何配置和行使控制权;(2)如何监督和评价董事会、经理人员和员工;(3)如何设计和实施激励机制。良好的公司治理结构能够利用这些制度安排的互补性质,选择一种结构来降低代理成本和防止内部人控制。

表1-1 中国公司治理的历史进化

项 目	1978—1992年	1992—2002年	2002—2012年
目标	有活干,拿工资体现价值	"产权清晰、权责明确、政企分开、管理科学"	市场化和群体化,利益相关者和谐成为根本
结构	政府——企业	企业家为中心	股东会、董事会、经理层
权限	不清晰	有规范但实权在能人手中	大股东为主
主体	外部政府为主,无自我动力	控制资源和机会的人为主	按大股东利益治理
任务	理顺国家、企业、职工间的责权利	理顺企业控制人与其他利益相关主体的关系	建立可持续发展企业所需要的可持续治理机制
控制	没有控制人	优秀经营者控制	大股东控制
股东	政府为主	多元化	国际化
经理	干部身份,厂长经理制度	能人	市场化人才
员工	劳动纪律涣散的工人农民	消化老员工,引进雇佣工	全面市场化
债权	无	银行监督	银行、商业等主体多元化
客户	贸易客户	消费者和客户意识崛起	客户成为主要手段
供应	关系获取	市场化的交易手段	关系开始紧密
人才	无,科研院所的个人积极性	市场招人,但质量不高	国际化和高端化
资本市场	无	企业破产和诞生机制建立	证券市场、产权交易市场、知识产权市场形成
设备	闲置设备较多,落后水平	从国外引进设备为主	国内设备装备市场建立
公共服务	凭关系享受公共服务	设施完善,政府与企业联手发展	政策引导和监督等软性服务建立,支持优秀企业发展

中国企业经历了"从自行车到汽车"四个时代的发展。中国企业的自行车时代:贸易、加工、个人能力。没有市场基础,没有客户信任,只有个人努力,只有靠人的说服教育,只有靠不平等的交易关系而获得业务。中国企业的三轮车时代:销售、加工、人力资源。开始探索经营模式,把经营思路和方法固化下

来，将成功经验总结出来，知道客户特征和需要哪些产品和服务、什么方法可行，并形成体系。这一阶段的陷阱是：不知道为什么。中国企业的四轮马车时代：营销、制造、研发和人力资源。经营模式和盈利模式固化下来，从偶然成功走向了必然成功，给人方向、任务、利益。这一阶段的陷阱是"三求"，求人、求客户、求钱。中国企业的汽车时代：基于品牌的营销、基于供应链的制造、基于市场系统驱动的研发、基于文化的人力资源管理体系，并形成了基于战略的管理与运营控制体系。

1. 强人治企阶段

主体角色模糊导致资本治理方式停留在股东单一、强人治企的原始阶段。企业虽然围绕"理顺国家、企业、职工三者责权利关系"为主线作出了许多有意义的探索，但决定企业的利益相关者，如投资所有主体、经营管理主体、劳动力主体、债权人主体、客户主体、供应商主体等主体角色模糊，还处于不知道干什么、有什么权限的阶段。"有活干拿工资"是劳动力阶层的目的，"有未来有机会"是经营管理阶层的目的，"让企业运行起来"是投资主体的目的。此外，在业务治理方面中国企业也呈现出"原始"的生态，认为"有控制、控制住"就是高水平的业务治理。企业治理方式单一，自我治理的主动性尚未形成。企业外部以政府治理为主，内部呈现自我生存发展动力不足。

2. 基于法律框架的资本治理模式成型

合资企业、民营企业全面发展，民营企业和外资企业数量开始增多，并逐渐成为消费品等领域的竞争主体。国有企业面临着全面困境，那些"等、靠、要"的企业没有将环境、政策、市场转变为企业发展机会，国家的"环境红利"、"政策红利"和"市场红利"较大部分转移到那些积极主动、没有外部支持的企业。"建立现代企业制度，使公司治理从外部人为治理转移为制度化治理"成为当时的主流选择。但是，企业成为自主经营、自主管理、独立面向市场的机构，需要找寻"企业是谁的"这一核心问题的解决方案。

中国企业在市场经济建立后第一次转型，国有企业通过解决历史问题来"套入"现代公司的治理架构，民营企业在"阵痛"中向现代公司的治理架构演进，外商投资企业从合资合作形态向独资企业转变。企业治理开始按法律框架建立现代企业制度，企业自主性增强，外部以政府治理为主，市场化手段在企业治理中成为核心因素。按统一模式建立现代企业制度，"产权清晰、权责明确、政企分开、管理科学"的要求成为目标。面向优秀经营者奖励性改制开始启动，企业资产支配权向优秀经营管理人才倾斜。

3. 治理模式开放化和市场化

股权融资迅速发展。中国企业治理进入纵深阶段，企业不仅仅是从公司法角度研究经理与股东之间的关系,而且研究企业与员工之间、企业与客户之间、企业与供应商之间、企业与核心人才之间、企业与社会环境之间的关系。中国企业从企业家治理进入到经理人治理时代,治理模式开始与国际接轨,开始关注与投资者的和谐关系。

表 1-2　　　　　　　　　　典型企业的公司治理

公司	资本构成	业务构成	企业家精神	公司制度 决策	公司制度 分配	治理机制
万向	家族+公众股东	以汽车配件为核心做到全球化后的结构性多元化	鲁冠球为核心创始人	独立拍板+与少人商议+征求大多数人建议+听取大多数人意见	与利润同步奖金制度	家族继承人+职业经理人
万科	正确核心股东开明+公众股东	专业住宅提供商	王石为核心的职业经理人		与股东同步的期权+市场化薪酬制	职业经理人
联想	开明核心股东+公众股东	PC为基础形态的市场细分、服务细分、渠道细分	柳传志为核心创始人		以成长为导向的多层次激励体系	职业经理人
华为	个人股份法人化	核心通讯设备为核心的全通信网络产业链	任正非为核心的创始人		知识资本制	企业家群塑造体系
海尔	集体股东+公共股东	家电为核心的全产业链和核心技术提供商	张瑞敏为核心的职业经理人		基于SBU薪酬制	职业经理人

四、战略管理的盘点

1. 战略意识特征

30年中国经济的高速增长,给中国企业的发展提供了足够大的战略空间。只要发达国家或地区拥有的行业或产业在中国都能找到相关影像,形成了有中国特色的标杆模仿式的战略管理模式,即"跟着别人过河"。从总体上说,30年来的中国企业没有战略管理,部分领先企业为环境趋势和长远发展所做的准备,虽重视战略但战略意识却未能达到可管理阶段。

(1) 战略就是解决问题。企业知道自身存在问题,但不知道问题的具体位置与解决措施,对基于未来价值创造的当前准备更缺乏认识,在此种情况下制定战略就是设计解决问题的方法。把企业家的行动转变为全企业的行动,必须系统解决目标实现手段的重大问题,或者系统解决和预防即将发生的问题;企业的发展过程就是问题解决的过程,企业能解决问题就能生存,能解决更难的问题就能发展。这一管理任务的实现就是战略管理,并通过系统研究来确保战略的实际效力。

(2) 战略就是果敢选择。企业面对现实和挑战，需要对强化、弱化、放弃的工作进行判断和选择，才能实现企业将有限资源发挥更加重要作用的目的，避免因资源和精力分散而导致最终目标无法实现；通过区分"做什么和不做什么"来获得更好的竞争力或势能，使实现目标的必然性增强或代价更小。完成这一经营任务的就是战略管理，并通过资源配置来确保战略的约束力。

(3) 战略就是方向管理。战略对应目的（如海尔走出去是为了实现"创名牌"的目的），措施对应目标（TCL走出去是为了实现销售额的目标），"战略＝假设＋结论＋监控"，其中假设是对于未来的判断，结论是基于未来判断基础上形成的行动选择，监控是使假设的现实与建设逐步接近；战略是价值权衡的结果，在动态博弈中推进的，而非在既定安排的结果中自觉执行，因此战略为企业经营管理活动提供的是基本的指导，而非详实的指导，否则会因过分详实而失去效果。实现这一指导任务的就是战略管理，并通过管理战略来确保战略的动态性。

(4) 战略就是提前推动。战略是为未来而采取的行动，而且这些行动不是为了短期利益，他们须提前做好准备，才能在未来应付自如。因此，只有主动设想，掌握和顺应局势，充分保持自身主动权，运用智慧和资源，对某事或组织进行预先安排，"在进攻性上有多强，推进危机感就有多强"，并推动这些安排的实现，才能不被未来所吞噬。实现这一筹备任务的就是战略管理，并通过规划战略来确保战略的提前性。

(5) 战略就是突破创新。必须出奇守正。奇，即充分分析竞争对手，不是有所不同，而是与众不同；正，是指抓住KSF（Key Success Factors，关键成功因素）、聚焦KRA（Key Result Areas，关键结果领域）、按机会渐进。卓越的战略不是在大事上轰轰烈烈的斗争，而是在一系列小事上作出与众不同的选择，将大家的精力转移到轰轰烈烈的战略行动上。有时短期利益与长远目标出现矛盾时，企业家的智慧、眼光、逻辑将受到最大的考验。实现这一创新任务的就是战略管理，并通过系统思考和深度实践来确保战略的转折性。俗话说"不谋全局者，不足以谋一隅；不谋万世者，不足以谋一时"。做任何事情，首先要有大局观，用正确的思维形成正确的理念。企业管理要像梳头一样，是从上往下理顺思路的过程。作为管理者，只要把握好全局，把最高点想清楚，具体运作的思想问题自然迎刃而解。对于在某一领域的经验和实力相对较弱的企业，为了尽快赶上领先的企业，采取"跟随战略"仿效别人，不失为一种既实用又有效的好办法。做企业管理，"跟着别人过河"比"摸着石头过河"能节省许多时间、精力和成本。

2. 战略实践特征

从机会驱动的项目型公司，向资源驱动型的企业功能完善，最后到以市场力量驱动的战略选择，中国企业在战略管理上走过了一条不平坦的道路。

(1) 理念决定视野，能力决定范围。适当的理念、适当的能力决定现实选择的差异。具有"市场观念、效益观念、资金观念、人才观念、开放经营"等资本资源类理念的人和企业，在企业和战略是怎么回事还不清楚的情况下，找市场而不找市长获得订单，靠少投入多产出积累资本，跑银行而不跑首长来筹措资金，通过尊重人才、重视人才、激发人才活力来获取人力。其中较为先进的企业或个人，形成了基于市场的开放生产，而不是封闭制造型生产，部分素质较高者开始从经验管理向现代化科学管理迈进。具有"应变能力、自我改造能力、自我发展能力、控制消耗浪费能力"等软能力的企业及个人，在没有动力保障的前提下充分调动人员的积极性，把"人"作为管理的核心，甚至对业务质量、生产资源等物质资源都有一定的排斥和否定。

（2）从中找到自己的路。在食品、服装、通讯、房地产等与社会基础建设和生活相关的产业成为企业的活跃领域时，工业装备业、金属原材料行业和资源产业却成了时代"弃儿"，而金融、电信等垄断行业仍然躲在"计划经济"的庇佑下，这就是我国当时的企业环境。与美、德等发达国家的企业依靠先进技术发展不同，中国企业群是依靠"最原始的劳动力"和"政策机会"而发展起来的。"政策机会追随和卖方主导"是环境的主要特征，政府、员工、客户等战略责任主体持着"有事干"的保守理念，"在业务经营上，以生产战略为主；在营销模式上，以拉关系走后门、靠地区偏差为主；在研发上，以找项目为主；在价格竞争策略（需求量很大老百姓没有钱）和补缺供应（生活必需品过于单一贫乏）上，人才以单位间调动为主、原材料靠关系和政策赋予的资格来分配"，使企业缺乏战略动力和压力。但凡事皆有例外时，柳传志、鲁冠球等一批有识之士基于对历史和现实的"叛逆"，通过改变自身内部资源条件，学习新理念，增强企业活力和环境适应性而主动地行动起来。

【专栏】万向集团：别人下马我上马

万向集团的创业初期，恰逢计划经济体制的转轨时期，作为一个没有背景、没有资金、没有技术的乡镇企业，有的只是强烈的创业热情和脱贫致富的愿望。他们利用自己没有上级主管部门的束缚，拾遗补缺，只要市场上有需求，万向就生产。

1979年，正是国民经济调整时期，能源紧张，国产汽车产量锐减，零配件市场严重萎缩。不少汽车配件厂下马改行，万向节厂的产量也直线下降，处境十分困难。上级有关部门规劝他们与其他乡镇企业联营生产自行车。但鲁冠球通过到上海、北京、天津进行调查并分析国内经济形势，了解到1981年的国民经济计划汽车产量为16万辆，比想象中的要乐观得多。他认为，中央提出的"调整、改革、整顿、提高"的方针，不是要退缩不前，而是在调整中前进。他通过对中国汽车工业总公

> 司的调查还了解到：国产汽车万向节已供过于求，而进口汽车的万向节尚无人生产，原因是进口汽车型号多、批量小、工艺复杂、利润不多，国家只得花大量外汇进口。于是，鲁冠球作出了"别人下马我上马"的决策，果断地将已有的70万产值的其他产品停下来，集中力量生产市场紧缺的进口汽车万向节，搞专业化生产，并以此带动了大批量国产车万向节的销售，一举占领了市场。
>
> 接着，他们又把目标瞄准了国际市场，提出了"以赚外国人的钱为荣"的口号，把生产高标准出口产品看做是对企业技术水平的一次最好的"考试"和"再检验"。在万向节产品的基础上，公司又以"高起点投入、高精尖设备、高层次人才、高档次产品"为指导，利用万向节形成的技术、市场，上下延伸，走专业化生产道路，逐一开发关键零部件。他们斥巨资相继引进等速驱动轴生产线、轿车减震器生产线、传动轴生产线，扩充十字轴万向节生产能力。由于这些项目起点高，新产品很快就得到了国内市场的认可，并成功打入了国际市场。

（3）机会倾向优秀企业。20世纪80年代的"理念、能力、选择主流企业、积极主动"的软因素决定机会，90年代则由"市场导向、客户至上、灵活销售、替代进口、低成本优势、快速反应优势、市场细分、平台驱动"的硬因素决定机会，这些软硬因素促进了外部机会向优秀企业集中，顺应了"市场和客户因素成为决定性因素"的潮流。

从贸易关系到直接接触客户的客户经营机会。在该阶段市场环境下，客户成为上帝，将自己的产品销售给客户，直接掌控终端，直接服务客户。受传统商业渠道服务态度差、商业管理流程陈旧、商业服务人员素质低等现实的约束，海尔、TCL、美的、华为、中兴等企业建立了直接面向客户的销售网络、客户服务体系和生动活泼地调动商业合作伙伴的市场品牌拉动体系，最终形成了信息、人员、服务直接与客户接触的客户关系管理体系。商务体系呈现出从业人员增加的新态势，中国消费者"认人不认货"对采购和人际关系等因素也造成了影响。中国企业采用灵活的销售模式，只要有利于销售就直接应用，不断变动不断调整，迅速抢夺市场，尤其是跨国公司的市场。

从代理到自主生产的产品经营机会。中国企业开始迅速建立产品生产体系，从贸易端向制造端移动，产品开始向合资企业靠近和升级，以进口替代型为主。中国从低端切入并以低成本取胜，成为中国产品经营体系的独特之处。产品因竞争而调整，开始以速度冲击规模。中国企业开始建立模仿、快速推出产品和快速升级产品等模式，弥补市场超前性不足，使产品快速到达消费者手中。

（4）转型蜕变和积极进攻并重。主动出击、机会导向和跑马圈地的战略模式产生了"优势产业＝市场机会＋优秀企业主体"的范式效应。华为从代理交换机发展到自主生产程控交换机，联想从卖电脑到制造电脑，海尔具备了独立的家电相关产品制造能力，美的开始拥有众多产品等等。优势产业分布在与生活和经济建设相关的领域，并逐步进入深度发展阶段，如食品和服装进入品牌的网络发展阶段，通讯和电子开始进入自有产品的竞争阶段，楼房从简单的建筑施工发展到房地产销售和服务等后端业务，金融产业、机电产业、相关服务企业、现代商业开始建立。在这些优势产业内形成了一批"优秀"的中国企业。

这是中国企业原始资本的转移阶段，与西方式的原始资本积累有着本质的区别，企业资本等要素从传统体制转移到市场经济体制中。比如国有企业普遍采用把沉淀资产"人为打包搁置起来"，将优质资产部分运作，实现了"激励有积极性的人的积极性"；而民营企业普遍采用的也是"类转移"模式，将传统体制的机会、资源、政策性资本放到民营企业中运作，实现了"一部分人先富起来"；外商投资企业是先将优惠政策和传统民族企业中的优秀资源合资经营，实现"调动了资本的积极性"。不同类型的企业根据自己的需要在瓜分战略资源这块诱人"奶酪"时走出了属于自己的道路。

战略登上企业管理的舞台来源于对企业要求的提高，经营管理者们都希望依靠自身素质的提高和努力获得与其他"老板"同样的财富，员工发现"在不同的行业和企业，相同的劳动却获得截然不同的收入"，客户也发现"相同的价格所得到的产品和服务也存在区别"。绝大部分企业就是输在了战略上。客户把订单给了那些喜欢的企业，员工尤其是优秀员工流向了高收入企业，经营管理者要么与政府等股东博弈要么开始创立自己的企业。市场上创立公司的潮流再次涌动，但另有一批企业却应声倒下，这种"新创+倒闭"的二重奏不是新力量的加入，而是力量的转移。这次"洗牌"使"企业生产要素"向"优秀经营管理者"集中。企业素质优势、机制保障和管理素质成为企业成功和内外信任的重要因素，即"建立优秀企业"成为市场竞争的成功要素。各产业生产要素的获取方式发生了根本变化。股份上市等直接融资手段迅速发展，使用市场方法获取人力资源，采用现代管理方法建立采购与物料管理体系，采用信贷模式建立企业固定资产体系。

产品供应相对过剩与部分供不应求，向市场供应的产品卖不出去，市场需要的产品却需要进口，市场结构性矛盾开始加剧。一批有产品、有客户服务理念的企业开始迅速发展，从缝隙补充到面向市场需求再到市场细分。与20世纪80年代补充市场缝隙不同，中国优秀的企业开始主动面对市场的规模化需求，如家电消费品、电子电池电脑等工业品，程控交换机、个人存储业务和保险等服务品，交通运输和旅游服务等行业。在该市场领域，那些完成了内部资源积累的优秀企业，率先启动先发优势，积极占领更大的市场，开发新产品，机制灵活的企业开始占领质量低、服务差的国有企业市场，切分跨国公司高度市场化的低价市场等。国有企业、治理优先的企业、跨国公司三种企业迅速将中国各个行业的市场细分为低、中、高三个档次。国有企业凭借关系优势和地缘优势占据了产品陈旧的低端市场，治理优先的企业则占据了产品新颖的中层市场，而跨国公司则占据了高端市场。区域市场转变为全国性市场，并开始探索国际化路子，而大众市场则进一步细分为行业专业市场。

同时，现代管理推动公司现代化，实现从关系利用到资源利用的转变。自主权企业开始利用资本市场、人才市场和高成长优势，以开放治理体系将自身演变为一个公众公司，如联想、万科等企业。通过提升自身发展平台，获得与跨国企业、中大型国有企业同等机会；通过立足国内资源，采用市场手段对资源进行整合；通过存量资产的流动和重组，实施企业的战略转型。把强化能力和挑战领袖作为企业平台建设的主要目标，各个行业开始建立非规模领袖，如房地产行业的万科（不如华润置业的规模）、通信设备商中的华为（不如普天的规模）、保险行业的平安（不如中保的规模）。有基础的国有企业则开始建立多元化机制，如三九、深宝安、海尔等因体制和制度层面无法转化而开始在运营层面寻找突破，他们利用自身的经营优势和政策优势开始把"企业作为产品"并购重组。

3. 战略管理特征

战略管理是对战略的管理，是对一个企业或组织在一定时期的全局的、长远的发展方向，目标、任务和政策以及资源调配作出的决策和管理艺术。战略管理通常包括战略制定、战略实施、战略评价三个过程。

（1）战略管理的内容。

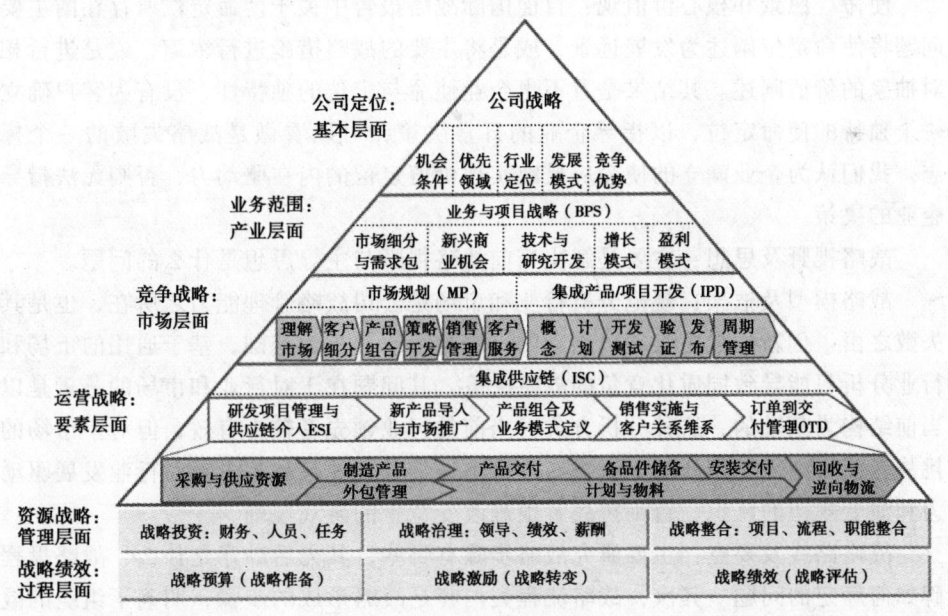

图 1-3 战略管理的内容

关系企业根本利益的是非和利害两个维度是评估战略的最终标准。在战略评价标准中，有利且正确的要持续牵引，有利的但不正确的要反面约束，有害的但正确的要正面预防，有害的且不正确的要杜绝作用。解决是非和利害问题的内容分别为软性内容和硬性内容,如图1-4所示。

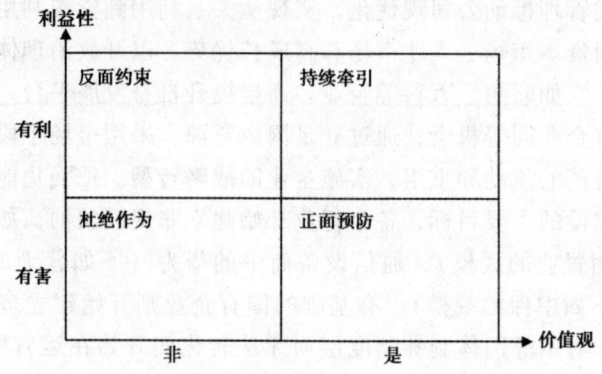

图1-4 评估战略的标准

软性内容体现了利益相关者的理念和期望,牵涉企业的根本利益、全局利益和长期利益,解决价值观问题构成了战略的软性内容。通过使命、愿景和核心价值观的确定,战略视野及动机的选择,战略意识及思想的确定,路径及模型的评估标准等框架性内容来体现;更要通过战略思考、深度调研、科学选择、集体规划、开放研讨、矛盾研究等步骤来体现。

首先,战略框架类内容是战略的基本内容,明确了组织的基本方向。

使命、愿景和核心价值观:目前国际战略报告中关于使命定位所存在的主要问题将使命定位阐述为发展远景,或是将主要的战略措施进行浓缩,或是进行相对抽象的价值阐述。其结果是看不出企业使命与定位的独特性,没有为客户确立一个独特的使命定位,以指导企业的日常决策,可以看做是战略失败的一个标志。我们认为企业确立的使命应反映实现价值定位的内在驱动力,否则无法指导企业的决策。

战略视野及思想:主要是解决当前战略视野与主导思想是什么的问题。

战略模型及框架:规范分析行业和市场是公司战略管理能力之所在,也是其失败之由。创新的战略必须以创新的市场与行业分析为基础,基于通用的市场和行业分析只能导致同质化竞争的战略决策。其问题在于对行业和市场的分析是以当前结构为基础的,这种分析方式对当前的行业领先者较为有效,但对于市场的挑战者而言则需要用新的方法重新进行市场细分,并超越领先者对行业发展驱动力和演变规律的认识,否则挑战者很难改变竞争的游戏规则。

战略路线及要点:主要研究战略步骤有哪些,其先后顺序是什么,战略里程碑如何确定的问题。其次,战略流程类内容是战略形成的步骤,明确了组织的战略活动。

战略思考:公司战略是在对公司各种业务现状分析的基础上得出的整体结论。目前战略规划中公司层面的战略基本是以对各业务的市场吸引力和竞争力的分析为依据,得出各业务在公司业务组合中的地位及其发展的运营改进建议。我们认为公司层面的战略应与业务层面的战略分开,让业务竞争战略来回答各业务如何制胜的问题，让公司战略回答公司的核心驱动力及母公司如何创造价值的问题，这才是中国企业真正需要的。

深度调研：对市场和竞争环境进行分析、评估企业的内部资源和能力，找出"机会、威胁、优势、劣势"，找到"差距、问题、任务"。

竞争对手分析：竞争对手分析的核心是对各竞争者价值链的各环节优劣势进行比较分析，其目是找出自己的弱项来提升自己。但优秀企业并不是在所有的环节都做到最优，而是在与战略相适应的关键价值链环节做到领先。我们认为分析竞争对手本土化的任务应该是确定其战略定位、经营模式和未来可能的战略决策，从而为客户选择差异化的战略提供基础。

标杆分析：如果我们同意确立差异化的战略是战略核心任务，那么标杆分析的作用应主要用于运营改进，而不应是确立战略的榜样。模仿标杆企业的战略或经营模式正是众多战略案例失败的原因所在。

资源与能力分析：目前流行的在全价值链环节上与竞争对手比较的资源与能力分析方法，其指导思想是基于同样的战略靠效率制胜。它与以行业成功关键因素的分析代替企业差异化战略的关键成功因素分析方法一起促成了客户所在行业战略的同质化。这正是我们认为战略失败的重要的方法论层面的原因。我们认为，资源与能力分析应是在完成差异化市场定位和战略定位后与战略要求相比较的分析，而不是简单的对竞争对手的分析。

科学选择：目前许多战略报告中提出的战略措施基本上是一个"放之四海而皆准"的建议，其后果基本上是各企业同质化的竞争。我们的意见是以企业的使命定位为基础提出企业关键领域的措施和重要的决策原则。至于各业务的具体改进建议应是进一步运作所要完成的任务。

集体规划：调动团队力量形成详细规划。

开放研讨：调动各个方面力量献计献策。

矛盾研究：主要是关于战略深层次问题、发挥作用的力量的研究。

硬性内容体现了对自身收益的影响，是价值观现实的表现。解决利益性问题构成了战略的硬件内容，通过目标规划、战略 KPI、产品市场范围、资源配置、企业结构、竞争优势和规划的实施保证等行动性内容确定，更要通过预测预研、模拟、验证试验、风险控制、调整延伸等工具性内容保证。

首先，行动性内容明确界定了组织的行动及要求。

目标规划：即企业在短中长期内沿着某一方向前进的依据。

基本 KPI：即企业采用哪些指标，评价目标是否遵守了基本方向。

业务范围：对市场竞争态势进行分析，掌握未来行业发展的趋势；调查消费者需求变化和关键客户满意度；分析竞争对手的竞争手段和竞争地位；研究同类企业的最佳实践；评估自身在产品、资源和能力上的差距；明确企业基本的产品竞争战略；明确定位企业目标客户；设计基于新竞争策略的产品组合；规划企业的渠道模式，指定企业的渠道政策；指明重点的区域市场和区域市场的竞争策略，设计产品的推广策略和媒体组合。

资源配置：将有限的资源配置在各个领域，使资源得到有效的使用。

企业结构：即认清企业的业务结构，区分好基础业务、成长业务和创新业务，才能使业务持续发展下去，把握好企业资源的结构与配置，职能、部门和分工模式的设置等。

竞争优势：建立面对未来的新战略能力的步骤。确定未来可能的威胁和新机遇：调查在一段时间内可能影响市场的趋势和发展因素，并将它们组合成若干可能的情形和可能发生的结果。通过了解各种潜在的威胁、挑战和潜在的新业务机会，企业可以明确自己拥有哪些不同的战略可供选择，制订出可以应对未来多种可能的战略：各种行动方案的核心战略，这些行动方案将在不同可能的情形或条件下实施以及应对各种特殊情况的应急战略。建立和获得实施这些可能采用的战略的能力，例如与具有潜在价值的公司结成联盟，向拥有较好前景的创业公司投资，采取各种风险规避措施防止由于经济、技术、社会等领域力量和因素的变化而对企业产生不利影响。

实施保证：研究战略实施过程中被抄袭或失效的手段，保证战略在行动过程中的有效进行。其次，技术性内容是明确提供战略的方案及工具。

预测预研：在市场和行业分析方面依靠全球化的资源收集充分完整的数据。现在的竞争常被称为超级竞争，在这种高度不确定性的环境里，战略的任务不是在综合考虑各种因素的情况下提出系统精准的财务预测，而是企业的关键价值链环节和市场定位的差异化确定和配套策略的实施。我们主张将更多的精力用于为客户创建差异化的创新战略，而不是进行价值不大的形式化财务分析。

模拟测试：市场竞争要求企业必须做好三方面工作：有效降低经营成本、提高工作效率和增加销售收入。评估企业目前所具有的和需要发展的核心竞争力；对企业所处的各个行业进行扫描，重点在行业动态、产品、客户和现有的竞争对手；明确公司的能力和资源的准备情况，与标杆企业进行比较和评估；澄清公司未来发展的远景，回顾和检验现有增长目标，制定增长的可能方式；进行业务选择及业务组合规划，指明未来的增长方式；基于整合优势明确总部的定位，确定总部的关键职能和管控模式；制定关键战略举措与行动计划。

验证试验：针对重大战略事件，如何评估这些行动方案有效使用，避免因方案完善程度不够而对全局产生影响。

风险控制：现在已经达到结果与目标状态的差距，还存在什么因素影响目标的实现，如何控制这些不利的因素发生，如何确保这些目标的实现。

总结巩固：依据已经完成的战略实践和最新的内外环境形式，总结战略成功与失误之处，明确哪些该坚持并得到固化，哪些该调整，成功与失败的深层次原因是什么。

调整延伸：逐渐明确的新发展和新信息执行或放弃某些战略选择。同时，企业的管理层要根据新掌握的情况，不断对各种可能发生的情形和可能选择进行修改。

（2）战略管理的专业化特征。德鲁克指出，战略管理是实现企业使命与目标的一系列决策和行动计划。战略的首要任务，即创造一个唯一的、有价值的、涉及不同系列经营活动的定位。专业化战略必须同时包含聚焦性、同心性和柔韧性三个方面，否则就会流于形式、失之偏颇，出现专而不注、形聚神散，与主观愿望背道而驰的局面。

聚焦性：在战略定位上，应合理取舍、方向简洁、目标集中；在战略实施上，应集中资源和精力做好专业化的事。聚焦就是集中投入，专业化战略对企业资源的利用能力主要表现在深度上，也就是将所有的资源用在刀刃上，就是一种聚焦。将主力技能归己，出让相对次要或者别人能做得更好的部分，也就是我们常说的战略退出，腾出资源空间，更好地发展核心业务。

同心性：当战略定位后，围绕核心全方位地整合资源，整体规划应始终保持核心不变。企业作出战略取舍、目标聚焦后，必须进行全方位的整合，培植企业资源、能力、流程的一致性，或者是战略的专用性，以期最大限度发挥资源能量，同时把模仿者排除在外。企业的资源永远是有限的，重组是为了"创造一个真正的整体"，使资源利用的价值最大化。资源整合必须紧紧围绕核心目标，截取企业内部价值链中最关键的部分，把资源集中于最能反映企业相对优势的范围内，构筑差异优势，赢得市场。战略很少与商业利益直接有关，因而能够起到修正战略偏差、规范战略同一性的作用，使企业战略不因领导人的更迭、外部环境暂时的变化而改变。福特公司的战略并没有因老福特的离世而偏离"让每个人用得起汽车"的事业理念。

柔韧性：专业化战略在特定情形下允许战略变化，甚至是战略定位的转移，要会"拐大弯"。市场环境是动态的，这需要审时度势，随时微调战略，采取一系列灵活的短期策略，必要时进行更大的战略调整，而不能死板地执行一个僵化的长期计划，专业化不等于刻板，需要灵活应对。如高露洁公司自1999年开始连续三年列入全球财富500强之后，其身影就悄悄地从500强中消失了。但是，高露洁公司的经营水平并没有下降，反而逐年在提高。这几年，全球并购风起云涌，这种突然的加法提高了进入世界500强的门槛。但是，高露洁公司并不会因为想进入500强而作出什么改变，而是按照自己的计划做事。对于消费者来说，他们需要的是最好的牙膏，并不是最强大的企业；对于股东来说，他们需要很实在的回报而不是其他什么名誉。因此，高露洁公司的目标是做到最佳，在代表性的竞争领域做到最好。

在企业管理中，人们通常喜欢用拿破仑的名句"不想当元帅的士兵不是好士兵"作为战略管理的引用论证。事实也恰是如此，我们只有登高才能望远，但绝不是好高骛远。因为一个企业在进行战略规划时，需要将企业所处的宏观环境、产业环境、企业环境、业务环境和组织环境考虑在内，经过战略思考、战略分析、战略选择、战略计划和战略架构，进而实现企业的远景构建。

战略思考：是战略管理的第一步，将不同的数据整合在一起获得未来目标、将不同的价值视角整合在一起获得一致的利益追求，以生成战略模型价值。

战略分析：主要的工具是SWOT分析法。通过对企业内外部环境的分析，制定出企业"能够做的"和"可能做的"战略。

战略选择：分为结构化选择、模式化选择和唯一化选择。其中模式化选择包括纵向一体化战略、横向一体化战略、成本化战略、差异化战略、组合式战略、资源虚拟化战略、服务化战略和技术导向战略。战略选择要明确"走的人多大路也会塞车，走的人少小道或许畅通无阻"的道理。只有战略创新，才能抓住别人抓不住的机会、做到别人做不到的工作、赚取别人赚不到的财富。

战略计划：从制定部门年度战略计划、战略审计评估、战略预算化三个方面使思路性的理念落地。

战略架构：结构展示了目标的现实可能性，不是一种客观的现实性，它是人类思想的建筑，受我们所处文化的影响。有效的战略路线是管出来的，不是规划出来的。

【专栏】中粮集团全产业链战略剖析

中粮集团自2004年以来频繁调整企业战略，最终形成了"全产业链"，抛去概念外壳，其战略实质到底是什么？我们组织人力进行梳理后与大家进行分析，希望领导级企业战略智慧照亮广大中小企业前行道路。本文以分析米业产业的战略实施步伐为例。

1. "完全竞争"产业的整合形成"垄断经营"产业

"小而散、杂而乱"是中国米业行业的基本特征，"正规军"打不过"游击队"，区域市场发展不平衡，有资源的如东北市场发展得不好，有市场运行能力的没有资源优势等等。整合目标是垄断，"主导权、定价权、话语权"是目的，避免原来"一厂一策、因地制宜"的零散经营模式。

（1）按市场话语权来设立目标。大米部的年销售量为"200万吨"，这不是"跳一跳、够得着"的思维模式设立的目标，而是按"市场控制权"而设立的目标，与GE的"要么第一第二、要么淘汰"的目标设立思维异曲同工。

（2）"规模经营"整合全国资源。并购与建厂相结合、与区域品牌联合、与中储粮联合，与市场参与者联合企业共同梳理市场，使收购、加工、储备、制造、物流、贸易、销售等各环节上规模；调整区域布局，确保灵活性和稳定性相结合，以灵活性（联合）优化稳定性，以稳定性（规模控制）促进灵活性。

（3）"销售网络"深度渗透市场。中粮集团的销售网络形成全国级，打破原来一个区域一个网络的格局，形成20多个省份、300家经销商的格局。具体销售模式为"多品牌小包装的行销模式+捆绑其他渠道进入门店领域"，从BTB的批发到BTC的零售市场。

> （4）"品牌区分"无法鉴别的信誉。大米行业是没有很大差异点的领域，消费者很难鉴别其差异，导致大米经营实质是价格经营。但是大米从产地质量、绿色种植、绿色物流到销售渠道都有很多空子，导致"黑心米、良心饭"的消费现象存在。中粮采用品牌经营，以整个大型企业的信誉来担保"米粒"的质量，"小米粒作出了食品安全的大文章"，是规模经营的关键。
>
> 2. 市场战略与企业发展并行
>
> 中粮原为外贸企业，是深处市场化的企业，转向加工、品牌运作、经营领域，是一个非常痛苦的变革。涉及产业链源头优势是否得到充分挖掘、消费群定位是否准确、公司品牌和子品牌协同是否到位、内部管理是否适应这种运作等许多方面。

五、组织架构的盘点

在这 30 年里，中国企业的现代组织模式从无到有，经历了从单位到组织，从单位人到组织人的蜕变过程，这无疑是一个痛苦的过程。我们将这一发展过程总结为如下几个典型的阶段。

1. 组织重功能培育 轻结构分工

组织结构治理以消除束缚、激活资源为核心。勇于面对组织结构的动力、压力和活力，突破组织模式、组织机能、管理任务的原始水平，建立现代企业组织管理体制和经营机制。

在组织管理模式上，虽然营销管理、研发管理等职能尚未建立，现代行政服务共享体系、人力资源管理体系、财务管理体系也无从谈及，但组织管理模式采取了以工厂制为主，通过突破人员理念来推动组织的开放，并建立了接管订单的业务部门和生产产品的加工技术部门等职能部门。

在组织管理机能上，主要采取了以下措施：（1）为确保人员素质明确责任主体，包括按"四化"要求实现领导班子的新老交替，打破了领导干部终身制，初步解决"领导干部班子老化臃肿"的问题和解决领导软弱涣散、精神不振、纪律松懈等问题。（2）建立责任制调动积极性。通过建立厂长经理责任制和经济责任制度，使责、权、利相互结合，打破分配的平均主义，调动一线员工的积极性并确立财经、工作和组织三大纪律问题。（3）改变了企业机构臃肿、人浮于事、"一线紧、二线松、三线乱"的状况，使全国企业撤出和安置富余人员达 10% 之多。

在组织管理任务方面，以下五项管理任务为核心：（1）从理念、组织、制度入手拨乱反正。（2）肃清"计划经济"和"左"的思想束缚。（3）恢复正常工作经营秩序。（4）以放权让利为中心的国有企业改革。（5）加快生产、扩大权利、明确责任、梳理利益关系和经营机制、创建企业发展所需的市场性条件。

2. 人是企业经营管理的中心

人力资源管理的最大进步就是开始站在企业利益角度考虑人的因素，开始思考谁是企业经营管理中心的问题，开始重视调动人员积极性这一行之有效的手段。通过建立多渠道、多层次、多形式的管理基础培训体系，建立企业管理文化、增强企业经营者和员工的管理意识，提高企业技术和文化素质。通过建立股份制试点、"利润包干——利改税——承包经营责任制"、以劳动纪律为核心的绩效管理，使业务提成制开始实施，厂风、厂纪得到改善，员工出勤率提高3%—7%，工时利用率提高5%—10%。但管理方式仍然停留在"档案、工资"式的静态人员事务管理制度层面。

3. 市场驱动的组织适应性自然建立模式

组织结构向客户开放，营销功能成为市场驱动的主要因素，从上下结构向前后结构转变。企业职能分工开始形成。在经营方面，生产和营销开始分离，销售、服务、技术、质检、安全、物料、采购等基本功能建立；在管理方面，财务和人力资源管理开始从业务运营中分离出来，建立市场化用人用工体系。但是，分工与集中统一管理相结合，形成了"统一计划、统一采购、统一销售、统一账号、统一对外"的方式。采用法人方式管理非法人企业，集团公司开始启动；经营机制转变，以销定产而不是以产定销，对领先企业的模仿性产品研发、生产、营销功能专业化体系初步建立。"模拟市场成本否决"模式建立，将市场价格压力转变为各部门和员工的工作任务，将"价格＝成本＋利润"转变为"利润＝价格－成本"；开始对组织结构体系最活跃的要素"人"，采用系统的方法进行管理，职位管理、薪酬管理、绩效管理等人力资源管理的三要素也初步形成了框架。

建立体制优势，给企业持续动力，学习成为组织发展的最主要技术。中国企业目光转向全球卓越的企业，开始用国际卓越企业理念和管理理念武装自己，华为学习IBM、联想学习HP、海尔学习GE等。但20世纪80年代的企业优秀者却在这轮发展机会中失败，深宝安、三九集团、长虹电器、北大方正、四通集团、巨人集团、科龙电器等众多知名企业业绩迅速下滑。而海尔集团虽然未能解决该问题，但依靠企业家个人能力和相对优势的管理体系，却也获得了较好的发展。而具有"建立聚集人力资源、客户资源、技术资源的民营体系和员工持股"的治理模式以及股东战略化、国际化的企业都得到了高速发展，深圳的中兴通讯、华为技术、联想电脑、招商银行、平安保险、用友、万科集团、太太药业和浙江企业群开始成为市场主流。

4. 以人力资源管理替代企业资源的全面风险控制

人力资源管理开始得到企业的高度重视,甚至成为这一时代的热潮,如员工市场意识增强、员工主人翁责任感成为人力资源管理核心,生产以外的各类专业人才如销售、服务、质量、研发等人才成为引进重点。人力资源管理的职位、绩效和薪酬设计方面,开始建立"人才流动、自主选择"的动态的管理制度。人力资源的选、育、用、管四项基本功能也得到加强。

六、运营流程的盘点

企业运营流程管理体系分为"战略流程、运营流程、管理流程、信息流程"四大类,分别承担着经营目标、客户服务、资源管理、问题控制四大任务。因过去30年中国企业围绕客户服务展开,所以其他流程发育相对不成熟。

1. 供应链运营停留在生产功能建设阶段

供应链运营没有关注市场、供应商等外部因素,市场和供应商还不是价值创造的要素,只停留在生产功能建设阶段。供应商价格谈判能力和货款占用能力成为企业经营制胜的要素之一。与市场脱节的质量管理、物料消耗管理、安全管理、经济效益管理及以生产制造为中心的设备引进等因素成为企业的核心运营任务。同时,供应链运营缺乏存在的基本条件,即缺乏"高速成长的领导品牌和领导产品、结构合理的产业配套体系、相对透明的产业协作机制"。

2. 持续改善开始关注系统性和针对性

引进、模仿、消化、吸收、借鉴国外管理的实践经验,创新管理方法,走向管理创新之路。以"解决核心问题"为核心的价值改善模式开始形成,以挖潜、积累、资产增值为目标。总体上,这个阶段的价值升级,主要是职能体系建设,包括人力资源管理体系、生产管理体系、营销管理体系,成为管理技术的载体,否则第一阶段引进的管理技术成为"无本之木,无源之水"。战略管理、组织管理还只是企业家的个人事项,没有成为组织成员的普遍管理行为,这大大限制了人力资源、生产管理、营销管理职能的发挥;研发管理停留在部门建设阶段,尚未形成企业的普遍行为,这大大限制了企业的再发展能力;财务管理体系停留在合规建设阶段,尚未全面进入经营与管理的所有环节,全面风险管理仍然薄弱。

3. 流程优化成为业务创新整合的重要手段

"客户关系管理体系、产品经营管理体系"的建立，基于产品内部运行链条和基于客户销售服务链条的建立，形成业务管理的两个主线。为促进产品与市场的开发和管理，解决客户需求和产品经营两条线的矛盾，以质量、权限为中心的流程管理得到重视，"质量管理流程、采购管理流程、物料管理流程、生产管理流程、客户服务流程"五个基础流程实现了制度化，部分企业实现了信息化，华为、联想这些管理领先的企业还实现了"流程文化化"。

4. 基于市场快速反应的供应链运营启动

因市场反应要求而使企业内部供应建设得到重视，但仅仅限于内部功能协调。市场驱动的计划、采购、制造、交付体系得到建立；退换货物作为一种客户关系与客户服务内容进行管理；ERP等信息手段在领先企业得到普及。基于成本和质量的改善体系开始建立，企业成本控制能力和产品质量水平开始大幅度提高，使产品的市场竞争力开始增强。优秀经营者是供应链运营的重要支持。

七、绩效改善的盘点

1. 价值改善机制"水土不服"

政府发布的管理现代化纲要——"思想现代化、组织现代化、方法现代化、手段现代化、人才现代化"对管理方法的研究起到了指导作用。以国家有关部门发布的"产量、利润和亏损率"指标为标准进行企业评比和定级管理；以产品质量、物质消耗、经营效益为中心，企业分为特级企业、一级企业、二级企业、省级先进企业，解决了企业管理定量管理指标缺乏的问题。

同时国家相关部门推动的"经济责任制、全面计划管理、全面质量控制、全面经济核算、运筹法（网络技术）、优选法（正交试验）、系统工程、价值工程、市场预测、滚动计划、决策分析、ABC管理法、全员生产性维修、线性规范、成组技术、看板管理、量本利分析、IT/IS和目标管理"等"18+1种管理方法"成为管理的知识和方法。

然而，这场企业价值改善"运动"以失败告终，其经验教训值得深思。这场企业价值改善"运动"没有将管理方法与企业运营实践相结合是失败的根本原因，形成了企业不急、客户不要、职工不需、竞争不用的"四不"局面。因此，企业体制薄弱，没有动力消化吸收管理工具，没有取得应有的效果，出现了所谓的"水土不服"。客户对企业的要求较低，使得企业没有提高业务质量的压力，也就没有管理的外部动力。职工只要求"有活干、有钱拿",对管理对象没有更高的要求,使得管理任务并不复杂。总之,企业停留在机会主义阶段,决定企业效益的不是竞争力而是与官员的社会关系,使得管理没有了生存的土壤。

2. 基于价值创造体系的组织变革任务

在过去30年的发展历程中,中国企业在总结自身问题、适应外部环境、积累自身资源和能力的基础上,只有认真反思他们的管理实践之路才能找到"怎么转"的方法。所以管理实践框架成为中国企业管理基本价值逻辑。

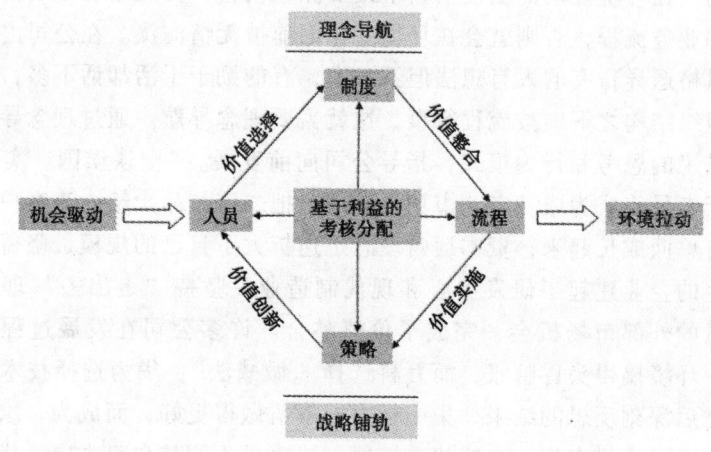

图1-5 价值驱动要素

(1)人员、结构、流程、策略等基本要素按价值逻辑组成管理体系。中国企业改革诞生于人的积极性和创造性未能得到充分发挥的时代,少数人如马明哲、柳传志和任正非等开始为改变现实而创业,他们这代企业家并没有事先确定的创业构想。这些人通过打拼使生意做大,需要越来越多的人共同工作,工作数量增加需要大家按一定规则组织起来,于是开始有结构和与之配套的规则,把这些人按业务和人员特征组织在一起,完成各自的任务,出现了联想的"方阵式组织结构"和华为的"两条线(产品线和客户线)"的中国式组织结构。但是,随着规模的扩大,各任务间需要配合,尤其是单个部门和个人无法达成工作质量要求时,就需要各自按流程配合。当企业业务和流程无限增加的时候,需要认真思考客户类型、提供的产品、保证其实施的技术功能和设备、资源的获得与分配,这就叫策略。而策略虽吸引了更多的人,但并没有很好地发挥作用,也没有成为组织或团队的成员,于是就诞生了人员管理,负责将人变成员。从此往复循环下去直到企业规模无法支撑为止,这就是我们现有企业普遍施行的管理体系。

(2)"机会驱动、环境拉动、理念导航、战略铺轨"与该管理体系的内在价值规律相适应。中国30年改革开放,提供大量的机会成为人们创业的起点和事业扩展的领域,也吸引更多的加盟企业来获得机会所带来的好处,比如外贸、证券、IT业、房地产业、汽车行业等。因此，机会驱动成为当时企业管理最需适应的环境之一，机会推动少数人创业，他们选择了与自身相适应的业务，完成了价值选择，这个机会推动着公司的结构分工、协作流程、策略思考进一步最大化，并获得更多的机会，吸引更多人员的加入。

随着社会、经济和全球环境的不断变化，产品从服装、食品到家电、房子、汽车，再进入电信设备，城市化、工业化等投资市场，要素市场从价格双轨制到市场配置、银行资金和外汇的紧缩与宽松、IPO（Initial Public Offerings，首次公开募股）等交替循环，只有跟上这些节奏不断变化的企业才能存活至今，这就是环境拉动。在环境拉动的驱使下，不仅要抓住机会，而且还要不断调整自己的组织结构和业务流程，否则就会在环境变化面前被无情淘汰。在公司内部，不同背景的人风格迥异，有的人有想法但不务实，有的勤于干活却话不多，如何将员工统一于组织结构之下、按流程行事，这就需要理念导航。通过理念导航统一思想，影响员工的思考和行为模式，指导公司向前发展。"空谈误国、实干兴邦"，使那些实干者最终成为成功者。市场导向理念把二流产品卖给一流客户，从而获得一个个订单而成长起来；资本运营理念迅速扩大了自己的规模，坚持实力导向和质量求生的企业建起了研发中心和现代制造业；坚持"走出去"理念的公司获得了大量的外部市场机会，完成了价值整合。许多公司在发展过程中，被理念、机会、环境搞得头昏脑胀，而万科选择"做减法"、华为选择技术研发，都是在赚钱之后深刻反思的结果，集中精力把事情做得更好，而成为一家优秀的公司，这就完成了价值实施，也叫战略铺轨。战略成为调整自身方向、优化资源使用、建立业务的依据，成为企业发展的轨道。而完成了战略思考的企业，人员的价值创新得以完成、素质得到提升、人的精力和专长也得到充分发挥。

（3）"以利益的考核分配机制"成为管理体系和价值循环的核心。在人员管理上，承包制、提成制、员工持股制、IPO和期权制等，都在解决如何使人的贡献与收入相一致的问题；而在组织结构上，从老板、MBO、改制到规范治理体系、引进国际资本等，也在解决员工和老板间的合理分配问题；基于横向业务和流程的团队奖金和机会驱动下的晋升机制，也在解决这一问题；策略导向的本土经理人成长和权限划分，如联想的柳传志与杨元庆、郭为，王石与郁亮的权限划分就是最好的例证。如何将分配机制与价值选择、价值整合、价值实现、价值创新等结合起来，就是激励手段的创造。

【专栏】华为：清晰方向是在混沌中产生的

华为的核心价值观中，很重要的一条是开放与进取，这条内容在行政管理团队的讨论中，有较长时间的争议。由于成功，我们现在越来越自信、自豪和自满，其实也越来越自闭。

非白即黑？

一个领导人重要的素质是方向、节奏。他的水平就是合适的灰度。坚定不移的正确方向来自灰度、妥协与宽容。

清晰方向是在混沌中产生的，从灰色中脱颖而出。方向是随时间与空间而变的，它常常又会变得不清晰，并不是非白即黑、非此即彼。掌握合适的灰度，是使各种影响发展的要素在一段时间和谐，这种和谐的过程叫妥协，和谐的结果叫灰度。

妥协一词似乎人人都懂，用不着深究，其实不然。妥协的内涵和底蕴比它的字面含义丰富得多。我们华为的干部，大多比较年轻，血气方刚，干劲冲天，不大懂得必要的妥协，也会产生较大的阻力。

我们今天提出了以正现金流、正利润流、正的人力资源效率增长以及通过分权制衡的方式，将权力通过授权、行权、监管，授给直接作战部队，也是一种变革。在这次变革中，也许与20年来的决策方向是有矛盾的，也将涉及许多人的机会与前途，我想我们相互之间都要有理解与宽容。

宽容差异

为什么要对各级主管说宽容？这同领导工作的性质有关。任何工作，无非涉及两个方面：一是同物打交道；二是同人打交道。

不宽容，不影响同物打交道。一个科学家，性格怪异，但他的工作只是一个人在实验室里同仪器打交道，那么，不宽容无伤大雅。一个车间里的员工，只是同机器打交道，那么，即使他同所有人都合不来，也不妨碍他施展技艺制造出精美的产品。

但是，任何管理者，都必须同人打交道。有人把管理定义为"通过别人做好工作的技能"。一旦同人打交道，宽容的重要性立即就会显示出来。人与人的差异是客观存在的，所谓宽容，本质就是容忍人与人之间的差异。不同性格、不同特长、不同偏好的人能否凝聚在组织目标和愿景的旗帜下，靠的就是管理者的宽容。

宽容是一种坚强，而不是软弱。宽容所体现出来的退让是有目的、有计划的，主动权掌握在自己的手中。无奈和迫不得已不能算宽容。

以退为进

坚持正确的方向，与妥协并不矛盾，相反妥协是对坚定不移方向的坚持。

当然，方向是不可以妥协的，原则也是不可妥协的。但是，实现目标过程中的一切都可以妥协，只要它有利于目标的实现，为什么不能妥协一下？当目标方向清楚了，如果此路不通，我们妥协一下，绕个弯，总比原地踏步要好，为什么要一头撞到南墙上？

在一些人的眼中，妥协似乎是软弱和不坚定的表现，似乎只有毫不妥协，方能显示出英雄本色。但是，这种非此即彼的思维方式，实际上是认定人与人之间的关系是征服与被征服的关系，没有任何妥协的余地。

"妥协"其实是非常务实、通权达变的丛林智慧，凡是人性丛林里的智者，都懂得在恰当时机接受别人妥协，或向别人提出妥协，毕竟人要生存，靠的是理性，而不是意气。

"妥协"是双方或多方在某种条件下达成的共识，在解决问题上，它不是最好的办法，但在没有更好的方法出现之前，它却是最好的方法，因为它有不少的好处。

妥协并不意味着放弃原则、一味地让步。明智的妥协是一种适当的交换。为了达到主要的目标，可以在次要的目标上做适当的让步。这种妥协是以退为进，通过适当的交换来确保目标的实现。

"七反对"原则

什么是职业化？就是在同一时间、同样的条件、做同样的事的成本更低，这就是职业化。市场竞争，对手优化了，你不优化，留给你的就是死亡。思科在创新上的能力，爱立信在内部管理上的水平，我们现在还赶不上。要缩短这些差距，必须得改良我们的管理，不缩短差距，客户就会抛弃我们。

的确，我们要有管理改进的迫切性，但也要沉着冷静，减少盲目性。我们不能因短期救急或短期受益而做长期后悔的事。不能一边救今天的火，一边埋明天的雷。管理改革要继续坚持从实用的目的出发，达到适用目的的原则。

我们从一个小公司脱胎而来，小公司的习气还残留在我们身上。我们的员工也受二十年来公司早期的习惯势力的影响，自己的思维与操作还不能完全职业化。这些都是我们管理优化的阻力。由于我们从小公司走来，相比业界的西方公司，我们一直处于较低水平，运作与交付上的交叉、不衔接、重复低效、全流程不顺畅现象还较为严重。

在管理改进中，要继续坚持遵循"七反对"的原则：坚决反对完美主义，坚决反对繁琐哲学，坚决反对盲目的创新，坚决反对没有全局效益提升的局部优化，坚决反对没有全局观的干部主导变革，坚决反对没有业务实践经验的人参加变革，坚决反对没有充分论证的流程进行实用。

我们不忌讳我们的病灶，要敢于改革一切不适应，要及时、准确、优质、低成本实现端到端服务的东西。但更多的是从管理进步中要效益。我们从来就不主张较大幅度的变革，而主张不断的改良，我们现在仍然要耐得住性子，谋定而后动。

规则的确定

我们从杂乱的行政管制中走过来，依靠功能组织进行管理的方法虽然在弱化，但以流程化管理的内涵还不够丰富。流程的上、下游还没有有效"拉通"，基于流程化工作对象的管理体系还不很完善，组织行为还不能达到可重复、可预期、可持续化的可值得信赖的程度，人们还习惯在看官大官小的指令来确定"搬道岔"。以前还出现过可笑的工号文化。

工作组是从行政管制走向流程管制的一种过渡形式，它对打破部门墙有一定好处，但它对流程化建设有更大的破坏作用。而我们工作组满天飞，流程化组织变成了一个资源池，这样下去我们能建设成现代化管理体系吗？一般而言，工作组人数逐步减少的地方，流程化的建设与运作就比较成熟。

我们要清醒地认识到，面对未来的风险，我们只能用规则的确定来对付结果的不确定。只有这样我们才能随心所欲而不逾矩，才能在发展中获得自由。任何事物都有对立统一的两面，管理上的灰色，是我们生命之树。我们要深刻理解开放、妥协、灰度。

第三章
管理变革

"职能型企业靠理、行政型企业靠法、市场型企业靠人",企业因内在动力不同,管理模式与变革机制也不同。30年来中国企业的管理变革跑步前进,新的管理环境催生新的管理变革模式。基于问题而生的变革模式演绎了企业发展的前进之路,管理变革历程可大致分为两个阶段:第一阶段是1992—2002年间的基于规范化和业务能力提升的管理变革;第二阶段是2002—2010年间的基于体系整合的管理变革。但是,我们正在迎来基于全球化驱动的公司再造式的第三次管理变革。

一、基于规范化和业务能力提升的第一次管理变革

第一次管理变革是企业家驱动的自我救赎式管理变革,我们称之为管理变革1.0版。在与国外打交道过程中,素质较高的企业家们发现一个好的企业是不断建设和管理出来的,很多优秀的公司开始重视管理。第一次管理变革发生在1992—2002年之间,是预防"以人为本"问题的模块建设阶段。这个阶段所发生的东南亚金融危机使企业认识到业务能力和规范化是企业生存发展的必然条件。

1. 公司治理变革

身处广东的企业在与香港企业接触的过程中,逐渐发现中国工厂(还没有

真正的公司）的核心问题是"管理者与被管理者"的关系问题，被管理者称管理者为老板，管理者认为被管理者无法创造价值了就会更换被管理者。同时，这一阶段的管理者也发现，办企业所需要的人不是从同事、朋友、同学中找，而是从市场聘任，这就启动了"生人管理"、"以事为本"和"规范行动"三大管理模式的塑造。管理者若要解决不熟悉的人给自己做事可能发生的问题，就要做到以下两点：第一，就是将事权与财权、人权分离，员工们只负责办事，如按规定报销差旅和招待费，而财务权、人事权则控制在老板手中，形成了"基于事情的计划、组织、控制和收获而不是基于人际关系的平衡、权术和分配"的管理模式；第二，在人才市场上招聘的人参差不齐，做事风格和方式千差万别，必须解决统一规范的问题。因此企业开始制定各种行为规范，使大家具有共同做事的标准。

2. 业务战略变革

在1992年邓小平南方谈话之后，得改革开放风气之先的广东，迎来了一批政府官员、工程师、教师等受过良好教育人们的"集体下海"，改变了商人"跨着小蜜、拿着大哥大、花钱大手大脚"的形象，出现了一批低调工程师风格的企业家。这批新成长起来的企业家能吃苦、很务实，且非常注重掌握自身命运的产品开发和技术控制。这时"资深专家型"的老板也纷纷改行，如华为技术从代理走向局用交换机研制，万科开始逐步放弃贸易走向工业，平安集团开始招聘第一批保险代理抢夺市场等等。总之，这些企业的共同特征就是从贸易走向"研产销"多职能的发展方式。

3. 管理制度变革

历经过1997年东南亚金融危机的洗礼，很多企业彻底改变了思维，其标志性事件就是"巨人停业风波"。企业管理的不当也会促使危机的发生，因此管理在公司中的地位得到重视。华为、万科、中集、平安等一批公司开始聘请中国台湾省的专家来讲课、请香港人来做师傅，还从新加坡请人来挑毛病等，使人们对管理的认识逐步觉醒；招商银行开始通过引进"ISO9000"质量管理体系来改善银行工作，引进计算机和ATM系统来管理业务等等。随着企业发展脚步的加快，组织结构、管理制度、业务流程、市场营销、生产质量管理、研究开发管理等管理制度和经营制度的建设成为很多企业管理变革的重点领域，部分企业甚至引进管理咨询公司来负责组织实施，加快了其发展速度。

4. 人力资源变革

华为、君安开始适应基于员工业绩的薪酬分配制度，调动员工的积极性，也聚集了很多人才。但在"重赏之下必有莽夫"的刺激下，员工队伍也暴露出很多问题：第一是如何按职责做事情，即今天的职位制度；第二是如何按责任拿工资,即今天的薪酬制度;第三是如何按结果拿奖金,即今天的评价制度。同时,高速发展的企业还面临着"如何解决人才供应不足"的问题,于是"选育用留"的人力资源管理流程或制度应运而生。

5. 经理管理变革

企业做大以后出现很多部门经理,但是经理们开始制造另外一些问题:一是经理技能无法满足企业高速发展的要求;二是从国企和外企过来的经理没有创业精神,对老板作风说三道四。于是,企业开始两类重点管理活动:一是企业文化管理,给经理人们洗脑使之与老板统一思想;二是集体学习、共同修炼,使经理人团队具备共同沟通、计划、领导、解决问题和管理角色等技能。

二、基于体系整合的第二次管理变革

第二次管理变革是国际化拉动的追赶式管理变革,我们称之为管理变革2.0版。2001年中国加入WTO以后,广东等先行地区的企业开始体会到企业间竞争不是单个人的竞争,而是整个组织的竞争;不是单一部门的竞争,而是研产销服务整个价值链的竞争;不是单一能力的竞争,而是QCDEF(质量、成本、效率、节约和资金流)综合指标的竞争。已经完成管理制度化、规范化变革的企业,开始把管理功能集成起来分步骤固化、优化、升级,逐步形成自己的管理体系,进入"体系整合"的以标杆竞争的管理变革第二阶段,企业管理坐标从"回头看"到"向外看"的管理理念变化。

1. 战略管理系统变革

先行企业,尤其是中集、平安、招商局和华润(驻香港在深圳运营)、华为、万科、比亚迪、TCL等企业开始意识到一个严重的问题,就是如何解决"做什么"、"往哪里去"和"怎么去"的问题,这也是这些企业与跨国公司真正的差距。与今天很多所谓僵化的"对标管理"截然不同,优秀企业的标杆是找到核心功能差距,也是与跨国公司竞争国内外市场时处于劣势的驱动因素。万科"做减法"使之聚焦于住宅商品提供,不断改进现金流管理来提高资金效率,使之成为中国地产行业的标杆;华为不断提出新全球化目标,并通过庞大的基于流程的系统管理驱动着数万工程师不断地基于市场的产品创新,使之成为唯一一家过千亿销售额并进入全球前三名的公司;平安则直接从战略入手打造金融综合集团,将保险、银行、证券一体化管理,通过基于战略的组织架构体系使之成为标杆;招商和华润也找到转移内地的市场机会,建立集团管控模式,发挥规模优势,使香港和广东的重要企业成为净资产收益率最高的央企资产。

2. 组织架构系统变革

美的集团是这一系统管理模式的获益者,在20世纪因事业部改革从小家电公司成长为家电集团。成为家电行业主流后,继续研究发展模式,在组织结构(责)基础上将人才激励机制(利)上升到业务驱动中来(不断吸引优秀家电企业人才进入美的创业),将基于部门或SBU的绩效考核(权)上升到战略控制体系中来(将优秀团队和领军人物集中于快速发展轨道),形成了"责、权、利"一体化的组织架构管理体系,解决了业务成长与组织成长同步的问题,并将市场更替机制与内部竞争淘汰机制同步,内部失败的领导往往也是市场上失败的业务或产品。

3. 流程集成管理变革

华为技术的管理模式实质就是流程集成管理。如果说华为人力资源管理体系是华为技术作为"人才智力"型企业的采购系统,那么端到端流程集成管理就是华为的生产系统,把近十万名IT技术领域博士、硕士生的想法和技能"整合"为市场所需要的产品及解决方案体系,确保华为对客户需求的快速反应、灵活实现等。与其他公司的流程管理不同,华为通常是从系统出发,关注流程之间的配合,关注流程对业务的覆盖率,而不计较单一流程执行的规范化与否。更为重要的是,华为流程管理集成的不仅仅是各个流程之间,还集成客户(将客户问题与需求导入到内部各个部门、各个职位)、组织结构及职能体系(确保各个职能和部门、各个层级的任职者都能集中于流程发挥各自责任、权利、能量、资源)、人力资源(根据流程运行的需要培养其参与者的技能、态度和知识;根据流程需求变革职位制度,设立基于流程的职位;根据流程需求变革薪酬激励机制和绩效考核机制)。华为在这一管理变革模式下实现了"新产品开发与创新优化(IPD)、客户需求服务与管理实现(ISC)、资金预算分配与风险控制(IFS)"三大核心体系,找到了聚集知识能量、服务客户和参与竞争的一种低成本模式。

4. 人力资本职业变革

万科地产是人力资本管理和职业化的受益者。万科在本世纪前后的人才流动是众所周知的,部门经理流动率高达20%—30%,但是这并没有影响万科的高速发展。为什么?万科采用了管理经理人级的人力资本经营管理体系,比如万科是第一个把部门经理纳入公司治理架构管理的上市公司,是第一个有经理人管理制度的中国企业,是第一个不断把职业经理人的业绩、薪酬、素质与外部市场比较的本土公司;同时,它又是一个关注经营职业经理人个人品牌的本土公司,是一个不断引进和培养通用企业管理技能而不是关注学习本产业内管理技能的专业化本土公司,是一个按战略计划和人才职业生涯配置使后续队伍高于现任上级素质的本土最有力度的公司,是一个以关注职业经理人"丰盈人生"的工作生活一体化理念（不是忠诚于本公司）为核心企业文化管理体系的本土做得最好的公司，是一个敢于高薪聘任人力资源高管来为个人和行业开发培养领袖才能的本土新锐公司。

5. 资产战略管理变革

比亚迪、中集等是最好的基于资产开发管理的本土公司，更是为数不多把资产管理作为管理核心的企业。比亚迪是一家为 NOKIA 等制造电池的工厂，创始人通过"夹具＋人工成本＋设备资产＝制造优势"的模式赋予一般性设备生产各种创新产品的能力，使之超越了国际同行成为全球电池代工大王；又以电池能源资产为基础，进入了对电池制造开发和配套技术要求很高的新能源汽车领域；进而利用其制造资产优势进入电子代工领域成为富士康唯一的竞争对手。中集集团是将集装箱制造资产最大化的公司，在以全球集装箱制造低成本为优势占居全球第一位之后，先后进入悬挂车、机场设备领域和智能集装箱领域，打造了海上物联网。在刚结束的金融危机中，中集通过收购业务与集装箱制造资产最相关的资产——德国设计公司，开启了"艺术化生活和人文化工作"的中国制造战略梦想之路。

6. 领导力驾驭体系

2002 年以后，包括深圳在内的广东地区的培训市场突然呈现"两面倒"的趋势，被内地企业竞相追逐的著名培训大师在广东却根本没有市场。比如说深圳机场是全国机场中少数没有声嘶力竭推销管理光碟的。广东培训公司和培训师都到内地去了，包括深圳在内的广东市场将培训会变成了"研讨会"，很多机构聘请约翰·波特（领导力与变革大师）、迈克尔·波特（竞争战略大师）等全球顶级管理大师来讲座，后来是教练技术（后被取消）。其实这都是需求结果，实施第二代管理变革，最核心的是领导力的建设与开发。华为将原来的数百名副总裁锐减为 9 人左右的 EMT（执行管理团队）来塑造领导力体系，在很多企业认为高层是研究战略的团队的时候，华为却认为高层是执行战略的团队。深圳企业纷纷通过建立自己的"企业大学"等来系统持续地培养人才。如平安金融大学的大堂摆放的孔子、爱因斯坦的塑像，向每个平安人宣告了企业家偶像；华为大学、中兴大学、招商银行学院等培训中心成为企业最奢侈的建筑物，这都宣告着企业构筑领导力以适应第二代管理变革的趋势。

【专栏】中国近代企业家的百年管理修行

中国企业借助30年官方主导的改革开放取得了巨大成就，包括民营背景的华为、沙钢等众多企业位列世界500强，这与"中国GDP位列全球第二"的大背景是相符合的。可是，我们无论如何也高兴不起来，原因是发现"中国企业家和企业没有真正走出国门就先出轨——越来越背离全球优秀企业家的言行举止特征了"。这个结论是在华景咨询研究员和分析师们的帮助下，对1911年前后中国民族企业家和2011年前后中国企业家的言行举止进行了比较研究而得出的。

1. 结果比较：没有精神意志和对全球商业有用的创新行动，就无法赢得尊敬，仅有财富是不够的

1923年，上海商务印书馆出版了英文著作《现代之胜利者》，第一卷列出了16位成功人士，包括爱迪生、洛克菲勒等西方人士，华人张謇和穆藕初也名列其中，华人穆藕初被评价为"具有非凡才能和意志的人"。不是财富规模，而是当时中国企业竞争力、中国企业管理水平至少不落后于世界水平。比如1920年为抵制日本财阀，中国本土企业联合设立纱交所，导致日本财阀亏损这一符合全球现代文明手段而赢得尊敬。

2011年，中国哪位企业家可以与"乔布斯、比尔·盖茨、稻盛和夫"并驾齐驱呢？不是财富多寡而是精神和意志缺乏，无法作出让全球企业同行佩服和学习的事情，除了"中国人不差钱"的形象。虽然现在中国本土企业也有打败在华跨国企业的，但都是靠"山寨、盗版、模仿、接收落后产业、破坏环境代价"等不符合商业文明手段而取得的。

"富强第一、文明第二的商业精神"、"达尔文进化论和以结论论英雄，邃密群科济世穷的荣辱之心退位"成为跨世纪企业和企业家精神主流。1911年前后企业与企业家是"创建"出来的，选择了符合国民需要和国家根基的棉纱与农业产业等，有很强的国家民族基础，比如穆藕初与张謇、聂云台、荣宗敬并列为四大棉纱巨子。农业是中国立国之本，中国贫弱的根源在农村，"必须首先改良农作，跻国家于富庶地位，然后可以图强。"棉织工业是当时中国第一大产业，一国工业的发达，多半以棉纺业为先驱，如果本国棉织业的产品不能供给本国人民的需要，那么此国家必为世界工业落伍之国家。自第一次世界大战以后，中国的民族工业发展迅猛。据统计，从1912到1919年，中国新建的企业达470多家，投资总额1亿多元。1911年前后企业与企业家有很强的"改变经济基础和引进科学管理来振兴中华"的心愿，这一代企业和企业家都有实业救国的理念。

现在企业家产业选择，什么容易赚钱就做什么，结果塑造了大量毫

无发展前景的"加工贸易"产业群、掠夺财富的"房地产产业",把有前途但短期难以赚钱的让给"跨国公司"去完成,我们现代企业家的"发财"梦想大于一切。

2. 企业实践:以泰勒的科学管理制度为蓝本,开始在兴办工厂中实践新机制

以穆藕初为例。他们这一代人出国学习与现代人出国镀金是为了拿绿卡、避税等不同。

穆藕初在钻研农学知识的同时,很注意学习管理学。彼时,西方世界的"管理运动"正在兴起。1913年夏,穆藕初赶赴德克萨斯州南部的塔夫脱农场,考察农场的管理体制。另外,他还登门拜访了有"科学管理之父"之称的泰勒(Frederick Winslow Taylor)及其弟子吉尔布雷斯(Frank Gilbreth)。与顶尖学者的交流与讨论,使他对科学管理学理论深为认同,自称"获益甚多"。1915年,穆藕初将泰勒的原著《科学管理法原理》一书翻译成中文出版,取名《学理的管理法》。

首先,他一改华商棉纺厂中普遍采用的文场、武场和工头制,建立起新的生产管理机制,企业的人事任免权归总经理掌握,下设科室、车间,由工程师和技术人员负责企业日常运营。

其次,建立科学的用人制度,所有人员考核上岗,不能随意解雇工人。

第三,培训制度日常化,对生产操作进行规范。穆藕初认为,出纱的优劣,三分在机器,七分在人为。工人技能的训练是必需的,所以穆藕初在企业内部首创职业学校。

第四,健全的报表管理制度。他要求各车间的负责人按日填制生产进度及原材料消耗等各种报表,交厂部入账。这种日报表制度也成为穆藕初经营企业的特色,之后华商群起仿效。

穆藕初服膺科学管理,但并不迷信教条。根据自己的理解,结合中国国情,他将科学管理总结为"省时间、精神、物质"三种。穆藕初说,管理学识,多半出于天然之道理,所以管理者不能拘泥于陈旧的方式,削足适履。前人在管理工厂上觅出的心得,仅仅是管理方法上的酵母,运用之妙,存乎于管理者的心思与脑力。

在市场方面,穆藕初重视调查。他认为,企业的制胜之道在于高质量的产品。他将市场上最受欢迎的日本棉纱逐一研究,分析优点所在,对德大纱厂的棉花纤维的长短误差、棉花原料质量、车间空气干湿度等方面进行规定。德大纱厂投产月余,所产之宝塔牌棉纱就成功占领市场,获得"上海各纱厂之冠"的美誉。

为了改善后方棉布极缺的情况,他发明了"七七纺棉机"。这是一种脚踏式的木制纺织机,每机有纱锭32个,每日工作10小时,可纺棉纱1.5市斤。由于该机每台只需一人操作,生产效率超过旧式手摇纺织机数倍,因而在国统区和共产党的西北根据地大为流行。"七七"之名,在于让民众毋忘"七七事变"的国耻。

3. 个人学习:以推动企业的纪律化、标准化、简单化和社会的法制化、正规化

1930年,穆藕初在工商部任职两年间修订工商法规、章程、细则共40万份。穆藕初翻译有《科学管理法原理》(泰勒)、《中国花纱布业指南》(克拉克)。论文有《植棉改良浅说》、《美棉消毒之方法》、《游美国塔夫脱农场记》、《中国商务与太平洋》、《发展中国天产与商务》、《纱厂组织法》、《日本纺织托拉斯之大计划》;戏曲论著有《昆曲演出史稿》、《上海戏曲史料荟萃》等。1916年11月上海中华书局出版了他翻译的泰勒的名为《工厂适用学理的管理法》,并将该管理法在厂内推行。此后,他创办了上海厚生纱厂、郑州豫丰纱厂,分别任总经理及董事长兼总经理之职。其间,还办植棉试验场,著《植棉浅说》,致力改良棉种和推广植棉事业。

4. 社会生活:致力于社会实际发展有益的活动,而不是为个人"利名慈善"

与现代企业家发财以后,忙着闹绯闻、购置宅第等炫富行为不同。他们把财富用于社会文化、扶持教育、优化产业环境等社会活动。

1921年秋,鉴于昆曲全福班老伶工年老力衰,后继无人,大家集资在苏州五亩园开办昆剧传习所;不久,穆藕初加入。为筹集办所资金,穆藕初发起上海与苏州曲友会串,义演三天。当时上海各剧院对已经没落的昆剧表示怀疑,不愿承办,穆利用他在上海工商界的影响,找到外资的奥林匹克剧院合作,并成功地筹集到8000元,为昆剧传习所提供了启动资金。

他们在工厂月薪并不高,满足伙食费和家用即可。但他们一生爱才如命,资助很多学生学者赴美留学。在挑选学者时不主张考试,而是请蔡元培、蒋梦麟、胡适、马寅初推荐,只要他们认可就行。选送选择不是要他们为自己评功摆好,也不要为自己工作,连个谢字也不要,只要他们学成后报效国家和民族。

5. 提升产业

穆藕初认为"中国的银行业与工业不接近,与商业和政府较近",对中小企业发展促进不大,就发起了劝工银行。"其物由棉而纱而布,

其事由农而工而商而金融，其地由海疆而中州，行将进规西北"。德大与厚生两厂的成功让穆藕初信心十足，他萌生了为棉纺织业张本的想法。当时，中国棉织业不乏振兴实业的仁人志士，但苦于资金短缺难有作为，不得不举借外债，利用外资来筹集创业资本。

1921年11月，他联合聂云台、荣宗敬等棉纺织业界人士，筹办了中华劝工银行。该银行除经营一般业务外，还要以"振兴国内实业"为目的。同年，穆藕初还发起创建了华商纱布交易所。同时，他认为人才是产业发展的瓶颈。参与发起成立中华职业教育社，任中华职业学校校董会主席。民国七年当选上海总商会会董，2年后连任。民国九年，发起组织上海华商纱布交易所，被推为理事长。

第四章
基于企业文化资产的
竞争力等级化

企业文化是战略的战略。要保证专业化战略的有效实施，必须建立以专业化精神为核心的专业化文化，打造一支以专业化型领导层为核心的专业化型团队，并将专业化文化融入每一名员工心中、落实到企业经营管理的每一个阶段和每一个环节。企业文化是支持和推行企业长期发展战略的基础。转型企业要对传统的企业文化进行扬弃和更新，在借鉴先进企业文化的基础上，构建和形成能够体现时代特征和本企业特色的企业文化，充分发挥企业文化的导向作用、规范作用、激励作用和对企业成长的推动作用。

一、以人为本的成长路径

华为公司是一个注册资金为 24000 元的民营企业，如今其销售额达到千亿元，其中海外销售占销售总额的 50% 以上。华为公司的产品已经进入了全球 96 个国家和地区，全球有 350 家电信运营商在使用华为公司的产品。世界排名前 50 位的电信运营商有 22 家在使用华为公司的产品。华为能够发展到今天的规模，内因必然起着决定性的作用。华为公司的成功，不是一个自然竞争渐进的结果，而是其战略竞争力综合作用的结果。自然竞争是一种自发、保守、渐变的成长方式，是低风险、积累型的适应过程，它往往需要几代人的努力才能取得重大的成就。而战略竞争力可以压缩时间，把智慧、想象力和积累的资源有效地结合起来形成精心协调的行动，一举定乾坤。

像华为公司这样的"市场新人"，要进入一个中等发达国家往往需要三到五年的认同时间。发达国家的运营商门槛更高，先要经过一两年时间的考察才能获得测试资格，要两到三年才能进入实验室，通过了测试才算进入了他们的供应商名单，才有资格参加招投标。而且，单靠一个合同招标不可能"一炮打响"，企业在心理和资金上都要做好持续投入的准备。国际性大公司代表了行业最高的运营水平，要想与他们同台竞争，只有不断提升公司自身的运营水平。华为公司从1997年开始，就多次斥巨资请IBM、普华永道等公司来帮助其提高管理水平。华为公司还聘请了世界一流的管理企业家作为公司常年的质量管理顾问。华为公司全球运作的IT支持系统就是其产品进入欧美市场的关键，它通过长达7年的苦练内功，才获得了与西方大公司同台竞技的机会。

在中国的家电产业中，格力集团是一个很有特色的企业。首先，该公司从成立之日起，就将空调作为主要经营业务，而且仅限于做家用空调，不生产中央空调、汽车空调等；其次，该公司进入空调业的时间较晚，当时春兰、华宝、美的等一批国内企业已经崛起，并在市场份额、品牌声誉等方面占有很大的优势；第三，目前家电产业的许多公司出于分散风险、迅速扩张等动因，纷纷开展多元化经营，但格力集团仍然坚持专业化经营。专业化是格力最突出的经营战略，"专"是为了"精"，也只有"专"才能保证"精"和"高"。现代社会化大生产，专业分工越来越细，只有集中精力、财力、物力和人力专攻一业，才能缩短新产品开发周期，不断抢占技术制高点。专业化为格力的技术创新奠定了坚实的基础、提供了可靠的保证。

格力集团坚持专业化经营战略的主要依据是：空调市场具有广阔的发展前景。在中国，电视机、洗衣机、冰箱等家用电器于20世纪80年代已进入普及各个家庭的成长时期，但空调市场的发育却因各种因素的制约相对滞后。到了20世纪90年代，空调行业进入了成长时期，市场需求出现了迅速增长的势头。目前全国居民空调器拥有率是16.29%，还有极大的发展空间。这就为格力集团的专业化经营战略提供了良好的机遇。格力集团的总经理朱江洪多次表示："我不反对多元化扩张，格力空调现在才占国内市场份额的13%，等占到40%以上，我们会向其他领域扩展。"

1. 文化引导是人员转型的第一要素，但必须明确专业化企业的文化基本特征

专业化文化的显著特征就是具有明确的目的主导性，也就是紧紧围绕企业专业化战略的实施，为其创建良好的企业氛围、提供良好的思想制度平台和行为保障。

（1）专业精神是专业化文化的核心。专业化精神就是指成长型企业应彻底抛弃"小而全"的经营思想，专心围绕自己的核心竞争力，将资源集中到特定

领域,将焦点缩小到核心业务,专业化于某一行业某一领域甚至某一类、某一产品或服务,强调深度而不是广度,坚持产品、技术、市场、管理的创新,专心致志、不受外界干扰,将所选定的事业做到最好,争取在同行中遥遥领先,力求占据某个市场的最大份额。

(2) 务实精神是专业化文化的基石。何谓务实?说到底,务实就是务企业成长现状之实、务企业成长目标之实。务实就是要求企业上至领导下至基层的全体员工踏踏实实做事、老老实实做人,保持稳健、低调的经营作风,慎言敏行,不事张扬。务实就是要集中精力做事,并用结果证明一切。追求务实的企业,不会轻易被美丽的外表所迷惑,因为他们会非常理性地判断摆在眼前的所谓机会,即企业是否有能力驾驭、是否真的能为企业带来更多的价值和利润、是否真的对企业的总体目标和长远发展有利。如果这些问题找不到合理答案,企业绝不能盲动。

(3) 创新精神是专业化文化的要素。专业化企业需要在市场缝隙中求生存,在细分市场中求发展。没有创新精神,企业绝不会积极寻找并有效发现那些看似狭小却非常难得的市场空间;没有创新精神,企业绝不会竭尽全力挖掘市场潜力、将市场缝隙变成市场金库。据统计,世界上现有150万种产品,而中国目前仅有40万种,中国商品品种的开发落后世界20年。

(4) 敬业精神是专业化文化的要素。何谓敬业?就是企业员工以职业为事业,积极负责、尽忠职守。敬业精神具体表现在:干一行爱一行、钻一行专一行、勤一行精一行。依靠其专业领先性在某个细分市场战略性突破。因此,特别需要员工勤勉工作、刻苦努力,与企业共同创造未来。在此期间,企业员工精益求精、追求完美的专业努力起到了至关重要的作用。若员工毫无生存的紧迫感和危机感、缺乏责任心、不思进取、疏于学习、不在提高专业水平和能力上下工夫,企业的最终命运可想而知。

(5) 团队精神是专业化文化的要素。专业化战略、拓展细分市场对团队作战能力的要求更高,而团队中每个成员的能力各有长短,这就需要大家密切配合、互补协作,形成一个强有力的整体,发挥集体智慧的无穷力量。其中最重要的是良好的内部沟通,以保证信息交流渠道的畅通和积极高效的合作氛围。专业化文化的团队精神尤其反对个人英雄主义,反对面对种种诱惑时急功近利式的骚动、冲动和盲动,主张民主集中和集体决策,避免由于个人原因造成团队和企业的无谓牺牲。

(6) 忠诚可信是专业化文化的原则。诚信包括员工的诚信道德和企业的诚信经营两个方面,愿意为客户提供好的产品和服务,赢得客户、供应商、竞争对手的尊重和信赖。曾有一对美国夫妻驾驶劳斯莱斯到欧洲旅行,在经过法国的一个荒僻的村庄时,后车轴忽然断裂。这对美国夫妇非常不满,便给劳斯莱斯在伦敦的总部打电话抱怨。几个小时后,劳斯莱斯工作人员乘飞机赶来,换上了新的后车轴,并一再向顾客道歉。数月之后,这对夫妇专程去伦敦向公司支付修理费,不料公司负责人说:"我们的车轴折断是创业以来第一次。我们强调绝对不会发生事故,所以我们应该为你们更换一根永远不会折断的车轴。"数百年来,劳斯莱斯非常重视信誉,不仅认真制造每辆汽车,而且还严格控制产量。因此,劳斯莱斯是世界上最骄傲的极品车,不仅是总产量最少的名车,而且不是有钱就可买到。以顾客为导向就是把顾客利益放在首位,那些没有把顾客利益放在首位、轻视顾客利益的企业,最终会遭到顾客的抛弃。企业若没有将顾客利益放在首位,而是不择手段地谋取利润,就会忽视产品质量而不是精益求精,甚至会粗制滥造。对这样的产品,消费者自然会避之不及。其结果就是该企业因产品没有销路而走上穷途末路。若专业化企业以服务于消费者为根本目标,企业就会充满民主气氛、集思广益、群策群力,最终会实现企业的经营目标。

(7) 以人为本也是专业化文化的核心。越专业化就越"依赖"知识,人是知识的载体,人在掌握知识、增长知识、利用知识方面的差距,最终造成了组织实力的差距。

2. 建立问题思考理念化、矛盾验证制度化、制度约定行为化、行为实践理念化

与其他优秀的中国企业一样,中集文化具有很强的个性特征,它很好地吸取了中国文化中的积极成分,同时也吸取了世界文化的精华成分。中集文化通过领导人的积极倡导和言传身教以及全体员工的参与和实践而逐渐形成,并伴随着集团战略的推进和实施不断优化和提升,具有很强的时代特征。中集文化卡片就是对中集"尽心、尽力、尽善、尽美"企业文化丰富内涵的简要概括。中集的使命(愿景):在全球市场中,成为能按照客户需求提供世界一流的现代化交通运输装备和相关服务的主要供应商,创造为客户所信赖的知名品牌,同时保持公司的健康发展和持续增值,为股东和员工提供良好回报。中集的目标:成为所进入行业的世界级企业。

中集的业务发展战略是为现代化交通运输提供装备和服务,建立和并行发展三个层面的业务:(1)现有核心业务——集装箱业务,重点是加快技术创新步伐和加强内涵优化,利用中国的低成本制造优势,发挥本集团的核心竞争优势,扩大市场;(2)近期需要扩展的新业务,初步选定厢式半挂车领域;(3)现代化交通运输装备及服务行业中有生命力的、符合公司战略定位而且适合5年以后进入并有能力整合全行业的业务。企业精神:自强不息、挑战极限。

核心人力资源理念:国强民富、共同发展。中集公司在人力资源政策上之所以成功,是因为他们从1986年起就坚持了这个理念,并使之不断完善。"公司好,员工一定好";建立和完善"君子爱财,取之有道"机制,使人才与公司共同成长(为认同中集"愿意做事"的员工提供实现自身价值的事业平台;始终坚持业绩导向,对创造业绩的员工给予认可和激励;对不思进取,不能适应公司发展的员工进行调整和淘汰)。

核心价值观:诚信为本——中集要成为世界级企业,"诚信"文化是公司长

治久安的前提。诚信是基本的商业道德,而在中国巨大的经济和社会变化中,"诚信"更显得弥足珍贵。坚持诚信将使企业获得长久的发展,欺诈将损害企业的长远利益,为公司埋下隐患,陷入恶性循环。对内部而言,"诚信"是中集事业的基础,是"共同发展"的黏合剂。"诚信"也是为人处事的基础,是员工要恪守的基本职业道德,即处理问题要实事求是,不欺上瞒下、不推卸责任、不做假账、保守商业秘密。客户至上——中集过去的成功在于始终如一地坚持市场导向。中集的使命(愿景)首先就是为客户创造价值,客户是公司的"老板",要善待客户,帮助客户解决问题,帮助客户提升竞争力。提供比竞争对手更好的产品性价比,比竞争对手更快的响应速度,比竞争对手更专业化的增值服务。而对于内部客户,同样坚持"客户至上"理念,使外部客户需求有效传递到公司内部,使外部客户链条从客户的直接界面——市场部延伸到企业内部。简明高效——效率是制造业的竞争力。瞬息万变的现代竞争环境要求我们的组织对外部环境的变化有敏锐的反应,对客户需求有快速的响应。领先半步,我们就会在竞争优势上加多几分。因此,在保证决策体系科学的前提下,减少层次、简化流程、减少文件、有效沟通、快速响应,保持信息畅通。警惕官僚主义,防范"大企业病",保持关系简单、坦诚做人、专业化于企业目标的内部人文生态,不允许"企业政治"的滋生和存在。创新无限——创新是企业的生命,固步自封,瞻前顾后,企业就难以发展。我们要在理念、机制、业务、技术、管理等方面持续改善,不断寻求突破,顺应外部经济和社会环境变化,满足客户需求。创新对不同企业、不同工作岗位上的员工有不同的含义,但创新的目标永远是比竞争对手做得更好,永远是为客户(包括内部客户)不断创造价值。

员工行为准则:公司要求员工认同中集文化,对不同岗位上员工的价值观和行为准则予以关注。中高级管理人员——高度认同、坚定执着、自我管理、团队建设、健康心态;基层管理人员——PDCA(戴明环,plan、do、check、action,专业化于持续改善和目标实现)、雷厉风行、敬业务实、协同一致;专业人员——创新求变、保守机密、专注目标、精益求精、学习进步;普通员工——职业道德、勤奋诚实、提升技能、合理化建议、遵纪守法。

3. 渗透企业理念,营造积极向上的组织氛围和工作生态链

(1)大声地说出公司的理念。社会心理学研究强有力地表明,当人们公开宣扬某一种观点的时候,他们就倾向于在行动上与这种观点保持一致,即使他们以前根本不信奉这种观点。也就是说,公开陈述一套核心理念会影响人的行为,使他的行为逐渐与这种理念趋于一致。人们常说,谎言重复一千遍就成为真理,更何况我们宣扬的就是真理。

(2)不停地说出公司的理念。借用杰克·韦尔奇的话来说,就是无论在公司的食堂里、在写字楼的过道里,在出差的旅途中,还是在大大小小的会议上,各级管理人员要抓住一切机会宣传企业文化,从不间断,即使自己都觉得有些厌倦。当然前提是用以提供指导、鼓舞士气的企业理念必须真实可信,而不一定标

新立异。例如，许多公司都能树立一个与惠普公司相同的目标：通过电子设备献身社会，推动科学事业的发展，造福人类。问题是，它们会像惠普那样对这个信念一往情深、不弃不离吗？

（3）让每个人都知道宣传理念。因为企业的目的是为了让全体员工更好地认同企业理念、并将它作为自己的思想准则。而不同层面的员工思想状况、对问题的关注点和兴趣点都存在比较大的差异。如果采用简单化的、千篇一律的、强压式的灌输手段，不仅不能起到积极的作用，还可能适得其反，使员工产生抵触心理。因此，企业应该建立一套理念体系的渗透和共鸣机制，充分利用企业的各种有形和无形资源，以员工喜闻乐见的各种方式，比如通过公司内部网站、内部刊物、主题性团队活动、企业年会、读书会、管理研讨会、面对面沟通交流等活动，立体化、多层次、全方位地向员工进行宣导和渗透，并锲而不舍地推行一些实实在在的做法，用事实来教育和引导员工。

（4）在矛盾中坚持理念并诠释矛盾。华为公司《基本法》第 23 条指出：我们坚持压强原则，在成功的关键因素和选定的战略生长点上，以超过主要竞争对手的强度配置资源，要么不做，要做就要极大地集中人力、物力和财力，实现重点突破。华为公司就是如此专业化，以至于对任何不专业化的人和事都深恶痛绝。有一年，华为公司有一个新进入的大学生，洋洋洒洒地写了一份"企业发展万言书"，任正非看到后在上面批示到：假如此人没有精神病，建议开除。其实，任正非的意思很简单：专业化于自己的职业工作。

几年前的三星，还是索尼的追随者，而现在的三星电子从一只"仿造猫"进化为"太极虎"，许多中国企业则成为三星电子的追随者。三星电子青出于蓝而更胜于蓝的关键，来源于其独特的企业文化。其公司精神即"孤注一掷"，首先表现在战略选择上。三星集团会长李健熙在 1992 年提出"新经营"思想，进行战略调整。当时韩国手机产品还多为模拟技术，三星公司经过分析认为，模拟技术靠经验，而数字技术靠的是创意和速度，因此，迅速改变发展方向，于 1996 年采用 CDMA 技术，正式走向数字技术之路。

1999 年，三星电子开始实施"数字融合"战略。当时，正值三星电子的 30 周年庆典活动。三星电子宣布了在未来成为"数字融合革命的一个领导者"的计划。按照这个计划，公司开始了三星电子"数码战略"，即"数码——电子公司"，以实现其领导数字集成式革命的目标。在这个数字融合时代中，消费电子、信息、电信产品、电视机和 PC 机将在线和离线的世界融合在一起。由于三星电子在消费电子、电信和半导体方面都处于领先地位，因此其是推动这次数字革命的理想之选。

三星电子的"孤注一掷"的战略独特之处在于：一是树立一个雄伟的目标；二是以颠覆旧规则的方式获得差异化竞争优势；三是以"孤注一掷"的策略获得持续竞争优势；四是"孤注一掷"地执行。孤注一掷还表现在产品质量上，李健熙曾提出"质量为上"的口号，三星手机因此将之前所有不良手机烧毁以示决心。为了打造过硬的产品，抢占摩托罗拉的市场，三星手机进行了各种恶劣环境下的严格测试,并将产品命名为"Anycall",意思是在任何地方任何时间都能通话的手机。2003年8月中旬,三星电子高层在北京做了一件让中国人感觉惊世骇俗的事情。在三星显示器发布会上,三星电子中国总部社长李相铉致辞后,把与会的三星高层请上展台。担当解说的韩国高层,反复提及要给与会者和中国消费者"拜年"。正当台下数百位与会者懵然之际,七八个三星韩国高层管理者一起跪在台上,赢得台下掌声雷动。这场"商业秀"式的大礼反倒成了最大看点,以致人们差点忘记发布会的主角——显示器。三星电子这一举动引起了媒体广泛的讨论。有媒体如此形容道:尽管这一跪基于商业利益,但还是震撼了在场者的神经。因此,把三星电子看做一个坚定的孤注一掷者,不仅会理解三星电子这种"惊世骇俗"的合理性,而且会对三星电子的隐性竞争力有一个更准确的把握。

"孤注一掷"还在于设计。为保持竞争优势,三星电子在研发和设计上不吝巨资。因此,三星电子的产品所体现出来的科技、时尚、前卫的特点为世人所公认。三星电子的设计诀窍是:"好的产品 + 独特的市场营销"。三星有很多针对女性设计的手机,很受欢迎。这要从多方面考虑,比如与化妆相联系,多用的镜子、粉饼等。"我们会专门设计很多类似这个方面的,做成样板,再加入一些女性专用的功能就可以了"。

(5) 将矛盾符合理念的方法固化为制度。制度在文化建设上起到了关键的承转作用。企业的经营管理制度体系应该依据企业理念规范建立,理念的贯彻落实必须通过制度加以保障。即通过完善运营机制确保专业化理念能够得到有效的贯彻落实,尤其要避免制度与专业化理念不相吻合甚至发生冲突。

(6) 将制度转变为领导者的率先行动。领导者的率先垂范作用不可低估。领导者日常行为将极大地影响企业文化建设。他们的一言一行、一举一动,往往就是企业的风向标和导航灯。专业化型领导的主要特征有四方面:一是执著于理想和目标,对实现理想和目标的艰难和长期过程有充分的思想准备;二是有坚定的意志和果敢的决断力,面对诱惑能够始终保持理性;三是率先垂范、身体力行,有旺盛的精力和高度的热情,无论遇到任何问题都能有效激励自己的员工;四是具有很强的学习、创新和应变能力,善于捕捉稍纵即逝的市场信息,并将其转化为企业成长的良机,专业化型团队都拥有卓越的领导者。总而言之,专业化型领导是真正具有非凡创业意识和能力的企业领袖,是精神和行动高度统一的典范。企业领导要经常对自己的行为进行检测并修正,以作为楷模潜移默化地影响各级管理者和每个员工。

成功的领导艺术包括:一是正直与诚实;二是强烈的进取心,表现为努力拼搏和渴望成功,并具有较高的工作效率;三是创造性思维与行为,并鼓励下属打破常规、敢于冒风险;四是对下属工作能力信任,既非独裁、亦非放任自流,而是合理授权,满足下级自我归属感;五是公正,而非息事宁人的态度,采取折中方案;六是具有亲和力和感召力,关心员工工作内、外的情况,并积极帮助他们解决困难;七是善于与各种级别的员工沟通,并鼓励员工积极发表意见和参与公司的建设，能够仔细聆听各种建议并作出相应的回应；八是善于在不同的环境变换朋友和领导者的角色。成功的领导艺术使企业运营制度得以发挥和完善。

4. 确定与文化一致的人力资源规划

理念和文化最终是靠产品和人来体现的。首先要明确企业的用人标准。专业化型企业往往有自己明确的用人标准。他们在招聘环节就严格把关，精心挑选专业化型员工，特别强调文化认同感，将专业化精神作为首要要素，并要求敬业、专业；管理人员的培养和选拔更加谨慎，要求富有事业心，能够全身心投入企业所专业的领域，以保持核心理念的连贯性。成长型企业综合实力有限，但拥有远大理想和目标，需要全体员工脚踏实地创造未来，而专业化战略的实施，更需要长期保持高昂的进取意识和良好的精神风貌。

5. 确定与产品和文化一致的人员绩效

人员是产品的基础，是文化的载体，产品和文化最终也离不开行动。以人员工作行动的重点领域即关键结果领域（KRA）为基点，确定关键绩效指标（KPI），明确公司及行业的标杆，建立符合企业文化的奖惩制度体系。

二、独特的组织文化

与刚性的规章制度相比，企业文化建设是通过推动组织内形成与组织发展目标相一致的价值观、假定、信念和行为规范来提高组织成员的工作绩效。虽无明确的条文和奖惩制度，但在影响组织成员的工作绩效上却具有更为深远的作用。美国西南航空在提高员工工作绩效方面非常注重企业文化建设的作用，希望能促使员工建立与企业发展目标相一致的价值观、假定、信念和行为规范，让员工自觉地发挥工作潜能，投入到促进公司发展的目标中去。具体来说，西南航空的组织文化具有以下几个可值得借鉴的特点。

1. "员工第一"的价值观

在西南航空的组织文化中其"员工第一"的信念在激发员工工作积极性中起着至关重要的作用。公司董事长赫伯·科勒荷认为老板信奉"顾客第一"的理念可能是对雇员最大的背叛之一。公司努力强调对员工个人的认同，如将员工的名字雕刻在特别设计的波音737上，以表彰员工的突出贡献；将员工的突出业绩刊登在公司的杂志上。通过这些具体的做法，让员工认为公司以拥有他们为荣，不只是泛泛地强调重视员工整体，更有对每个员工个体的关注。

2. 让员工享受快乐，成为热爱和关心工作的"真正"雇员

"在西南航空，我们宁愿让公司充满爱，而不是敬畏"、"这不仅仅是一项工作，而是一项事业"，从这一系列口号中可以看出美国西南航空组织文化的特质。在对员工的培训中强调员工"承担责任、做主人翁"、"畅所欲言"，真正引导员工形成一种主人翁意识，让他们认为公司的发展也就是个人的发展，促使员工愉快地投入到工作中去。

3. 鼓励创新

与"员工第一"价值观相适应，公司重视员工对具体问题的判断，而在管理实践上也强调员工主动、积极地寻求解决问题的对策。当中途航空公司于1991年3月25日提出破产保护，撤出芝加哥后，美国西南航空马上派出了一个20人的小组飞往芝加哥组建公司的相关机构。第二天西南航空的航班就从重新改造后的登机门出发了，这距离中途航空公司退出不到24小时。公司的动作如此之神速，以至于新闻媒体来不及拍摄他们在新的登机门悬挂标记时的场景。而此前在公司并没有总体规划来考虑改造中途航空公司的登机门，也没有经过一个专门的委员会在行动前进行可行性设计。公司希望员工不要被一堆规则束缚，而是由他们自己作出最好的判断。此外公司的德非正统的管理境界，员工对工作的追求和幽默气质，都反映了公司文化中鼓励员工主动创新的一面。

4. 合作精神

美国西南航空强调在组织内部以及在员工、供应商和顾客间建立一种积极的信任关系。公司里有85%的员工加入了不同的工会，但并没有出现工会与管理层间的巨大冲突。在一次美国西南航空的文化研讨会上，首席运营官（COO）科林·拜罗特指出，工会是企业的伙伴——大家是一家人。公司里无论是管理层还是员工在强调外部顾客的同时都很注重内部顾客（内部顾客包括所有的员工和关键的利益者）。在共同工作的过程中合作精神渗透到了企业的各个角落，人们积极寻求改进工作关系的方法，从而提高经营成果。大家都相信：与其彼此竞争，不如做得最好。

此外公司还提出了一系列口号，诸如"了解他人的工作"，鼓励员工了解其他部门、员工的工作，建立共同工作、合作的意识。共同的合作促使公司的生产率不断提高，也提高了部门间的相互协调能力。

5. 独特的"斗士精神"

西南航空公司建立之初曾遭遇行业中大公司的排斥和挤压。然而面对外部的不利因素，公司的员工普遍激发出一种"斗士精神"来应对外部的威胁和挑战。且在克服最初的困难之后，这种"斗士精神"得到继续发扬、发展，引导公司成功地面对战争、油价攀升、"9·11"等一系列危机和挑战。在危机和挑战面

前公司的员工凭借"斗士精神"使得公司即便是在全行业普遍亏损甚至破产的背景下仍然保持盈利的局面。"9·11"事件后,几乎所有的美国航空公司都陷入了困境,大肆地裁员,而西南航空则例外。"斗士精神"再次激发了忠诚和保障飞行以及不裁减员工的决心。许多人义务加班,将预扣税返还留给公司,甚至义务照管公司总部前的草坪。他们再一次团结在一起,共同面对困难。

6. 建立客户导向的组织文化

此外,企业可以采取客户导向的组织文化。一般而言,最佳组织拥有的文化是强调服务他人,尤其是客户。企业的氛围通常是一群友善、充满关怀的人,快乐地一起工作,以合理价格提供优质产品。优质企业通常强调道德与价值观,同事之间的相互合作是以信任为前提的。在美国得克萨斯州奥斯汀有一家名叫艾米的冰淇淋店吸引了无数客户,关键就在于该店不落俗套的企业文化。任何一个晚上,你都可以看到店员玩着冰淇淋铲,朝着对方扔着一球一球的冰淇淋,或是在冰柜上跳舞。如果店内大排长龙,他们会提供样品供客户品尝,或是给任何一位愿意唱歌、吟诗、跳舞或用其他方法娱乐他人的客人一份免费冰淇淋。员工可能会穿着睡衣(睡衣之夜),也可能头戴面具(星级大战之夜)。店内灯光可能是蜡烛(浪漫之夜),也可能是闪光灯(迪斯科之夜)。冰淇淋店花样百出、创意无限,赢得很多客户的眷顾,且声名远播。可见企业文化足以导致一家小企业成功或失败。

【专栏】中国版职业精神

中国版职业精神之"满楼尽是工作狂"

1. 表现

在优秀企业群里面有一个共同的表现:"看不到慵懒的神情和悠闲的脚步,精神高昂充满朝气的员工们像备战一样忙碌着各自的事情"。公司骨干们无论是上班时间还是休息时间都是随叫随到,没有任何理由。而且这些中高层从不斤斤计较索要加班津贴,并都认为只有这样才是公司骨干。

2. 动机

工作气氛来自于"内心热情、建设心态、工作荣誉和吃苦能力"等深层思想观念。

3. 优秀企业人员性格特征决定着源自内心的工作热情

对事情对集体非常热心,而不是对自己对收入才热心肠。这是该类企业选择人员的性格特征。本田宗一郎:"讨厌的人无论怎么勉强,也不会成功"。

4. 优秀企业倡导的以我为主寻求共同发展的群体建设心态

"一步一个脚印地干"才能提高自我、改变环境、提高工作质量，而不是依靠培训来改变自我、依靠管理者改变环境、依靠外部技术和方法论来优化工作质量。

5. 优秀企业提供的以工作为荣的自我价值和组织角色的实现路径

"工作是一个工作者的脸面，工作干好是光荣的而干坏是可耻的"。优秀企业理念与其他组织不同的是——学历优越感、能力优越感、经历优越感等荣耀感。"有面子看得起"，不是你有什么而是你干得怎么样。

6. 优秀企业培养和选择有吃苦能力的人员

这些企业不选拔不谈论有特殊背景的人员。如华为优先选拔"有理想、有野心、有能力的穷孩子"。如万向人常说的"因为我们都是从农村和工人家庭出来的，所以非常珍惜企业发展"。

中国版职业精神之"吹毛求疵无面子"

1. 表现

优秀的企业"下达工作必须界定明确的结果，工作任务完成不容易过关"。看似平常的工作都要在"多方面近乎习难"中修改修改再修改，首先是自我习难——工作质量是个人素质的表征，然后拿给别人看要得到尊敬，获得对这件事情的信赖，而不仅仅是完成任务就可以了。

2. 动机

要求来自于"竞争压力、让人放心、个人素质"等深层思想观念。

3. 优秀企业着力将市场竞争残酷状态向内部传递给每个人和每件事

海尔强调"市场竞争力首先是工作质量竞争力"，并建立市场链将市场竞争压力分解到每个环境和每个人头上。华为强调"客户要求和竞争压力层层传递使每个人保持激活状态"。万向在20世纪80年代初就把43万元的万向节送进了回收站。

4. 优秀企业继承了中国人传统的做人做事"让人放心"的观念

让领导放心、让客户放心、让其他人放心的自我要求文化在这些企业得到了弘扬。让别人担心和让别人检查监督是非常不好的事情。任何事情，要有明确的计划和进度要求，否则没有评价标准；要明确的答复时间，否则依次找答复部门的上级直到得到答复。

5. 优秀企业大力倡导"工作品质＝人的品德"

联想"对正在做的事情要反复看一看有没有问题，还能不能更好一些，与国内领先地位是否相似，是否对得起联想的客户、听众、观众"。在严格追求品质的过程中，要首先改变自己的工作作风，不要修改制度来适应自己的工作作风。"当日事情当日毕"，"给明天留有余地，让明天没有事情可以做，明天就可以做更大的事情"。2003年，万向通知下属公司财务部门负责人对面试人员进行面试,面试人员到了,但财务负责人迟迟不到,集团决定财务负责人向面试人公开道歉,并对其进行通报批评,认为其迟到背离"诚信"原则。

中国版职业精神之"勤是志俭为德"

1. 表现

优秀企业把勤俭作为树立投资形象、积累企业财富、修炼个人行为的一种手段,并创造性地把勤俭办一切事情应用到技术创新和产品创新中去。万向"产品锻造过程中产生的90元/吨的氧化铁都认真收集起来卖掉,在产品成本中扣除"。中国企业界的不倒翁——鲁冠球,至今仍然住宿在萧山市宁围镇的小康农居的房屋中。任正非的车在名车云集的深圳是"掉价"的,老标志开到华为几十亿元的规模,"气得身价不菲的中高层管理干部们有钱不敢花"。

2. 动机

勤俭作风来自于"赚钱能力修炼、个人品德修炼、个人追求表现"。

3. 优秀企业提倡"连自己的钱都赚不到怎么能赚到别人的钱"

企业利润来源于"开源节流",节流是开源的前提,而不是先开源再节流。首先从自己手里面把钱赚到,再去赚别人的钱。优秀企业在内部节约方面做到了极端,成为"中国企业名片"。

4. 优秀企业提倡"勤俭中修炼自己,思想上耐住寂寞,行为上抵抗住诱惑,避免利欲膨胀"

树立"节省别人的钱,你才能得到别人更多的钱",是树立投资形象整合社会资源的前提条件。"成由俭败由奢",一个铺张浪费的人肯定是破败事业的人。

5. 优秀企业提倡"勤勉的人一定是志向远大的人,节俭的人一定是品德素养高的人"

中国传统文化中,任何人都怕被评价为"没志气没品德",所以积攒财富办更大的事情。勤俭是品德和才能的体现,"对所花费的每一分钱都要不断地问是否值得,是否能更值一些"。

中国版职业精神之"艰苦奋斗敢于拼搏"

1. 表现

优秀企业都面对过资源匮乏、强手的打压、客户的拒绝和工作条件极度艰苦的时刻,正是这种时刻培育了企业员工的艰苦创业精神和敢于拼搏的意志。艰苦奋斗是华为文化的灵魂,联想"把5%的希望变成100%的现实","有条件要上,没有条件创造条件也要上"。

2. 动机

来源于"集体尊重智慧、不畏艰险的勇气、挑战强手的意志"。

3. 优秀企业提倡"集体创造精神"

困难时候显身手,尊重智慧蔑视物质力量的思维习惯,人定胜天的意志。"天上不会掉馅饼,地上没有免费的午餐,一切都靠自己创造"。1999年,万向在上海投资买了一块地,发现土地转让协议与政府规定不符,多次交涉却没有结果。投资公司的一个员工以一名普通市民的身份给市长写了信,充分表达了理由,引起了上海市长的重视,终于解决了问题,总裁多年以后才知道。一名普通员工也能办成大事。

4. 优秀企业提倡"不畏艰险的勇气"

两军交锋勇者胜,这是中国的传统智慧。让别人零等待作风,不要等到条件足够了,不要等到责任界限清楚了,而要把能做的全部做到。

5. 优秀企业提倡"挑战强手的意志"

在竞争中学习竞争。"要狠下心来,踏踏实实地在后面吃土,但心理必须为领跑做好准备"。自己没有绝活,即使赚钱了也会跑掉。

中国版职业精神之"军事化严格规范"

1. 表现

这些企业吸收了军事化管理思想并与现代科学化管理相结合,在企业内克服人员的随意性,确保组织纪律性和执行力。

2. 动机

提倡军事化严格规范来自于"组织效率要求、个人随意性挑战、统一行动管理原则"。

(1) 组织效率要求。联想为了树立会议纪律,迟到的人被罚站,从柳传志的老上级"吴文洋"开始到自己,从不讲理由。

(2) 个人的随意性挑战。制度不允许的事情坚决不做。有制度,制度合理的,严格按制度办理;有制度,制度不合理的,先按制度执行,后提出修改意见;如果没有制度的,先把制度建立起来才能做。

(3) 统一行动管理原则。

中国版职业精神之"活到老学到老"

1. 表现

张瑞敏思考的事情总是比海尔人做的事情领先3年;鲁冠球总是说"我文化程度低基础差,先天不足靠后天来补充。而且我们处于一个风云变幻的改革年代,一个适者生存的竞争年代,想要不掉队就必须不断学习";任正非的读书能力更是远近闻名。这些企业家都带动企业持续学习。这些标杆级企业与其追随者们最大的不同是"当他们在追随者们否定榜样,张扬自己的时候,又针对自己的不足开始树立新的学习标杆了"。

2. 动机

提倡学习来自于"谦虚谨慎的行事风格、落后挨打的进步思想、提升境界视野开创新天地的不竭动力、自我否定自我批判的组织方式"。

(1) 优秀企业提倡学习源于"谦虚谨慎的行事风格"。这些企业都知道自己的不足，懂得天外有天的道理，成功的企业离不开别人的帮助和高人指点。所以这些企业都成为"智能吸收器"，向比自己强的人学习，向自己不懂的领域学习，向没有认识到的领域学习，成为他们克服缺点谨慎从事的直接驱动力。中国标杆企业的硕士、博士、教授、留学归国人员都是非常知名的，这些企业为什么拥有这些人才，与众多企业很难留住人才的困境相比，这就是答案。众多企业与引进的人才"以己之长比人之短"，即在其他企业的人才在我这里都不是人才。

(2) 优秀企业提倡学习源于"落后挨打的进步思想"。企业越发展越感觉知识不够用，向客户学习、向市场学习，做小学生，不断转变观念解放思想战胜自我，才能不被市场淘汰。华为把简陋的西乡工厂发展成为"西乡军校"，员工叫乡民，经理叫乡长。

(3) 优秀企业提倡学习源于"提升境界视野开创新天地的不竭动力"。随着企业的发展，需要眼界、视野、空间都不断变化，超越这种发展的唯一途径就是学习。联想投诉处理要做到"一是让投诉人得到满意的答复；二是对责任部门讲清处罚措施；三是从根本上杜绝类似问题再发生"。

(4) 优秀企业提倡学习源于"自我否定、自我批判"。"每日三省吾身"。如何避免自身认识局限，推动组织成员的集体进步，如何向身边人学习，一点一滴走向成熟，这就是自我总结、自我批判，接受别人评价，以他人为坐标改进自我，逐步融合到集体中去，避免独善其身。每个人必须有群体压力的承受力、不同意见的容忍力。

中国版职业精神之"个人融入企业并共同发展"

1. 表现

员工个人追求只有与企业的长远发展目标相一致，对企业忠诚和为发展尽心尽力，才可能实现个人追求。企业发展了势必给员工带来更多的发展机会，为每位员工提供没有天花板的舞台。联想为每位员工都提供了平等的发展机会，不唯学历唯能力，不唯资历唯业绩。

2. 动机

共同发展来自于"员工的责任感、以人为本的治企思维"。

(1) 优秀企业提倡共同发展源于"对员工的责任感"。企业必须对员工物质回报和精神回报负责，企业发展必须代表员工的利益。每个人要有主动承担任务的勇气；要有主动承担责任的义气，出了问题，每个部门要更多地检讨自己，从自身方面找原因；要有主动发现问题的能力；要有主动要求完善提高的追求。

（2）优秀企业提倡共同发展源于"以人为本的治企思维"。员工发展是企业发展的根本动力。通过个人的努力，要创造一些鼓励协作的气息。

中国版职业精神之"平凡的事做到极致"

1. 表现

一个员工在整个职业生命周期里，没有机会摊上几件惊天动地的大事，我们大多数人都会在平凡的岗位上做着平凡的工作。但是，我们总会看到有些人在平凡的工作中取得了卓越的成绩，这就是绝大多数职业人的追求。

2. 动机

机会不会总眷顾牢骚满腹、怨气冲天的人，"平凡孕育伟大，伟大来自于平凡"。没有人会随随便便成功，任何一个成功的企业家、一个成功人士不都是从平凡，甚至是毫不起眼的工作做起的吗？如《士兵突击》中的许三多和几十年教书育人的山区教师。

2007年9月，在北京最紧跟潮流的几家购物商场里开始出现了一个叫做"疯果盒子"的店铺。这家店铺的物品陈列方式极为特别，所有的商品都被摆放在大小不一的盒子里，而所有盒子又都紧凑地连接在一起，看上去有点像模仿的一个平面。这样陈列的原因，是因为每个盒子都属于不同的设计师，每个设计师只需要以每月200元的租金租下一个小盒子，就可以在北京高端购物商场里贩卖自己的创意产品。"疯果盒子"店铺则通过收取盒子租金和提成来获取利润。

"疯果盒子"的创建是以设计师的思维模式来考虑商业问题，作出了很多有违商业思维的决策。"疯果盒子"的月租统一，不因地变动；坚持"原创非量产"概念，受欢迎的产品也不会批量化生产；对于加盟设计师的审核也十分严格。然而，店铺却因此获得巨大的成功。艺术家不愿意过多考虑与利益相关的信息，乐于接受统一月租金，坚持"原创非量产"使设计师的灵魂不会被商业利益所腐蚀，保证了设计师的忠诚度与持续创造力。而对加盟设计师的严格审核则使产品的品质有了保证。疯果网更是聚集了全国各地的设计人才，互相交流讨论专业问题，这使得疯果对设计师们更有吸引力。在疯果和设计师没有任何书面协议的情况下，80%以上的创作人员都保持着对疯果的忠诚度，"疯果盒子"的续租率也达到了95%。

> 继开张不到三个月,"疯果盒子"就实现了自己的盈利,在一年时间里陆续开了四家店铺。随着设计师资源的增长,疯果盒子空间已经不能满足所有要求,现在,"疯果立方"、"疯果空间"和"疯果限量"等产品都已经计划或陆续推出,刮起了一阵"疯果旋风"。"疯果盒子"的成功为中国商业提供了一个"艺术+商业=盈利"的模式,值得借鉴。
> 又如洋河蓝色经典,就一句"世界上最宽广的是海,比海更高远的是天空,比天空更博大的是男人的情怀"的文化定位,在中国白酒市场上占据一席之地。洋河蓝色经典推出"海之蓝、天之蓝、梦之蓝"系列,一反白酒以红色、黄色为主色调的常态,将蓝色作为产品标志色。蓝色代表开放,是时尚的标志,是现代的感觉,是品位的表现。天之高为蓝,海之深为蓝,梦之遥为蓝,这是对洋河蓝色文化的一种演绎,体现了人们对宽广、博大胸怀的追求。正是因为在商品中注入了文化韵味,使洋河品牌的形象得以有力的提升。

中国很多企业在进行文化定位和文化建设时,没有对既有企业文化进行深度的挖掘和再定义,也忽略了采用活动、俱乐部等现代文化经营手段来提升产品形象和提高产品的市场占有率。还有一些企业虽已建立企业文化,但其产品却缺乏品质、产品、品格"三品体系"的系统管理支撑,甚至文化与品质矛盾、与后续产品脱节,使产品的市场推广孤军奋战。所以,中国企业在将商业元素与文化元素相融合时,一定不能忽视产品品质的建设和产品品牌战略的实施。总之,现代商业元素与文化的融合不失为下一种新的商业盈利模式。

与可以枯竭的物质资源不同,生生不息的企业文化、企业家精神等是支撑企业可持续成长的支柱。世界上著名的长寿公司有一个共同特征,即都有一套坚持不懈的核心价值观,有一种崇拜式的企业文化,有一种有意识地灌输核心价值观的行为。

企业文化的本质体现在其核心价值观上。简单来讲,首先,一个企业追求长治久安、想做百年老店与追求短期利益的核心价值观的不同,直接影响着企业的成长状态。其次,企业成长的可持续,关键是它追求长治久安的核心价值观要被接班人确认,接班人又具有自我批判的能力。这样就能使核心价值观在适应技术与社会环境变化的前提下得以继承延续。

近年来,众多企业所提倡的第二次创业,其目标实际就是可持续成长。第二次创业的主要特点是要淡化企业家的个人色彩,强化职业化管理。把人格魅力、个人推动力变成一种氛围,形成一个"场",以推动和引导企业的正确发展。

生生不息的企业文化实质上是企业的一种精神文明,可持续成长的企业重视将精神文明转化为物质文明,以物质文明巩固精神文明的机制。不管企业发展到多么辉煌的地步,员工的财富得到多么丰富的积累,企业依然不会失去"思想上的艰苦奋斗"的精神。只有这种文化才会形成突破物质资源的制约、牵引企业不断走向新境界的原动力。

文化不是万能的,没有文化的企业也可以成长,但难以可持续成长。因为没有文化就好像没有灵魂,没有指引企业长期发展的路灯,因而无法获得牵引企业不断向前的动力。文化不解决企业盈利不盈利的问题,只解决企业成长持续不持续的问题。从这个意义上说,中国企业能否不断长大成为世界级企业,成为"百年老店",与企业文化建设的成败有着密切关系。

三、解码企业家心智模式

"不小心"与企业家们沟通、交流和推动企业发展成为作者的一种谋生手段,更"不小心"地干了12年而逐步进入不惑之年。12年中无论深浅接触了过万名企业家的言论、经历和成败(民营叫创业家,国有的是企业负责人)。逐步养成了一种解码他们心智模式的习惯,甚至习惯性地在他们之间比较,并放到他们所在组织、行业、市场、国际竞争环境下去评估,逐步发现企业家们的心智模式是决定企业和管理体系的核心驱动力,尤其对第一代企业家而言。

企业家心智模式,是关于企业如何才能生存、如何才能发展、如何管理才有效等核心问题实践和思考的结果,成为指导他们思维的"因果论",甚至成为一种方法论——如何使用工作方法的学问。无论其自身是否意识到,但它是客观存在的,并且发挥决定性作用。心智模式,虽然源于性格、成于环境、用于企业,但又与这些不同。

1. 战略的心智模式——决定战略模式和结构模式的中国企业家典型方式

- 高科技企业家的"抓住机会窗口,集中资源突破"。他们认为一切都在机会中。这类企业家把企业分为三部分"产业机会、资源整合、领先实现",比如华为、中兴就是典型模式。
- 制造业企业家的"只要车往前走,就快速推下去"。他们认为一切都在运动中。这类企业家把企业分为三部分"找到市场、精细制造、高端装备"。
- 投资型企业家的"选对市场产业,快速做大抢位"。他们认为一切都在地位中。这类企业家把企业分为"市场服务体系、产品提供体系、资源运营体系",这类企业就是"战略实施、资本运营、资源整合"。
- 销售型企业家的"抢夺订单,谈好价格,快交付"。他们认为一切都在订单中。这类企业把企业分为"前台、后台、网络",以营销职能为核心,拉动一切运营,把网络关系分享到业务成长中。

- 研发型企业家的"作出好产品,就等于控制权"。他们认为一切都在产品中。这类企业把企业分为"产品体系、商务体系、资源保障",这类企业的综合管理比较弱,喜欢使用代理商合作。
- 管理型企业家的"在稳定业务中挖掘潜力获得收益"。他们认为流程、细节决定一切。这类企业把"人力、流程、结构、财务、信息"看做核心动力。
- 政府型企业家的"找到项目、对接政策、投资驱动"。他们认为项目与投资就是一切。他们把企业分为"项目选择、投资建设、运营获益、放弃项目"。
- 人际型企业家的"找到人才、发展团队、控制交易"。他们把找到有资源的人和关系构筑看得很重要。把企业分为"股权治理、整合队伍、动态控制"。
- 贸易型企业家的"找到业务、建立企业、获益退场"。他们把业务选择和财富积累看得很重要。

2. 基于组织的心智模式
- 多事业发展,东方不亮西方亮,事业部制度。
- 能力匹配超越对手满足客户,职能制度。
- 效率与规模决定一切,流程与信息驱动制度。
- 人员投入到位为本,部门设置和人员管理制度。

3. 基于流程的心智模式
- 流程就是业务,流程处于核心地位。
- 流程就是协调,部门为主流程为辅。
- 流程就是权利,职务配置为核心。
- 流程就是信息,IT/IS建设为本。
- 流程就是控制,风险管控为本。

4. 基于人力资源的心智模式
- 人才就是支持业务,人力资源选配为核心。
- 人才就是驱动力,人力资源全面经营为核心。
- 人才积极性决定,人力资源考核激励为核心。
- 人才自私自利的,人力资源收入分配为核心。
- 人才的秩序为本,人力资源的职位与任免为核心。
- 人才的思想决定论,企业文化为核心。
- 人才的行为决定论,员工素质为核心。
- 人才的关系忠诚,人际关系为核心。

- 人才就是资源，选择拥有背景的人。
- 人才就是能力，选择拥有素质的人。
- 人才为了生活，选择稳定性人员。
- 人才就是发展，选择有激情的人。

5. 基于信息的心智模式
- 信息就是管理，注重信息流通。
- 信息就是控制，注重信息流向。
- 信息就是权利，注重信息保密。
- 信息就是业务，注重信息平台。

6. 基于绩效的心智模式
- 产品和资金是关键，注重企业财务绩效。
- 人员与工作是关键，注重员工业绩挖掘。
- 流程与团队是关键，注重流程组织业绩。
- 技术与装备是关键，注重技术投资业绩。
- 市场和订单是关键，注重客户服务业绩。

7. 基于制度的心智模式
- 制度就是人的责权利，制度规范是组织核心。
- 制度就是人的行为规范，制度就是奖罚。
- 制度就是约束错误问题，制度注重风险控制。

8. 基于业务的心智模式
- 业务收入来源于不浪费，业务合规性是核心。
- 业务收入来源于竞争力，业务竞争优势是核心。
- 业务收入来源于新产品，业务创新性是核心。
- 业务收入来源于组合，业务划分就是关键的。
- 业务收入来源于聚焦，业务战略就是关键的。
- 业务收入来源于技术，业务技术就是关键的。
- 业务收入来源于交易，业务模式就是关键的。

我们习以为常的东西在左右着每个人和企业的命运。

四、企业竞争力三维五层评估体系

中国企业，都是外部环境塑造或催生的，甚至是在冲突和比较中推动改造而成的，从"环境和文化层面入手发展企业"成为中国特色的"市场主体的催生式培育模式"，直白地说，中国社会和经济需要一批企业诞生。国有企业不断建立企业化机制、调整经营业务、整顿与市场竞争不一致的纪律和工作秩序，催生了一批特殊身份的市场主体企业。外资企业、合资企业、乡镇企业、民营企业逐步建立，在经济制度的"缝隙"中、在身份"模糊"的状态下，通过实践摸索获得越来越大的生存空间。这与英荷从制度层面和美日从技术层面发展企业有着本质的区别，这也是中国企业群过分依赖环境文化因素，导致制度和技术先天不足的原因。最终，"三类型企业"因生存空间、成长路线、企业资源要素构成等差异而"流淌着不同的血液"和"拥有着不同的灵魂"。

但是，30年中国的企业群体日益庞大，成为研究中国产业、企业和管理的丰富土壤。未来的管理实践和理论只能建立在庞大群体基础之上。我们采用"企业家能量、人才、资金、收入"等短期指标又是短视的，而且具有街头巷尾聊天之嫌，丝毫没有建设意义。但是不同的资源能力、不同的竞争环境、不同的战略问题，如何找到评估他们的统一坐标呢？我们多年来研究庞大企业群及绩效表现，组织开发了"企业竞争力3—5评估体系"模型。

所谓"五层"，包括治理结构层、战略管理层、组织架构层、运营流程层、绩效改善层，分别回答了"为什么、做什么、有什么、怎么做、怎么样"五大核心问题，没有把企业家和人力资源等"流水兵要素"纳入其中。而未来30年企业家队伍将渐渐弱化，人力资源只是企业发展的战略资源，只有管理体系才是战略资本，才是"收入、资源、人才"等结果性指标的因。因此企业家能力必将内化到五层管理体系中，靠与人力资源不断磨合而成，换句话说，企业家是管理五层次的原动力，人力资源是管理五层次的试金石。

所谓"三维"，包括企业要素、环境要素、管理动力三个维度，所谓企业要素包括"资本、市场、制度、产品、企业家精神"，而环境因素包括"政策、经济、社会、技术、文化"五项，最后商业原则是治理结构动力、产业原则是战略管理动力、职业原则是组织架构动力、专业原则是运营流程动力、创业原则是绩效改善动力。

每层都包含六级，从低到高分别为：

（1）是否体现企业要素的发展规律；

（2）是否适应环境要素的发展原则；

（3）是否体现管理动力的要求；

（4）是否将三维要素兼顾融合；

（5）是否用于选择、实施和支持增长；

（6）是否已可持续可传承。

作者从业13年来结合国内外评估微观企业的模型，不断收集各类公开、非公开的资料，涉及企业数万家，企业家和高级管理人才几十万人，先后与近千名国内外管理专家交流，在开发中验证，在验证中开发。作者领导的华景咨询团队对现存企业群体进行评估，把中国企业群体分为"五级"，从高到低依次为：

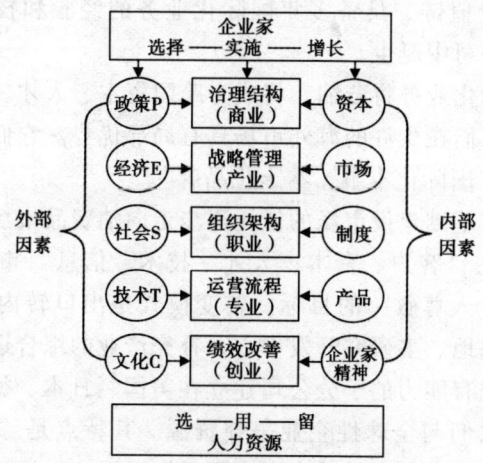

图1-6 企业竞争力3—5评估体系模型

第一级，领导级企业，他们增长战略是全球化。依据华景咨询的企业研究报告表明，中国领袖企业必须具备领袖基因，其名单如下：深圳的华为技术、深圳的万科地产、深圳的中集集团、深圳的平安集团、深圳的富士康集团、香港的华润集团、香港的招商局集团、香港的中旅集团、广州的南方电网、广州的南方航空等。

这类企业未来5年到10年的发展命运就是全面全球化。从市场品牌、产品竞争、供应链运营、人力资源到财务管理、从信息管理到风险管理，从资本到资产，"取之全球用之全球"。对于这批企业，中国本土的资本、市场、制度、业务、企业家精神已经无法支撑其发展。企业的这五个核心要素要全球化就面临巨大的挑战：主要是理念架构、流程制度、指标数据、工具技术、工作技能、问题对策等都需要深度创新。

这批企业面对全球顶级企业的竞争，最大的风险来自于国家政策配套和自身升级。但它们具备"增长的牵引力、增长的支撑力和增长的控制力"等。

第二级，巨大级企业，他们的增长战略是资本化。同上研究，中国大型企业主要有三类：政策型大型中央企业、资源和公共服务类大型中央企业、市场型大型企业。如海尔、联想、复星集团、中兴通讯、美的集团和各省控制的区域型企业。

这批企业既无法走出国门，也无法沉淀到市场末梢，更不能静下心来从事管理变革、运营系统化、品牌化和技术升级，但依靠品牌优势可以整合社会资源和市场力量。

这批企业面对跨国在华企业的竞争，也包括政府和公众力量的博弈。它们的弱点是"没有产业级的增长牵引力、具有高增长的资本资产要素的支撑力、面对增长的核心产品技术的控制力薄弱"等，无法承担起大梁。

第三级，中大型企业，他们的增长战略是品牌化。这类企业的主要特征：具备一定技术优势、具备资本和规模优势、具有现代化的运营体系和管理架构、具有研产销服完整的价值链、具备多年国际化业务的经验和技能、在 30 亿—200 亿元人民币规模的公司中诞生。

这批企业的国际化业务将萎缩，将成为跨国资本、人才、技术、制度等流入中国的平台，但是它们在少许的海外市场具有局部优势。它们将成为中国企业真正的中间力量，即"国际化本事，本土化品牌"。

它们将失去国家基础建设市场的依托逐步走向消费品市场，因此必须凭借其国际能力全面树立在"客户、资本、人才、技术、信息"市场和政府公众力量中的品牌，成为"令人尊敬"的目标。转变模式是出口转内销。全国市场网络覆盖能力和多生产基地、多研究开发中心、补充产业的综合运营能力是核心。这批企业把关键技术或有能力的子分公司建立在美国、日本、德国等优势地区，作为全球能力中心。它们与全球性企业争夺资源。其特点是"增长的风险控制力强、增长的支撑力足够，但增长的牵引力不足"。

第四级，中等级企业，他们的增长战略是专业化。这类企业的主要特征：现规模在 5 亿—30 亿元人民币的企业；在市场、技术、制造、服务等方面获得单项突破，但未能具备全面优势；具备卓越的企业家团队。如腾讯、阿里巴巴、海信等科技型企业，虽然规模超大，但是组织和系统成熟度不高，需要 5 年左右的变革期；国美、苏宁、盛大等服务型企业，虽然规模巨大，但能力单一，需要 3—5 年的经营转型期；蒙牛、双汇、王老吉等消费品企业，也是规模大，但企业经营系统和管理体系都面临着新环境下的文化、社会、技术、经济和政策法规等因素的全面重塑。

这批企业增长的牵引力强大，但增长的系统支撑力和风险控制力不足。它们增长的难点是要重新创立增长模式，而华为等前辈增长模式将失去环境基础。

第五级，微弱级企业，他们的增长战略是嵌入化。这类企业的主要特征：规模在 800 万—3 亿元之间；分布在生产性服务业、媒体与娱乐行业、生物行业、股权投资业等；具备卓越的领导人和单一职能；要么研发、要么服务；掌握行业某一核心技术。

这批企业将失去建立全面价值链的机会，增长牵引力强大，但是增长支撑力和风险控制力不足。这批企业命运是失去独立性，嵌入产业核心环节或高端领域发展，但要依托更加强大的商业力量才得以存活。未来增长之星将诞生在此处。

第二篇
坐标横轴：重构公司制管理

由中国本地创立成长的中资企业处于新的起点，30年沉淀的中国企业群体规模，加上GDP排名的屡次刷新，让国人眺望世界时有了新的高度。母国经济仍在增长，这是企业的物质资源基础——硬实力，中资企业30年的管理实践形成了资源保值增值的基本模式，这是企业的智慧能力基础——软实力。

《2012》是一部诞生于金融危机时代的灾难电影，故事情节自然是虚构的，但中国本土市场化企业，却迎来了现实版的《2012》。过去30年企业和企业家都习惯了无限制增长，任何企业都可以无限期地"站在月球看地球，站在地球看自己"，放弃这种豪迈后，冷静下来发现：中国市场化企业的硬实力正在流失，而管理智慧软实力却成为唯一的救命稻草。

但是，中国企业所积累的管理智慧研究的都是企业管理，不是公司管理，混淆为"企业＝公司＝组织"，也就是说经营机制和管理体制脱离了公司的精神、法理和生命机制。30年管理实践没有解决的问题就是"公司制"更没有解决好个人独资公司的老板制、有限责任公司的人和制、股份公司的资合制、公众公司的行为透明化、集团公司的企业资本化、产业公司的平台竞争化的分级分类管理模式差异问题。换句话说，所谓管理智慧是解决"如何销售产品、如何生产低成本产品、如何引进新产品"职能层次上的责权利架构，根本没有解决好"公司制"。完善各类管理配套的理念、工具、模板、案例、工作、技能均离不开"公司制"。99%的"股份公司、集团公司、有限公司"仍旧是"个人（家族）独资、合伙公司"，所有利益相关者都把所谓的公司当做"钱袋子"，尚不具备公司的真正意义即"法人精神"和

"能力中心"。缺乏公司制的中国企业群在宏观上面临"大订单与国际巨头相比不具备质量和技术优势,低质量订单与小企业竞争不具备灵活和低成本优势"的瓶颈。即使所谓的"新产品研发投入和生产装备水平、品牌推广投入、同类经理人数和薪酬水平等都高于国际巨头,甚至聘用全球顾问并先僵化再固化后优化"等都无法解决"公司制缺乏"所导致的"资源低效率、管理低质量、老板缺道德"等问题,主要表现如表2-1所示。

表2-1 公司制企业的现状和未来

领域	现状	未来
治理	以股东为主的掠夺式	利益相关者的吸引式
战略	以牺牲获取生存权	以赢取获得发展权
架构	年轻人的实习地	多职业群的圆梦园
流程	避免错误的规范枷锁	获取绩效的发动机器
绩效	有绩无效的垃圾桶	以效定绩的花果山
变革	为变而变	以变生革

同时,随着未来经济与社会环境的变化"增长快是以死得快为代价的、规模大是以资源浪费为基础的、利润高是以牺牲他人为条件"的模式将无法继续,只有"公司制企业"才能给这些经营机制与管理体制提供生存空间和成长舞台。

1. 业务经营强调数量而不是质量,要公司干什么?

做大就要做多,产品多、客户多、人多等等,"多"将公司资源分散,陷入了"低增值死循环",产品年销售额10亿元×1≠100×0.1亿元,这种简单的道理反而在公司内部没有市场。满足了员工作的欲望和劳动收益,但没有投资收益的股东只能卷款逃跑,最后给社会留下"躯壳"——公司成为金蝉所脱掉的"壳"。温州老板一遇到危机就逃跑,就是最佳说明。

2. 低成本来源于制造而非价值链,公司能活吗?

如果产品成本仅关注制造和原材料,而把研发设计、销量增长对成本的影响排除在外,就会严格控制材料价格和工人工资,引起供应原材料质量不高、供应商服务不良,导致公司须用更多费用来补贴低价格、低工资。没有解决新产品从哪里来(排除模仿和侵犯专利)、客户从哪里来、企业文明为何可持续的问题,这样的公司能活下去吗?人们熟悉的富士康就是一家公司制企业,在解决上述四大问题过程中都形成独特体系,与本地很多外贸加工企业有本质区别。

3. 跟踪所有机会而非大机会,公司能干吗?

新产品不成气候,单产品成本高,市场竞争力不足;因产品多,导致制造、质量、采购等支撑环节不精、浪费多使成本更高;公司的资源是有限的,关键能力在全社会都是稀缺的,如果连客户最关注的主导产品都没有竞争力甚至仿制国外的同行,这样的公司能存在吗?组织功能齐头并进而非组织特色突出,在"短板理论"鼓舞下打造"全能冠军",研发、生产、营销、财务、人力资源等职能"全面发展",但每个职能都优秀是不可能的。

4. 队伍靠领导带而非结构组合,公司=老板?

管理层几乎都是生产技术岗位出身,重控制轻引导,管理者只有亲自参与其中才会指挥,导致60%的团队成员无法真正发挥作用。各级管理人才,因没有规划型人才协助计划而事事亲力亲为,反而使这种管理方式更有效。任何下属员工对上级而言都是手脚替代者,没有存在的结构价值,层层传递,导致所有职位的员工不可流动不可替代。公司就是老板,与其他人没关系。虽然任正非是非常强势的华为领袖,但华为具备独立运转的研发体系、供应链体系、营销体系、客服体系、财务体系、人力资源体系,任正非只领导EMT(执行管理团队),与各职能形成结构组合以发挥他们的协同价值。

5. 重视社会知名度而非直接相关者的满意度,公司有用吗?

大多数企业总认为,客户愿意购买社会知名企业的产品,员工愿意到知名企业工作。但事实上,一些知名度高的企业客户流失率高、员工离职率高,不熟悉该公司的人很敬佩它,但真正熟悉的人反而持否定意见居多,导致其"远香近臭",违背"近者悦、远者来"的祖训!这样的公司对客户、员工、供应商、合作伙伴都是有害的。比如海尔是"典型的客户怨、供应商恨、伙伴气、自己乐"的企业,从这种意义上讲"海尔不是真正意义的公司",仍旧是一个"大集体"。

第五章
泛企业管理遭遇瓶颈

全球金融危机和中国经济全面崛起改变了中国企业盲目学习欧美管理的局面，以前他们误把西方公司制企业管理标杆转移到自己身上来，混淆"管理问题+经营问题=企业问题"。用吃白饭工具吃西方饭菜、学西方习俗，放弃国人饮食需求最后必然降低国人身体素质。中国企业群吃了30年的西餐，用惯了盛西餐的盘子，也因"西餐盘式经营模式"的错误逻辑导致错误的结局，使自身"吃不饱、吃不消、吃不好"。

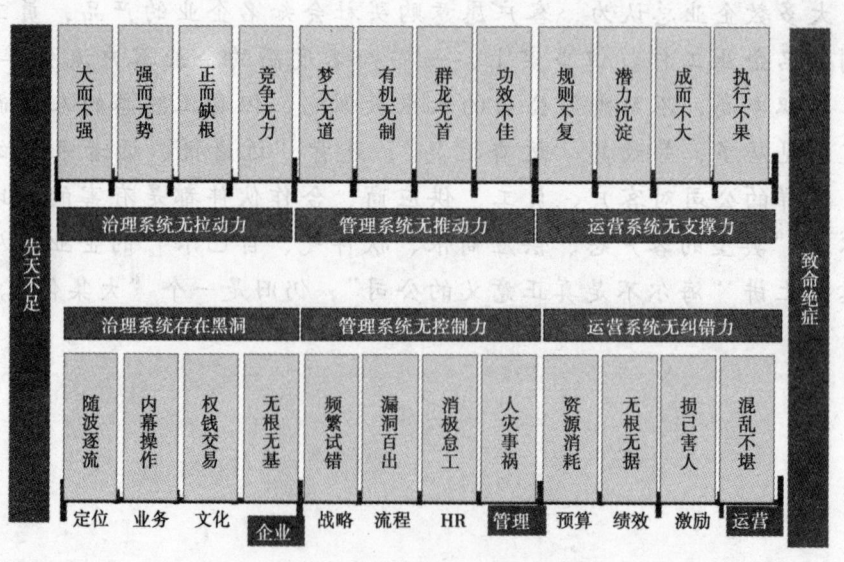

图 2-1 泛企业管理遭遇瓶颈

一、张瑞敏的领袖之惑：中国企业
管理遭遇管理哲学天花板

海尔无疑是中国制造的领袖，也是中国企业走出去的急先锋，更是品牌经营的领袖，但遭遇中国企业品牌塑造全球化的难题：海尔全球化品牌遭遇空心化。要获得全球客户、员工、商业合作伙伴的信任，财大气粗是没用的。回答"怎么做"的管理体系才是企业品牌的核心。海尔的领导人张瑞敏，精通老道之学，深谙欧美管理理念，独立创新了很多管理实践，他急切寻找缔造目标商业行为的管理理论，但很失望。

那些欧美管理学界饱学之士无法解释海尔的管理实践，为什么呢？西方管理学思维是先定义一个概念，然后从概念出发开发各种配套流程，依据流程开发各种技术和工具，然后积累频繁发生的问题和案例指导他人实践，最后培养与体系配套的工作技能并教会每个人行动。

但是作为领袖及领袖企业，实践领先于理论，这是海尔和欧美学者所忽略的，中国企业（家）已触及管理哲学的天花板。领袖企业在每个具体实践领域都循理而为，但在系统管理层面却无法找到概念。早年先于我们走向全球化的丰田就委托MIT专家学者定义"丰田制造法"，来填补空白。随着丰田走出日本、走向全球，丰田制造法也开始成为"精益管理模式"。丰田曾经独领风骚于全球汽车业，得益于丰田汽车和丰田管理，这就是领袖企业的做法与实践。

二、任正非的美国鞋走到世界边界

"华为的崛起是外国跨国公司的灾难"，CEO任正非素以冷静、远见、野心和危机感而闻名。华为成立于1988年，目前是全球领先的网络及通信设备供应商之一，其全球客户包括超过300家电信运营商，其中22家位列全球电信运营商50强。华为的产品已经进入90多个国家。截至2010年，华为全球共有员工110000名。华为的产品也从电信产品开始向消费端延伸，实施"腾云驾雾"业务战略转型。华为也模仿美国跨国公司模式建立了产品为中心的事业部和地区为中心的客户服务公司的矩阵管理模式，事业部和地区公司均以利润为中心，"公司执行委员会、高层管理委员会与公司职能部门（高层管理委员会包括战略规划委员会、人力资源委员会、财经管理委员会）为EMT"，其组织架构俨然与世界跨国企业无差异。但是华为"军事化管理、企业家权威、产业格局领导"遭遇全球企业界和投资界的普遍怀疑：

1. 管理假设突破：军事化管理与全球普遍实施普世经营文化冲突，本国文化与全球文化冲突

　　只要华为现有的企业文化有利于企业的效率、效益最大化，就证明了军事化管理对它是行之有效的。欧美企业的员工与企业并不是利益共同体，与华为有着本质不同，"老板、员工各自职业化并严格按法律体系彼此合作"是欧美企业管理的假设前提，所有管理理念、架构、流程、技术、技能都不能超越这一管理假设。

2. 企业假设突破：企业家智慧没有完全内化为可传承的管理体系，个人权威与系统权威冲突

　　任正非的权威是在带领华为创造显赫业绩的过程中自然而然地逐步树立的，并非其刻意营造的个人崇拜，而且华为管理系统的国际化、体制化都表明了任正非在刻意淡化个人权威。随着华为国际化的公司文化、团队和管理体系的全面行使，任正非、华为自行建立的执行控制团队、雇佣全球各类基层员工的组织体系会产生封闭性。这点已被索尼、松下等日韩全球化企业证明为其失败的地方。

3. 产业假设突破：华为领袖级战略与跟随战略思维（除去最终其他人定义的产业愿景），既无法成为真正的产业巨人，又遭遇战略陷阱，华为整合全球电信资源和华为产业领导力的冲突

　　华为通过专注于通讯设备市场取得了相当大的成功，但不可否认，华为在技术和市场销售等方面与国际大公司相比还有很大的差距，华为一直行之有效的"价格优势"还能保持多久？在面对没有领路者的情况时，怎样制定自己的全球化战略？如何通过大量的原创性发明来影响和改变世界格局？如何让自己的商业实践成为全球同行竞相模仿的样板？这些是对华为未来造成影响的潜在问题。10年后，华为能否嬗变成为像IBM、微软、英特尔、诺基亚、GE一样影响世界的全球领袖企业，而为全球电信产业带来新动力或发展道路?！

三、百年青啤寻求市场求生

　　青岛啤酒百岁庆典用100这个数字做了一个纪念雕塑：把"1"放在上面像

一个箭头一样，预示着新的100年还要再发展，"1"蕴含的意思是要持续地发展；而"00"表示新百年的青啤重新归零，它像一副望远镜展望着未来。百年的青啤是正确的，青啤虽然财务上成功但是由核心竞争力驱动成功还远远没有开始。

1. 从行政基因到市场基因

青啤过去的一百年，尤其是计划经济时期，基本上是没断奶的孩子，营养很好个头很大看似成人，但在生存能力上还需要照顾，由国家保护着，吃着国家的奶长大。这在青啤各级员工的学习、决策、行动中深深植入了"行政基因"。但要成为全球化并超越各国经济体制的领袖青啤，亟需建立比客户了解客户、比竞争对手了解产业的客户服务基因。要在市场上无依赖生存，必须具备超越德国定义中国啤酒文化和生活内涵的能力，像慕尼黑啤酒一样带给消费者以生活方式；超越经销商或代理商，与合作伙伴建立可持续性产业依赖，像百事可乐一样带给商业伙伴以高利持久的生产方式等等。然而，青啤离这些都非常遥远，虽然啤酒具有地区性，但无法超越地区性就无法成为世界领袖。

2. 从销售基因到品牌基因

市场经济时期的青啤被推向了市场，需要完全依靠自己，它要像狼一样学会自己去叼肉，如果叼不来肉，就要面临饿死的悲惨命运，没有人会怜惜它是一个百年的品牌。为什么？青啤的销售是靠推出来，而不是靠消费者发自内心的需求拉动出来的。从产品角度讲，首先最低级的产品是客户无奈地选择，比如方便购买、低成本购买等利用人们的无奈而为的产品，这是美国学者销售给我们的营销工具，也制造了中国制造产品的集体悲哀，但这类产品理念不可持续；其次是做客户生活或生产必备的功能，使自己的产品成为生活方式和生产模式，这一市场被德国和日本占领；再次是产品成为目标客户的文化选择、时尚需求和经典生产生活载体，比如苹果消费电子，这才是青啤产品的境界。但是"遍地工厂＋覆盖市场的销售推广大军"是无法做到的。

3. 从资源基因到能力基因

青啤与中国众多企业一样，是资源积累的结果，而不是由客户服务能力、员工管理能力、资本增值能力、供应商附加价值提升能力的吸引而成。也就是说，客户愿意拿着同样的钱购买你的更少的产品或服务、员工愿意降低薪酬来为你工作、投资者愿意把钱给你不惜提高投资成本、供应商愿意忍受更长周期的付款和更高的质量要求而为你提供产品和服务，这就是能力基因。但青啤扩张只是一种规模的发展,并不是能力的提高,靠着品牌和资本资源催化而成。纵观全球任何优秀企业,拥有得不是比国内更多的人、资金、信息、实物等硬实力,而是拥有品牌、管理、战略等无形的软实力,或者说,天下都知道他们空手套白狼,但都心甘情愿。

四、混淆"企业=公司"的管理走到绝境

中国资源与中国企业全球化竞争所需要的资源相比,无论数量还是质量都是远远不够的。

企业扎根在"自然经济的农业土地"产生"四高四低"的恶性社会循环,使百姓高劳动强度低生活质量,使政府高 GDP 低财政增长,使本土公司高产量低利润,使社会高度繁荣低竞争力。

中国制造业的盈利模式依赖于"廉价的土地、廉价的劳力、廉价的税收、廉价的资金"的"四廉价"。这四大成功要素或盈利工具是典型的自然资源,甚至还不如上世纪初的"茶、布、劳力出口"三大产业有竞争力和高级的操作手段,毕竟三大产业还是用现代贸易体系来运行。那么,政府是如何操作呢?便宜租工厂给外商,高价造房子给百姓,高价卖地补偿税收不足,靠借贷银行资本和民间资本来解决本地经济发展所需资金,靠吸收大量农村劳动力进入工业来拉高农产品价格。靠外资企业投资城市建设所需公共服务业务(如自来水等),这样就推高了百姓生活成本,高成本的生活带来就业压力,政府继续重复上述循环来吸引外资等等。企业是如何操作呢?外资产业吸收最优秀的劳动力和社会资源后,本地区民营企业提供配套设施并接受外资企业的严格管理和苛刻价格,能生存但不能发展;沃尔玛抢夺商业流通、马士基抢夺运输服务、肯德基与麦当劳做餐饮、高盛做投资进入本土高质量创业公司。外资进入公路建设和通讯电力等基础产业等,以高昂成本推高百姓生活质量,使百姓在外资企业得到的高工资又送还给外资企业。

企业运作模式高科技产品但低工作价值产生"四大四小"的恶性经济循环:中国制造的高质量产品大量出口、小量内销,中国市场流动着大量本土制造的国际品牌、小部分本国品牌,中国制造产品采用大量体力劳动性组装、小部分自有核心技术,中国产业普遍产量大、利润率小。

中国产量居世界第一位的产品都是现代高科技产品,如计算机、家电、软件加工、包装材料、生活及工业垃圾处理等行业;中国增长速度最快的行业为"家用电器、电力设备、通信设备、房地产、汽车"等基础建设与社会运转行业,这是城市人口增长必须面对的现实问题。中国最暴利的行业是"贸易、金融、IT、房地产、汽车、能源和公共服务"等,它们继续推高社会成本。但是,中国本土企业到底做了什么?组装电子产品(如富士康)、分销配套产品(如联

想)、采购国际核心技术（如海尔、美的）、消费全球技术产品（如中国移动、电信、联通养活了欧美电子通信业务)、组装与分销品牌（如汽车行业）。本土企业的部分模仿产品只能内销供应本国低端市场（如三线、四线城市的家用电器与服装），本土资金所建立的代工工厂生产国际领先品牌的产品（如广东省、浙江省、江苏省的工业园）却成就不了自有品牌。而中国人生存所必需的产品如"柴米油盐酱醋茶"却大量进口，因国内供应能力很弱。

企业的"高智商人员但低脑力使用"产生"四有四无"的恶性能力循环，使中国有高学历人口无高素质工程师；使中国企业有高质量工艺无高装备能力；使中国有高数量奇缺材料无高质量的核心器部件；使中国市场有高产量无高质量的产品供应。

中国的高素质人口都在干什么呢？其中的1/3在执行欧美管理规范体系而失去创造性建设能力，1/3的脱离研究开发岗位从事营销和客户服务，余下的1/3在国外或国内从事核心工作之外的辅助工作，他们即使从事开发也是应用级开发，因此中国出现的工程师荒比劳力荒还可怕。中国企业群设计不出高创造性产品、生产不出高工艺要求的装备、设计不出高质量产品所需要的技术和装备，产生了对国外的知识依赖、装备依赖、核心器件依赖、核心设计开发依赖等等。

企业精神"高品牌消费但低质量产品"产生"四多四少"的恶性文化循环：消费的品牌多、自有的品牌少，生产的产品多、销售的产品少，代工的产品多、开发的产品少，低端的品类多、高端的品类少。国外企业或文化与资金一起渗透，使中国市场消费档次很高但生产档次很低，本土供应的产品质量很差导致国民缺乏对本土品牌的信任。

企业决策"高软技术学习但低本国实际"产生"四全四缺"的恶性思想循环，使人才技能全执行缺战略，使商学全学习缺创新，使高端人才全就业缺创业，使企业体系全职能缺资本。

市场、标准、技术、公司等全部来自欧美，职业经理人制度使外企雇佣大量人员；欧美公司治理制度成为中国法律制度，导致其在中国实施不伦不类（关键在于与中国要素结构不一样）；欧美风险投资制度使少数年轻人敢于创业，但也是为外国资本打工；本土最具有市场基因的企业，也是在国外上市。没有商业思维和管理思想的民族，怎么有具备世界竞争力的企业和产业呢？中国企业为什么如此缺乏这种思维和思想？原因很简单，我们制造了全球性产品却没有制造好自己的柴米油盐；我们服务了全球性标准市场却没有服务好自己的市场；我们保障了全球性企业资源却没有开发好自己的资源。一句话，盘中是意大利粉，而不是中国米饭，无需中国工艺与习惯。

怎么办呢？中国需要一批具有民族精神的企业家，在破坏中创新，重塑中国产业与经济，打破"五大恶性循环"。

建立与中国高级产业要素匹配的公司制企业，而不是使用低端资源的合伙企业或一人企业。使企业在产业基础上筑"碗底"——装备和资金；提高创新和品牌；将平行同类水平的平底盘转变为彼此互补的凹底碗。

公司制企业需诚信运营，而不是靠个人道德保障的非公司制环境下培养的企业家，为中国市场制造中国产品、设计中国产品、使用中国技术。一流企业做内销品牌、二流企业做一流外销、三流企业为外国代工。

实施与中国资源匹配的管理流程，为中国市场、中国资金、中国人才、中国材料、中国能源和中国环境，解读自身文化和法制环境下的商业战略和组织管理体系。

五、从泛企业模式到公司制模式

价格不再是交易导向而是分享导向，资金不再是利益导向而是服务导向，员工不再是管理的从属而是管理主体，空间从地点和产业狭隘中走向"高、中、低"的品牌价值三空间。基于"4M"公司制企业模式，让中国企业群从30年商业智慧的表皮认知走向内部深层认知，从而从容不迫地驾驭商业，更推动企业真正成为"一家公司"。

1. 终结泛企业的4P模式

创新围绕着"4P"，使资源和投入局限于业务，制造着"创新垃圾"。最熟悉的4P模式为四件P（破，谐音）事，使"邪恶式成长和犯罪式成功"成为一种时尚。30年来，造就中国大部分所谓著名企业的，是制度红利而不是竞争力！

（1）低廉的价格（Price）。通过不断降低价格来竞争，导致其他人不敢、不能做。这是典型的有竞争力没竞争利。然而此类竞争忽略了客户的初衷，客户需要的不是低价格而是高输出输入比（O/I）。低价是无能公司"无能为力"的借口。

（2）空心/芯产品（Product）。中国在产品创新上有四大发明，第一叫"山寨"，第二叫"拷贝"，第三叫"基于概念模仿"，第四叫"外夹内功的打工仔"。前两个好理解，那什么叫"基于概念的模仿"呢？举个生活中常见的例子，深圳华强北有一个特殊现象，当美国硅谷企业提出一个新概念但样品还没有拿出来的时候，深圳华强北已经开始销售此类产品了。2011年7月家具市场吵得沸沸扬扬的"达芬奇家具"造假事件就是一个典型的挂洋名卖国货的例子。什么叫"外夹内功的打工仔"？举个例子，近期一个中国最大的电脑厂商突然开始到山东枣庄做煤矿，很多从事管理行业的朋友不理解，我告诉他们其实很好理解，"在中国做电脑业务最具竞争力的是什么？是搬运工。而中国煤矿企业的核心竞争力也在于搬运，所以电脑厂商转型做煤矿是最有前途的"。

挂洋名卖国货没价值主张、利用外形的无芯产品冲击瞬间即逝的购买冲动、偷工减料的"高笑"不是高效生产，使竞争有争无竞。它们忽略了客户不是需要产品，而是产品所带来的价值。当消费者需要服务时，山寨厂商是无法找到也不可能提供服务的。

（3）生产地与消费点脱节的生产地点（Place）。脱离研究、消费、服务网络的生产网络，等于放弃了阵地。生产地与消费点脱节的结果就是厂家生产成本很低，但消费者消费的成本却很高，导致整个供应链失去了竞争力。最现实的例子就是一个耐克鞋生产厂的女工，需要干上一个月才能在大街上买一双她所生产的耐克鞋。

（4）有人头无成员的人员（People）。这类竞争型企业不断与劳动力市场交换有手有脚的作为"机器"替代品的人头，直接导致"人"对企业没有忠诚度，企业对员工没有任何投资密度，用足了体力、浪费了智力、搞乱了心力。

2. 实施公司制模式：4M（4件美事）

通过"4M"即四个真正的企业要素组合塑造新的"公司链"。

（1）市场（Market）：解决"为什么"的问题。不是来源于董事长的"源源不断的想法"，而是来源于该企业所面向的客户和市场竞争。

反面案例：作者有个朋友是国内资深传媒人士，25岁就出任某地市级日报社总编辑，后来创立自己的传媒公司，经历了"铅与火"，走进了"光与电"。这位朋友在主题策划、编辑制作、发行出版、广告合作等各个领域总有奇思妙想，几十年下来确实超越同行业，虽然使其传媒业务进步了不少，但是效果不好。为什么呢？原因在于他为广告客户、内容客户、发行客户、合作客户想得很少，为在与众媒体竞争中脱颖而出想得更少，导致他在获得人们尊重的同时，公司在传媒行业的地位却在下降。

（2）管理（Management）：研究"怎么办"的问题。支离破碎地分布着无数的业务点子，只有管理这根绳子才能将其串成项链，否则只有开头没有结束，更别说产出，使企业活动因无管理支撑而降低企业运行效率和质量。

反面案例：前面所说的这家传媒公司的员工每出现一个经营点子，就兴奋不已，全体员工"打破常规"地行动起来，但很快就结束了。原因在于：一是他们面对现实时又回到眼前工作，二是他们在等待下一个经营点出现，我们称这家公司陷入了"创新麻痹症"。为什么？"管理是经营的敌人"是这家公司不言自明的认识，但是没有管理的经营使该公司正在流失创新人群，至少他们的经营热情正在锐减。稍有管理常识的人都知道，经营启动易结果难，难就难在管理。

（3）资金（Money）：解决"靠什么"的问题。企业不能停留在怎么省吃俭用领域。如果企业没有得到资金支持，经营活动就成为一场课堂教学似的智力游戏而草草结束，没有开花结果。

反面案例：这家传媒公司确实想到了很多同行业没有想到的东西，也确在"吃第一口"上实行动起来了，但是这些业务都没有发挥作用，反而浪费了精力。为什么？企业在重点企业领域没有资金投入，也就没有产生压强效应。企业家认为谁要资源谁就没有企业意识和能力,但是他们忽略了"企业是最贵的"。

(4) 模式(Model):研究"怎么好"的问题。企业活动要有盈利模式、运营模式、管理模式和治理模式支撑。

反面案例:这家传媒公司围绕核心平台,做了很多业务,但是每个业务没有找到相应的模式而成为"小矮人",导致公司业务群没有"企业国的国王+七个小矮人"的工作模式。

通过公司制企业坐标(如图2-2,横向代表业务可持续性和纵向代表商业价值区域)我们很容易得到结论,积极搞业务创新如果脱离正常轨道其结果是灾难性的。业务创新首先要研究商业价值是处于低价值区域还是高价值区域,由此决定了创新空间。其次是研究其可持续性。企业从事业务创新必须在不同的区域采取相应策略。

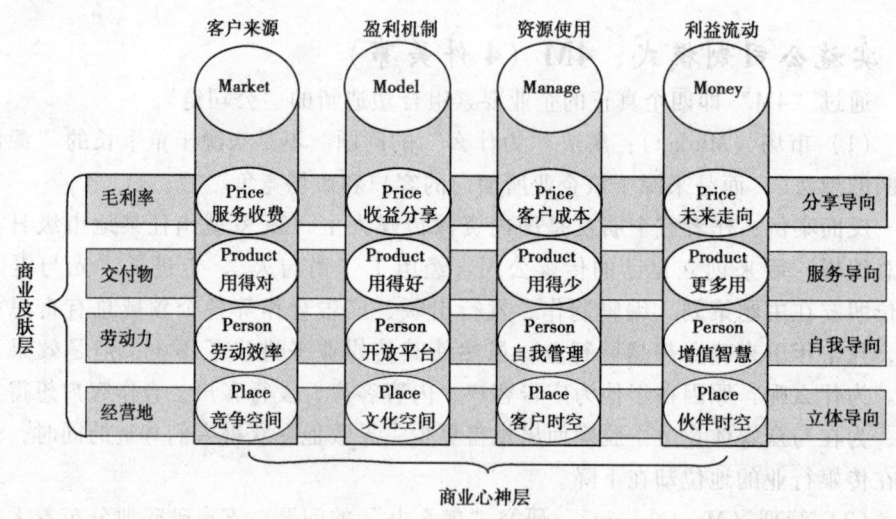

图2-2 公司制企业坐标

市场(Market)是起点和终点,获取生存和发展的空间是竞而不是争;管理(Management)是创新生产线,将智慧集成生产力,获得生存发展的资源,改变"领袖一人思考、全员简单执行",让管理不再是控制人不犯错,而是成为全体员工创意的生产线;资金(Money)是设施,使资金更有质量、更低成本、更高效率、更节约和更大规模,这是获取生存发展的空气土壤,周转率比利润率重要;模式(Model)是动力车间,将相同资源发挥不同的作用,获得生存发展的增值,被风投公司忽悠出来的所谓商业模式占据着当今主流地位,基于股票市场的商业模式不是让企业真正可持续发展的,"碗里的、锅里的、田里的"怎么组合搭配使企业增长、低风险、高盈利才是唯一的商业模式指标。

第六章
公司制企业治理结构：
从掠夺到吸引

治理架构落后于企业模式和社会发展会导致核心资源流逝乃至减缓发展驱动力，具体表现在"内外交易成本上升、企业家精神弱化、市场竞争力和客户影响力消退"，最后陷入"企业绩效长期低迷"的状态。

"国美大股东与董事局主席冲突、联想电脑集团的柳传志二进/退事件、温州大老板跑路"等治理事件频繁发生。于内部而言是"以企业家个人主导转变为以经理结构为主导"的演进加快，于外部而言是全社会在进行企业要素重组重构，于规律而言是迎来中资背景企业创始人群体退休与交接班高峰期。预防和解决这类重大问题的方法是"系统地设计公司治理架构"。

"建立现代企业制度，使公司治理从外部人治理转移为制度化治理"成为当时的主流选择。完善的公司治理作为现代公司制度的核心，表现为一方面合理安排公司的控制权和监督权，另一方面设计和实施有效的激励机制，可以在公司形成有效的制度制衡机制。随着我国企业群管理实践的发展，越来越多的经济决策者认识到：宏观性经济政策和架构性政策具有协同作用，提高经济效益的一个关键要素是公司治理，建立有效的公司治理是现代市场经济体系有序、高效运行的微观基础。

中国的公司治理尚未形成投资者主体治理地位，无论是国企还是民营企业，这都是普遍事实。虽然中国公司治理结构与机制已经有了很大的进步，但是要与外部环境和市场力量相适应依然存在较大差距。这将是中国企业最大最强的"致命伤"，因为没有开放高效率的治理机制，企业将因无法整合到资本级资源而无法做强；因为没有稳定而有控制力的治理机制，企业将因步入动荡不安和矛盾冲突中而无法做大。

长期以来,单一治理主体建设都陷入绝境:股东治理,开放股东结构,最后陷入"股东冲突";董事治理,建立法人治理,最后陷入"决策冲突";职业治理,建立领导体系,最后陷入"忠诚冲突"。这是理论指导失误,或者更加准确地说,是抄袭欧美模式的恶果。

一、困境:创业基因失效

雅虎和作为知识型偶像的杨致远的故事不再赘述。通过 15 年来跟踪研究国内外科技与通信业,我们认为,杨致远身上仍旧拥有卓越的创业基因如表 2-2:

表 2-2   雅虎与阿里巴巴创始人创业基因

项目	雅虎创始人杨致远	阿里巴巴创始人马云
动力	对互联网的兴趣,使其放弃了博士学位,创办雅虎	在科技产业内多次创业都失败,贸易转型选择互联网这种低成本交易平台而塑造马云
周期	不知疲倦地打拼	吸引并激励团队成员
优势	清晰快捷的思维	熟练的英语和激动人心的口才
路线	把嗜好变成一种事业	在屡败屡战中最终随机选择这条道路
投入	艰苦卓绝地投入	胜者为王,"众多的人死在黎明前的今晚"
资源	与高盛、ALLEN 长期合作	与雅虎、软银短期合作

但卓越的创业基因失效于公司维护阶段,这也导致了雅虎的失败。自 2006 年到达顶峰后,雅虎的市值一路下滑,2008 年 9 月跌破 10 美元,自此公司频繁更替 CEO 使股价维系在 15 美元左右,最终不再是华尔街分析师们的宠儿!雅虎和杨致远最终陷入创业公司和创业者四大宿命之一(如图 2-3)。

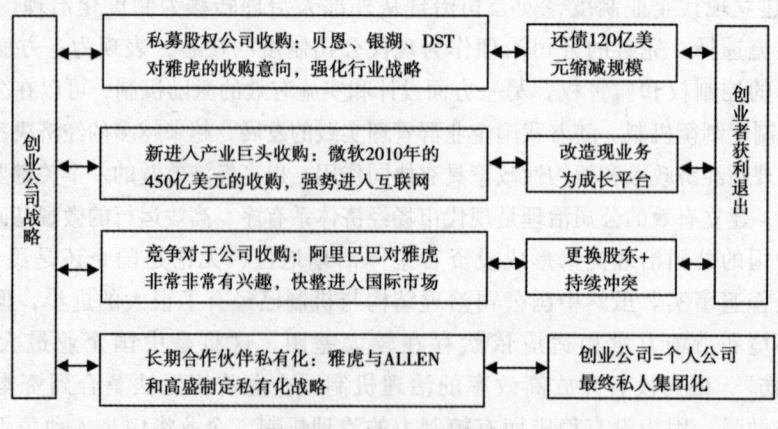

图 2-3 创业公司战略

二、公司制度通过治理体系发挥作用

公司治理架构是企业管理架构的前提和基础，如果治理层次未能疏理清晰，那么传递到企业管理架构上来解决就非常复杂。如传统国有企业的工人，本应该采用商业雇佣整合方式，但我们却采用了股东方式解决问题，导致国有企业活力下降。

三星公司的创业阶段在资源分配上曾经出现很多问题。因此，当时的三星公司每季度都要召开预算会议，在地区之间分配营销费用。谁都知道，费用多销售业绩就容易上去，销售业绩与提成、收益等挂钩，所以大家都很重视，每次会议就像打仗一样。

公司制度的发展历程：（1）公司依靠潜规则分配营销费用，资格老的区域首席代表和销售额高的地方得到倾斜，而新人开拓的市场领域和新兴产业/市场得到的资源很少。（2）公司建立了统一的评价制度包括市场发展程度、市场成熟程度、人员分配、历年投入情况、投入产出率等几个指标，来综合评价每个地区并按照综合分数来分配资源。但是得到费用预算后，由于大家使用水平参差不齐，呈现不公平的现象。（3）公司建立了信息收集制度，把信息作为分配的依据，这使大家产生了不满情绪，认为公司对市场的投入力度就是对自己的重视程度。（4）公司建立了地区首席代表轮换制度，投入是公司对自身市场的投入，而不是对哪个人的投入。

三、告别掠夺式企业治理模式

黄光裕在狱中服刑、国美董事会在交接班，将这两者联系起来确实令人感到凄凉。创始人的个人生死与企业的生存发展是紧密联系的。苏宁电器利用黄光裕服刑对国美的负面影响，加快发展速度，直逼国美领袖地位；而黄光裕所缔造的国美呢，一会儿是创始股东与机构投资者之间的争斗、一会儿是创始股东与董事会主席的权利争夺、一会儿是更换管理团队，在失去了创始人直接驾驭后似乎出现了发展停滞。这是"创始人与市场化力量"博弈的典型。

澳门葡京娱乐有限公司创始人作为叱咤亚洲的大佬在年老退休以后，面临着多个太太及其子女关于权力与财富分配的争夺。与此相联系的，香港及东南亚多个富豪相继告老或去世后都面临着内部争夺。这种争夺的结果，使企业雄风不再。这是"创始人与财产继承人力量"的博弈典型。

华为接班人问题也曾经再起波澜，柳传志回归、王石与万科从未停止过的暗战、中兴通讯第二代总裁的突然更替等。难道企业在离开创始人以后面临的就是争权夺利、发展停滞、陷入持续低潮阶段，企业高速发展将不再？这是很多人不敢交班的顾虑之一，倒不是很多企业家看不明白。在与一些企业家长达近13年的深度接触中我体会到，随着金融危机的爆发，行业和企业都面临着产业升级与结构转型，企业的资本、产品、技术、市场、制度、人才等资本性要素都面临重新洗牌和再造，年事已高的创始人再生离意。但是市场上通行的创始人交接班方法，无论是理论派还是欧美的，在中国似乎都遭遇反面试验。

第一种模式是"机构投资者接盘缔造为社会化公司"。这是典型的美国模式，GE就是最成功案例，资本家战胜创始人——科学家爱迪生后，引进职业经理人制度缔造百年GE。在金融危机中，福特家族基金会重新控制公司成为汽车业唯一没被政府救赎的三大巨头之一，似乎再现市场化手段的无奈。在中国市场上，机构投资以财务导向股权投资为主流，而战略导向股权投资占很少数，加上中国企业职业经理人市场和制度都不完善，职业经理人是典型掠夺者。

第二种模式是"家族基金制控制和管理公众化公司"。这是典型的欧洲模式，欧洲众多老牌企业都是采用家族控制，甚至直接经营管理。在市场发展较好时，放手让外部人操盘，在出现问题时就由家族直接进行控制。在中国坚持这种模式的人很多，并且全球很多著名企业都是家族制。但是现实证明这种模式在更加开放和成熟的日本和香港地区是失败的。因此，很多亚太地区的华人创始人，在晚年采取了财富管理来经营公司，将公司有形和无形资产大量变现为财富，成为可交易的资金等，导致今天亚太地区有很多世界级富豪，但没有世界级品牌和公司。

第三种模式是"分拆业务与国际合资的多元化集团"。这是典型的广东模式，改革开放比较早的深圳发展了一批大型集团，在当时是具备产业竞争力的，但随着创始人分别将各个业务与各个国际企业合资，希望借助国际企业的管理、体制、技术和市场使集团在创始人离开后得以继续发展。但是，每个合资公司中跨国企业的经营心态却不是可持续发展的，而是菏泽战略，最后导致集团毁灭，留给集团的是一个又一个壳体，而集团在多年"吃股权、分红利"的舒服日子后也丧失了发展产业的能力。

第四种模式是"'新三会'现代化公司的结构化治理"。这是典型的理论模式，中国企业似乎找到了在科斯定理里找不到的解决问题的最终答案。设立股东会、董事会、监事会、经理班子等机构，分别管理所有权、管理权、经营权，将公司权限结构化，各个机构分别聘请不同类型的人才。这种模式在中国的实践遭遇了三大瓶颈：

第一，名存实亡使之重新个人化治理，企业董事长代替股东会、总经理和董事长负责公司，成为典型的个人控制模式，导致中国企业及资本市场的控制权之争，这是超乎发明该模式的人想象的。

第二，公司所有权、控制权、使用权和处置权在实际操作中很难分离。这需要庞大的法律体系保障。即使有法律体系，但运行法律更需要高昂的公司领导与决策成本来支持，而中国企业几乎无力承受这种成本。最后导致董事会、监事会成为一个公司的"弱势群体"，而将真正的能人放在市场营销、研究开发和生产运营领域。

第三，人才市场没有相应素养的人才供应。所谓的上市公司，有多少高管能够真正地理解董事会及董事、股东会及股东、经理班子及经理的责权利呢？作为一个动态的公司，如何处理各种现实变化呢？这都是需要面对的问题。

第五种模式是"基于公众治理的职业化经理人制度"。这是资本市场模式，比如通用汽车的斯隆，如何以经理人身份来缔造通用汽车的。这似乎是理想模式，但是这需要三大市场的发育成熟。资本市场具有一批可持续发展的股东、人才市场具有一批以管理为职业的经理、外部市场具有一批以信息收集及分析的社会运行体系。但是，这种市场需要很长的时间来培育，需要数量积累和质量提高。

为什么呢？

创始人及其所创立的公司之间的关系绝对不是财产关系，因为财产是可以在市场流动的；更不是创始人的控制权关系，因为控制权毕竟无法逃脱自然法则。就这点而言，绝大部分创始人都非常清楚，只是有苦难言。创始人所创立的公司，有三种不同的维系体系急需"资本化"：

（1）创始人的行为、品行和操守与公司内部学习、决策和行动体系所形成的企业文化体系，影响着企业如何对待客户、如何开发产品、如何管理质量和生产、如何管理人才和流程制度等重大问题，但是这些因素还在以"潜规则"的方式存在。

（2）创始人的选择、资源和标准与公司外部引进、交易、互动体系所形成的企业品牌体系，影响着企业资源和要素的来源、选择、评价、使用和异动，但是这些因素尚未形成稳定的竞争力。

（3）创始人的决策、传递、执行、预算、纠正和激励等，面对各种经营管理环境所适应的年度运行体系和与现有团队的匹配，似乎被风格化、艺术化、个人化了。

这些因素无法稳定下来形成可传承的流程、制度、标准和模式，导致创始人及追随者与接班人磨合成本、风险都非常高，甚至产生失败。这些因素才是决定"去创始人化"的内在机制和动力。

在刚刚过去的30年中，中国企业有了联想、海尔、华为、中集、万科、招商银行、平安保险、阿里巴巴等为代表的群体，我们该如何去创造它们的未来呢？我们在缅怀中国企业过去30年的辉煌成就的同时也要知道，企业的成功是因为其针对外部环境、管理资源、业务要求和活动领域采取的全面策略缺一不可。中国过去所采取的成功管理实践，在未来是否适用呢？我们只知道，"是该转型了"，而没有人告诉我们从哪里到哪里，更没有告诉我们转什么和不转什么，哪怕是一点参考也好。最重要的不是急于"展望"未来的商业世界具体是什么样子的，而是会判断影响生死攸关的大变化，那些个性的、零星的、偶然的和单一的"波动"在未来"逢山开路、遇水架桥"就足够了。研究和解决大问题，要抓住原点。

下一个 30 年我们该如何寻找和确认"什么才是创造价值的关键因素、该如何评价所创造的价值、该如何分配所创造的价值、该如何确保价值创造过程是增值持续的？"，更为重要的是，与过去 30 年相比这些东西会发生哪些根本性的变化？这才是影响企业生存发展的原点——企业价值创造体系。如果发生变化了，我们该如何重构适应未来的价值创造体系，企业应该如何实施变革才能适应这种体系的变化？即"战略转型"＝"价值重构＋组织变革"。本部分只谈一下企业价值创造体系会发生什么变化，我们该如何重构面向未来的企业价值创造体系。

30 年市场经济建设与改革开放政策，给了中国企业创业的机会。正在进行的经济结构调整和价值调整，给中国企业一个千载难逢的治企机会。面对未来，中国企业即将迎来一个全方位闯世界的机会。

【专栏】资源错位发挥作用

一位靠代理起家的薛老板，从销售向后延伸到研发、生产等环节，摆脱被产品商卡脖子的命运。经验告诉他，这种转型除了需要符合趋势的战略和资本实力外，还需要技术人才和全面运营管理人才，而这恰恰是自己的缺陷。

他力邀十年的朋友张总加盟担任总经理负责全面运营管理，张总又找到了自己的大学同窗李总加盟公司任技术总监，张和李虽都是小有建树的职业人，但缺少足够资金，薛总决定让二者直接以无形资产入股。薛担心他们因股东角色认识不到位而冲突，又引进了以办工厂出身的企业家孙总的投资。这样组成了公司的"黄金组合"——长于销售的薛总、办工厂出身的孙总、擅长协调的职业经理人张总、技术专家李总，并按 35∶25∶25∶15 的比例结构配置了股权及各自的管理任务：薛总任董事长并负责财务、张总任总经理、李总任技术总监、孙总任监事。

四个人按合同组建了公司并很快开张营业，张总、李总还是保留了优秀经理人的敬业精神，开发产品、组织生产、拓展客户、服务客户。虽然有些起色但终因缺乏商业伙伴积累而经营惨淡，很快公司的资金周转出现了困难。张总以公司名义向大股东薛总借款以维持经营。

薛总见公司经营惨淡就以处理私事为由未加理会。恰逢市场转暖，公司开发出了适应市场的产品很快发展起来，当年实现销售收入 10 亿元，利润 2 亿元。

薛、孙决定奖励张、李，以实际 60% 分红权作为张、李突出业绩的奖励，而自己作为出资方仅拿 40% 的分红权。公司也偿还了早期向大股东的借款。公司业绩继续上升，在行业开始声名鹊起……

可惜好景不长。张总与薛总发生了矛盾，双方办事理念出现冲突。股东们以为是公司管理未成体系，开始花费大力气建立组织结构、业务流程、人力资源管理制度，聘请管理咨询公司和培训公司培训员工和股东。但因在创业阶段，张总以其灵活的操作和人为控制而使改革收效甚微。

在一次股东会上，张总提出了提高个人股权比例施行控股经营，这使"资本方和经营方"冲突加剧。最终双方分道扬镳，各自经营自己的公司。薛总重新聚集了一帮经理人和原来的经销商与供应商继续经营，虽无创业初期的辉煌，但保持住了经营的规模。而张总和李总则带走了所有原企业的骨干开始经营自己的公司，且很快就倒闭了。

第七章
公司制企业战略管理：
从牺牲到赢取

企业战略进入无机会驱动时代，来自外部的机会是"幼稚企业的鸦片"。它早已成为企业生命里的一部分，尤其是装备与工业制造业、科技与通信电子业。从"选择外在机会"到"缔造内在盈利模式"，成为未来战略管理体系的基本变化趋势。

一、机会选择进入迷茫时代

在当今的中国，企业家们进入了不缺机会的时代，但却是方向最迷茫的时代。

全球化放大战略空间。中国加入WTO，使国际竞争国内化、国内经济全球化、国内市场国际化，众多领先企业开始将目标锁定"世界级企业"和"全球化业务拓展"。华为进入全球化市场，并取得了"前五强的位置"；TCL直接收购法国淘汰生产企业，联想电脑直接收购IBM的PC业务，进入了全球市场运营；海尔从高到低，将制造和销售推进了各个国家和地区；中集集团成为集装箱产业的世界第一。众多中小企业也成为"全球整合企业（GIE）"，利用全球性资源和机会发展自身业务和价值。

国家及社会战略企业化。随着企业规模和经营空间的放大，企业的战略与国家及社会的战略更加密不可分，于是便纷纷主动采取国家或社会战略，完成在国家与社会的扎根工程，如国家人才战略、环境保护战略、和谐战略、企业社会责任战略等等。在环境和资源的约束下体现人类文明和社会进步的企业实施社会责任管理、清洁生产、生态企业建设、企业可持续发展战略,如燕京啤酒以循环降耗增效为重点发展清洁生产管理、企业循环经济园区建设、生态型农牧企业建设与管理、积极参与国际分工以学习全球范围内的资源配置手段,寻找走出去的方式。

不确定性复杂使企业(家)"意乱情迷"、国有企业国内挤占发展空间、外商独资企业利用政治和WTO优势获得超国民待遇、中国企业竞争快速升级与支撑资源慢速升级产生了并购重组的剪刀差,构成了"淹没"中国市场化企业群生存的"四股洪水"!

二、以产业战略创新超越产业价值

原有的优势消费品行业和基础建设产业"碎片化"和基础化,企业全面进入更加高级的行业与市场,如高新技术、现代服务业、军工行业、装备行业、材料行业、医药行业、金融服务业等。企业通过对环境的分析来调整和整合,选择相适应的战略来获得市场竞争优势。战略主体进入了"价值竞争"时代,无论是投资者、管理者、劳动者、客户和供应商都选择了"带给自己更多价值的企业",这来源于对"内部资源和外部环境"的充分认识和判断。中国本土发展起来的企业群与跨国公司直接竞争,使得多元化竞争格局形成。然而,一般性产业产能过剩、战略性产业产能不足导致中国企业群在核心领域更加依赖国际。同时,企业的资源和环境约束加大,低成本、差异化和聚焦化等战略类型开始差异化。研发战略等创新整合型战略成为选择的类型,并趋向企业个性化。企业战略趋同化时代宣告终结!

三、公司制企业战略救赎

公司制告诉我们,公司必须盈利,没有理由,更没有借口。唯有如此才能激发公司制企业家的商业智慧,而不是业务级企业家的机会主义。金融危机的发生致使贸易迅速萎缩,中国制造业面临转型升级。而2010年,全球经济回暖,出口迅速增长,各大工厂开足马力。中国工厂主也渐渐忘记制造业的疼痛。"从中国制造走向中国创造",这本身就是未端正制造业的基本态度。

1. 中集集团的制造转型、创新和升级之路

在大部分制造业主引吭高歌"中国创造"时,中集集团却痛定思痛,拨开

制造行业的重重云雾，发现了其本质是：制造业是长线产业，不能将其命运捆绑在持续波动的贸易领域，必须升级制造业而不是"好了伤疤忘了痛"——忘记金融危机给中国制造大国带来的伤痕。中集集团依据制造业本质和自身特点，做了如下选择：

（1）转型而不是转移："向高处转型"而不是"向别的产品领域转移"。中集集团没有放弃集装箱业务，只是开发智能（与通信行业对接）、方便（"水陆空"一体化集装箱）的产业。而大多数制造企业转型，就是进入房地产、金融行业或矿产资源领域，这是错误的。

（2）创新制造内涵而不是制造新的职能："向新制造内涵转型"而不是"向别的职能转移"。中集总裁麦伯良定义了"新制造业"：用艺术改造制造，使之人本化；用科技升级产业，使之智能化，这才是新的中国制造。但是很多制造企业对"制造"的理解，就是建立"研发职能和品牌营销职能"，但是大家忽略了，研发和品牌是比制造更加高端的经营技能，不是一朝一夕就能完成的。品牌是一种管理手段，是对综合系统的管理。品牌背后的企业文化是一种结果，而不是一种手段，是积极主动的一种精神状态。我们以短缺的销售体系和制造文化导向的研发体系来塑造这种软实力，是一种不现实的办法。

（3）升级模式而不是因困守旧："向高端制造领域转型"而不是"少做或放弃制造"。中国人都知道美国人常说的"哑铃型"（大研发、小制造、大营销）是美国模式，是基于美国社会经济环境的产业模式；台湾人说的"微笑曲线"，是基于离散型IT产品组装模式而言的，而不是真正的制造。中集集团则将集装箱从"组装型离散制造（组装散件，如家电）转变为基于IT的流程制造（系统制胜，如化工），将流程制造升级为集成制造（跨产业管理集成资源制造，如飞机），甚至发展成为全球网络化制造（如ZALA），向更高端的制造转型，而不是放弃或转移。

2. 中国制造业的困境

中国制造仍有30年的发展空间，中集集团的制造转型之路为我们探索了新的方向。为什么说放弃"制造"走向"创造"，是对中国制造业"产业升级"和"结构转型"的错误理解呢？

（1）中国制造名不符实。事实上，中国没有多少家真正的制造企业，大多属于贸易加工业、来料加工业；虽然有些工厂自行采购，却也无法控制原材料，只能算是贸易级的。中国有95%的制造企业其实是假制造，只是财务报表或税收意义上的制造。因此中国制造企业所谓增值税不应该收，那些增值不是工业增值，而只是贸易增值罢了。

（2）中国制造能力薄弱。中国制造企业，没有从系统层面找到质量、成本、交付、节约和资金流速的真正规律，只是跨国公司或国外标准的简单执行者，也无法设计工艺标准等等。中国制造业的竞争模式是"权力争夺"；服务业的竞争模式是"魅力争夺"（企业是把一群做生意的人组织起来共同发展）；投资业的竞争模式是"智力争夺"（头脑比资金更重要）等等。制造业重在"权力之争"，而这种"权力"来源于强大的能力，但这也是中国制造最缺乏的。

（3）中国制造错位。中国制造企业不是真正的制造业，制造业是典型的产品型企业，而不是资源型、市场型企业。但中国制造业在劳动力资源、资金资源、政策资源缺少后无法生存，这实际就跟"挖矿"一样。尤其是在危机环境下，随着信贷水平降低、控制运营成本能力提高、产品和业务多样化管理复杂、流动资金存储难度大，中国制造企业的历史特点决定了其不具备能力支撑，就如同一艘破旧不堪的船舶，当水深且稳时可正常前行，一旦遭遇逆流就无法前进了。中国企业只有"靠政策"生存的能力，没有"靠能力"生存的本事。这种本应依靠的"能力"是由"3P"（即流程、产品、伙伴关系）构成的。

（4）中国制造内涵低。制造业刚性决定了其必须有长期战略、高驾驭力的营销和服务、卓越的设计和产品导入能力。但中国企业围绕制造的辅助能力却极其缺乏。如服装行业，市场营销运营预算只占销售额比重的12.9%—13.4%，而国际惯例是不低于40%才能确保销售正常，进而确保生产稳定。

一个国家的发展要经历"建设、产业、消费"三个阶段。日本最大的错误就是从建设阶段过早进入到消费阶段，然而德国却不一样，它在完成基础建设后聚力发展卓越的产业，比如汽车行业。我国经济正处于建设后期和产业发展前期，急需要发展真正制造业，避免放弃工业化攻坚阶段的工业化核心领域——制造领域而导致工业空心化。

3. 中国制造业的出路

（1）战略稳定性。制造体系是长期努力建设的结果，且必须充分考虑经济周期所导致的需求波动，在高速增长周期依靠委托加工补充产能，避免经济下滑导致产能过剩；在低速增长周期依靠能力夺取大型订单，确保生产稳定，这应该由制造企业的战略管理能力来保障。

（2）艺术文化性。在制造产品和工艺的过程中，包含了大量的人性化机会。利用这些机会进行艺术性改造将会使客户和员工感觉到非常舒适。这种人性化文化环境的塑造，离不开全面（含产品、工艺、关系等）的设计能力和文化素质。

（3）科技系统性。高级制造行业集成了管理科技、信息科技、机电科技、材料科技、环境科技、安全科技等科技要素，但中国制造型企业的科技含量是远远不够的。中国制造业的科技系统整合能力不足，导致无法发挥科技优势，严重者使得资源浪费和沉淀，甚至出现"有技术"的企业敌不过"没有技术"的企业的现象。

（4）体系完整性。制造刚性必须依靠"设计的牵引性"和"营销的控制性"来解决，这是中国制造型企业最薄弱的环节。制造体系的完善，是基于制造业的完善，不是基于服务的整合。

4. 分层分类空间选择

中国市场的完善和企业塑造品牌能力的提升，使市场研究投入越来越大的精力。关于如何分类市场，经典教科书和文献都很多了，但是中国市场并非统一的市场，文化、社会、技术、经济、政策等因素导致市场多元化程度高，并出现了分层的新趋势。

市场从宏观到微观分为 8 个层次，否则非常容易出现有名无实的情况。

- 产业市场：该层次的市场要研究"某产业的项目投资计划、项目类型、技术要求"等，如通信设备与系统就是属于这个层次。华为把市场分为金融行业、煤炭行业、石化行业、政务商务行业、基础运营商等，但是中兴等市场跟随者未进行市场细分；联想与 TCL 等其他电脑厂家最大区别就是专门进行了产业市场的层次细分。这个层次的品牌风格是"经典、厚重、科技、专业"等。

- 区域市场：该层次的市场要研究"文化、社会、技术、经济、政策"等区域，包括人口、竞争对手、经济规模、购买导向。比如同样是全国产业化程度最高的电信行业，华东地区的技术导向特别强，不是关注新技术而是关注技术的成熟度和深度等；而华南关注新技术；山东只要技术在全国的地位；东北地区则不关注技术，关注是谁家开发出来的技术；华北地区关注技术易维护性；西北地区则关注技术的可学习性和经济性；西南地区关注技术的简易性和可扩展性等等。华为为什么成为中国老大，不仅仅在产业市场层面关注细分，还实施"普遍的市场关系"，针对这些区域特点采用"地区经营部制度"，研究区域特点和战略，采用不同的资源配置和产品解决方案。该市场的品牌是"亲和、上进、关系"。

- 城市市场：该层次的市场要研究城市的"人口结构、产业结构、发展阶段"等特点。中国城市不仅仅属于某个区域，也属于在全国及全球的地位。中国城市分为"北上广深"一线城市，它们是全球顶级品牌的空间。在中国还有这些城市的附庸城市，市场营销没有什么清晰定位就是"模仿跟风"，包括无锡和苏州是上海的附庸、东莞惠州是深圳的附庸、河北是北京的附庸、珠海中山是广州的附庸；二线中心城市，沈阳、大连、郑州、西安、重庆、武汉、成都、乌鲁木齐、呼和浩特、青岛、杭州、南京、宁波等，这些城市代表全国化水平，中国本土品牌在这一层次都有非常强大的地位；三线是其他省会城市和大型地市；四线城市是较为富裕的地市；五线城市是县镇等；六线城市是乡镇。该层次的品牌具有"模仿、灵活"的特点。

- 社区市场：该层次的市场与所在社区主题有关，比如深圳的大鹏镇针对本社区的独特之处发展"高端休闲船产业"。吃穿住行、生老病死、婚丧嫁娶都属于社区产业。海尔在产业、区域、城市战略纷纷被美的打败后开始进入社区产业。该层次品牌特点是"勤奋、服务、便利、便宜、耐用"。
- 集团市场：该层次的市场是面向政务商务等集团消费客户服务。DELL 就是集中攻击这一市场。办公、礼品、配套、服务等就属于这一市场。该层次品牌特点是"专业、创新"。
- 家庭市场：该层次的市场是面向家庭消费的，随着社区与家庭一体化提高，与之越来越相同。
- 职业市场：该层次的市场为面向就业的个人提供服务，该市场品牌的特点是"权威、全面、持续"等。
- 个人市场：该层次的市场服务于个人消费。该类品牌如饮料、香烟、音乐等，无法塑造经典而是"时尚、个性"。

5. 基于技术理性的目标设计

公司作为经济法人与社会公民越来越一致，公司的目标体系关系着客户（customer）、竞争（competitor）、资本（capital）三个层次协同发展，仅仅从股东利益最大化角度是错误的，把客户、员工、股东利益排序更是无知的，众多企业"猝死"的根源也是如此。

客户层次：资源管理指标即人、财、物、信息、能量决定企业底线目标，即该不该赚钱的问题。2008 年奥运会是中国企业树立全球品牌的最佳历史时期，韩国、美国的企业品牌与世界奥运会关系概莫如此。但是，当我们举国送走运动员时，"三聚氰胺"事件却摧毁了奶制品甚至整个食品行业。其实质就是触犯了这一底线。

竞争层次：流程管理指标：Q（质量）、C（成本）、D（周期）、E（节约）、F（资金流），即是否赚钱的问题。

资本层次：发展管理指标：P（利润，是管理 management 决定利润）、R（风险，是经营 business 决定风险）、I（增长，是投资 investment 决定增长），即赚多少钱的问题。

6. 推动战略管理变革

2008 年全球发生经济危机，对中国企业来说，使已经呐喊了多年的"结构转型"转化为"结构危机"，促使了中国企业战略管理模式变革。

第一步，重新思考战略管理的目标，重估经营模式。做大做快的经营模式是否适应企业的未来发展。从行动导向转变为目标导向，从自由配置资源转变为政策配置资源，从自我感受业绩标准到竞争对比业绩标准，从遍地黄金的环境到挖掘未来机会，从一人推动企业到集体拉动企业，企业的战略管理就成为核心内容。在企业当前和下一阶段，战略管理需要发挥什么作用，或者说要解决什么问题，是战略变革的首要任务。

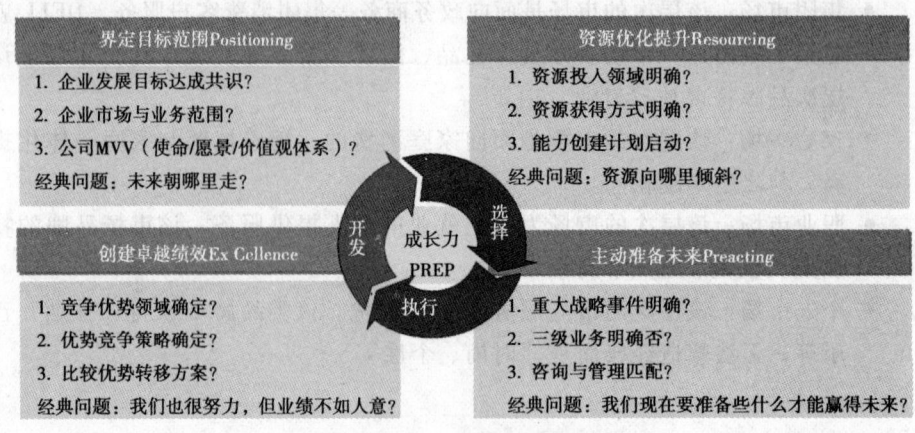

图 2-4　战略管理的目标

第二步，重新思考战略管理的模式，重估理想标杆。多年虔诚地学习美国领导企业的领导实践，但回头来发现"水土不服"，东西方管理存在差异，企业不同的战略特征导致不同的战略管理模式。必须确定企业在当前和未来的战略管理模式，否则就是无的放矢。我们通常以资源稀缺性和环境不确定性为指标，将战略管理模式划分为以下四个阶段：（1）基于规则与协同性的战略规划管理；（2）基于资源价值优化的战略设计与管理；（3）基于企业规律目标创设的战略开发与管理；（4）基于企业能力卓越的战略创新与管理。

第三步，重新思考企业战略规划模式，重估客户价值。产品浪促进的消费浪不能持久，销售浪无法促进持续购买。

（1）方向选择：为了实现战略的思想性、系统性和动态性，通过战略认识、思考和判断而进行的企业管理活动，是战略的核心部分。战略的方向选择不是沿袭和抄袭，而是经过战略思考、深度调研、科学选择、集体规划、开放研讨和矛盾研究后创建新的战略目标。

（2）任务创建：为了使战略具有具体性、行动性和操作性，不断进行战略疏理、战略整合和战略论证，即战略的支撑部分。战略管理的任务创建不是发明新活动，而是经过战略思考、深度调研、科学选择、集体规划、开放研讨和矛盾研究后产生新的战略模式。

（3）方案规划：为加强战略的计划性、一致性和群体性，通过责任分配、资源配置和时间协调来获得方案规划，即战略的组织部分。方案规划不是发明战略，而是经过预计预测、模拟测试、验证试验、总结巩固、风险控制和调整延伸后使战略得以贯彻执行。任务创建和方案规划以战略目标、基本KPI、产品市场范围、资源配置领域、企业结构、竞争优势、实施保证作为基本行动指标。

（4）实施监控：为保证战略的结果性、方向性和动态性，通过评估、评价和评论来实施监控，即战略的执行部分。战略实施的目的不是发明新计划，而是经过预计预测、模拟测试、验证试验、总结巩固、风险控制和调整延伸之后使战略处于有效状态。方向选择和实施监控应该以使命、愿景和核心价值观、战略视野及动机、战略思想及模型、战略路径及要点作为基本框架内容。

第四步，重新思考企业战略转移模式，重估要素价格和文化价值。劳动力、资金、资源、技术的价格需要重新估计；文化不仅是内部教育，而且是品牌的内涵，没有文化深度就没有动力的持久度和业务的广度。以战略目标和规划方案为核心，将预算管理、绩效管理和激励管理纳入战略管理的运行轨道，逐步推进战略准备、战略转变和战略评估。通过营造内部组织氛围的"文化工程"、企业的"人与信息"，进而分析利益相关者的市场影响，并在战略管理过程中不断进行战略监督、战略调整及战略完善，以保证最终战略目标的实现和企业战略的成功转移。尤其注意的是用中国的方法推动战略转移。

表 2-3　　　　　　　　　　　　东西方管理方法的比较

比较项目	西方	东方
使命目标	股东利益最大化	高度综合化
人的地位	重视个人	重视团队
力量/手段	依赖制度	依赖文化
组织分工	高度民主专业化	高度综合化
绩效考核	短期目标	长期目标

四、告别牺牲式泛企业战略管理

基于中国特色的泛企业模式把国内盈利组织一手带大，但是如果还坚持"中国特色"的话，则将亲自摧毁为数不多的知名企业（简称"名企"）。这是中国产业升级与结构转型之火蔓延到"名企"头上的必然结果。

1. "名企"的问题高发期

21世纪以来，中国市场爆发了多起营销事件。美的等中国本土企业、家乐福等外资企业，甚至于阿里巴巴等新锐企业，普遍爆发的暴力、欺诈事件使得国内"营销有点脏"；"三聚氰胺事件"、"激素门事件"、"陷害门事件"等，中国乳业市场一再打破消费者容忍的底线；美的电器和格力掀起的"捐款门"、"虚假宣传门"、"空调爆炸门"、"美的假紫砂煲"等事件取代了商业文明竞争下的"产品战、口水战、价格战"。

例如，发生在 2010 年 9 月 29 日安徽巢湖安德利卖场的"格力销售人员打死美的员工"的悲剧事件。安徽巢湖安德利卖场的格力与美的的展台只有几米之隔，中间是一个公共走廊。格力销售人员准备在这个公共区间挂上格力的宣传旗帜，不料旗帜还未挂好，美的两名员工便上前企图撕毁，于是发生争执。格力销售人员出于防卫，将美的其中一名人员打倒在地，这位人员因脑部出血不止而死亡。

再如，以商业文明标榜的家乐福和沃尔玛，因利益驱动，在货架标签上标示低廉价格以吸引消费者购买，在收银台却"暗度陈仓"换成更高的价格，以获取更高利润。多年来，他们很好地利用了中国大商场人满为患和中国消费者购物如山、天生"相信老外怀疑自己人"的心态瞒天过海。但至2010年，家乐福和沃尔玛欺骗消费者的行为不断被曝出，引起了消费者的强烈不满，严重影响了其市场形象。

还值得一提的是，作为商业新锐的阿里巴巴，也在2011年年初爆发了高管地震事件。究其实质，也是因为其直销业务员为了完成销售业绩，把诚信度非常差的厂家拉入阿里巴巴的业务平台，导致该平台上充斥着6000多家"骗子"公司，使网民对阿里巴巴的"中国供应商"的信赖度不断下降。

2. "名企"因只有规模的战略而无法成为"真领袖企业"

虽然借"偶然事件"的安全帽让这些"名企"一次次度过危机，但中国市场营销战略与管理体系若不上升到"领袖级"水平上来，仍将会在中国消费升级和品牌竞争时代丧失机会。事实上，中国"名企"的产业升级和结构转型的任务更加严峻。

美的最近频频发力，步步紧逼格力在空调领域的冠军地位，在销量上逐步成为空调品牌领袖。但其在市场营销战略上却未及时升级，最后形成"领袖级销售量+二流销售者形象+三流产业品牌"现象，更现实地说，其发生恶性事件是必然的。

任何一个行业和市场，都有"领导者、跟随者、挑战者、游击者"四类厂商和品牌。游击者没有战略就是最大的战略。他们不择手段博取销售额、现金流和利润，甚至不惜牺牲消费者利益，因为他们永远不会考虑客户，只考虑利益。对挑战者而言，依靠局部市场的缝隙和一两个亮点切入市场，经过营销团队的"血拼死保"逐步渗透市场，美的和格力当前的市场营销战略就属于挑战者的市场营销战略。而市场跟随者，则保持与领先者的距离，在确保不被抛弃的前提下伺机寻求突破。而领袖企业的市场营销战略是有共性的，它们关注营销本质，不断带领行业和市场进行"业务创新和组织变革"，甚至"以无营销来营销"，给消费者带来新刺激，给行业带来新规则，通过除了"勇"字外的"智、信、仁、严"缺一不可的综合手段来确保"勇立潮头"。领袖企业甚至不惜阶段性退出，如国外黑色家电企业集体退出传统显示技术市场最后以新显示技术夺回中国市场。

资源层是领袖级企业市场营销体系的第一层。以客户关系经营为最高宗旨，就像政治家经营民心一样，深知"民心不可欺，水能载舟亦能覆舟"的道理。在客户关系经营上，持续进行"客户洞察和需求管理"，甚至精心维护着这种需求,这也是一家企业的最高生存空间。当然,这种营销体系需要"站得高、看得远"的战略素养。而中国销量型的"领袖企业"往往就缺乏这种能力,他们把市场营销当作企业的"排泄系统",认为只要把产品销出去就可以了。甚至于国内某排名靠前的通信巨头总裁曾叫嚣"市场营销就是企业战术体系",忽视经营消费者与厂商的关系。

市场层是领袖级企业市场营销体系的第二层,决定了销售空间。领袖企业把市场营销资源精心地细分为一个又一个市场。每个细分市场都采取不同的产品组合和销售模式,使自己的产品和服务更贴近这个市场。执行这种模式需要"做得深、做得到"的市场素养。

(1) 市场开发而不是市场抢夺。获取空间而不是抢夺既定市场,领袖企业自己找市场,甚至创造市场获取市场先行优势,建立"文化共鸣、社会同类"的软关联,建立"科技相通、经济共赢"的硬关联,在遵守"政策和法律"的底关联下,形成良性循环体系。这种市场开发行为,导致彼此都有生存空间,领导者宏观地向后看、向前行;跟随者从产业角度向前看,使领导者不敢犯错误;挑战者从局部市场(微观)角度看,使领导者不敢忽略创新;"游击队"则没有了生存空间。

(2) 客户细分而不是客户占有。只有细分才能更加了解客户,才能更加贴近客户,使客户到厂家零距离,"心贴心"地互动与合作,而不是通过占有渠道来逼着消费者"无处选择"才选择自己。只有这样,领导者才能占有最大多数的主流需求客户,并使他们忠诚于领导者。在自己不擅长的服务客户面前主动退出市场让给跟随者,在个性化客户面前让给挑战者,并不断教育客户及市场避免被"游击队"欺骗。

(3) 产品组合而不是强行推销。依据客户细致的需求来组合产品,以更加方便的客户选择来降低合作成本,而不是单一产品途径,更不是做无价值的创新。产品边界决定于客户细致的需求,不同市场客户有不同的组合,"以服务客户心态供应产品,而不是夺取客户利益的心态吃客户"。领导者大量的时间在研究怎样组合产品,避免客户其他需求在别处得到满足加大客户选择成本,甚至不惜收购客户喜爱的某产品、某品牌。

(4) 策略管理而不是任意所为。确保与客户、竞争者形成良好的市场形象,严格管理着公司的市场策略,不为所欲为。市场领导者严格管理策略的行为,使其策略不仅得到贯彻,更避免了任一策略破坏市场。

(5) 管理销售而不是卖货收款。形成稳定的、可持续增长的商务活动及工作体系。销售是一把双刃剑,避免在卖出产品的同时也在驱逐着客户,损失品牌形象。

(6) 服务客户而不是攫取客户。在服务客户过程中更加了解客户,使客户与公司保持良好的关系,为下一步市场开发、细分客户、产品组合、策略管理、销售管理和服务设计做基础,使客户把消费希望牢牢寄托在厂家身上。

销售层是领袖级企业市场营销体系的第三层,即"推广管理、关系管理、销售执行"三部曲。中国很多企业也是这么做的,但是推广管理没有依据、关系管理没有依据,只有销售执行最实在。这需要企业活动管理素养,但中国企业营销管理就是人员管理而没有活动管理。我们常说的压制销售人员畸形工作的"三座大山",一是提成式奖励,二是目标制考核,三是资金的控制。销售人员在此"三座大山"的驱动下只能有一个结果,就是前面所说的市场抢夺、客户占有、强行推销、任意所为、卖货收款以及攫取客户。

也许有人会问,沃尔玛、家乐福不也是世界领袖企业吗,为什么会发生欺骗消费者的虚假行为?我们的回答就是,沃尔玛、家乐福是被《财富》、《福布斯》两本杂志培养的知名企业,也仅仅是销售量冠军性企业,在全球商业主流领域并非"品牌"领袖企业。有心的消费者只要想一想"在美国,是什么人到沃尔玛购物?在法国,是什么人到家乐福购物的?"就会理解个中缘由。但是在中国,沃尔玛、家乐福利用国人对全球商家的无知都成为"品牌企业"。

3. 现有营销模式"黔驴技穷",为"名企"敲响丧钟

虽然借"偶然事件"的安全帽让这些名企一次次度过危机,但中国现有营销模式步入了"黔驴技穷"阶段才是一系列营销事件发生的根本原因。如果中国企业和企业家、高级营销经理人看不到这一点,则将难逃像蒙牛及牛根生一样的命运。

经过对行业及职能的多年跟踪研究,我们发现该事件虽然与中国商业伦理缺失有关系,但其"业务创新与组织变革"层面更加急迫。也是读者认为我们上述内容无法操作的原因所在。单一渠道竞争代替整体竞争,只有营销方式没有有价值的内容,这正是中国"名企"的危机。

(1) 伪装式产品开发,使市场营销空间不大导致领导企业空心化。在我们看来,"国美、美的、海尔"三家公司没有什么实质性的区别,其都是一个搬运工。它们所谓的产品开发,只是一些塑料、模具、颜色、小功能等的组合。与富士康相比,它们在材料开发、模具开发、功能定义上都有不足。

(2) 物流式产品生产,使市场营销独木难撑导致领导企业游击化。我最近很少使用"中国制造"这个词,私下认为"中国手工组装"似乎更为贴切。中国某些"名企"生产环节的精细化程度甚至还不如"沃尔玛"的物流精细呢!

(3) 张飞式营销经理,使竞争工具箱单一导致领导企业非诚信。家电行业在价格、渠道甚至终端上出现的争执可以向前追溯10年。曾经出现过中国3个彩电品牌同时说自己"彩电销售量全国第一"的现象。怎么可能出现三个"第一",也就是说其中肯定有两家企业在撒谎,且是大庭广众之下撒谎。中国家电企业一直缺乏核心技术,且利润低下,大家"你争我夺"有些过激手段也就让消费者见怪不怪了。

(4) 金融危机导致的内外需求萎靡,造成"大而不强"的"名企"库存增多,对本土市场采取"掠夺式"开发。2009年,美的与格力挑起的"价格大战"曾令人咂舌。美的在用"真实让利1亿元"、"全场6.5折"等广告语引爆

消费者的热情之后,立刻点燃了格力这位行业老对头的怒火。接踵而至的是来自于格力前所未有的广告:"空调行业价格打入史无前例的谷底"、"缔造空调史上绝无仅有的奇迹"、"买一赠一"、"全场6.8折"等等。

4. 中国市场营销环境的不健康,为"名企""挖下陷阱"

(1) 倡导者:媒体助长恶性营销。媒体没有成为消费者的桥梁而沦为帮凶。"多大的企业规模、多少的销售利润、多少的企业市值"成为衡量一个企业成功与否的唯一标准,而不在乎他以什么样的方式获得。媒体的"权大于责",各种失德的媒体开始层出不穷而且大发横财。具有社会公益责任的媒体,成为比纯商业机构还商业的盈利团体;品牌和市场公信力第一的媒体,利用公众的信任不断贩卖公信力。传统媒体丧失"社会良心"、新兴媒体"水军"横行、"公关公司+媒体"亲密合谋,在做坏事比做好事赚钱的"潜规则"下,不是靠智慧而是靠欺骗推动知名企业的市场营销。

(2) 传道者:教育者只迎合不引导。一个过度商业化的社会,很多人包括很多企业家脑子里已全无"商业原则"这回事,只有实用的技巧——"不管黑猫白猫,捉住老鼠就是好猫"。在商学院的教育中,更多强调的是战略、经营、管理等直接有效方法,虽然门门课程都引用来自欧美和跨国大公司的案例,但只记住了小招数,背后的理念、机制和体制却被抛弃。这些"大师们"不负责任的管理教育和商学指导,使管理教育到了一味迎合而缺乏引导的地步。这给中国本土企业本来就"游击队"作风十足的经理人以"理论签字"——"沃,我能,我是对的!"直到北大光华学院优秀毕业生牛根生带领蒙牛直接在奶中加了某些"东西"后,才引起了部分管理学教育领域专家的注意。我们试想一下,这些"名企"的恶性事件中,有多少是国内泛滥成灾的知名学府的商学院教育出来的人才呀。

(3) 管控者:政府监管滞后且缺失。充分竞争领域的政府对市场规则的监管滞后且缺失。商业道德还需法律的红线管控,只有监管体制的及时完善、跟进,法治社会的"有法可依、有据可查",政府监管的制度化、透明化,才能不让那些不良商人钻到法律的空子,才能给消费者更大的信心,才能为商业竞争的回归提供一片良性的土壤。在充分竞争领域,政府把这种监管责任交给了市场是错误的。其实在充分竞争领域,政府往往是市场规则的急先锋。类似沃尔玛、家乐福在中国为所欲为的事件,就是因为中国市场的政府角色缺位。

(4) 引领者:主导企业的无力领导。行业无序竞争是导致恶性竞争的直接因素,是行业组织之间严重不和、著名品牌间相互拆台互不信任等现象存在的重要因素。此外,行业都缺失绝对领导力量也是根源,中国企业群没有发起人来组织自律和联盟,更没有人有这种实力和号召力。具备这种能力的企业,往往更需要消费者的信赖和追随,才能逼迫其他厂商追随;企业仅仅具备销售量是不行的,必须在技术、产品、质量和管理体系上具有一定的垄断能力。企业家是这个链条的最后一环,如何真正遵循商业道德并落到实处,如何真正从消费者处着手，为消费者服务、满足消费者需求，做一个有良心的、堂堂正正的商人，应该是每一个企业家的自我追求和自我要求。可惜的是，中国大部分企业家仍停留在原始资本积累阶段，中国知名企业的营销都是"卖壳"行为。没有核心竞争力的垄断，要么是血腥的，要么是不公平的。但是中国知名企业选择了300年前"羊群事件"一样血腥的做法。

（5）沟通者：网络为基础。非常规竞争是"智慧象征"？企业为了获取短期的商业利益，控制消费者购买渠道或信息，诋毁竞争对手，干扰正常市场的竞争秩序。网络商业传播的三阶段难以做到宣传自己的目的，但攻击他人的目标却非常容易达到。品类攻击开始登场，"放大主要竞争对手某类产品根本缺陷——抑制乃至消除该类产品生存空间——达到扩大自家同类产品市场份额的目的"，寻找网络写手撰写攻击帖子、在近百个论坛上发帖炒作、煽动网民情绪、联系点击量较高的个人博主撰写文章发表在博客上、推荐到门户网站首页、置顶、加精、以儿童家长孕妇身份拟定问答稿件、发动大量网络新闻及草根博客进行转载和评述等，无所不为，这是一种"逆广告"推广活动。以下是网络商业传播的三个阶段：

第一阶段（2005—2007年始），"半自发半自觉"的商业内容的植入和借力。湖南卫视推出的"超级女声"，李宇春等让广告主意识到网络投放完全可以"以小博大"。2007年演员张钰上传"潜规则"视频音频，播客视频网站崛起，天涯、百度贴吧、猫扑论坛等网络给商业带来了一系列"不可控"的营销事件。

第二阶段（2007—2010年），土豆、优酷等视频网站吸引企业大规模有组织地介入，通过"口碑精致创意——网民主动复制——口碑传播"、"病毒视频机制"等渠道传播。土豆网为Intel公司的"intel inside 2.0"网民创意征集，从百万元级年营业收入升至千万元级、亿元级收入。

第三阶段（2010年以后），开心网SNS社交网站开始崛起，后来逐步在商业传播领域发力，开发了SNS特有的"攻击方——网络传播造势——传统平面媒体报道——利用网络进行转载——滚雪球式放大传播——成为全国性公共事件"陷害门机制，充分利用"好事不出门，坏事传千里"的社会常识，成为SNS生存模式。社交网站最大的好处是用户初始添加好友都是"从现实到虚拟"，彼此信任度远高于论坛，通过论坛转帖、投票、视频分享迅速扩大，病毒视频因制作力量不匹配而没落。

五、中国企业群的三类价值模式与九条转型线路，即"三九式"

将中国企业群按价值创造规律分为三类：第一类，是以产品、产业为核心价值创造要素，包括家电、消费品、工业品、制药、IT等产业的现有企业。第二类，是以资本为核心价值创造要素，包括房地产、服务业、投资业、电信业和地矿业的企业。第三类，是以职能为核心价值创造要素，包括制造行业、科研行业和商贸服务行业为主的企业。这些领域的企业生存状态及发展范式见表2-4。

表2-4　　　　　　　　　　企业生存的状态及发展范式

价值创造模式	现状	目标
产品或产业	原始型企业	专业化企业
	多业务企业	集团化企业
	多职能企业	模块化企业
客户或资本	开发型企业	品牌型企业
	运营型企业	服务型企业
	投资型企业	整合型企业
职能或能力	技术型企业	产品型企业
	生产型企业	网络型企业
	销售型企业	客户型企业

1. 产品或产业企业的目标范式

中国企业在未来采取什么发展道路呢？业务模式的核心问题就是产品和市场，即如何经营市场、如何发展产品和如何将他们组织在一起。根据市场经营方式、产品发展方式和组织方式的不同，参照全球领先或长寿公司的成功实践，公司的业务构成模式和发展道路主要有三类：专业化、集团化和模块化（如图2-5所示）。

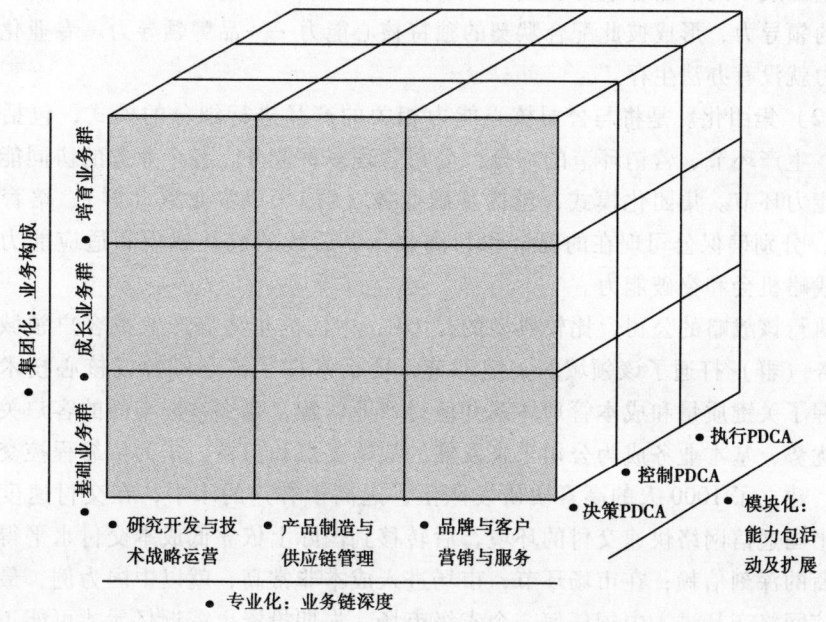

图2-5　公司的业务构成模式和发展道路

（1）专业化。是扩展业务链深度，将某项业务做深做透的模式，包括研究开发与技术战略运营、产品制造与供应链管理、品牌与营销服务，如可口可乐、中国联想、娃哈哈等消费类产品。执行该类业务模式的公司，研究开发与技术战略运营的目的不是发明新产品或新产业，而是围绕着核心产品的成本、质量做文章，使核心产品适应环境变化。如可乐的配方是比较稳定的，但是如何面对原材料的变化、加工技术的变化、包装技术的变化，使之保持在一定质量水平和成本水平上，同时使之在面向整合运营链条进行技术研究时保持适应性，也就是说，如何在各个技术环节上做到精细、标准和领先，这才是他们的研发任务。同时，他们还将围绕着该产品的辅助产品或相关技术释放给市场合作伙伴，实行技术运营战略，共同维护该产业链。如可乐把易拉罐装业务交给各个地方的客户，实现销地产，使该产品与当地的经济紧密结合，调动各个环节积极性，共同保护这一市场。在产品制造与供应链管理方面也与该战略保持一致，将产品的核心部分、加工部分、包装部分等辅助工艺分离，并建立稳定的相关配套基地，使之保持交付效率、成本质量水平等。如可乐，集中生产糖浆、将加水和包装分散在各个地方，但负责整个链条的管理，包括产量与生产标准等等。

品牌和营销服务网络方面，企业进行全面品牌运营，使之保持生命力，而商业网络开发逐步交付给合作伙伴，调动社会资金共同开发市场，服务客户需求，同时给商业网络和服务网络以技术支持和专业支持，使之保持一致水平。该类战略适用于客户分散、需求稳定和范围广泛的产品与产业，尤其是日用品和消费品行业。该战略执行企业也可能有多种产品，但只是在生产、市场环节的分化，比如多种类型的包装、多种类型的品牌定位等等。研发环节保持了深受消费者喜欢的质量和成本的产品影响力、生产环节保持了规模的控制力、品牌环节保持了消费者的领导力，形成彼此配合默契的独特核心能力——品牌领导力。专业化没有领导力就没有办法生存。

（2）集团化。是将与公司核心能力相关的产品进行细分的模式，包括研发环节、生产环节、营销环节的细分，公司管理多种业务、各个业务的协同能力和核心能力环节。集团化模式，包括基础业务（群）、成本业务（群）、培育业务（群），分别确保公司现在的现金和利润收入、后续的成长规模和适应能力、未来的战略机会和突破能力。

执行该战略的公司，比较典型的是 GE，中国的华为等产业类客户领域。基本业务（群）打通了该领域的关键环节，要么掌握了核心资源或核心技术，要么掌握了关键质量和成本管理体系并值得产业信赖，要么掌握牢固的客户关系和规模优势，基本业务成为公司未来发展的战略支点和门槛。华为依靠程控交换机业务，建立了 1000 人的高素质研发队伍，远高于客户的水平；在交付速度上适应了中国通信网络快速交付的环境，后转移到国际上依靠低成本交付水平得到了运营商的深刻信赖；在市场环节，市场进入成本非常高，就以中国为例，最普通的通信网络产品进入中国任何一个省级市场，先期投资也需近亿元才可能正常供货。成本业务群，分摊了庞大的研发成本、生产成本、服务成本和客户成本，同时又培育了适应产业未来发展趋势的主导产品，确保公司的增长。还以华为为例，其程控交换机建立市场优势后，迅速将程控交换机研发经验和人才移植到移动通信领域，生产环节也完全复用，客户类型也基本趋同。培育业务（群），在产业市场领域，客户的供应风险和后续升级风险较大，任何客户都无法与没有未来的供应商合作，因此必须积极开发培育业务，跟上甚至超越客户的需求，华为在进入移动产品业务后，迅速进入了数据通信领域和3G技术领域。执行集团化战略的公司，研发环节是分层运行的，第一层次是技术战略、第二层次是产品线战略、第三层次是产品战略、第四层次是应用战略，形成"中央＋分散"的研究管理体系。生产环节是基地化的，营销环节普遍采用的是解决方案营销模式——推动战略性需求、满足客户整体需求、保证客户业务需求，来确保商业平台的稳定和可持续发展。集团化战略的核心能力是"战略性研究与开发能力"。

（3）模块化。是将某一产业级影响力的核心能力进行集中经营，并通过多种形式来组织与核心能力配套的能力包，满足客户多样化需求的模式。执行该战略，包括三个主要部分：决策级的PDCA活动、控制级的PDCA活动、执行级的PDCA活动。比如IBM、富士康等产业服务机构或其他服务机构，分层分类建立决策级、控制级、执行级的能力包，面对市场需求迅速整合而形成的产业机会。在决策级的PDCA活动层面上，IBM对客户的IT和业务需求具有独立的认识和判断能力，即如何计划IT及业务的目标价值、如何实施业务与IT变革、如何验证这种判断的准确性及如何推动，并将这种判断推销给客户，得到他们的认同；在控制级的PDCA活动层面上，IBM在如何管理需求、实施项目、推动整合和管理变革上，有着复杂而有效的质量、成本和交付的控制能力，确保业务运营能力；在执行级的PDCA活动层面上，建立了资源、工作、流程、职能、网络、区域等方面的配套能力，确保将工作做到位。执行该战略的公司，"信息及运行能力"是核心能力。

不同业务模式的公司，其产品战略的目的及实施各不相同。集团化的多产品线战略的目的是开发新业务（比如GE发展了医疗业务、能源业务等等）；而专业化的多产品线战略的目的是细化产品细分需求（可乐发展了罐装、瓶装、大客户的散装业务）；模块化的多产品线战略的目的是培育和扩展能力应用，将能力发挥在最有价值的产品领域，如IBM将IT能力与金融产品线、咨询产品线、软件产品线结合，释放并将核心能力的价值最大化。

不同业务模式的公司，其市场战略的目的及实施各不相同。集团化的市场战略的目的是开发客户的战略需求以构筑战略关系，一般实施解决方案营销；而专业化的市场战略的目的是品牌战略、需求拉动和数量拉动，实施社会营销和事件营销；模块化的市场战略的目的是案例营销，拉动需求产生、培育典型解决方案的认可度等等。

（1）专业化价值导向的组织变革。专业化并不是简单的傻干，而是要经历清晰的价值选择、系统的价值整合、持续的机制实现才能真正成为"专业化企业",这不是一个简单的重视、理念认同、僵化坚持就可实现的。要经历一场深刻的组织变革,才能真正成为一个专业化公司。

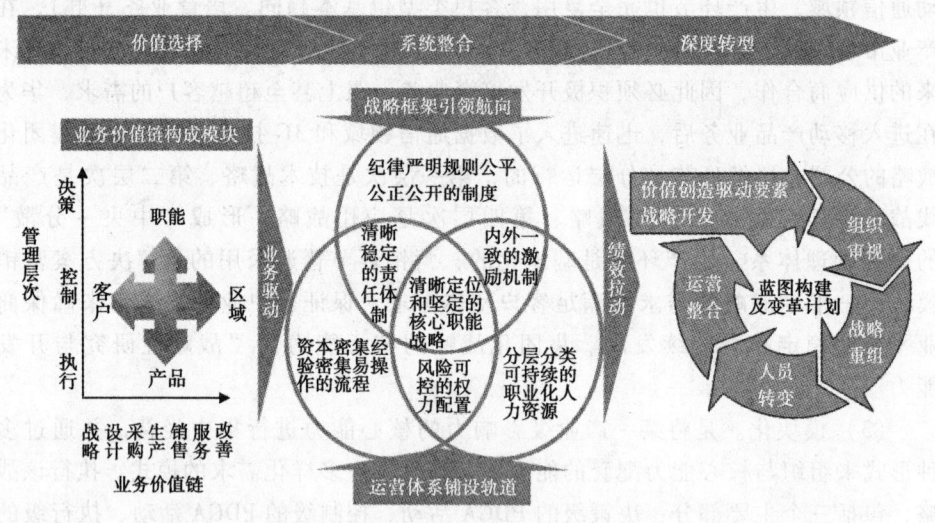

图 2-6 专业化价值导向的组织变革

（2）专业化公司的价值选择。专业化公司的类型有四种：产品专业化、客户专业化、区域专业化、职能专业化（后三者略）。清晰的价值选择，是实施专业化战略的公司要决定的第一件事情。

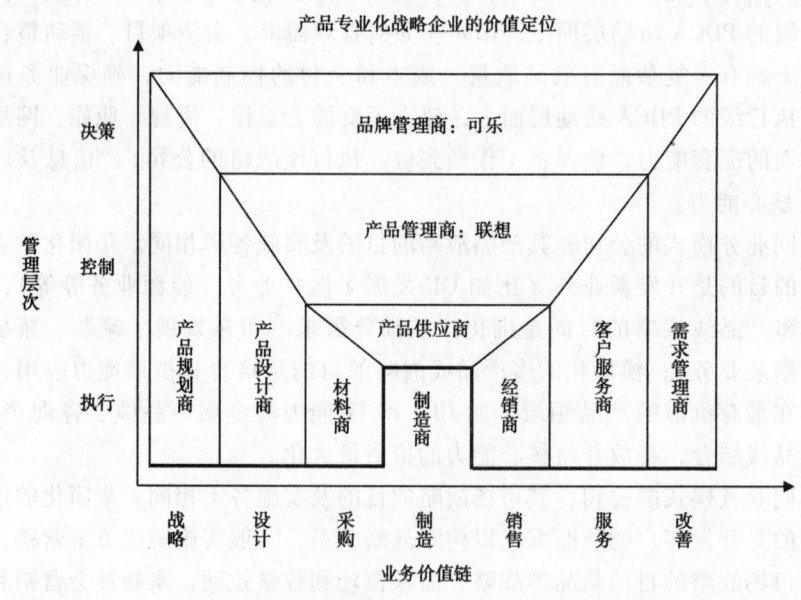

图 2-7 产品专业化战略企业的价值定位

产品专业化。产品专业化是大中型企业通常所采取的专业化战略类型。该类公司所包括的产品相关的经营职能有：战略职能、设计职能、采购职能、制造职能、销售职能、服务职能、改善职能。其专业化所包括的管理职能有：决策职能、控制职能、执行职能。这就形成了产品专业化公司的多种不同形式，而这些形式取决于他们选择了什么价值和具有什么样的能力。

产品材料商：负责产品关键材料的开发与提供，确保设计的产品在工艺化生产条件下得到稳定的材料供应，有些产品材料是现成的，但有些产品的材料是经过专门开发制造的。与基本功能相适应的原材料及相关材料等，构成了庞大的供应商网络。这也是产品提供商要着力开发的资源之一，而不仅仅在采购层面。

产品制造商：负责产品加工制造，确保产品的质量和成本，是国内绝大部分来料加工企业的核心定位，而没有与供应商开发合作的能力。对产品供应商和产品管理商的依赖性非常大，无法超越其命运——产品提供商的任务完成者。

产品经销商：负责产品向目标客户或目标区域的销售。遍布国内各个区域的产品经销商都是如此，所谓"优秀的经销商"只是产品供应商战略的执行者，没有客户服务能力，更没有产品的设计能力，当然也无法具备产品供应的管理能力。

产品供应商：负责把产品稳定地提供给客户并交付给最终消费者。包括材料商、制造商、经销商，这类企业有市场定位，有相对稳定的供应商，但没有产品设计能力、客户服务能力而最终很难成为产品管理商，这就是新天下的神州电脑与联想电脑的根本区别。这也是很多企业无法成为领导者的原因所在。方太厨具等家电企业的命运也无法摆脱产品供应商的角色。

产品设计商：负责既定的产品概念的设计执行和标准控制工作，确保产品概念得以实现。产品规划绝大部分解决了基本需求和核心功能，但面对客户不同需求也可以进行个性化的设计。中国电子与家化消费品企业也就是在外观功能即模具技术获得了突破，使用了国际企业定义的基本功能。

客户服务商：负责使产品的购买者和使用者得到应有的服务。最终应产品管理商的基本要求，了解客户关于基本产品的使用习惯和个性需求，使之成为产品设计的依据之一。中国本土的"品牌"企业与"非品牌"企业的核心区别就在于此。谁在客户服务上做得好，谁才能设计出个性产品，才能超越产品提供商。

产品管理商：负责产品设计、采购、制造、销售、服务工作，确保产品概念、需求等得到满足，确保产品的质量、成本、交付具有足够的竞争力。如联想电脑，负责产品管理，完成产品设计、产品供应、客户服务等。围绕客户需求进行设计，质量、成本、交付是该类核心竞争力。但联想电脑没有将电脑赋予新定义和新概念的能力、也没有利用需求管理产生客户新消费与使用习惯的能力。虽然联想在收购 IBM 的 PC 业务以后进行了品牌宣传，但仍然无法成为品牌商，原因是缺乏相应的能力。

产品规划商：负责产品规划、产品定位和商业模式设计等，形成产品概念和商业模式框架，贯穿于该产品方向的决策层、产品及运营标准的控制层和产品相关任务实现的执行层。现有的主要产品中没有一个是中国人自己规划的，绝大部分成为抄袭者，或者顶多是个局部创新者。海尔集团虽然发明了能洗地瓜的洗衣机，但也不是基本需求级的，顶多是个设计创新。

需求管理商：负责客户需求的研究与提升，确保该产品成为消费者日常工作或生活的习惯，甚至是不可分割的一部分。这是品牌商的核心能力之一，也是定义产品的出发点，但也是国内企业最薄弱的领域。洞察客户深层次需求、培养客户需求并发展成一种文化，这就是麦当劳与中餐企业的最根本区别。

品牌管理商：负责从需求、创意、设计、材料、制造、经销、服务、改善、提供、管理等工作中得到更多的附加值和可持续的竞争力。如可口可乐、宝洁、万宝路、LV等国际巨头以品牌管理为主，并不断依据品牌战略进行产品规划、需求管理、产品管理等，该角色的核心竞争力是"需求、产品和模式"的决策能力、控制能力、产品规划能力和需求管理能力，是产品专业化的最高层次，也是价值的最高领域。海尔虽然自认为是一家品牌管理商，但缺乏需求管理和产品规划能力，顶多是一个多产品管理商。

世界最大的摄影器材业先驱柯达公司正是在此思想指导下，最早将需要很高的专业水准才能够运用自如的精密摄影仪器改造成无需手动测光对焦的"傻瓜相机"，满足了大众化的基本照相需求，完成了照相机工业史上划时代的革命。"你只要按下快门，其他的事由我们来做。"柯达公司又宣布"我们不要独占全自动相机的专利，这种技术我们将向全世界所有的制造商公开，任何厂商都可以从我们公司得到这种生产技术。"柯达公司可不是傻瓜，随着相机的普及，柯达打开了更大的胶卷、相纸和冲印服务市场，从中赚取了更大的利润。

（3）多业务企业向集团化企业变革。中国公司广泛奉行的经商哲学可以概括为"做信和行藏"，最终使中国公司失去了可持续性。所谓"做信"，就是对客户、股东、员工、合作伙伴就要讲究一个"信"字，这种"信"是对特定对象而言的。而"藏"，就是藏于财富和行动，包括基于家族关系而非资本实力的"财股"和基于个人贡献和忠诚的而非职业成长的"身股"。中国这种商业的软实力就是建立在个人、封闭、血缘基础上的。

全球企业现代的软实力可以概括为"做透和行明"。所谓"做透"，不仅对客户、股东、员工、合作伙伴等现有的对象，而且要对社会公众追求"透"——商业规则的透。而"明"，就是对社会公众而言的信息公开。这种软实力是建立在组织、流动和交易基础上的。中国公司是建立在缺乏适应公司发展的市场经济和深厚文化环境中，最终产生了中国公司"根深叶茂"的二元公司发展模式。

因此，中国公司必须进行双层面建设：第一层面是基于广泛社会环境的利益、权限、责任和基于人际关系多重追求的互利互惠的人脉基础的建设，主要价值是除了资金、人才、原材料、创新性企业家等四个国际常规性企业经营要素外，还有第五个中国企业特有经营要素——政策，这些外部环境中的资源隐藏在公司之外，只有得到"它们"的帮助和帮助着"它们"才能"根深"。而公司生存层面的核心竞争力，最后却往往被这种盘根错节所羁绊。

第二层面建设才是国际主流公司所全力以赴从事的领域：文化、战略、结构、流程、人力资源、运营模式等"叶茂"——形成发展层面的核心竞争力。所以说中国高层实现职业化难度很大，因为中国公司的高层的价值是"扎根和封闭式平衡"，只有中层以下人员才是"开放性经营和有限性管理"。

中国传统文化决定了一个经济生命体必须追求"人和业羡"，导致了中国公司必须多方面运营，而非仅仅平衡利益相关者的范围。人和，就是与股东之间、员工之间、客户之间、供应商之间、政府官员之间必须"和气生财"，并非完全价格成本式的决策，还要有"软环境"的塑造，只有这样才避免产生阻力——人为破坏性活动（这往往更加可怕），所以说"中国公司必须先为气所生、后为财而发"。业羡，即事业和业务必须为人们所羡慕而且给人以希望才能发展，导致了中国企业双面性——人格的"诚信"和业务的"时尚性"。如大家已经淡忘的"飞龙总裁的二十大错误"，本来在西方是非常简单的事情，但在中国，人们发现了缺陷，"其业也不能羡慕了"，加速了其消亡；再如IT行业火热的时候，其他行业根本招聘不到很好的人才；三九等企业在众口铄金中也加速了危机。

多业务企业向集团化企业变革的模式有以下三种：

第一种模式就是"老板+经理"的模式。股东带领着职业经理人去实施企业战略转型，但容易出现两个角色的冲突，这是被事实证明的不可操作的模式。

第二种模式就是"老板+董事会"模式。老板聘请外部各类专家治理企业，比如李嘉诚等香港富豪所采取的都是这种模式。包括确保股东权益的体系、恪守董事会职责、履行披露与透明的责任、平等地对待相关利益者、施行内部控制与风险监督。通过股东会给予职权代理，"重大投资决策权+挑选经理+决定经理人员的收入+决策战略+审计风险"，并通过设立董事会办公室和董事会秘书来保证过程中的行政事务。董事会模式决定了决策特性，主观因素较大时以内部董事为主，客观因素较大时以外部董事为主，董事不存在公正性因素，薪酬固定不变，不与企业业绩挂钩，全年有工作日要求。

第三种模式就是"老板+董事会+职业经理人+公共监督"模式。这依赖于公开的治理体系。职业经理人是外聘的，或者是经历了"累人——累心——省心"修炼并完成"经营型企业家——管理型企业家——技术型企业家——投资型企业家"的嬗变的企业家。职业经理是公司治理制度的质的跨越。现实情况中真正成功完成这一步的也不过就是联想和万科。在企业家治理平台上初步建立了职业经理的驾驶舱——战略管理系统、流程管理系统、人力资源管理系统来运营企业，这为未来打下良好的基础。治理模式中客户、供应商、政府等公共部门共同监督推动企业进步。

中国企业前30年的管理实践，企业家在其中扮演了领导角色。企业家尤其是创业一代的企业家，管理不过是个人操控企业的工具，仍然停留在浅层次问题的"救火"上，没有抓住根本。战略管理成为企业家传递个人战略构想的平台，组织结构是企业家意志下的资源配置，业务流程是企业家个人业务经验和认识的具体体现，人力资源管理只不过是个人调配员工的一种经验沉淀系统。所以，与企业家关联的不是体系。企业家不需要体制和机制，而是一种本性。只有经理人才需要体系。

那么谁来承担未来的领导角色呢？是职业经理人，但需要完成体制和机制的转变才能将其推向多变的舞台，这要经历复杂的过程。

将企业家能量"资本化体制＋市场化机制"化才是唯一出路，即"企业家能量＝职业经理人＋企业家精神＋资本化体制＋市场化机制＋可持续管理制度体系"。而企业家完成角色回归，将过去"投资者、创业者、管理者、经营者、执行者"五个混合角色进行分离，自身承担投资者和创业者角色，将管理者、经营者和执行者角色交给职业经理人。只有这样，职业经理人才有成功的可能，才能完成从企业家治企到职业经理人治企的转型。

所谓的职业经理人，就是从内部到外部无边界选拔适合本企业的各类经理人，这种选拔不是一次性的，而是持续性的。职业经理人市场制度形成对现有经理的评价、监督、竞争机制，使他们不断超越他们的替代者。同时，职业经理人要提前做好准备，包括企业家的价值观念、思维模式、决策规律、思想意识等，知道如何让人去实现目标；把握社会矛盾、协调社会关系；深沉厚重、魅力十足，聪明绝顶、辩才无碍、光明磊落、实力超众。这样才能对企业具有现实意义。管理是把各种技术专家和受过专门训练的专业人员的技术、知识、经验聚集并统一在一起的过程。只有能够激励人们认同、理解和行动，才能实现这个过程。管理人员首要的素质是人文素质，而不是技术素质，是影响人们对生活的看法，是建立在对人们的动机与担忧、恐惧与希冀、爱好与厌恶、人性中美好与丑陋的理解能力上的，只有具备了这种能力，才能帮助自己树立目标，并逐步找到达到目标的途径。

所谓的企业家精神，就是企业家的人文智慧成为企业文化体系，逐步从治理层主动治理发展到职业经理人的自觉治理。将某一行为及行为对人的意义联系起来，提出企业家精神——"企业家＝实干家＋思想家"。"实干家"交给职业经理人，"思想家"交给文化体系。企业领导层要建立清晰、明确和统一的思想领导库，明确基本立场，发行自己的杂志和面向客户的图书。

企业家必须具备的四种心态——人格被信任、说不、下台准备、平常心态，成为企业文化的基本假设。企业家要具有认清自己和他人、成就他人和自己伟业的伟大毅力。企业家个人人文智慧决定了一个企业的支持率。以下是企业家的一些智慧经验：

- 人人需要自我肯定，人人需要知道自己对别人有用，对世界作出了正面贡献；
- 人有四种需要：成为与众不同的个体、与外界融合、对别人有用、了解自己的生活与工作；
- 人各有所长，长各有不同；不一致的多元是混乱，不多元的一致是独裁；
- 人文而平等但各不相同；恐惧和利益让人结合，智慧和美德让人团结；
- 伟大是一种心灵状况，是一种单纯的事情；
- 人们一旦因价值观聚集在一起，就成为维护这种价值观的环境，在这种环境中温暖如春，而其他的环境则冰冷无比；
- 出口智慧的话语非智者，行出智慧的举动方为真智；
- 追求快乐是人们所有短期的追求之一，包括悬梁自尽；事物的意义不在乎其本身，而在于我们的态度；
- 改变是消弱了内心平静的力量；行善是永不亏损的投资；
- 每个人都需要认识自己是谁，往何处去，为了什么，对自己生活的意义；
- 人的决策程序：信念＋价值观＝问题＋善恶＝决定＋规则＝行动＋环境＝结果；
- 彼此相似，才能相互了解；彼此差异，才能彼此相爱；
- 追求独特，设法合群；
- 如果我们连自己的是非判断标准都不了解，我们对自己的所作为都没有什么概念和原则，我们又如何掌握今天的任务和明天的目标呢？

我们需要道德的力量，我们试着让自己的行为对世界有所贡献而不仅仅是自己认为对的贡献，我们不仅仅自己需要一张有坐标的心灵地图，还要引导大家使用同一个规则作出与我相同的但并不违心的决定。

规则要能发挥作用，必须具有深厚的根基，那些以粗浅的规则为重心、以服从为动力的工作，是不能永远控制全局和未来命运的。

我们只有了解了伦理，而不是权利，才能真正塑造出一家企业最积极的企业精神。

智慧和美德，才是培育企业佳绩的沃土，智慧指导着公司，美德指引着人们采取合适的举止。智慧是关于事物和行动的深刻见解，而美德是依据智慧行事的习性，使人只做聪明事情，而不做傻事。

品质是行为的结果，行正确之事情而有所作为的结果；正直，就是显示自身的人格、信念和价值观；正直是良好组织文化的体现。

思想使人伟大、道德使人走远、树立道德、与有优秀操守的人往来、在细节用心、培养鲜活的想象力、智慧是过去的精华、美丽是未来的应允、要具备分析寻常事物需要的不寻常之心。企业家创业的冲动就是"为了自己过上体面的生活"和"有效控制环境"，总之就是为了自己。人文过程就是千方百计地探询自身的缺陷和弱点所在，期望能够对隐匿在纷繁复杂的竞争背后的客观规律和真相有所发现和领悟，更要关注自己比昨天进步了多少的。管理的主体是人，管理的目标是激发人们的心灵、欲望和想象力。人不能解析自己的生活，就不能承担激发别人的重要职责。卓越的事业是普通的事情与人的特殊才干结合的产物。每个人都有一个长处，至少有一件事情做得比别人都出色。

所谓的市场化机制，就是将企业家个人成功的诚信和优秀商业美德结合，成为企业市场化品牌管理体系。优秀商业美德，尤其是被中国企业家证明的广为接受的商业智慧：勇敢、温和、节制、和善、大方、诚实、庄严、风趣机智、自尊、正义、仁慈、正当、谦虚、忠诚、诚恳、可靠、愉悦、信赖、憨厚、宽容、体贴、明理、乐于助人、幽雅、合群、活泼、举止有礼、宽宏大量、同情心、恒心、谨慎、足智多谋、大胆、冷静、好客、礼貌、创造力、乐观、利他、爱、和谐、平衡、表里如一、信守合约、热忱、幽默、洞察力、领悟力、坚定不移、弹性、节俭、自律。坚决摒弃背离商业和社会道德的情形：急功近利、不注重价值、极度自我中心、崇拜名人、随波逐流、刺激、快感等。

一家公司或一个团队的成功需要一个中流砥柱式的领导，他开放敏锐的头脑、火热的情感和超前的组织运筹能力，将具有高超智慧和雄心壮志的一群人凝聚成一个坚强有力的团体，从而应对各种挑战的冲击。这里并不是风平浪静的港湾，而是刀光剑影的战场；这里没有硝烟弥漫，但是战斗的残酷却足以让世界上最无所畏惧的人胆寒。在这个战场上，稍有不慎，便有被打入万丈深渊而永无出头之日的可能。

企业的成长过程不可避免的要经历管理混乱期、策略的变革期、资本市场化运营期，这时危险往往会将企业推上绝境。因此，企业顺利发展的背后隐藏着鲜为人知的危机。在企业运营上，不要急于寻找管理的成功之处，而要更加关注问题、关注不足和失误之处。对一家快速成长的企业而言，企业家切不可就某个问题搞得公司上下人心惶惶，因为大家还不成熟。正确的解决办法就是对问题进行冷静和理性的思考，并积极寻找解决问题的有效对策。

经营企业的过程不是一个单纯的交易过程，而是不断创造和成长的高度技术化和艺术化的过程，也是在感受方方面面的压力和解决各种问题过程中不断升华自我的过程，因此，经营企业不仅仅是赚取金钱，而是扎扎实实地享受人文成长、智慧发展和生活提升的过程。

商业知识：只有懂得在不利环境下企业的运作之道和兴旺阶段的市场之道，才能把握大势、决策框架、运作人才以及构建核心竞争力。商业活动的实质就是将所生产出来的产品以高于成本的价格卖给他人，并在这一原理下处理成千上万个细节问题。每一个商业活动都是自动发生的，因为商业活动是满足人们需要的一个过程，因此不能脱离人们的日常生活。"商业规律＝经济规律＋人为因素"，经济规律影响人们的需要和情感，而人为因素则与情感和需求息息相关。我们不能控制经济规律，但可以掌控人为因素。随着市场的扩大，我们必须专业化。因为在全世界范围内，我们拥有众多的竞争对手，每个对手都有胜过我们的地方，如果我们想胜过所有的竞争对手，就必须在较小的范围内做到最好。

面对更加广阔的市场，中国企业必须将自己的注意力集中在某一方面，在该领域每一步都有独特的想法。在竞争对手的包围中，必须有鲜明的个性才能被客户发现。随着市场竞争的专门化，中国企业不能解决所有的问题，在公司多元化以后必须发展第二品牌。比如 GM，虽然有很多产品，但只有汽车，关注于微小细节，立足于长远目标。中国企业的定位确实有特色，能从定位中获利，但随着环境的不断变化，必须不断修订自我，重新定位。持续定位的过程是定位不断深化的过程，而不是转移。优秀的战略是在对未来的预测基础上的不断聚焦过程。在走向成功的过程中，中国企业必须用新理念冲击自己，才能防止竞争对手的竞争。世界越来越复杂，中国企业就必须越来越简单化。在网络时代，大公司的组织架构应该体现为庞大的业务网络和客户范围的集成。当今社会不再由优秀者决定，而是由杰出的所作所为决定。荣誉和金钱是商业成功的陷阱，它使商业的缔造者，看不到企业内部的运行情况和客户真实的需求，而暂时歇息或偏离创业目的。

所谓的资本化体制。企业家式的忧患意识，成功和失败永远是形影不离的。当您幸福地品位成功的时候，失败的阴影正在向你走来。在高科技行业，只有怀着深深的忧患意识，才有可能镇静地应付形形色色的挑战。但是只要你向错误的方向迈出了一步，就很难再有机会迈出第二步了。

所谓的管理制度，就是中国企业家必要之务，不因人而异。规则没有例外，失去约束力的规则毫无意义。法律越多、公理越少。中国企业家的管理智慧要成为战略决策与人力资源管理模式。企业家在黑暗中摸索前进，直到看到前方的风景。

中国企业家决策风格成为企业决策制度的原则和内核。什么样的事情要独立决策；什么样的事情要共同决定。现实生活中没有正确或简单的答案，而是矛盾和意外、似是而非的争论和数不胜数的问题，但中国企业家必须在矛盾、意外、争论、问题中找到出路，并支配它们（流程管理方法论）。思维上要多元化，行动上要专业化（任职资格管理流程）。客户不是上帝，不会因为你朝拜他而赏赐于你，而是伙伴，与你形成了增值交易的关系（营销流程）；商业不再是所有者用来发财的工具，不再是雇佣他人作为组织的工具，而是有自己宗旨和精神家园的团体（组织结构管理流程）。中国企业家可以从宏观上预测未来，可以从过去寻找安慰，但面对未来只能向前看，只能在不确定中寻找安全岛（战略执行评估流程），要让人们在平凡的岗位和默默无闻的工作过程中体会到无穷乐趣。

（4）多职能企业向模块化企业变革。组织结构变得越来越复杂。过去，组织都是明显地按一维设置：功能、产品、用户或地域。现在，它们常常被分解为较小的单位，每个单位由于商业经济和客户需求的不同，其组织运行模式也不同。信息以前是沿组织结构上下流动，现在也可以在部门之间自由地横向流动。那些共享信息、加强组织进步的小组，也跨越了组织的内外界限。个人能力及技术、经验以及管理层和雇员主动性方面的差异在决定竞争优势和组织业绩上变得越来越重要。组织非结构性的重要性在不断增加。组织结构不再仅仅是原来的指挥与控制手段，而成为吸引员工、利用转移价格和基于业绩的奖励来影响员工行为的基本平台。

人力资源管理创新与整合要适应动态化、短期化、文化化和高成本化趋势。逐步改进组织化人力资源"人力资源配置不合理、人力资源投入不足、激励机制不健全、缺乏有效的绩效考核机制、管理者素质不高、人力资源管理环境与业务运营环境融合不足"问题，实现组织结构与产权结构、产业结构、区域经济结构同步调整，逐步扩大地域范围、产业范围、功能范围、企业范围，不断丰富资金、物流、技术、产品、经济、人才、信息的联系与协作，不断突破业务联系依靠人际关系维系的局面，不断丰富组织信任契约保证机制，不断调动协作的积极性和技能满足规模经营要求。

这样，组织结构不仅需要像以前那样考虑工作业绩，而且还要考虑组织的适应性。有很多因素影响着组织的适应性，不仅仅要适应环境，还要适应新流程、新技术、新模式和新理念的舞台——集体管理、事业发展、新业务扩展和人力资源开发等等。这样，组织更加开放，员工来去更加自由，组织吸引员工的方式不再是靠"领导力和员工忠诚"，而是适应这种开放的机制。

人力资源管理的重心将下移，从领导者转向劳动者，建立基于劳动者绩效的人力资源管理体系。员工不要过分主动，而是按目标开展工作，工作过程得到有效的监督，结果得到考核和评价，推动员工调整自己的行为，基于员工业绩进行分配和奖励。这样就形成了推动员工产生更高绩效的机制，也使员工的劳动得到更多回报。

人力资源管理实现从"获取外部机会为目的的扩张管理"到"提升资源与资产效率的整合管理"的转变，具体来说：（1）消除隐形公司，在"应收、库存、效率"和"组织、业务、能力、资源、理念"方面均需要转变；（2）品牌与营销一体化；（3）绩效化；（4）持续化。

2. 客户及资本性企业的目标范式

（1）开发型企业向品牌型企业变革。区域专业化，是园区与地产管理的专业化战略类型。该类公司与区域相关的经营职能包括：功能规划职能、项目规划职能、项目召集职能、区域服务管理职能、品牌推广职能、延伸服务开发职能、增值提升职能。专业化所包括的管理职能有：决策职能、控制职能、执行职能。

在过去的30年中，中国企业没有创建一个为世界所广泛消费的产品，更没有塑造一个全球的领导品牌。中国企业在各类市场上的形象就是一个挑战者甚至是反叛者，他们无须注重产品的总体需求及需求变更，他们只需要低成本的制造和大范围的市场铺货。尽管中国企业制造了那么多的产品，但这些企业并不知道该如何提供给消费者，更不了解消费者为什么需要这些产品。

提高业务市场占有率以获得稳定的市场控制权。在业务方面获得市场控制权才是我国企业的当务之急。在全球市场，即使是在中国这个家门口的市场，我国的企业都还没有在哪个业务领域获得绝对的市场控制权。

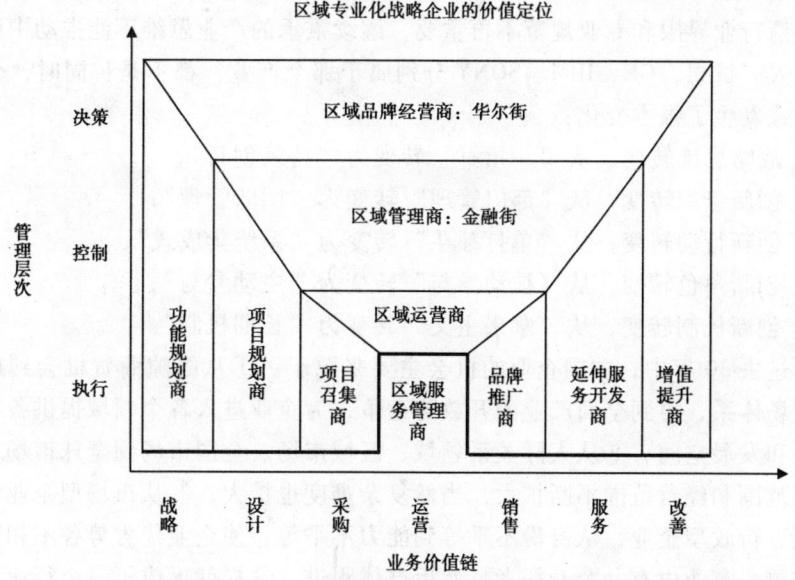

图2-8 区域专业化战略企业的价值定位

中国企业面临着来自多层次市场的不同数量级竞争对手的"四轮竞争",并在全面竞争中消耗了大量的资源,成为低价值市场的时间和空间上的补充者。

第一轮竞争:几乎中国任何一个市场的启动,全球性企业都会以"可望而不可及"的市场手段先抢占高端市场,后向下侵占,在中国培育了一个又一个知名产品;而中国本土企业则先抢占低端市场,同室操戈血拼低端市场,最终导致绝大部分企业丧命战场,少数在狭窄生存空间存活下来的企业再向上游发展。最后本土优胜者与全球性公司短兵相接,开启第二轮竞争,共同角逐中档市场。

第二轮竞争:如果遭遇重大技术变化,全球性公司则可能退让等待下一个循环,否则两者直接决战中端市场。此轮竞争的结果是全球性公司占据一线城市市场,本土优胜者则要继续面对充满不确定性和复杂性的二线城市和广大农村市场,于是又有些公司因不适应而消亡。

第三轮竞争:第二轮生存下来的本土优胜者,面临着更加残酷的内部竞争,曾经的销售精英和研发精英自由组合在一起创业,以更加差异化手段蚕食市场,此轮竞争的结果往往是本土规模性公司以生产优势和质量优势成为全球性公司代工厂商。

第四轮竞争:全球性品牌在满足全球性高端市场的"长尾"时,代工厂商开始成为行业级长尾理论受益者重新创建品牌,充斥一类市场,满足着最苛刻客户的需求,这是中国全球化企业的基本规律。而本土长尾理论满足着区域或省级的市场。

(2)运营型企业向服务型企业变革。推动这一价值变化的就是客户需求,客户需求的整合和增值创新是企业唯一的机会来源。所谓领袖缔造的规则不再重要，所谓行业界限和专业规范不再重要，继续秉承的产业思维不能推动中国企业成为巨人。试想，GE、IBM、SONY 分别属于那个产业？都不是！同时，企业的成功模式发生了根本变化：

- 战略思维转变，从"一招鲜"转变为"持续创新"；
- 创新组织转变，从"部门管理"转变为"团队管理"；
- 创新行动转变，从"单打独斗"转变为"系统集成式"；
- 创新角色转变，从"被动参与"转变为"主动参与"；
- 创新机制转变，从"拿来主义"转变为"长期机制"。

在过去 30 年中，中国企业的机会主要来源于：①从缝隙商贸机会到产业末端的市场体系，再到全面产业的开放与竞争，为企业进入各个领域提供各种各样的机会和发展空间；②从人际关系领域、区域市场、全国市场到全球市场，使企业资源范围和经营范围不断扩大，当然复杂难度也扩大；③从市场型企业到职能型企业、行政型企业，从身份不平等到能力不平等，使企业优劣势各不相同。总之，在单一产业内有一个开拓者，然后群体跟进，这样就形成了一个行业。在各个行业内都有几百家或几千家企业进行浅层次的竞争，导致行业永远无法突破，如服装行业、食品行业、电视机行业、计算机行业、房地产行业。即使是"最具科技含量"的华为、中兴，也不过是在巨龙率先开拓了通信交换机产业后迅速跟进的产物。

中国企业在未来的时间里，其机会主要来源于产业级的突破和跨产业的整合。

中国各个产业的不平衡仍然非常严重，个别优先发展行业的领导企业必须依赖国际企业，而无法找到本国的合作伙伴，比如电子行业的 IC 等等。虽然不能说在全球化时代，各个国家完全自给自足，但战略性产业必须与各个行业充分互动。中国是消费大国，也是消费品生产大国，但不是产业大国。未来的市场不再是跟风者的天堂而是地狱，真正的产业冠军是掌握产业核心技术的突破者，甚至就是产业"叛逆者"——通过产业创新来推动产业的升级。

同时，中国各个产业之间彼此的缝隙非常大，产业间匹配度较差，原因是所有产业都是模仿全球一个领先地位的领袖。中国的企业生怕别人说自己不专业，于是越来越狭隘，也越来越专业地远离了客户的需求。

而未来的产业机会只有四种：第一种就是前面说到的产业突破的创新者；第二种是客户需求的服务者，只满足客户需求，而不遵守行业界限和所谓的专业规范，往往是跨产业整合资源力量服务客户需求；第三种是产业整合者，通过种种手段实现产业整合推动产业升级；第四种是产业联盟者，把全球化作为一个国家级的企业竞争力，企业群之间形成互补关系，共同而不是单枪匹马地去实现一个国家群体的战略实践。日本等后发国家在进入全球化过程中，金融、商贸等与产业公司共同走向世界，先由贸易机构带着本国产品走出去，然后是产业公司走出去支持商业企业发展，最后是企业的配套产业全面走出去。

中国企业要实现从运营型企业向服务型企业的变革，还需实现从"吸收资源以保持活力的粗放管理"到"整合资源优势为能力优势的精细管理"的转变：不断提高资产收益水平，中国企业资产收益率为10%，而美国企业的资产收益率为20%；不断提高人才职业化水平、供应链管理水平、基础管理能力、人力效率、重组与优化、专业化与流程化水平。后进企业通过"创新的理念、在常识和操作层面始终如一、把复杂工作变成简单细节并量化"等方面不断超越。

（3）投资型企业向整合型企业变革。战略管理牵引企业发展航向。只有将外部系统性、阶梯性的变化，转变为系统化、分步骤的战略行动，才能适应环境的变化。而过去30年环境变化是局部的调整，对企业的影响也是局部的，企业只要采取局部的游击式适应方式就行了。

在过去的30年中，国家政策没有长期的系统规划，长于"纠错式改革"，导致中国公司缺乏长期培育的基本战略模式。30年来中国政策在放弃了阶级视角以后，又经历了从重点突破视角、经济结构视角到社会演变视角的改革路线。每一次都是基于问题的调整、基于结构性新生力量的培育、基于基准价值标准的颠覆，导致了"一类企业的实力受到打击，一类企业的资源得到倾斜"。中国市场处于此起彼伏的消费结构的演变中，导致了中国企业缺乏持续性市场经营和挖掘的动力。

30年来，中国市场从国家基础建设市场发展为全民消费市场，从"衣食"到"住行"、从"物质"到"精神"的消费变革，一浪接着一浪，循序渐进、层层深入，每一类需求启动的同时都导致另外一个产业的大幅度衰退。

随着中国经济融入世界经济的步伐加快和中国政府管制经济水平的不断提高，各产业结构必将协调发展，形成合理的产业结构和基本政策体系。任何环境的变化都是结构性的，而企业所需采取的行动是系统性的，但我国现有企业在战略管理的理念、策略、制度、流程和职能方面都尚未健全。

中国企业的盈利模式是虚弱的，这是中国企业的总体危机。30年来，中国企业的盈利模式因所处环境的不同而呈现出鲜明的阶段特征，即计划主导下的生产盈利模式、产品导向的盈利模式、市场导向的盈利模式和基于比较优势的盈利模式。

第一阶段：计划经济时期。具体时间是在20世纪80年代中期之前，企业盈利的主体集中于国有企业，企业盈利模式基本上是全国统一的，那就是企业只要严格执行政府制定的产供销计划便可以获得基本确定的盈利——企业的盈利水平主要取决于企业在政府计划中所处的地位，其次才是企业执行计划的能力。政府多派任务则企业可以多得，如果政府少派任务，则企业即使多劳也未必能多得。在产供销三环节中，企业的重点是生产，至于采购和销售，已基本由计划确定，并不是企业努力的重点。这一阶段的中国企业盈利模式简称为"计划主导下的生产盈利模式"。

第二阶段：市场化导入期。从20世纪80年代中期开始，到20世纪90年代上半期结束，商品管制和价格管制逐步放开，企业盈利的主体开始向管理和市场能力较强的企业转移，虽然外资企业和民营企业在此时期也有发展，但占经济80%以上的企业仍然是国有企业（包括集体企业）。同时由于中国经济在总体上仍处于短缺时代，因此大部分中国企业的盈利增长并不困难，企业虽然已经开始加强自主采购和自主销售，但提高产品质量和扩大产品产量仍是当时企业成功的关键。此阶段的中国企业盈利模式可简称为"产品导向盈利模式"。以产品为中心的战略模式在企业界风靡了近半个世纪，其主要的决策方法就是"成长/市场份额矩阵（也被称为波士顿矩阵）"，决策思路则是砍掉非盈利的产品，将资源集中于富有盈利能力的产品上，如此就可以提升企业的整体盈利能力。

美国 Gaylord 公司有一个很赚钱的酒店和一个亏损的主题公园，Gaylord 公司的解决方案很简单，就是关掉主题公园。但一年以后，Gaylord 酒店的订房率比往年下降了 22%，原因就是关闭了主题公园，而减低了旅游人口。还有一家商业银行因活期存款几乎不盈利而减低了活期存款的服务水平，但结果是引起了盈利能力强的定期存款、信贷、抵押等业务的下滑，因为这两类业务往往面临着同一客户。事实上，利润来源于几种产品组合形成的稳固而有利可图的客户关系。所以，企业价值的最大化就取决于企业获得高获利能力客户的效率、开发既有客户获利能力的效率，以及是否有效保有这种有利可图的关系。

研究咨询机构通常用市场份额来评估一个企业的核心竞争力，但市场份额并不能完整地评估企业的经营状况。企业或许有很高的市场份额，但客户可能在不断流失，或者是企业的市场份额较低，但客户却很忠诚。评估竞争的真正指标应该是客户份额，它不仅反映企业当前的销售情况，也反映企业未来的销售远景。通过比较企业的市场份额和客户份额，我们能预测企业的未来前景。例如，企业的市场份额低，客户份额也低，显然它是病入膏肓；而市场份额低、客户份额高的企业则一定会发展壮大；相反，市场份额高而客户份额低的企业一定会衰落。

第三阶段：市场化发展期与全球化导入期。起始标志事件是 1992 年邓小平同志的南方讲话与随后召开的中共"十四大"（对市场经济的确认）。在此期间，许多行业开始向非国有经济开放，中国经济出现了由国有、民营和外资多方共同推动的混合格局。经济总量在新生力量推动下快速增长，迅速改变了多数行业供不应求的格局，市场竞争日趋激烈。在这一阶段，企业盈利模式成败的关键是对市场的反应速度，那些能够在高增长、高利润产业中通过快速投资、技术引进和大规模的市场营销占据有利地位的企业是此阶段的主要获利者。竞争的结果是，国有及国有控股企业由占经济总量的 80% 左右逐步下降到 50% 左右，民营企业在一般竞争性产业中逐渐取得了领先地位，而跨国公司则开始加快市场进入，超越港澳台资企业，成为外资企业的主体代表。此阶段的中国企业盈利模式简称为"市场导向盈利模式"。

企业经营就是一只桶，这只桶上有很多漏洞如质量差、退货返修、太多存货、不正确的订单处理、太长的应收账款等等。我们把从漏洞中流出的水比作客户，为了保住原有的市场份额，必须从桶顶不断注入"新客户"来补充流失的客户，这是一个昂贵的、没有尽头的过程。华景咨询通过研究表明，吸引新客户的成本至少是保持老客户成本的 5 倍。

很多客户并不能给企业贡献利润。很多公司对客户的定义是以"市场份额"的思维来定义，只要是能为公司带来"收入"的客户就是客户。但是，不是所有的客户都是上帝，不是每一元钱的收入都代表利润，就像莎士比亚所说的"闪光的不一定是金子"。事实上，大多数企业的客户利润贡献度分布状况很糟糕，几乎全部利润都是不到10%的客户贡献的。很多企业在市场份额上跑得很快，但是却跑错了方向，利润不增反降。

市场增长一旦减缓或停止，大量资金被套牢。首先，企业并没有意识到，快速增长的市场份额是一个资金饥渴者，而非资金创造者。市场份额增长越快，就越需要扩大生产能力、增加基础设施、提高库存数量、扩充人力资源等等。当增长之势开始边际递减或戛然而止后，企业大量的资源被套牢，带来的只能是资金周转困难或亏损。这种恶性循环在企业界一直发生着，循环往复。

其次，另一个问题是市场份额能够容易地、毫不含糊地确定下来吗？一个胡萝卜汁制造商的市场份额是60%，如果将该数据放在波士顿矩阵中，这个产品会有一个有利可图的辉煌未来。但是，如果客户的需要就是一瓶饮料的话，那么可乐、果汁饮料、矿泉水、啤酒等等都会是胡萝卜汁的竞争者，60%一下子就变得毫无意义，我将此戏称为"喉咙之争"。

最后，客户的需求变化也增加了市场界定的复杂性。一些汽车制造商开始提供购车的金融服务、开车的 WAP（无线上网）服务、旧车处理服务等等。在 IT 行业，许多企业的战略也开始由产品和技术转向应用和服务，为客户提供软件开发、系统集成式、实施安装、培训等全面解决方案。市场的边界不断延伸，连续多于离散，在多样化的产品或服务中，唯一比较明晰的线索就是客户。客户份额正逐步成为新的战略原点。

第四阶段：全球化发展期，起始标志事件是 2001 年 12 月中国正式加入 WTO。此后4年间，中国经济版图中初步形成了不同企业主体在不同产业中获利的格局。大部分国有企业在此阶段明确并实施了在高度竞争性产业中的战略性退出计划，政府转而集中发展带有垄断性和国计民生产业中的重点企业。民营企业在房地产和一般制造业中完成了重要的资本积累和规模扩张，开始积极进军重化工业。跨国公司在其全球战略中正式确认了中国的战略性意义，并开始在当地采购、全球制造基地转移、当地研发、人才本地化等方面全面布局中国。在此阶段，企业获利的关键已经不再是归纳简单的要素，不同行业、不同体制下的企业都开始形成自己独特的盈利模式，不同盈利模式之间可以相互模仿的难度在不断加大，其最大的特点在于"善于盈利的企业都在中国和全球市场复杂的博弈中找到了自身的特殊比较优势"，因此暂且将这一阶段简称为"基于比较优势的盈利模式"。

"基于比较优势的盈利模式"是中国最新演进的企业盈利模式。在这种盈利模式支撑下取得成功的企业较之前三个阶段的成功企业已经体现了巨大的进步，但深层次分析其最主要的三种具体模式，却不难发现其中所暗含的危机。

具有国际比较成本优势的行业——缺乏长期可持续的盈利空间。这些产业主要包括纺织、服装、鞋、家具、机电产品（包括消费电子和一般机械产品）等。在这些领域中，中国企业（主要是民营企业）通过充分发挥中国的廉价成本优势，已经在全球范围内取得了公认的最具竞争力的市场地位。这一业务模式可能在较长时期内存在，但其盈利模式却很难持续。其主要挑战来自于"谷贱伤农"效应，即越增加出口，产品的价格则越会降低，导致总收益降低，还会因产品倾销嫌疑招致贸易制裁。

具有国际比较成本优势的行业往往也是供给充足乃至过剩的行业，中国企业在这些行业中往往因没有最终销售渠道而掌握不了产品定价权，通常的情况是出口规模越大，也往往意味着买家下单规模越大，买家砍价能力越强，而出口方的产品毛利率就越低。照此模式循环下去，出口方可以不断扩大规模，但企业的资本回报率则反而有可能下滑。而且从近期中欧、中美在纺织品行业的争端中我们已经可以看出，贸易保护主义又重新抬头，中国相关行业的出口市场空间将会遇到国际贸易壁垒的限制，其快速增长并不是长期可持续的。在可预见的时间内，中国制造业主要成本要素的水平将会不断上涨。以石油、金属为核心的原材料将因供不应求而长期处于上涨的趋势；民工荒带来人工成本的提升；在房地产长期升值的预期下，中国沿海各地的厂房土地成本都在上升；人民币汇率在未来可能升值，将会使中国企业的各项成本费用在转换成美元计算之后变得昂贵；而近期中国政府拟在纺织品出口环节加征出口税的做法，也加重了人们对中国企业未来税率成本上升的预期。由于上述成本因素正处于长期上涨通道之中，而且对单一企业而言无法控制这种全局性的上涨趋势，所以中国企业未来的利润空间将会受到成本上涨的直接挤压，比较成本优势将会弱化。

具有本地优势的行业——其优势可能只是暂时的。这类行业主要包括房地产（对地方性资源要求较高，在一段时期内仍然不规范且对当地企业有利）、零售（对本地化采购网络和网点布局要求较高），以及消费品（需要时间建立的本地品牌认知与本地化的密集分销网络）行业。在上述行业中，国有和民营企业目前都有较为明显的竞争优势，其盈利水平仍在企业可控范围之内。但从长期来看，上述领域遭受跨国公司冲击的可能性较高。一旦跨国公司明确了相关产业的盈利机会，并通过长期持续的本地化能力建设（包括招募本地优秀人才和转移应用其国际技能）和资源投入（包括对新增项目投资和对本地优势企业进行兼并收购），中国企业的本地化优势将会逐渐淡化，甚至被跨国公司所用。所以说在这类行业中，中国企业的盈利模式并不稳固。

带有垄断优势的行业——其优势是脆弱的。带有垄断优势的行业包括石油、石化、电力、电信、烟草、银行、医疗、教育等，能够在这类行业经营的企业往往拥有特殊的资源和行业准入的政策许可，由于行业的进入门槛被政策抬高，因而使其中的企业可以在不充分竞争的环境中获得超额利润。这些企业虽然规模庞大，目前的优势明显，盈利水平也较突出，但当环境发生重大变化时，这类企业却又最可能像恐龙一样难以改变自身来适应变化。但是那些在开放的全球经济中经历过严峻市场竞争考验的跨国企业，与这类垄断型企业相比却往往是"会跳舞的大象",不仅身形庞大而且步法敏捷。一旦政策开放,允许这类跨国公司放手进入相关行业,则中国企业基于垄断的比较优势将变得相当脆弱。

"基于比较优势的盈利模式"下的成功企业并非不具备优势,这些优势在深层次中的"不易控制"(订单主导权不在手上)、"不易扩张"(走出现有区域即失去优势)和"不易长期延续"(强手侵入则优势消亡)等特征令人不安。从悲观的角度预测,在未来的环境变化过程中,这些优势甚至会转化为企业最致命的缺陷,导致企业在市场下滑时因难以适应环境由温而冰甚至生存不保。

中国企业盈利模式面临深刻转型。在宏观经济持续快速增长的背后,我们必须认识到中国企业盈利模式的虚弱。客观和主观上的因素都在驱动着中国企业迈入盈利模式转型的新阶段。此次转型将是一次前所未有的深刻的转型。它的成功与否将决定中国企业在未来全球经济中的地位。

十年之前,中国经济学界就已经提出了"宏观活,微观死"的悖论。十年之后,当我们再次审视上述事实时,我们遗憾地发现最能够体现中国企业微观效率与活力的盈利模式仍然是那么虚弱。"基于比较优势的盈利模式"是中国企业发展中的一个必然阶段,但并不是一个可以乐观地维持下去的阶段。"基于比较优势的盈利模式"中所潜藏的种种危机决定了这种盈利模式必须要转型,而主观与客观上的因素也要求这种转型必须是深刻的。

从主观上讲,中国企业迫切需要从根本上改变在"微笑曲线"中的定位。

台湾宏基集团董事长施振荣曾经提出过著名的"微笑曲线"理论(如图2-9),讲述在全球PC产业分工中利润的分布偏向于研发(包括原型产品开发和核心部件制造如芯片)和行销(包括销售、品牌和售后服务),而组装(包括非核心部件制造和最终产品的装配)则处于产业获利的最低水平。

需要指出的是,这条曲线不仅适用于PC,同时也适用于中国绝大部分已经形成国际比较优势的产业。而且更为重要的一点是,这条曲线还在不断地变陡(如图2-9)。"微笑曲线"的谷底日益加深,反映的是发展中国家的劳动力与发达国家技术交换时的相对价格(即交易条件)相比正处于越来越不利的境地。产量的扩大并不能带来实际收入的增加,中国正在陷入一种"丰收贫困"的陷阱。

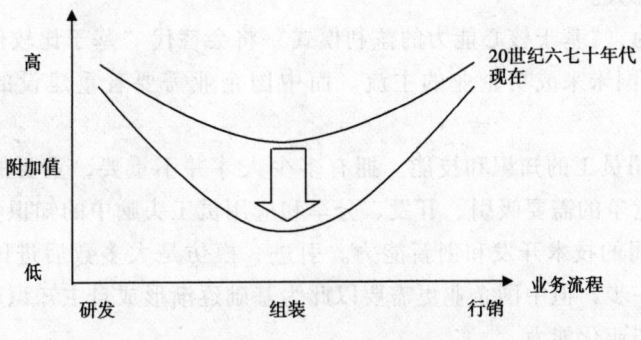

图 2-9 微笑曲线的演变

中国要想挣脱这一陷阱成为真正的"发达工业国家",中国企业要想获得更高的投资回报,就必须着眼于"微笑曲线"的两端,彻底改变原有的以加工组装为中心的产业定位(如图 2-10)。

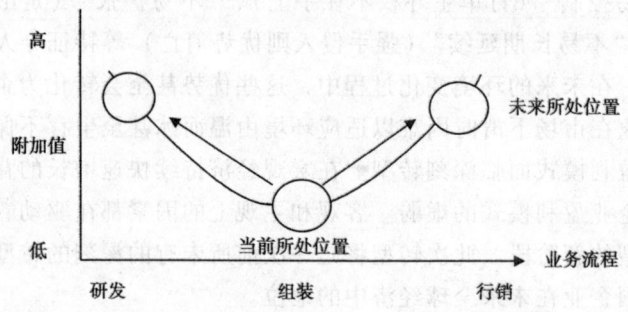

图 2-10 中国企业在微笑曲线中的定位演变

尽管会有人认为这种转变与中国企业现有的水平相距遥远,但中国企业盈利模式转型的第一步就是要"敢想"。如果连想都不敢想,那就只能眼睁睁地看着这条曲线对欧美企业微笑,而留给中国企业的却只是苦笑。

从客观上看,中国企业需要形成"可控"、"可扩张"和"可长期延续"的核心能力。

追求在全球产业分工中获得更高的利润,是全球经济一体化环境中每个国家和企业的梦想。中国企业利润的上升很有可能会导致欧美日等传统领先企业在相关领域中利润的下降,中国企业在微笑曲线中定位的改变必将遭遇其他国家企业的阻拦。因此,中国企业必须要在"敢想"之外做到"能干"。

从专业角度看,"能干"的衡量标准就是企业核心能力的强大。在全球竞争环境中,核心能力与比较优势最显著的区别在于它具有"可控"(掌握最终客户和产品定价权)、"可扩张"(可以在全球范围复制其成功)和"可长期延续"(不会因失去政策保护而失效)三大特征,它作为企业内部所特有的隐性的成功要素不仅可以为中国企业带来显性的竞争优势,而且还可以作为一种有机的存在而不断发展壮大。

我们认为,"基于核心能力的盈利模式"将会替代"基于比较优势的盈利模式",成为中国未来成功企业的主流。而中国企业需要着重建设的核心能力包括:

(1) 公司员工的知识和技能。拥有多少人才并不重要,重要的是企业能否根据市场和竞争的需要吸引、开发、分享和应用员工头脑中的知识和技能。

(2) 公司的技术开发和创新能力。引进、模仿是大多数后进国家赶超先进国家时的第一步,但中国企业更需要以此为基础逐渐形成自主知识产权的开发体系和相应的产业化能力。

(3) 公司的管理和生产经营能力。制造能力的核心需要从大规模低成本转向效率优化成本和高质量与低成本并举。

（4）公司创造品牌和运用品牌的能力。通过产品差异化、品牌差异化和对渠道的建设，获得重要产品的终端定价权，并拥有事关重大的直接客户资产和品牌资产。

中国企业向"基于核心能力的盈利模式"的转型任重而道远。如果做不到这种转型，中国企业将会越来越成为全球产业链中的加工车间和跨国公司的附属企业，中国企业和企业家将得不到全球的尊重与认可，中国的企业管理思想将会在全球主流思想界被边缘化，尽管整个中国即使 GDP 总量还会继续快速增长，但在本质上则将转化成为全世界最大的生产设施和廉价劳动力的出租基地。

但我们相信，终究有一大批中国企业成为这场深刻转型的成功者，有一批企业家将担负起这种责任并因此而享有盛誉。在我们的视野中，不仅已经有华为、中集、联想、海尔等知名企业正在为这场前所未有的转型而努力甚至是冒险；也许还有一大批不太知名的企业，同样拥有成为世界级企业的梦想，并且正在以坚定的意志向着这一目标不懈努力。中国企业群只要拥有这样的一批企业、一批企业家，就一定会有中国版的"丰田、索尼、三星、现代"出现在世人面前。

为盈利增长拓展新范式。"倒不是因为你不了解的东西对你造成了伤害，而是你了解的东西实际并非如此。"用马克·吐温的这句话来形容中国现代企业的经营再正确不过了。

我们曾经信心十足地认为自己把握住了经营的本质，认为自己深刻理解了下属对公司所抱的期望，认为自己对驱动业绩的关键成功因素的理解胜人一筹。但是在经营竞争日益激烈、环境变化日新月异的今天，我们发现自己过去对经营的所谓"理解"，实际上无视不断变化的经营现实，一直沉浸在一种错误之中。

市场份额可能是企业价值的"黑洞"。市场份额曾经是公司经营战略和营销的经典范式，"争取更多的市场份额，利润便接踵而来"曾是企业竞争的号角。诸多企业通过价格火拼、地毯式的广告投入、千奇百怪的促销活动来获取市场份额，但投资报酬率却低得要命，这是在"用钱购买市场份额"。可见，对市场份额的追求，可能是企业利润的黑洞。经过广泛而深入的研究，我们发现了其中的逻辑。事实上，客户份额和市场份额截然不同。

努力提高市场份额意味着将尽可能多的产品卖给尽可能多的客户，企业要努力不懈地开拓新的客户。与此相反，追求客户份额则是确保自己拥有更多的忠诚的价值客户，并确保客户购买更多的产品，企业努力的方向是提高客户满意度和忠诚度。总的来说，市场份额就是"广播"，而客户份额则是"精耕"。从很多方面看来，新范式是旧范式的革命，客户份额彻底颠倒和废弃了许多市场份额的经验法则。

通过产业链进行业务整合。客户越来越成为盈利模式的核心（Profit Core）。通过了解客户的价值链，企业能更好地评估自己为客户创造的价值，进而真正把握利润增长的自由度。在价值组合的范围上，企业面临着三种选择，即核心产品、扩展服务和全面解决方案。

在通用电气的销售记录上，我们经常看到这样的销售业务：一个中等规模的企业从通用电气购买了价值50万美元的电脑。这意味着什么呢？通用电气并不制造电脑！这家企业为什么不直接从制造商那里购买电脑呢？答案是：制造商只卖电脑，而电脑这种产品很多厂家都能生产。相反，通用电气虽然不制造电脑，但能向这家企业出售电脑，且还提供自选配置、附件、服务和融资。在今天，优秀的核心产品或者服务毫无疑问是成功的基础，但它仅仅代表的是进入市场的一个基本条件。过剩、竞争和模仿正在吸干昨天的利润池，将昨天盈利的领域变为明天的无利润区。

微利时代真的已经来临了吗？既是也不是！如果企业的价值组合仅仅局限于核心产品，答案是肯定的。通用电气就是通过成功地从产品型企业转型为客户型企业，而保证了业绩的持续增长。盈利是企业的根本，也是一种极其复杂的系统，更是企业家和经理人永远也无法摆脱的挑战。利润如何产生、利润为何产生以及利润又将流向何方？不同的行业、不同的企业差异很大，成功的盈利模式可谓多种多样。但是，失败的盈利模式归根起来只有一个原因，就是无法完成"如何让客户肯花钱"的简单使命。

曾经是大规模生产"开山鼻祖"的福特汽车公司，已经找到了新的"奶酪"。"汽车生产商能够得到5%的利润就很不错了，而金融和其他营业收入的利润可以达到10%—15%。"福特汽车的总裁雅克·纳赛尔认为福特不应该仅仅做一个汽车产业巨头，他解释了福特的战略说："我们致力于建设一个专业化于位移的世界性公司"、"汽车销售并不是结束，而仅仅意味着业务刚刚开始。金融、服务、配件、养护、汽车租赁和保险是紧随汽车销售之后的。而这些领域都能够产生更大的利润。"从雅克·纳赛尔的话中，我们可以看到"汽车"这个词已经不再被福特公司所提及了！

企业从"单点突破"到"系统增长"的过程中，营业收入增长率、资产增长率、利润增长率、人力资源劳动生产增长率、现金流与销售额比例增长率等都将成为评价标准。

3. 职能及能力型企业的目标范式

职能专业化是专业服务的专业化战略类型，比如法律、金融、商务、物流等领域。该类公司经营与专业相关的职能：价值开发职能、产品设计职能、资源开发职能、客户服务职能、客户开发职能、多次销售及应用推广职能、价值管理职能。专业化所包括的管理职能有：决策职能、控制职能、执行职能。

价值开发职能：汇丰银行等知名银行机构，都专门开发适应不同商业经济环境的价值模型，明确价值定位和价值构成，如纳斯达克服务于高风险、高科技公司的市场化融资；产品设计职能：基于价值模式，设计相应的产品与服务项目，比如融资产品的体系；资源开发职能：为产品体系培训人员、开发信息等资源开发任务；客户服务职能：为客户提供产品相关的服务；客户开发职能：寻找客户、开发客户；多次销售职能：推广成功案例，使客户服务得到广泛应用；价值推广职能：坚持价值管理，保持价值定位。

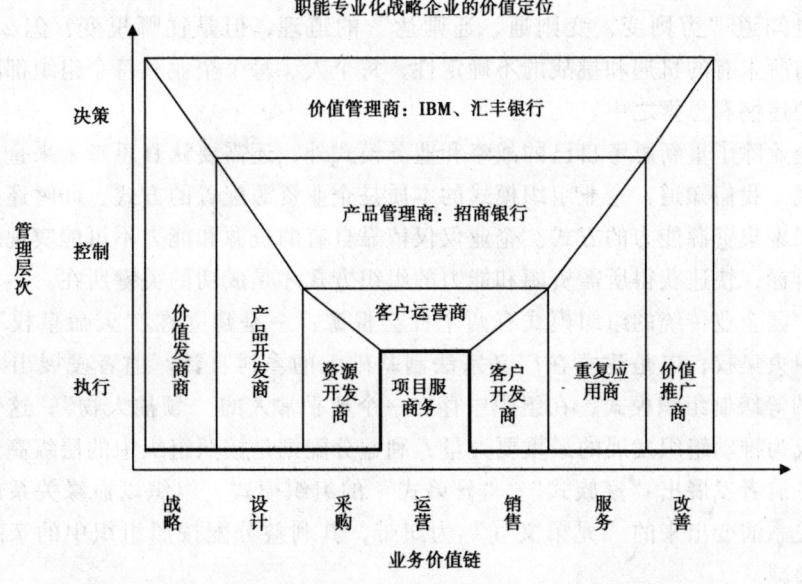

图2-11　职能专业化战略企业的价值定位

（1）技术型企业向产品领导型企业变革。中国技术型公司，遭遇美国的知识产权铁幕战略封锁，几乎没有生存空间；应用型技术，也因缺乏产业技能人才和应用开发人才而望洋兴叹，只能等待日本和邻居韩国的服务。中国的技术型企业需要与市场需求紧密结合，建立领先产品与服务的自有品牌，从机会追随战略转向聚焦领先战略的战略变革，将技术型公司变为产品领导型公司，走上一条"由大变强"的上升之路。如华景咨询的一家客户，将12亿元的研发经费投入到三个本领域的主导产品的研发上，将其他研发项目外包给员工创业或供应商来开发。该企业拥有了全球只有500强企业才拥有的主导产品，它自行制造技术门槛高、质量风险大的产品，而将其他产品释放给合作伙伴委托生产。这一做法使其拥有主导产品获得客户依赖、整合了行业，合作伙伴销售额贡献达到40%，仅主导产品销售额达到了90亿元，并带动了大批辅助产品销售，公司净资产收益率上升了50%。

（2）生产型企业向成本创新型企业变革。"规模小、经济贡献少、产业功能集中度低、专业化协作水平低、系统化运营能力弱等"成为中国企业组织结构转型的主要突破领域，国际化成为无可争辩的方向。国外市场销售收入比例、国外市场覆盖率、国外市场渗透率、技术国际化、国际化市场服务能力等指标使中国企业面临较为严峻的考验。

在过去的30年中，企业的经营空间不断扩大，从企业所在市区延伸到全国某个细分市场，这是一种物理意义上的空间，也是一种"封闭的行业"的空间。而在未来，无论是哪个空间你都需要面对来自更大空间的挑战。

我们知道,"以基本生存需求为拉动,以资源环境损耗为代价"的粗放式经济增长模式已经结束,但是,未来新的增长点在哪里?新的商业模式又是什么?我们也知道"穷则变,变则通,通则达"的道理,但是往哪里变?怎么去变?面对前所未有的机遇和挑战的不确定性,每个人、每个企业和每个组织都陷入了深深的迷惘和思索之中。

企业除了重新思考自己的战略和业务模式外,还需要认真思考未来企业的组织模式。我们知道,企业组织模式的本质是企业资源配置的方式,同时还是企业获取和聚集资源能力的方式。企业仅仅依靠自有的资源和能力不可能实现宏大的战略目标,快速获得所需资源和能力的组织方式才是成功的关键所在。

中国企业传统的组织模式有两个社会根源:一是建立在"天命皇权"基础上的中央集权;二是建立在广义宗法制基础上的乡村自治。前者发展出"领袖型"的等级制组织模式,在组织中存在一个超乎常人的"领袖人物",这个领袖人物成为推动组织发展的最重要力量,利益分配则是按照组织中的层级高低依次递减;后者发展出"家族式"、"兄弟式"的组织模式,组织以血缘关系或者从血缘关系演变出来的"兄弟义气"为纽带,其利益分配按照组织中的亲疏关系依次递减。

但是这两种组织模式都不能保证持续获得组织所需的资源和能力。"领袖型"组织模式不可避免出现专制和独裁,一旦成为专制独裁的"领袖型"组织,"领袖"本身即成为组织资源和能力的瓶颈。"家族式"组织的基础是多年相交、相互熟识的亲友,但亲情和友善是稀缺的,不能保证组织持续获得所需资源和能力。中国的多数民营企业虽然被称为"××公司",但本质上往往都是这两种组织模式。采用这两种组织模式的企业将始终存在资源与能力的瓶颈,制约企业的扩张与成长。

而真正意义上的公司制组织模式是基于契约精神的,它能将非亲非故、甚至个性不同的人聚集在一起,为盈利的目的而携手努力。尊重建立在股权基础上的投票权,尊重由此形成的董事会决议。通过所有权和经营权的分离,形成职业管理团队,按契约约定的规则行事。不是依靠权威和亲情,而是依靠契约精神和责权利的清晰界定来获得外部资源和能力,维系组织的稳定,并且取得持续成功。

市场化经营机制不断消化、吸收、学习。应对竞争,经营没有市场化就没有生存的机会。生产制造、产品销售、客户服务到新产品研究开发等企业内部经营功能要主动适应市场竞争;市场环境的每次演进都使经营机制更加市场化,经营机制没有市场化就将被环境所淘汰。

开放化管理体制不断总结、借鉴、突破,适应经济、社会、制度、资源的变化,管理没有开放化就没有发展的能力。人力资源、质量安全与健康环保、技术与产品、设备与能源、财务与资本、市场品牌等企业内部管理要素逐步开放。原始创新成果的产业化,占领了国际市场;吸收国外先进技术成果,优化了产品技术;引进先进生产装备技术,降低了产品成本;抢夺产品技术产业资源,领先国内外市场;集成式内外产品技术成果,创新了产品应用;培育客户认知自主品牌，占据了市场地位。资本以国有、引进、家族、国内资本市场、国际资本市场为主（以 ADR 在美国上市的有 76 家、香港联合交易所 89 家、香港创业 45 家），每次市场化经营机制演进都对管理体制提出了新要求，没有完成管理体制与相应市场化经营机制配套的企业也无法生存。

企业从无自主权到有自主权，从创业到创新、启动到成长、成长到转型、从单一企业到集团企业，每个企业的管理实践都不同，管理追求和现实要求也存在很大差异。企业资源构成、企业家或主导人员的价值观、风格、行为模式、能力构成都影响了企业管理选择和管理实践的效果。

企业从"国内市场竞争力"到"国际竞争力"。参与国际竞争，要面对"国内市场到国际市场、国内竞争者到国际竞争者、国内市场规则到国际市场规则"的变化和挑战。后发企业参与国际竞争，具有国际上国家优势、国际产业链的比较优势，满足市场空白、尊重客户和他人、对市场需求变化的快速反应、运用超越常理的方法控制成本等优势。要把比较优势转变为绝对优势，在保持主导权的前提下学习、合作、竞争。

业务是企业经营的基本对象，包括客户需求、产品选择、技术选择、竞争对手构成、营销职能、生产功能、研发职能、采购职能、供应商、销售商、服务商、财务投资者、人力资源和品牌定位 14 个要素。这些要素从哪里来、采用什么方式处理、如何交易和给予投入，管理方式使这些业务有着丰富多彩的内容。

业务战略转型，围绕"环境——战略——绩效"框架开展，总体特征是环境越来越复杂，战略选择性越来越弱，绩效影响因素越来越多。社会经济转型，使企业增长模式从"外部环境的要素驱动和投资驱动"转变为"内部主导的创新驱动"，失去了外部拉动的企业将成为未来发展战略的"决策主体、投资主体、利益主体"。当前的业务战略使企业经营运行成本高、资源浪费严重、社会环境的压力巨大、技术装备外贸依赖强等等。企业发展参差不齐，使企业面临着"成长瓶颈"、"创新障碍"和"超越困境"。

成长方式必须由"数量型增长"转变为"质量型增长"，创新模式必须由"投资式经营创新"转变为"整合式经营创新"，超越策略必须由"规模领先"转变为"能力跨越"。始终不渝的国际化，从治理结构优势、全球分工优势、成本质量优势多个角度，延伸（从生产向研发设计和品牌服务两端）和做大产业链（从操作能力到管理能力、运营能力、战略能力），从"低风险低控制（贸易公司、出口管理公司、外国分销商、代理和海外营销公司）"的模式进入"高风险高控制（技术转让、特许经营、管理合同、交钥匙工程、合资独资企业）"的模式转变，从比较优势转变为竞争优势，融入全球分工体系（增强价值链地位），从成本战略转变为利基战略，最终成为真正意义上的跨国公司。但是，不熟悉国际市场环境、国际人才缺乏、全球产业地位低下成为核心问题。

业务整合与创新成为主要课题，供应链运营成为企业核心运营能力。中国公司营销模式从"基于推销的营销模式"演变为"基于服务架构的营销模式"。开放化整合机制：产品质量普遍不高、质量专业员工职业化、原材料元器件质量不高、生产过程损失严重、服务质量波动较大、自我约束力不强、质量手段不足；信息化管理不足、综合管理信息系统不足、市场信息管理不足、市场预测力不足；国际化经营与管理挑战，急需从出口策略向国际化策略转变；市场化创新机制则面临着核心技术能力不强、创新的组织机制不强、工作体系不成熟等问题。

在过去的 30 年中，中国企业的业务不断依据产业价值链的地位变迁而变迁，从代理到安装服务，到制造，到自主产品制造，到自主客户群和市场的耕耘，到技术与产品研发，到战略定位的变化和到市场地位的变化。这些都决定了企业的管理实践范围和要求的差异。产业内的商业模式、服务模式、制造模式、技术模式、研发模式、竞争模式、管理模式等不断变化，但都没有离开一个目的，即千方百计地盈利。在盈利中众多企业得到成长，积累了实力，但也给业务积累了诸多硬伤，包括质量低、使用和生产等全过程的成本高、客户依赖性弱、产品增值度低等核心问题。

但在未来的时间里，中国企业的业务追求以"可持续增值"为核心目标。为什么呢？现在中国缺乏的不是什么新业务，而是客户可长期依赖的高质量的业务，我们生产饮料但没有"可口可乐"，我们有各种电话但没有一个诺基亚等等。

原因之一：投资收益率，尤其是股东总体收益率的提升，也就是说股东投资给一家机构总共获得了多少回报。但是众多股东往往把企业当作"家园"来建设，导致只关注资产规模的增长速度，但不关注这些资产是否给业务和股东带来回报，使资产只注重积累，而不关注资产的使用。失去投资收益率管理的业务，失去了客观理性，使各项业务成为企业的儿子，即使出现问题也只能养着。

原因之二：市场性能和目录性能的产品性能成为核心竞争力，QCD 成为基本手段，如"质量 Q = DQ（设计质量）+ MQ（制造质量）"、"成本 C = 原材料成本（构成成本）+ 效率成本（产品开发周期 × 工资 + 生产周期 × 工资 + 市场开发周期 × 投入总额 ÷ 客户数量）"、"周期 D = PLD（产品形成周期）+ DLD（开发生产周期）"，"柔性 F = 零部件通用化 + 工序通用化 + 流程通用化"。这些指标都非常薄弱，还没有哪个企业在哪个指标上获得绝对的、可持续的竞争优势。

企业从"机会主义"到"基于核心能力的可持续发展"：系统管理；市场竞争力；赋予新发展动力；创新企业发展模式；创新企业绩效模式；创新企业文化模式与组织运行机制；创新企业社会形象。

30 年来，在中国做企业就是做着"填空题"，从消费领域到产业领域。但是在未来价值创造空间中，企业将面临"问答题"，他们需要判断问题类型、从自己知识和经验中寻找答案、而且用别人听得懂的方式系统地表达，漏掉一条就扣分。

"时下，公司盈利是越来越难了"，我们接触的各行各业的公司董事长和老总们如此感叹。原来赖以赚钱的好方法顿然失效，供应商、员工、机会、差价和新行业都突然没有了赚钱机会。常用的方法突然失效，究竟是什么原因呢？

靠挤压供应商赚钱：现在原材料越来越贵，好的供应商更加强势，差的供应商所提供的产品和服务根本满足不了公司竞争的要求。

靠压低员工工资赚钱：这一招更不行。新《劳动合同法》、各个地方最低工资标准不断提高和中国经济整体发展,造成劳动力资源稀缺。现在企业竞争需要各种各样的人才,先不说普通劳动力资源,只要稍稍有些能力的,工资高不说,要股份、要权限、要与身份福利一致的待遇。

靠喝"头啖汤"赚钱:现代商业环境越来越成熟,你想到的别人已经做到了,你做到的别人已经做好了,你做好的别人以更大资本投入已经垄断市场了。

靠差价赚钱:国内市场残酷的成本竞争使你根本就不可能来攫取高额差价。国际市场的可能性也越来越小,高度发达的信息沟通,越来越畅通的物流体系,已经使得所谓的差价越来越小。有所谓"差价",都需要付出高昂的代价来建立行业的壁垒。

靠新行业赚钱:有无数的所谓营销专家冠以"发现蓝海"的名义,姑且不说蓝海中高昂的市场教育成本、奇缺的关键资源和风险莫测的探索成本,绝大多数企业在付出如此高昂的成本之后,发现蓝海早已经变成红海了。

靠关系人脉赚钱:现在各行各业,什么东西都货比三家,信息一旦公开,几十家企业应标,关系人脉只能起到润滑作用。人脉虽然仍重要,但现在已经不再能决定生意成败了。

华景咨询通过对一批优秀行业领先者的多年研究发现,即使这些处于领先地位的企业,都存在"隐藏的公司",更何况一般竞争水平的企业。可以说,企业赚钱机会就在这些"隐藏的公司"中,我们把它叫中国企业赚钱的"隐藏的机会"。

什么是"隐藏的公司",我们公司有"隐藏的公司"吗?见图2-12的分析。

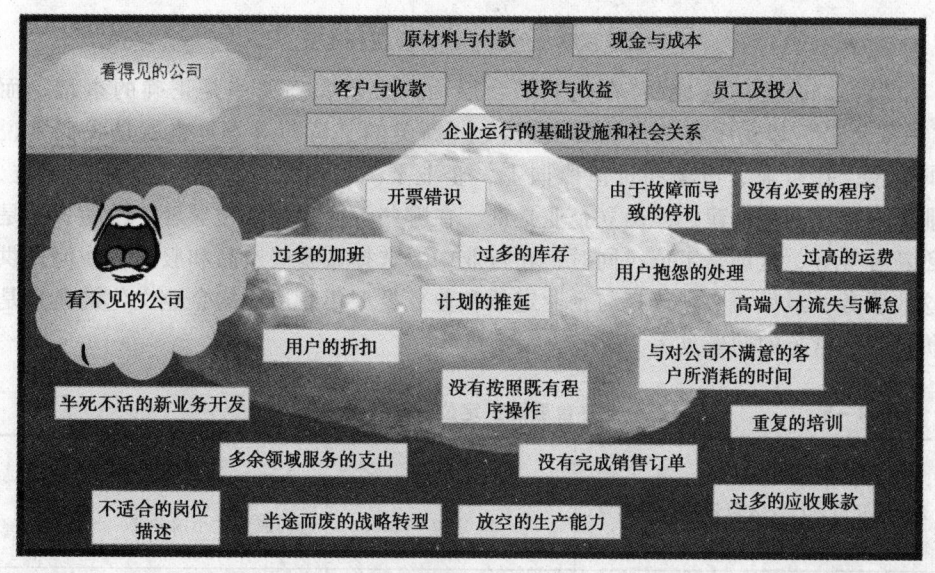

图2-12 看得见的公司与隐藏的公司

我们对这些企业的资源和机会进行区分后得出这样的结论:第一类是看见的,他往往创造了价值;第二类是看不见的,不但没有创造价值,甚至在破坏着价值。从资源消耗的角度来看，第二类对资源的消耗是惊人的，国内企业与跨国公司、优秀企业与较差企业的差别就在于此。我们认为企业若将资源消耗行为转变为资源增值的行为，就是"隐藏的机会"。但是，这种转变是系统的、非局部的，"头痛医头、脚痛医脚"是行不通的。因此，非增值性的行为往往是系统问题导致的，比如库存过多的问题，是与销售预测的准确性、计划物控的能力和采购供应的管理水平相关的。我们认为，挖掘"隐藏的机会"，从下列角度入手，层层递进，才会发掘到金矿而非自掘陷阱。挖掘"隐藏的机会"需从三个层面入手：

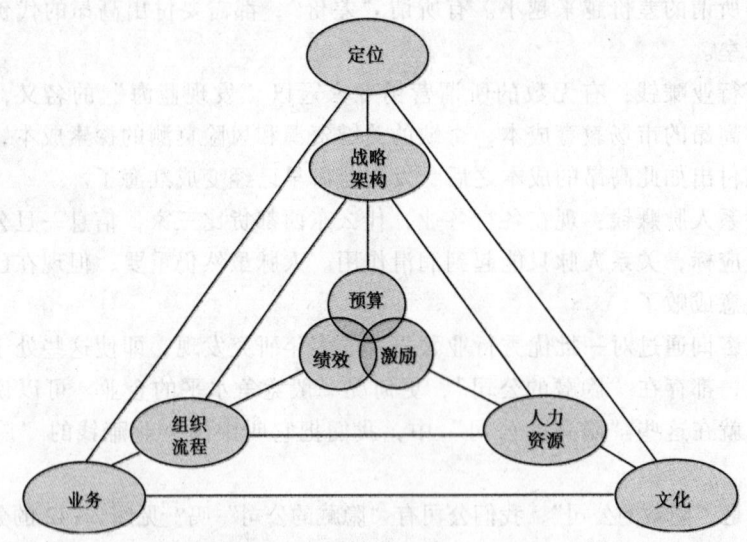

图 2-13 企业平台、管理与运营

第一，企业"选址"：在企业平台层面，必须明确哪些是正确的事情，而"隐藏公司"却充斥着"喜欢的事情"、"新鲜的事情"等等。也就是我们常说的定位，在行业、市场和价值取向上，企业要"干什么"。明确企业的定位、业务选择和文化构建，即确立企业是谁，在哪些行业，要做领导者、跟随者还是创新者等等，这都是定位；同时，在行业中要选择做哪些产品和服务，如何提供这些服务；最后，必须选择与企业定位和业务类型相互适应的企业文化，尤其是价值观。常见的问题见表 2-5。

表 2-5　　　　　　　　企业平台层面：定位、文化与业务

常见问题举例	产生原因归类	备注
企业不知道自己什么该做什么不该做，成为"没有任何优势的繁忙公司"	定位	公司成为"小国务院"
企业不知道客户到底是谁，提供什么产品和服务才最好	业务	企业成为"不合适客户和不合适产品的不合适提供商"
企业做事情没有明确的价值取向，永远处于交易与谈判中	文化	企业成为"讨价还价的交易所"

第二，企业大厦"建设"：企业管理体系层面的价值在于使大多数人正确地做正确的事情，但"隐藏的公司"往往是绝大多数人做着不正确的事情，再造了一个"地下公司"。在这样一个地址基础上，如何将企业大厦建起来，必须包括战略架构体系、组织流程体系和人力资源体系，分别回答了"企业日常在各个层面和领域要做什么"、"怎么做"和"谁来做"等问题，而人力资源必须与文化保持一致、组织流程必须与产品和市场一致、战略架构体系必须与企业定位一致，否则不仅不能解决问题反而后患无穷。常见问题见表2-6。

表2-6　企业管理体系层面：战略管理、组织流程与人力资源

常见问题举例	产生原因归类	这样在制造着"隐藏公司"
用想法代替目标和战略，今天一个梦想明天一个愿景，使企业长期处于游击适应状态	战略管理	企业成为像大学或研究机构的"试验公司"，目的在于是否得到解决，从经历角度来说公司做了很多，从结果角度来说没做什么
公司各个部门各有战略，导致战略冲突不断		公司大量工作处于"战略研讨公司"，没有长期一致的战略
企业家没有将战略表达出来或与全体成员达成共识，对中国经理人的集体批评："没有悟性、没有执行力"		公司演变成为"猜测公司"、"勇气公司"，但依靠勇气执行的结果是企业家发现错误了，就开除人员，"想法验证公司"
企业没有明确的流程，一切因人而异、因事而异，在"激情燃烧的岁月"中冲突着	组织流程	企业没有随着时间积累，工作方法得到提高，没有固定方式、方法，企业成为"能力处于创业水平的老公司"
企业在例行公事，但员工并不清楚为什么要做这件事情，这种方法是否正确？		企业的流程成为大家分工的依据，但没有成为合作的依据，在分工的空白处，诞生了"价值空白公司"
人岗的不匹配，逼迫员工再学习全新的技能，长项没有发挥出来，短项却暴露无遗	人力资源	企业没有将员工优势发挥出来去做合适的事情，演变成为"员工缺点检验公司"，没有员工是合格的
员工在头一年是优秀的、合作是融洽的，第二年是普通的、合作是有距离的，第三年是懒惰的、合作是难受的		企业没有推动员工持续发挥潜力，随着他的几个"亮点"技能不再"亮"时就不合格了，于是企业演变成为"不良员工制造基地"

第三，企业大厦"运作"：运营管控层面的价值在于正确的人在正确的时间和地点正确地做正确的事情，但"隐藏的公司"往往是不正确的人在不正确的

时间和地点用不正确的方法做着不正确的事情,再造了一个"地下公司"。从管理角度,通过"预算体系、绩效体系和激励体系"达成这些管理目标,即通过资源投入和控制使资源流向正确的事情和正确的人;通过绩效计划与评价使人采取正确的方法达成正确的事情,及时发现问题,纠正偏差;通过激励机制与管理,提高正确的人在正确的时间和地点正确地做,或促使大家做正确的事情,惩罚不正确的人,或使做不正确事情的人得到负激励。常见问题见表2-7。

表 2-7　　　　　　　　企业运营管控层面：预算、绩效与激励

常见问题举例	产生原因归类	这样在制造着"隐藏公司"
按照权力争夺资源,使权力大的人得到更多的资源,进而得到更多的好处	预算	在正常按照效率和结果分配资源的后面,又制造了一家"权力公司"
将钱花在解决昨天制造的问题上,没有花在对当前和未来有意义的事情		将昨天的钱全部吐出来弥补错误,使企业成为"昨日错误纠正公司",而非今天客户价值提供者
工作延迟和不停重复地修改	绩效	在正常运行公司之外,又制造了一家"延迟公司"
处理投诉非常认真,但没有认真地研究并找到投诉产生的原因		在解决问题的公司旁边又制造了"制造问题的公司"
大家的任务都完成了,但是与客户和企业真正有价值的质量、成本、效率等指标没有人负责和关注		公司在正常运行过程中演变成为"制造任务的公司"
对不合格的员工给了太多的关注,真正合格的"令人放心"的员工却没有关注	激励	公司在履行基本商业使命过程中演变成了"废品回收公司"
缺乏规则和理性的激励,使大家不舒服,员工积极性逐步递减		公司演变为"人力资源浪费公司"

在当今市场竞争环境下,我们只有消除这些不该制约公司的"隐形公司",才能真正地走向世界。即使持续了近十年的"中国制造"也因不同的思维成就不同的命运。一是"被逼无奈",如佛山某加工企业的老板在经济压力面前自杀,又如在广东的全球性著名玩具企业——美泰宣布退出中国投资工厂;二是"趁机扩张",以"伟创力"为代表的世界知名企业加大扩张步伐,并部署收购另外一代工巨头。为什么同一政策会产生了两种命运呢?难道仅仅是规模不同吗?华景咨询依据自己的数据库,与大家分享如下两组数据,见表2-8。

表 2-8　　　　　　　　　　　　伟创力与美泰的比较

比较项目	伟创力（劳动密集型行业）	美泰（劳动密集型行业）
人工成本	占总成本的 3%—4%，本科以上学历的人员平均工资额 3783 元/月	占总成本的 11%—13%，本科以上学历的人员平均工资额 3066 元/月
财税成本	10% 左右	10% 左右
供应链成本	80%	67%
最近三年的组织变革活动	工资增长 11%； JIT/QCC 活动开展 35 人天/年； 较大规模的业务流程优化 7 次，持续性优化无法计算； IT/IS 投资总额增长 15%/年	工资增长 3%； 时间管理等观念性培训 19 次； 以目标成本考核管理方式下降 5%； 业务流程、IT/IS 没有实质性活动

"中国制造"的核心优势到底是什么？"那种把成本优势放在人工成本控制上的做法是非常短视的"，伟创力亚洲区人力资源副总裁黄英祺说。成本是代工企业的生命线，但是，如何优化成本结构降低成本水平，却决定了企业的不同命运。人力资源投入是成本降低的源泉而不是结果。深圳地区有很多人都有为富士康这一世界代工的"代头大哥"工作的经历，许多人说它是"血汗工厂"，其实它真正成功的是对"人脑"的掠夺，将人们优秀的经验固化下来，持续将"知识资本"应用在生产工艺和采购流程上，通过"智慧"确保成本优势。而那些"被逼迫死"的老板们往往采取做法是，用最低工资雇佣人，让人们"奉献"劳动力，而不是智力。

"人才结构是很多代工企业的误解"，这也是伟创力的观点。低工资的工人和只有经验的低素质的管理者成为很多代工企业的员工。而真正代工企业都保持了管理者优势、设计工程师优势、采购工程师优势。加工企业也从浅层次低附加值转向深层加工和服务上面来，没有人才结构转变是不可能的。因此，企业提升必须包括人才提升、产业配套和供应链的完善等。

"成本优势最需要管理知识和技巧，而不是远离管理知识和技巧"，一位在富士康担任四年副总裁的朋友说。成本考验管理能力，主要考验管理的系统能力。大家都知道，富士康、伟创力的流程管理和 IT/IS 管理之先进，恐怕是华为等高科技企业望尘莫及的——最关键成本在供应链上，供应链核心成本在流程和信息效率上。企业获取订单的依据不再仅是价格优势，还有能力补充优势，如涉及的领导力。

"电脑代工增长率在 5%—7%，手机代工年增长率为 5%—8%，商用电子年增长率为 2%—3%，而电子制造服务保持 10%—15% 的增长率，自主研发设计年增长率高达 14%—25%"。代工企业延伸了服务，从"高端设计到垂直供应链"的整体服务能力成为优势代工企业的选择。30%—40% 的增长来源于研发和服务，从向生产制造要优势转变为向设计、加工、服务、采购、物流等端到端的供应链要优势。该行业竞争已经从成本竞争转变为规模竞争、产业链竞争。

"中国制造"正在走向真正的"优势竞争",这是代工企业必须经历的转型,我们期待着"那些仅仅依赖中国政策和劳动力成本"的企业尽快死去,而真正代表中国制造内涵的"富士康和伟创力们"尽快起来,只有这样的企业才代表了"中国制造"的真正主流。两者的比较见表2-9。

表2-9　　　　　　　　　　中国制造的未来之路

目标优势	人才结构优势	知识及流程优化	持续管理创新
	依赖能力获取利润,曾经利润率为2%—3%,但长久		
死亡优势	低工资+低能主管	采用落后生产条件	僵化管理死气沉沉
	依赖政策获取利润,曾经利润率为5%—7%,但很快消亡		

（3）销售型企业向客户关系型企业变革。未来市场的营销从主动推销转变为服务,不再是推广而是渗透,优秀的市场营销人员不再是说而是听。不久,企业会突然发现客户多了:不仅是外部客户、最终客户,如购买者、消费者、使用者;还包括中间客户,如经销商、代理商、批发商、零售商;更包括内部顾客,如企业所有者、管理者、员工。

未来市场的营销要面对着深度经济环境。在传统的经济环境下,客户份额不知道、客户交易时间很短、企业决定品种、客户类型不清晰;而在深度经济环境下,可以发现每个客户在每个商品上的贡献率、根据客户期望定制的连续经营方案、提供顾客满足的品种、准确系统的经营顾客等核心问题。企业营销工作转变为如何组织好客户与内部的关系。在未来,服务将成为一个基本的工作策略、制度、流程和职能,渗透到大家熟悉的营销体系、研发体系和生产体系,也会改造我们现在的"客户服务"体系。

但是,服务要成为一种策略、制度、流程、职能,要成为中国企业未来最富有创新空间的领域,还将面临诸多挑战:

- 劳动力素质瓶颈。企业基层员工大都是农村进城务工者,其文化水平低、长期生活在脱贫线上,较少受到现代城市文化熏陶,使其中相当多数人缺乏应有的文化知识、专业技术和自觉养成的文明生活和社交习惯,难以满足现代服务业服务品质保障的需求。
- 商业信用瓶颈:由于整个社会的诚信体系尚未建立,部分消费群体拖欠企业消费款、拖欠上游供应商货款的现象仍广泛存在,制约了服务行业经营的改善,服务业企业与供应商矛盾激化的事件仍时有发生。
- 员工成长瓶颈:员工收入增加的主要途径来自于职位晋升,当企业度过快速拓展期而无法满足员工晋升需求后,员工晋升速度放缓,便不可避免地出现了人才"滞涨"和人才"流失",其中相当多的中基层管理员工不得不靠频繁跳槽寻求收入增加,企业难以借助人才积累实现稳定发展。

客户专业化是商业企业的专业化战略类型。该类公司所包括的与客户相关的经营职能有：客户选择与规划职能、客户服务模式即商业模式设计职能、商品采购职能、商场运营职能、商业促销职能、客户服务职能、客户增值服务职能。专业化所包括的管理职能有：决策职能、控制职能、执行职能。这也产生了多种形式的客户专业化公司：商品配送商：该类企业负责将多种商品进行集成式采购，成为物流配送环节，一般是专业产品提供商的合作机构或派出机构，负责为本公司商品在商业环节的相关工作，确保本公司的形象。现在在每个城市散落着各式各样的这类企业，服务于并不知名产品的商品配送功能。而知名产品都独立建立商品配送业务，如美的的区域部门、海尔的各地工贸公司；而领先品牌则设立商品管理机构来组织该项工作，其职责就是在目标地点布局商品（见图 2-14）。

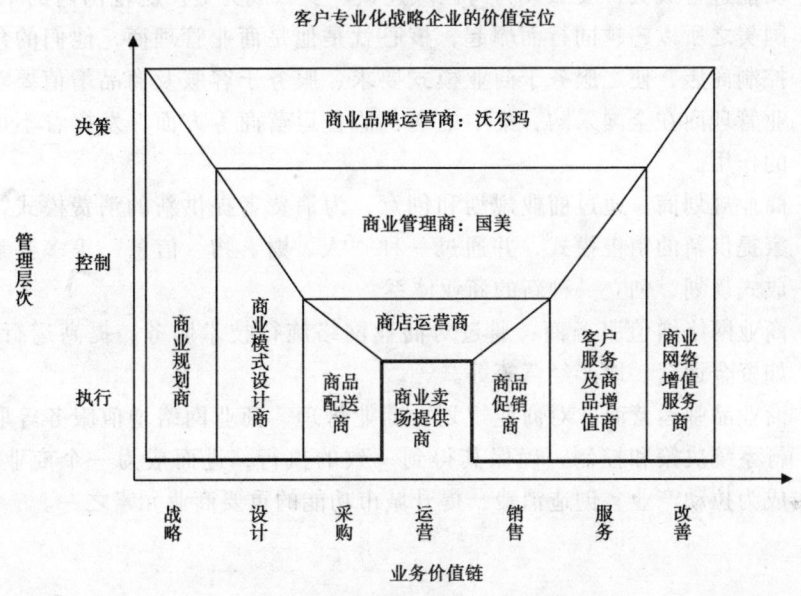

图 2-14 客户专业化战略企业的价值定位

- **商业卖场提供商**：该类公司负责现场运营管理，确保商品现场交易活动正常有序开展。该类机构一般为地产开发商，提供装修、物业管理、设施服务。在中国各个城市都有很多一般性商场，他们为商业运营提供商业环境与条件。
- **商品促销商**：该类公司负责采取各种促销手段，凝集人气、拉动销售、确保商业活力等。在中国的各个商业机构都具有该类功能，他们拥有多种促销手段，如传播、模特、展览、演示等。
- **商店运营商**：该类公司将商品配送商、商业卖场和商品促销商等聚集在一起，为商品提供者提供优质服务、为促销提供服务、为交易提供支持和环境等。各个城市都有这样的商业机构，并从传统百货发展到了现代的连锁商业等等。
- **商业模式设计商**：该类公司基于商业形态进行设计，形成大型商超、连锁店、专门店等，这是国美等家电连锁商业崛起的根本原因，通过商业模式设计，使之成为可管理的商店体系，而不是简单的相加——"连而不锁"。商业模式设计通常要处理好"凝聚什么商品、如何召集商业机构、在哪里选择地址、采用什么运行方式、如何进行各个商品促销等"问题。

- 客户服务及商品增值商：该类公司负责客户开发和商品价值增值，如每月进行销售排行，提供家电安装等商品服务，使消费者信赖他们的业务，使商品提供者的品牌得到放大而成为消费者依赖品牌。
- 商业管理商：通过商业模式设计、客户服务、商品增值，将商店运营商功能进行放大，要么成为跨区域连锁、要么成为更广泛范围内的中心地。国美之所以超越同行而崛起，核心就是他是商业管理商，他们的角色是控制商店，使之服务于商业模式要求、服务于客服及商品增值要求。商业管理商在全国采购、集中配送、监督运营商等方面，发挥着不可替代的作用。
- 商业规划商：通过商业规划和创意，为消费者提供新的消费模式，为厂家提供新的销售模式，并通过一种"人、财、物、信息"等多要素的集成式规划，创立一种新的商业体系。
- 商业网络增值服务商：通过对商业网络施行技术服务，提高运行效率，如资金运营、地产经营等等。
- 商业品牌运营商：对商业规划、商业管理、商业网络增值服务等职能进行系统决策和控制，确保其得到一致的执行，进而成为一个商业品牌，成为拉动产业、创造消费、提升城市功能的重要商业元素之一。

第八章
公司制企业组织架构：
从实习地到专家梦园

中国有很多企业组织的架构善于使用低端劳动者、资历浅显的学生和其他弱势群体，以严格的行政约束使他们少犯错多劳动。但是针对高技能人才、资深工程师、优秀的经理人、创业家级的销售人员等强势群体，则缺乏吸引力甚至产生强力排挤。

一、泛企业模式下的管理秀

1. 有组织、没结构的工具秀

该模式指与市场不同的组织化水平得到加强，组织内的专业含量也大大提升。全球化绿色管理、诚信管理、精益管理、知识管理、风险管理、敏捷管理、供应链管理、反倾销管理、企业社会责任管理、投资者管理、企业内部控制与风险管理等进入了组织管理领域。组织扁平化、网络化、虚拟化、信息化，兼并重组热等等。

但没有公司制度的理念和法理精神，所谓"相互独立、逐级授权、权责明确、各司其职、相互制约"的领导体系，所谓"权力机构、决策机构、监督机构"都是"没有机制驱动的僵尸"。

2. 基于劳动关系的人力资源管理秀

该模式基于人力资源管理的3P（职位、绩效、薪酬）要素，开始建立"人力与潜力优化重组"的开发技术体系。新劳动法及条例的实施催生了新型劳动关系，如劳动关系合同制、全员上岗竞聘制、工资岗位绩效制、管理人员公开制、量化考核、末位淘汰、收入分配与业绩挂钩制等，得到普遍认同。

但没有法人主体的企业，也没有受益主体，最后泛企业的员工们被调教了一番就结束了。因员工不是这家企业的必备组成部分，而只是老板的附庸。

这种模式下的组织架构只是新人们的实习地，不是专家级人才的梦想家园。

二、公司制企业组织架构

1. 公司制企业，没有家长，只有科学合理的制度

80、90后新生代员工的社会化程度高、人际关系多元、影响因素不确定，使基于组织的人力资源管理无法面对。新生代员工不再重复"三点一线"的生活与工作方式，他们的社会关系不仅有同事，还有同学、老乡、网友等等。他们比20世纪50、60、70年代出生的管理者想象和经历的还要复杂得多，除了工作压力和成长压力，他们还经受着感情压力、家庭压力、人际关系压力、社会压力等。很多企业现有的人力资源管理体系是无法面对新生代员工如此复杂和沉重的社会关系和生活压力的。如富士康第十个跳楼的员工，就是因为深陷"家庭、恋人、赌友、黑社会"等错综复杂的关系网，导致压力过大而产生了极端的逃避心理。员工首先是社会人而非组织化人，但现在绝大部分的人力资源管理者都是假设员工首先是组织化的员工，员工以职位的方式与组织产生工作缔结关系，以业绩的形式与组织产生利益关系。

新生代员工收入结构复杂、收入变动因素多，使以薪酬为唯一收入源泉的人力资源管理无法面对。员工有家庭补贴、股票收入、参股分红收益、网游收益、亲属馈赠、房产经营等，当然包含薪酬，但工资不再是唯一的收入。

新生代员工工作目的多元化、动机多变化，使基于业绩的人力资源管理无法面对。例如，有的员工工作并不是为了增加收入，而是想要通过学习来弥补工作经验的不足，有的是为获得更多信息，有的是为打发时间等。这些目的很难加以统一的激励和约束。

追求快乐的员工、私密性社会生活、严格细致的组织管理形成复杂的"三角恋"，使基于封闭二元思维的人力资源管理无法面对。新生代员工压力很大，但压力来源却很难评估和判断。绝大部分人力资源管理者没有把员工放到社会背

景下进行思考和判断，而是简单地从同事关系、工作环境与负荷角度出发，导致无法掌握新生代员工的问题所在。

有一位叫梅奥的管理学家，因尊重员工在工作过程中的心理感受而创造出"人本管理"，引起了一场管理革命。在当时，是把人停留在员工工作层面上的人性化，没有走出组织范围。但今天，员工们首先是一个完整的社会人，其次才是一个组织里的员工。他们在企业工作，不仅受到企业组织生活的影响，还要受到社会生活的影响，那么管理该怎么办？员工在缺乏社会职业化素养的前提下，无法平衡生活与工作，也无法分清个人与组织的责任。这就需要企业以创新人力资源管理模式的精神来面对"基于职业化素养的美国模式、基于组织化管理的日本模式、基于社会化管理的欧洲模式"，重新思考适合本企业的人力资源管理模式。不要随意装个洋模式，问题解决不了，反而惹了一身骚。

2. 公司制企业：没有奴才，只有人才价值最大化

六分人才，八分使用，十分待遇，这是一流的公司！六分人才，七分使用，八分待遇，这是二流的公司！六分人才，六分使用，六分待遇，这是三流的公司！而老板制企业呢，五分人才，四分使用，三分待遇，因为员工不愿意为老板做，所以使用效率不高，而员工待遇少，则老板或合伙人收入高。

公司制企业自上而下的责任是确保这家公司利益最大化，而不是单一利益主体的最大化，包括股东。企业经理及各职能经理都关注自己的客户和服务客户的资源，因为他们才是自己真正的实现绩效的源泉，也就是说绩效才是他们的衣食父母，而不仅是上司。

三、公司制企业组织架构如何满足 IBM

在公司制企业组织架构中，企业家角色没有随着企业发展手段的扩大而升级，企业性质也从个人制、合伙制到公司制：第一是以经营为主的阶段，企业家是模范带头人，不是营销高手就是研发高手，是业务专家；第二是以管理为主的阶段，企业家是企业操盘手，是企业治理和组织管理的专家，绝大部分精力投入到流程或制度领域，是职业经理；第三是以投资为主的阶段，企业家是战略管理、人才选拔、资源整合的能人，关键是把握方向、用对人与用好人、铺设道路，是资本专家。没有公司制企业，已发展到第三阶段时企业家仍然直接操作经营，没有升级到资本管理，打击了投资对象的管理者及企业骨干对经营的主动性和管理的积极性。

企业投资理念和实践直接影响了企业发展的速度和质量。但是，经营和管理辛苦赚的钱因投资失败而浪费，进入了"通过经营和管理来赚钱，通过投资去

花钱"的恶性循环，导致很多企业产生"投资忌讳"。其实质是什么，就是组织没有结构化，没有各司其职的投资（Investment）、经营（Business）、管理（Management）的结构化，使决定销售收入的经营、决定利润的管理、决定未来增长的投资没有必须匹配，甚至混淆运行。

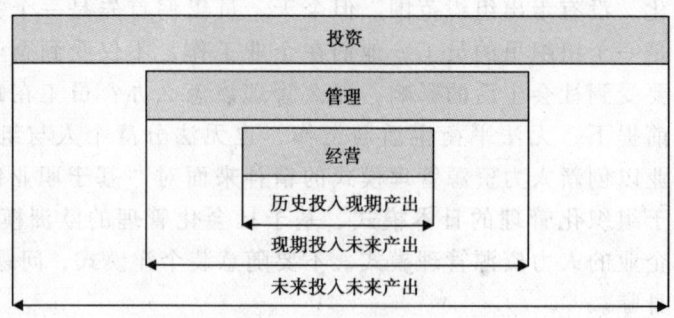

图2-15 企业投资、经营、管理三驾马车

根据华景咨询调查数据显示，投资失败的原因中，用"经营理念"和"管理理念"去指导投资行为的占43%，也就是他们"单纯地把投资行为完全视同经营和管理行为"。投资不同于经营和管理，最重要的区别在于行为周期不同（如图2-15）。失败的投资行为错位在于：经营思维只挖掘不投入、用管理思维立即投入等待产出、没有对未来投入做长期准备。总之，错就错在没有与投资行为相适应的长远眼光，短视的投资意识使众多的投资项目在刚刚上马时就出现了产能过剩、市场疲软等现象。

同时，结构化经营和管理也是支撑项目必须的体系，甚至好项目就是经营出规模、管理出效益的。项目选择，首先要决策的不是项目本身的好与坏，而是关注项目的目的价值和自身能发挥的作用，对别人而言好的项目也许对你就是坏项目。联想集团在1999年前后投资互联网项目，包括卓越网等等，最终全部失败；而同时代的上海复星集团投资了不为人看好的"南京钢铁"，获得了完全不同的结果。联想的失败在于项目选择跟随潮流，认为新业务机会大，却忽略了新业务商业模式不成熟和产业规模比较小的因素，也忽略了自身所能发挥的作用——联想这种规模的企业恰恰无法解决互联网的问题。而复星集团选择了"模式成熟且发展空间广阔"的钢铁产业，利用自身机制的优势激活了"南京钢铁"，找到了自身对项目增值所能发挥的作用。真正有用的投资项目是由内外零星的项目机会整合而成，没有做好了项目等你来挑选的机会。根据我们的调查数据显示，93%的企业投资了并不完善的项目，无法真正运行，成为"钓鱼"项目，还需要很多整合才能成为真正的投资项目，最后拖垮了企业的资金和资源。柳传志选择投资项目有一条原则——好项目没有合适的人则不投资，他认为与项目匹配的人本身就是投资项目的一部分，但是很多企业家，失败就在于投完项目后才忙着找人运作。

四、公司制企业的流程：不是枷锁是发动机

为什么？低成本制造无疑是中国企业运营流程的优势，但高质量、快交付、节约资源、高效运转等安全运营模式没有形成，无法阻挡"毒奶粉、瘦肉精、破轮胎"等进入消费者手中，并且排放着剥夺后世子孙生存权的废水、废气，使一个资源稀缺大国成为高耗能、多资金、多人力才能运行的运营体系。

在公司制企业中，员工独立于客户和自己而工作，流程成为提高其效能的发动机。这些流程是员工们经验的精华。但是一人制、合伙制企业呢？员工是为上司做或协助上司做，以不犯错为目的，这些流程也是上司强加给自己的。

仍然以投资管理为例子。没有结构化组织架构保证投资就没有专业内部团队和管理流程。混淆运行导致内部责任外部化：在十多年管理咨询活动中，我们见过很多企业的投资项目可行性报告，资产风险模型、市场预测模型等复杂投资管理工具比比皆是，即便是受过严格训练的专业人员都看不懂，更别说从最底层打拼出来的企业家们。甚至有些企业聘用国际会计师、投资顾问、法律顾问等豪华团队，但就是没有人能把"与企业现有业务的关系、未来市场前景、带给企业的利益和弊端"这些基本问题说清楚。没有内部团队就没有"'端到端'的完整投资管理流程"，缺乏结构化投资团队将导致"偏重硬投资，忽略软投资"：项目成功不仅需要具备产品、设备、厂房等有形资源，更重要的是要拥有管理、人才、文化、品牌和技术等无形资产。很多企业在投资项目中却没有这种预算和评估，投资产生的大量"低效资产"和"沉没资产"导致项目失败。复星集团无疑是最近十年来多元化投资的成功案例，原因在于他们在管理和机制上的投入大于在资金上的投入。

五、公司制企业组织架构的才能与孵化能力

结构化组织架构缺乏，导致重权利轻责任、重控制轻能力的支撑部门。仍然以投资管理为例子。投资管理部门及其管理团队过于强化投资权力而忽略了投资责任。我们在项目投资管理实践的调查中发现：失败的投资项目中低投资素质的投资管理部门及其团队占51%。倾听是解决高风险的艺术，投资管理部门因手中有权有钱，缺乏与投资对象的平等交流和构建健康合作关系，没有主动地深入了解项目，而是被动地等待项目汇报，没有倾听各方意见和建议，而是过分相信有钱则万能。投资管理团队的投资责任本是把公司自身的资源与项目的各种资源进行整合，但现实往往是不但责任没有履行，反而是投资权力被体现得淋漓尽

致，以致将真正有实力的项目持有人"气"跑了，最终因缺钱无计可施而不得不将低劣的投资项目归依门下。投资管理部门及其管理团队缺乏投资管理所必备的战略能力，甚至采用直接经营的手段替代投资管理模式。过多注重微观控制、过分约束投资项目实施者，不仅无法起到宏观指导作用，还会激化项目矛盾，导致核心项目资源流失。投资决策者的几种不良倾向：一是首长工程，一把手说了算，其他人都不能说；二是因人而异的投资，喜欢的人做的项目就松弛管理，否则就严格管理；三是面子工程，好大喜功，求大不求强，求多不求精；四是"三拍"，拍脑袋、拍马屁、拍屁股地混日子。社会上各种不良现象在企业投资决策中都有存在。

构建"端到端"的投资项目选择体系，建立用于科学投资分析和决策的数据平台。

企业的投资管理是一个完整的工作过程：搜集和跟踪机会——筛选目标项目——投资项目设计和投资预算——投资决策——融资管理。投资机会不是碰上的而是主动搜集来的，投资是使企业产生"乘法效应"，但如果与企业战略和项目不匹配、分散精力和资源、扼杀基本业务竞争力的提升等，投资就会带来"减法效应"。

投资项目需依据目标来筛选和整合设计，使之与投资预算匹配。企业投资必须锁定在目标领域，而不是毫无目标地投资。在目标领域内必须搜索到足够数量的项目机会，进行充分筛选，不能为了投资而投资，要将零散的机会设计为完整的项目。投资于项目而不是投资于机会，把若干个相关机会整合为项目，或者将一个机会拆分为几个项目，系统专业地设计才能产生一个个可投资的项目。投资预算管理是衡量项目成熟度和管理成熟度的重要手段，避免投资项目与投资资源不匹配而导致项目"死亡"。

为了避免自身项目所需要的能力不足而整合战略合作伙伴，开放式项目融资是对企业投资的放大。企业全资、控股、参股或联盟都需要依据项目特点决定，而非绝对化的。企业对项目的投入也是分周期的，启动、发展、转型等不同阶段，投资目标和规模差异很大，而不是一揽子或一次性的行为。

投资决策是对项目和企业作出的战略决策，并不是孤立的。战略与项目需要互动，通过项目提升企业战略实施方案，通过战略实施使项目重新定位。中国企业典型的模式——孤立项目决策，积累到项目足够多时再"战略重组"，浪费了企业发展的时间和资源。投资管理团队缺乏依据、工具和数据，只能依靠官僚程序——人人决策导致人人不负责，缺乏明确的责任主体——导致投资管理"随意化、形式化、部门化、简单化"的"四化"。

建立精细经营的投资价值管理体系，分层分配投资价值和深度管理投资价值。

所投资的企业设立了董事会和总经理团队，这并不是投资的结束而是刚刚开始，投资团队与经营管理团队需要从不同层面紧密配合，建立立体可持续的投资价值体系，科学分配和管理投资项目的价值。投资项目的价值就像是一张围棋棋

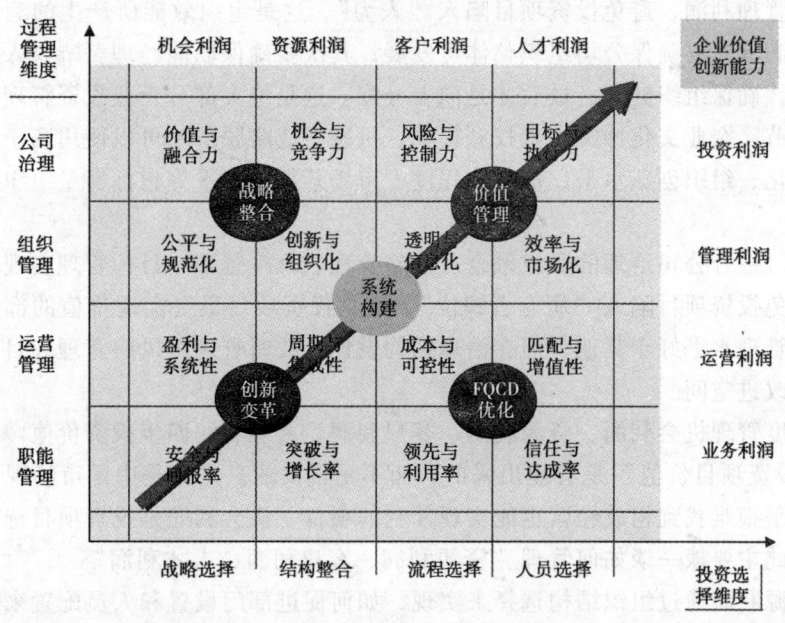

图 2-16　企业投资价值实现模型

盘，需要步步为营才能全面收获项目价值。怎么做呢？从"分层分配投资价值"和"深度管理投资价值"两个维度进行精细的投资项目管理。

告别了"中国改革红利"和"市场经济不完善的红利"时代以后，中国企业投资红利在哪里？我们经过多年研究，结合国际顶级投资机构的技术研究发现：通过适合市场的营销职能、生产职能等基本职能将产品推向市场实现业务利润，不能"攫取"。这部分利润首先要确保企业职能高质量运行，比如市场品牌塑造、生产设备技术改造、产品质量及环境、安全和职业健康保障等；其次要确保中基层人员薪酬收入的内外公平性，确保业务稳定和健康；最后才是向上分配。不能像顾雏军投资科龙一样，在牺牲企业安全、停止业务突破、丧失领导地位、弱化各利益相关者的信任关系的前提下"攫取"利润，导致人才流失和业务质量下降。可以使用高于银行存款利率的回报率、高于行业增长率、与竞争对手相比的资源利用率和各个利益相关者期望的达成率来衡量业务利润的健康性。

通过适合环境的财务职能、人力资源管理职能、质量管理职能等一体化运营管理，实现企业质量、成本、交付期、节约资金、服务等收益，这是资源有效运用所产生的利润。该部分利润首先要确保公司整体的竞争优势；其次要确保职能人员薪酬收入的内外公平性，确保运营健康；最后才是向上分配。早年三九、德隆的投资失败，就在于企业投资以后导致运营质量下降、资金沉淀、大量浪费、成本高昂、质量低廉、效率下降等原因导致企业兼并失败。可以使用高于服务的客户满意度、产品质量与交付期的完美订单率、资源单位节约率、资金周转率等指标衡量运营的竞争性。

通过适合战略的结构管理、企业文化、考核激励机制、法治化水平等组织管理实现管理利润，避免投资项目陷入"人为"，这是组织效能所产生的利润。该部分利润首先要确保公司组织整体可发展；其次要确保职能经理薪酬收入的内外公平性，确保组织健康；最后才是向上分配。这是绝大部分企业投资管理中最薄弱的环节，企业文化冲突、责权利模糊、机制与战略脱节。可以使用高于组织结构规范化、组织创新水平、信息化程度、市场开放化水平等指标衡量组织的可持续性。

通过适合公司治理的股权融合、战略管理、风险管理、目标管理实现投资利润，避免投资项目陷入"所有者缺位"，这是投资项目最终实现价值的部分。这部分的管理水平好于其他，但在治理结构设计、战略管理、风险管理和目标管理上仍有改进空间。

深度管理机会利润、资源利润、客户利润、人才利润四步投资价值。换而言之，"投资项目价值"是管理出来的，而不是自发的。尤其是中国市场现有的机会，几乎很难找到粗放经营也能实现暴利的项目，机会利润是投资项目选择决定的。在此主要谈一谈如何管理"资源利润、客户利润、人才利润"。

资源利润通过组织结构选择来实现，如何促进部门设置和人员配置来提高资源利用率，挖掘各资源潜力，这是战略设计的课题，是个持续的过程。项目要找到独特的战略定位、经营模式和盈利机制，需要从宏观层面进行持续研究探索，任何项目都没有通用的、现成的战略与模式，只有找到特有的盈利模式才能盈利。在这里重点提示的是软性资源管理，如品牌、文化、经验等等。

客户利润通过流程选择来实现，如何通过流程架构与优化为高收益客户服务，也是比较成熟的，在此需要提示的是避免"为了规模而眉毛胡子一把抓"——投资方规模冲动。

人才利润通过人力资源开发来实现，通过万元薪酬利润率来考核评价，改善人才结构，提高人才投资收益水平，也是众多投资项目的新课题。

投资管理部门和项目经营管理团队紧密配合，恪守角色良性互动。

投资管理部门在战略、结构、流程等宏观指导缺位的情况下追求微观管理是徒劳无益的，也是短期行为的表现。很多投资团队喜欢微观控制，导致项目操作人员没有积极性，项目夭折在控制中。经营团队偏重微观操作，而不是自由探索，更不是宏观管理。经营团队与项目特点匹配在一起是偶然的，需要一个过程，就像开车找到"人车合一"的感觉，需要投资方与经营方紧密结合才能做到。很多企业任其经理人随意改变项目战略与管理模式，使得项目无法深度经营和精细管理，影响项目质量，最终导致投资失败。

基于项目绩效管理的项目，退出是必备的环节。任何项目必然有不适应企业的战略和能力的时候，或者投资项目完成其使命的时候，"该出手时就出手"，避免困守项目将投资主体价值消耗掉。

总而言之，只有使投资管理成为像营销管理、生产管理、质量管理、财务管理和人力资源管理一样的企业基本职能，才能打开中国企业"勤而不富"的命运枷锁。

六、建立功能体系

"没有组织不想百年兴旺",但关键是如何才能长命百岁?江苏有个非常成功的企业,从乡镇企业小厂起家,先后从事过6种核心业务,目前进入新能源领域,已经在国内资本市场上市而成为公众公司。这家企业创始人已过70岁,是希望通过人才持续成长来实现企业持续成长的最卓越实践者,但是他失败了。在苏南这个市场经济活跃的地区,企业任职周期达到40年的大有人在,但是他最认可的人才却自立门户并创办了11家上市公司。

"人力资源开发方式不妥"在这家企业不存在,因为创始人用尽了所有的人力资源开发方式。超前10年一批批地招收国内电源行业最优秀大学——哈尔滨工业大学电化学专业本科生,追踪他们同学在其他企业的收入而持续涨薪,无论能力、贡献和职位;3年过后这批本科生开始有高学历追求,就与院校合作设立硕士班、博士班等,在三线城市为他们建立别墅,委托当地的组织部长挖掘未婚资源为他们找对象。但是7年过后企业的人才所剩无几。

如何开发创业元老,这家企业也是投入巨大资源,并作出很多领先全国的创新,但是创业元老们还是被快速成长的企业所抛弃,留下来的成为企业"抱怨源"和"问题床",甚至元老们发动"政变"推倒没有给他们带来"高官厚禄"的创始人。

"人才只是企业发展的战术资源,只有管理体系才是企业及任何组织可持续发展的唯一资本。"不仅仅是实践证明,从理论上也无法突破"人才成长速度低于企业成长速度、人才职业生命周期短于企业发展生命周期"两大宿命。

"组织发展是接力赛,靠人员更替把组织推向更高、更远、更大",这一论断是正确的但被错误地使用。广东有家著名家电企业,是该行业3大上市公司之一,却在人才更替中险些倒闭。随着创业元老越来越"老化",直接导致企业人才发展速度减缓,企业领导人决定"不拘一格降人才",从全球很多著名同行业企业空降很多人才进入企业内部担任要职,"全球人才接管××"一度成为佳话,但是好景不长,"短命的空降兵很快就离开了,长寿的创业者很快就退休了,各板块业务也进入前所未有下滑周期"。

"企业发展没有吸引力"之说也不存在。这家公司为了给职业经理和创业骨干缔造空间,收购几家跨国公司的相关业务,这些创业元老很快成为这些公司的董事长或董事,职业经理也回到原雇主单位管理原员工团队、在更大范围内或权限内打理原有业务等等。

"企业激励机制无法吸引顶尖人才"之说更不成立。这家公司利用集团上市之际实现了高级人才的资本化,资历浅显的职业经理人拥有期权、资深创业元老拥有内部股权、未来成长之星也有参与资本激励的机会。但是,拥有期权的开始怪罪企业业务质量较低导致盈利较差无法兑现期权,拥有股权的创业者也开始因功成名就而失去再发展动力。等到企业家开始把发展压力传递到每个人时激化了创始人与职业人士、创业人士的矛盾，导致分崩离析，结果他们离职反而给股权结构带来很多官司，成为资本市场的笑话。

　　为什么会这样？中国企业的创始人开始陷入集体迷失。"各类人员裸奔"，企业驾驭各类中高级管理者们的管理体系缺失。靠有经验的创业者们集体指定的流程制度缺乏更广泛的适用性，与在成熟管理体系中锤炼出来的职业经理人们习惯偏差较大，甚至导致职业经理人个人转变成本过高，传统的管理体系被企业家最倚重的未来力量们所抛弃，"企业家赤手空拳"来驾驭这些人导致把工作矛盾转化为个人恩怨。"专业人才缺位"，建设企业自身优秀规则的各类管理体系无人管理。靠闯出来的企业家并不规范的领导技能，导致笑话百出；靠职业、创业者的磨合，大小摩擦不断。

　　为适应时代发展的变化，企业集团财务管理模式也正在发生巨大变革。目前企业集团财务管理还存在着许多问题，包括财务管理观念落后，缺乏科学性；财务管理各自为政，缺乏一体性；财务管理不讲配合，缺乏全面性；财务管理内容不足，缺乏动态性；财务管理监管不利，缺乏力度。为了解决这些问题，就必须要重新设计企业集团财务管理模式，以适应当前企业竞争环境的变化。

　　集团企业应根据自身发展的需要，结合当前的宏观政策和形势要求，针对领域内的微观环境和市场竞争环境，从下列几个方面对集团的财务管理模式进行调整。

1. 集团公司财务管理的组织结构

　　集团公司内部的组织机构比较复杂，一般的结构层次为：一是集团母公司；二是全资子公司；三是控股子公司；四是参股子公司。集团的财务组织机构应根据企业集团组建的不同情况和集团的层次结构来建立。

　　集团财务组织机构的设置通常有两种形式：一是集团公司的发展是以一个主体公司（企业）的发展为核心的，集团公司的各个职能部门将依附于主体公司（企业）的各个职能相同的管理部门，这时主体企业的财务部既是主体企业的财务管理部，又是集团公司的财务部。二是集团公司是由不同行业或生产不同产品的多个企业组建而成，这时，集团的财务部门要重新设置，如何设置，由集团公司根据具体情况来定。

　　一般来说，在以一个主体企业为核心，子公司较少，相互间的生产经营关系比较密切的集团中，主体企业的财务工作量较大，它的管理质量直接影响着集团的财务状况和效益，集团这时比较偏向于采用第一种形式。但当集团公司向大型化发展，子公司较多，经营多元化，彼此间的独立性较强时，集团比较偏向于设置独立性较强的财务管理部门。

2. 集团公司财务管理的基本原则

　　集团公司大多为跨地区、跨行业、跨所有制甚至为跨国经营的资本运营实体，是由多个具有独立法人资格的企业组成的企业群体。为此，集团公司的财务管理要在保持集团利益的前提下，既要发挥集团的整体优势，又要充分尊重子公司的法人地位，不宜采取过度集权的方法，以发挥子公司的积极性和主观能动性。

3. 集团公司财务管理的层次划分

由于集团公司对成员子公司的投资结构不同，所以，在财务管理的方式上会有明显的区别。一般来说，集团公司内部的财务管理基本上可分为直接管理和间接管理两种。一是对集团公司的母公司、全资子公司应采用直接管理；二是将控股子公司、参股子公司列入间接管理；三是对同集团公司只有经济协议或合同关系，没有参股关系的联营、协作企业，在财务上只有结算关系不具有管理职责。

4. 集团公司财务管理的主要内容

集团公司财务管理涉及的内容较多，面较广，并与集团公司的集权和分权模式有关，其主要的内容有：预算管理、投资管理、资金管理、资产管理、价格管理、信息管理、财务制度管理、财务人员管理。集团应该根据公司需要进行各项管理。

5. 集团公司财务管理的约束机制

集团公司在宏观政策和形势指导下，应建立健全各项财务管理制度，敦促成员子公司各行其职、各保其效，并建立确保资本保值、增值的一系列约束机制。

企业经营的主要目的在于投资获利，经营的决策够"准"且"快"，才能在高度竞争的市场中生存。新创事业在经过创业初期的冲锋陷阵后，一旦跨入成长期，并开始扩张版图时，就需要靠管理能力来强化企业体质，让企业有能力面对更多的挑战。管理制度的价值不在于繁多复杂，而是需要量身定做，为企业精简实用。

【专栏】联华超市的财务管理

联华超市从一家营业额2亿元的小型公司成长为销售规模达463亿元的"中国沃尔玛"，以连续十年的营业额计，成为中国最大的快速消费品连锁零售企业和首家在联交所上市的中国零售连锁超市。在财务管理上，它创造性地实施了"耦合式"财务管理，将内部和外部的财务相关者都视为"顾客"，财务上的主动性和前瞻性，为超越行为的速度反战奠定了基础。

在联华的大卖场、标准超市、便利店三大业态中，除了大卖场全部自营以外，标准超市和便利店中加盟店都占到50%以上。这样做的好处是可以迅速扩大网点，增强联华超市品牌的影响力，同时能带来很好的收入。但也确实增大了管理的难度和风险系数。不但如此，从2000年开始，联华超市还实施了全国发展战略，而其中一个很重要的手段就是并购，2002年，联华以2.1亿元收购了浙江的华商集团，两年后又相继收购大连友嘉集团在沈阳的两家大型综合超市、杭州解百超市53%的股权，成立杭州联华生鲜超市，并于当年11月出资7700万元，获得石家庄当地规模最大的超市万利福的5家大型综合超市的控股权。

分支繁多、管理琐碎，怎样才能更好地掌控风险，确保战略的科学制定以及有力执行？跨区域、多业态的跳跃式增长和扩张，如何解决财务管理带来的挑战？

显而易见，作为企业的"血液"掌控中心，在内部，财务部门要和销售、战略等部门配合；在外部，则要和供应商、银行等打交道，为更大限度地发挥财务的潜能，必须使纷繁复杂的关系清晰起来。

联华超市财务部门选择了更深入地"走进去"，采取耦合式管理模式。

联华超市的耦合式管理，就是指财务管理部门在"相关者是顾客"的理念下，实现与企业内部、外部相关者之间彼此影响和融合，进而形成相互依赖、相互协调、相互促进的管理模式。联华耦合式财务管理将过去的被动适应式财务管理变革为现在的主动前瞻式财务管理。其中，财务相关者是指企业内部或外部与财务活动具有相关关系的部门，如企业内部的战略部门、采购部门、销售部门、研发部门等；企业外部的银行、税务、基金等部门，这些部门与财务管理部门存在着信息的互递以及不同程度的相互影响。

传统的财务管理仅仅侧重于财务的核算管理，尽管与内外众多部门有着撇不开的联系，但总体上，财务是被动的，与相关者之间的关系也松散随意。而联华超市的财务部门要做的，正是将这种关系拉紧，主动出击，突破单纯的财务核算，在决策职能、业务职能、战略职能等方面都贡献出一己之力。

突破这一转变的核心，就在于将相关者都视为客户，真正地强化前瞻主动意识和服务功能。例如与企业战略的耦合。

对任何企业来说，战略的制定都与企业的财务状况有着密不可分的关系，但一般情况下，财务部门所扮演的，只是一个监控者的角色。财务数据是考核各个业务部门战略推进情况的工具，而其具体操作者——财务部门，能让人联想到的除了冷冰冰的数字外，没有任何温情。

但一切也可以不同。联华超市财务管理部门就正在试图让自己成为战略决策的参与者，也成为各个业务部门的合作伙伴，共同推进战略的实施，而不是僵硬地监督。

现在，每年年末，联华超市财务管理总部都会对全公司新一年的财务战略进行规划，决定来年公司整体的财务管理发展目标。随后，财务管理部门还会牵头各相关部门，组织制定与该战略相匹配的业务制度、流程操作书，包括投融资计划、人才储备计划等。进入到计划实施阶段，财务管理总部会一如既往地支持推进各项工作的顺利开展，实时对下属业态、地区公司的工作进行检查、复核、监督，以确保各项工作有时效、有节点的实施。

而在战略的具体执行上，分支繁复的联华超市采取了集中管理的对策。集中采购，资金也集中管理。不但商品的结算、资产的结算都是统一管理的，连人员、薪酬都实行集中管理。因为门店遍布面很广，所以层层分级，分为三大地区、三大业态。而这些大区和业态的高层由总部来委派，再由他们来委派所属大区、业态下区域的管理者。这样做的一个非常显著的好处是，保证总部对下级拥有管理能力，从总部推行下去的制度才能落实，确保执行力。

而早在2001年联华超市就利用IT手段固化集团财务政策、统一财务语言，决策分析中心和绩效指标体系也早已经建立起来。这一切，都大大地增强了财务管理的执行效率和力度，从而更好地为财务部门与其他相关者建立真正的耦合关系。事实上，对于"洋品牌"，联华超市也在不断学习。相对于家乐福和沃尔玛的专一大卖场模式经营和稳健式发展，联华超市是多业态、快速发展的；而相对于中国国内的同行们，联华超市则赢在战略，注重3年规划、5年规划，然后通过集中管理把战略很好地落实下去，这就是联华超市的优势。而财务管理，犹如贯穿之线，而且这条线越来越清晰、主动。

归结起来，联华超市耦合式财务管理模式取得成功的因素主要有：

基于企业战略的财务部门管理职能定位。每年年末，联华超市财务管理总部会对新一年的财务战略进行规划，决定来年公司整体的财务管理发展目标；随后，牵头各相关部门组织制定与该战略相匹配的业务制度、流程操作书，包括投融资计划、人才储备计划等，待计划实施后，财务管理总部一如既往地支持推进各项工作的顺利开展，检查、复核下属业态、地区公司的工作，监督确保各项工作有时效、有节点的实施。联华超市从上到下建立了会计中心制度，通过300多个会计中心对3500家机构进行核算和监控。

制定了财务战略执行机制。公司制定了《财务总监委派制》，在各业态和地区分别设立财务总监，由总部委派并进行考核。财务总监既受上级财务总监的领导，对上级负责，同时又受同级总经理的领导，是经营者的助手，如此双重领导体制的意义显而易见。一方面财务总监理应协助经营者完成企业的绩效目标，对企业投资人负责；另一方面，财务管理有很强的专业性，由财务总监贯彻、执行总部的财务政策、财务制度、财务目标和标准化流程，形成了一个既相互制约又相互协助的体系，完善企业组织架构管理。

强化内控建设，控制财务风险。联华超市财务管理总部陆续颁布了《财务管理制度》、《资金管理制度》、《单证结算制度》、《费用审批条例》、《联华超市预算管理制度》、《股权投资管理条例》、《网点投资审核管理条例》和《企业并购管理条例》等制度，并制定了相匹配的流程，实现了由事后救火向过程监控的转型。

提升综合管理水平，走财务信息化道路。联华超市财务管理从管理创新、制度创新和技术创新着手，大胆重组和优化已有的财务流程。财务管理总部花费一年的时间实现了联华全公司的会计语言统一，并利用IT技术，建立金蝶K/3财务集中化管理系统，构建了以上海总部为枢纽，分布全国各子公司的高速信息网络，使总部实现了单据录入自动化，并将分散在各门店各公司的财务核算改为总部或区域集中核算。

强化资金控制，明确现金流量管理的中心地位。财务部注重强化资金集中管理，高度重视企业的支付风险和资产流动性风险，确立"以现金流量为中心，以资金监控为重点"的资金管理指导思想，明确现金流量管理在企业管理中的中心地位，将现金流量管理贯穿于企业管理的各个环节，严把现金流量的出入关口，对经营活动、投资活动和筹资活动产生的现金流量进行严格审理。

全面预算管理，支撑企业业绩文化。联华采用了全面预算管理模式。这种模式是实现公司治理和企业整合最基本、最有效的手段，是一种开放式、自主式、价值化的战略导向式管理，有利于形成与企业发展战略相配合的战略保障体系。一方面，全面预算管理以公司战略为出发点，通过规划未来的发展来指导现在的实践，是对公司战略目标的具体落实与进一步量化。另一方面，它运用价值管理的手段，使企业内部资源达到高度整合，同时将企业价值与各级组织的具体目标、岗位职责相联系，加强业绩计量和业绩评估的战略导向性。同时，通过分析预算运行过程和结果再评估或修正企业战略。

注重人才的培养，构建坚实的财务团队。随着公司的高速发展，财务管理总部越来越重视财务人才的培养，在内部加大力度培养的同时，也注重引进一批综合素质高的人才。对前者，部门有计划地安排轮岗，以人为本，在合适的岗位安排合适的员工，人尽其才；对后者，部门安排了岗前、岗位、轮岗3个阶段的培训，使其快速了解联华的实务工作，适应联华的工作节奏，并适时给予其新的课题分析。财务管理总部始终提倡为各类人才提供展示才华的舞台，由此构建起的财务管理团队，相信能继续为联华事业添砖加瓦。

第九章
公司制企业 = 价值创造平台

如何设计并实施公司制企业呢？或者说怎么样才能成为一家真正的现代公司呢？

一、全球环境突变导致高代价体检"公司价值创造体系"

全球环境的突变打破了"一心一意谋发展"低头拉车的状态，使我们顿然抬头望路：

表 2–10　　　　　　　　中国企业公司价值创造体系的短板

视野及动机	中国公司缺乏弱势宏观环境的免疫系统，底线思考贫乏
目标及态势	复合型企业目标驾驭能力薄弱，会转行但不会转型
市场及产品	缺乏现有产品和市场的创新意识，更缺乏业务模式创新经验
职能及能力	善于抢机会、占资源，缺乏资源整合经验和增值能力
运营及服务	FQCD多维标准的运营经验及体系缺乏，客户服务肤浅
文化及人员	无法经受多维市场的约束和考验，经营管理导向从"市场化和资本化"转变为"创新化、集成式化"的史无前例

第一看价值面。视野与动机上要"积极进退"，建立抵抗各种环境的免疫系统，这是底线思考。在2008年金融危机以前，中国企业基本没有经历过经济危

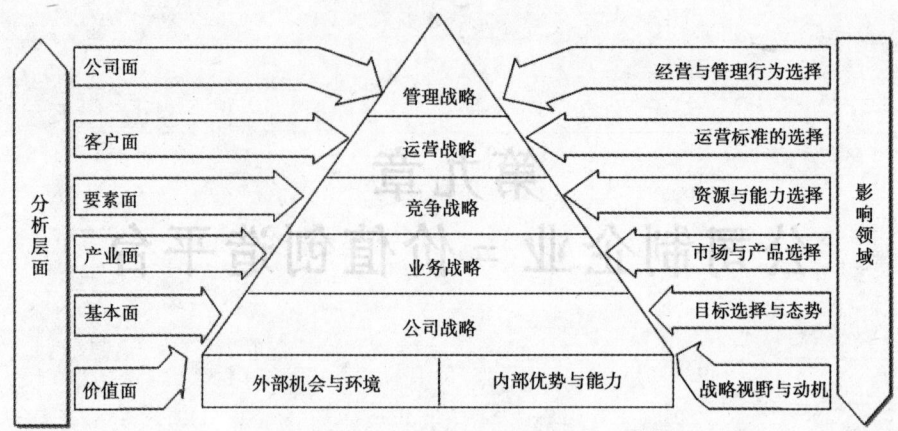

图 2-17 战略分析

机,只经历过高成长经济环境,换句话说,没有经历过真正严寒的冬天,没有建立起适应"冬天"的免疫系统,更不具备相应的抵抗能力。"盲目的自信、盲目的失望、盲目的茫然"是中国企业和企业家不成熟的表现。盲目自信的,依然采取"低水平的扩张"和"粗放的兼并重组",这可能使其陷入深渊难以自拔;盲目失望的,则压缩开支、保存实力以等待机会的再次来临,这种被动应对可能使其错失良机;盲目茫然的,则无病呻吟、行为错乱,这会使其消耗实力。反观全球领先地位的企业,它们在历次经济危机中,完成了关于核心目标、核心竞争力和价值方面深度思考和冷静调整,已具备了经济危机免疫系统。如索尼在日本经济危机中完成了从中档品牌向高档品牌的转型,三星在东南亚危机中完成了向芯片技术转型的纵向拓展和向品牌商转变的地位提升,丰田在 20 世纪五六十年代全球经济调整中创造了"丰田生产模式",塑造了称雄全球的汽车产业的竞争力。

第二看基本面。中国公司在基本战略上应该"转型不转行"去实现多种目标的平衡。外部宏观环境决定了企业的目标与态势,其目标包括"风险、增长、利润",而态势则包括"进攻、保守、转行、转型"。

中国企业群如何选择自己的目标与态势?中国企业所处的基本面的核心是"GDP 增长率、通货膨胀率、就业率、汇率"四个要素和"投资、消费、出口"三驾马车。"短期看美元、中期看能源、长期看人口"的经济大趋势没有发生根本变化,但对企业产品和能力的要求开始有所增强。

就"四个要素"而言:(1)中国 GDP 增长率虽然有所下降但仍然保持在 5%—9% 的高增长区域,而中国企业的平均增长速度仍可保持在 10%—12% 以上,企业规模在 4—10 年后就能翻一番。中国仍然是企业成长的摇篮。(2)通货膨胀率保持在 6% 以下,而且未来导致通货膨胀率增长的因素正在减弱。这说明中国企业仍在一个相对稳定的价格环境中运行,并没有发生本质的变化。此外,中国企业在原材料、能源方面的附加值水平将成为一个重要因素。(3)失业率保持在3%以下较好水平，影响消费水平增长的因素依然保持正常状态，企业面临的宏观经济环境并没有发生较大的改变。中国企业面临的劳动者素质提升、劳动力向高端企业集中的趋势将会更加明显。(4) 汇率与多种外币弱挂钩，也处于基本稳定水平。企业面临的国外贸易环境也基本稳定，人民币成为一个重要的稳定因素。但这不影响汇率成为企业管理中的一个重要环节，事实上汇率管理的失败是近期出口制造企业倒闭的一个重要原因。

就"三驾马车"而言：(1) 投资仍然是拉动经济增长的重要因素，只是投资重点会转移，电信设备、电力网、房地产等投资热点领域的增长速度会下降，但因城市化、城乡一体化等因素存在也不会发生根本转变。抓住了以国家投资为主体的基础建设机会的企业将面临转型，而以企业为主体的基础建设市场将会放大。(2) 消费是中国企业面临的最大问题。中国是经济大国，但还不是消费大国。因此，面向消费者升级的消费品将是企业未来的增长点，也是企业转型的重要领域。消费品流通领域升级改造和重新洗牌将成为中国市场的一个新热点。(3) 出口是中国企业增长的重要发动机，随着全球经济形势的变化，中国出口企业可以沿三个方向逐步转型：第一，欧美进入衰退期，而非欧美地区经济增长仍然乐观，对长期服务于欧美高端市场的中国企业来说，可实现市场结构从欧美地区向非欧美地区的转变；第二，中国企业并没有真正掌握市场、掌握客户、掌握设计，因此从制造业向两端延伸也是中国出口企业重要的发展方向；第三，出口转内销，将中国消费市场作为根据地来经营。

第三看产业面。中国公司的业务战略要"旧市场做新、老产品做新"，将老市场、老产品用新方法做，而不是拓展新市场和新产品领域。在围绕产业竞争力所需的技术、产业配套和新产品开发能力、市场消费档次升级方面，产业两头翘起。中国在工业化道路上仍然有很多尚未充分挖掘的潜在空间，轻工业、电子计算机产业、房地产行业的高潮已经过去，而支持提升新型消费的重工业、原材料工业、化工行业将成为主流。虽然我国是轻工业、IT业、房地产行业的最终产值大国，但决定这些产业能力的装备产业和材料产业层次非常低，满足不了该类产业和企业升级的要求。中国企业内部的新产品开发能力、技术升级能力、品牌营销能力和商品流通的专业服务能力都亟待升级。

第四看要素面。中国企业的竞争战略要在"要素的整合使用上"下工夫，要质量不要数量，提高集约经营水平，而不是疯狂地占有和获取要素资源。劳动力、资金、材料、技术、信息等要素越来越贵，高质量的要素越来越少，怎么办？中国公司要在如何使用这些要素上做文章。如丰田公司在资金不足和技术缺乏的情况下，把文章做成了"丰田模式"。这才是未来真正的竞争战略，而非市场机会的拼抢、资源的占有等。

第五看客户面。中国企业的运营战略需要综合平衡"敏捷、质量、成本、交付即FQCD"多重标准。企业运营战略如何适应这种标准，才是真正的挑战。随着资金使用的昂贵、客户的多变，"高使用性能、低使用成本、系统成本低廉而不是单一要素成本低廉、交付准时率和安全性的提高"都成为核心。大家一般认为的凭借"FQCD"的提高必然带来较高的资源投入的观点,实际上是错误的。如丰田汽车,高质量但并没有高成本,只是做到了高知识含量。中国企业群应该思考如何加大运营战略中的知识、信息、技术含量,而不是传统认为的体力活、辛苦活等等。在当前和未来产业调整的过程中,靠"毒奶粉"等伎俩是无法立足的。

第六看公司面。中国公司的管理战略急需调整,从市场化、资本化为导线的管理战略变革为"创新和整合"为导向的管理战略,否则将难以为继。中国公司管理环境受到资本市场、人才市场、客户市场、知识市场和法规管制的多重制约(如图 2-18)。不像以前面向客户就能解决一切,而是要将多重市场的标准集于一身。企业按照符合各方利益的自我主张行事,建立在合规基础上的竞争力,建立在竞争力基础上的盈利,才是企业长治久安之道。当前众多出问题的企业,不仅仅是在一个市场方面出现了问题,而是在资本市场、人才市场、知识市场和监管市场都出现了问题。

图 2-18 企业与不同层面的市场的互动关系

二、中国企业的价值创造循环体系面临着全球化的考验

全球化是一把双刃剑,它不仅给中国企业带来了一次走向世界的机会,也是一场关乎企业生死的"大考试",且这场考试的难度不亚于"30年的市场化"。可以毫不夸张地说,未来30年是"全球化的30年"。但中国公司离通过这场考试究竟有多远?我们不妨研究一下日韩公司是如何成为全球巨头的。如图 2-19 所示,日韩公司在全球化发展过程中所形成的"制造、借力、并购"三阶段轨迹清晰可见。

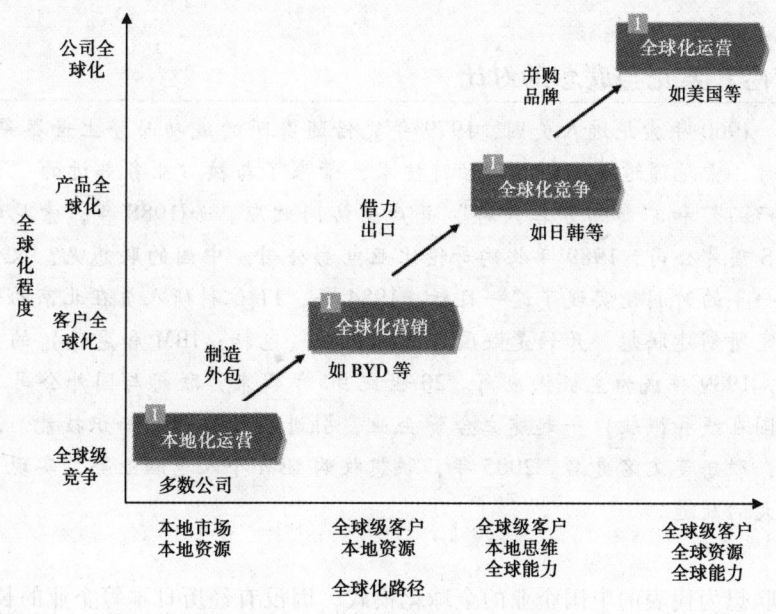

图 2-19 价值创造与全球化

中国公司与其他后方国家不同，有着广阔的本土市场，在家门口就参与了国际级的竞争。丰富的劳动力使得中国企业相对于美国和日本而言，有着 95% 的劳动力成本优势，并且劳动力总量分别是日本的 10 倍和美国的 4.5 倍。中国企业正通过向世界级大企业（如沃尔玛、IBM 等）提供产品与服务，来学习它们的能力和技术。在这一过程中，中国商品如玩具、游戏、服装、办公和电信设备、机械和运输设备等的供应在全球获得了一席之地，使全球消费者对中国商品有了一定的了解，甚至依赖。然后中国企业凭借在本土市场所积累的资本直接通过并购来获得管理知识、技能与全球品牌，直接进入并购阶段。

【专栏】丰田与上汽的对比

当其他跨国公司在成本竞争中落败时，日本丰田却成为全球盈利最好的汽车制造商。丰田历经了 34 年才具备全球制造能力，才在质量、技术以及产品设计方面取得领先地位。丰田在征服国内市场后，1957 年踏上全球出口之旅。在 1974 年，丰田"花冠"成为世界上最畅销的车型。当他们的产品在国外站稳脚跟后，才开始购买外国资产。再看中国，上汽于 1985 年成立时也是 OEM 模式，目前已建立 18 家合资企业，同时并购英国罗孚集团两款车型，计划以自主品牌实现出 IZl。

> **【专栏】索尼与联想的对比**
>
> 　　1960年索尼进入美国，1979年凭借随身听的成功而登上世界舞台。同时，索尼通过并购，借用独特技术，带来了与核心业务邻近的"新细分产品"和"新细分客户群"并产生协同效应。如1988年，索尼收购CBS唱片公司，1989年收购哥伦比亚电影公司。中国的联想呢？仅仅花了一半的时间便实现了这一目标。1984年，11位科研人员在北京的一家研究所创建联想，开始是做国外品牌电脑（包括：IBM和惠普）的分销商，1989年成为主板供应商。20世纪90年代末，联想与国外公司（如美国在线和微软）一起建立合资企业，引进国外公司的知识技能。2003年，联想英文名更名。2005年，联想收购IBM个人电脑业务，实现了一次大的跃进。

　　以联想为代表的中国企业的全球化模式，因没有经历日本等企业的长期积累过程，导致在全球竞争力方面的严重缺陷，比如质量、成本等能力不足等。中国的生产发展于制造和销售服务，与跨国公司形成优势互补。但银行资本化程度不高、股票市场混乱使中国企业资本实力不足，这与日本企业全球化时具有庞大的银行资本和商业资本（同一级别的供应商）不同。更为严重的是，中国公司还面临着"深层次了解客户、创建自主品牌、世界级的产品创新、如何开发人力资源与设计组织架构"等"软性"问题的考验。中国经济的下一次"大跨步"将把中国企业带向何方？海外市场，答案是肯定的！但也因为如此，中国企业将面临海外市场的集体困境。

　　外国人的钱不容易赚。人们常常理解国际化就是将产品卖到国外去，在国外开辟市场。但真正的国际化不仅仅是把产品卖到了国外，或是拿到了国外的订单，也不仅仅是在国外设立了分公司或者加工厂。段永基曾经讲过一个故事："有一家企业在美国开了公司，但公司董事会成员不仅全是中国人，而且完全按中国人的思维、观念甚至习惯在做外国人的生意。这样做生意的结果可想而知——水土不服嘛！"现在很多人认为到国外开一家公司，找几个能够讲英语的人就国际化了，其实还差得很远。

　　站着出去躺着回来。许多企业曾尝试过在国外设立办事机构，进行贸易和自有产品的推广，但最终都铩羽而归。中川国际公司兵败乌干达，就是一次海外风险毁了一个企业的典型案例。这家当时刚升至全球承包商500强（第141位）的外经贸公司，却因乌干达欧文电站项目突然亏损8300万元，并遭遇严重的国际信誉危机，使其在随后的7年里没有接到一个新项目。中川国际公司在1996年的年度报告中将项目失败原因简练地概括为：标价过低，合同本身存在严重缺陷，周转资金不足，加之业主代表及监工多次制造障碍，导致公司被终止雇佣关系。事实上，低价竞标、在项目实施中途资金周转不开是引发中川国际发生危机的基础原因,而真正导致其项目失败的是项目管理不善。乌干达欧文电站项目启动后,国内去了5家工程公司,作为分包商。中川国际派去的项目经理和各分包商领队的关系一直没有理顺,在工程进度和质量上互相扯皮,不能统一协调。工期过了60%,他们却只完成了30%,这是业主方最大的不满。面对巨大的国际市场,有人视国际化经营为畏途,以为海外市场布满了地雷和陷阱。然而,中国企业"走出去"面临的最大风险不在外部环境,而在自身管理。很多看似"天灾"的背后却总少不了"人祸"的影子。

"大力推进现代化还是推进西化"。走出国门、参与国际化竞争,是企业界的、也是全球化时代在世界范围内合理配置和利用资源的一个必然趋势。然而,几次"折戟沉沙"的教训为中国企业群敲响了警钟:进军国际市场必须严防风险。跨区域、跨国门,前脚迈出去容易,后腿蹬起来有力吗?只有具备为国外客户提供完整服务的能力才是真正意义上的国际化。所谓"完整服务",就是不仅能够了解国外消费者的需求,熟悉国外的商业规则,了解他们的价值观、文化背景,建立必要的社会关系,融入到他们的主流生活中去,还能够以他们的思维、观念、习惯为他们提供高附加值的高新技术产品和服务。通俗一点说,就是"用外国人的思维方式,赚外国人的钱"。

"品牌全球化还是产品全球化"。中国企业在家门口就已经实现了产品全球化,但品牌全球化尚未实现。因此,品牌全球化是中国企业必须克服的下一个挑战。

中国企业要迎接下一个经济大跃进、实现全球化,不仅需要重新掌握关键的工程和采购技术以应对成本竞争,还必须强化客户关系。在发展渐趋平稳的商业社会里,只有了解并服务好核心客户,才能打造最有效的竞争壁垒来应对低成本竞争。然而,问题却是,当拓展海外市场遭遇风浪或是蹒跚前行时,中国公司是否能坚定地走下去?"师夷长技以制夷",中国企业群有必要学习跨国公司在中国本土的市场开发实践。

自从中国建立市场经济体制且实施改革开放以来,全球CEO都积极关注中国发展的成功案例,将中国视为低成本外包的基地,确定了中国全价值链级的价值定位。最近,他们还发现了潜力颇大的销售市场。跨国公司逐渐掌握了在华成功的六大要素:产品差异化、在本地成本框架内进行生产、设计并提供符合本地风格的产品与服务、建立良好的合作伙伴关系、建立紧密的政府关系、雇用优秀的本土或海归"中国通"管理人员。

第一,将开拓性运营发展成独立的盈利性业务。跨国公司进入中国这个全球竞争最激烈的市场必须学习如何运作。例如,高露洁注重削减制造成本,并将这些好处转移给消费者,从而成为中国顶级口腔保健公司。其他跨国公司也借鉴了高露洁成功的战略。

第二,重新设定成本竞争力的标准。致力于在中国市场的竞争,使跨国公司更具有全球竞争力。为了获得成功,它们必须重新学习如何具备成本竞争优势、如何摒弃原有的旧体制、如何更新技术,甚至要考虑全新外包战略或地区选择

（例如：东欧或印度），这是一个艰巨但必须完成的任务。

第三，保护核心市场中价值导向的细分市场。跨国公司还必须密切关注价值导向的细分市场。亚洲有先例预示，中国公司将会在任何新进入的市场里，从价值导向的细分市场中找到立足点，并逐步赢得关注价格的核心客户，从而向高端细分市场迈进。

第四，将人力资源管理视为全球性战略部门。跨国公司必须确保其人力资源部门在组织的各个层面都得到发展并提供领导力。在这方面，公司必须在参与竞争的每个国家里都成为业内最佳企业，从而在招聘、激励、聘用、培养和保留管理人才方面赢得先机。

第五，加快研发步伐并实现研发全球化。为持续保持领先优势，跨国公司必须加快研发步伐，并拓宽研发的地域范围，持续创新并缩短产品生命周期，让中国公司难以步步跟进。

第六，确保每项业务履行向核心客户所做的承诺。跨国公司应努力拉近与核心客户的关系、创新运作模式，更好地服务核心客户并增强客户忠诚度。这需要完善可执行的客户细分机制，从而在整个组织框架内向合适的客户提供合适的购买与使用体验。还必须在组织内建立客户反馈机制，持续改善客户体验。

三、高价值公司的价值创造循环体系

面对现实，中国企业群不能只停留在经营管理这一肤浅的层面上，企业管理没有管理到"价值"，当然管理就没有价值了。企业经营没有经营价值，又怎么能够创造价值呢？中国企业群必须将视野锁定在价值创造这一层面，为企业、为经营、为管理提供丰富的滋养。中国多少优秀企业曾经追求的"领导型世界级企业"不是目的，"全球化经营"不是目的，"公平、规范、透明"的管理不是目的，唯有价值创造才是根本目的，才是企业、经营、管理的原点。

1. 公司价值创造体系

价值就是投入产出比，价值创造就是获得高水平的投入产出比。什么是高水平呢？对客户来说，就是在这家企业付出价格所得到的好处多于购买其他企业的，这就是为客户创造了价值，而不是我们曾经认为的提供更多的产品、更低的价格；对股东来说，就是投资给这家企业比投资给其他企业所得到的分红更多，而不是我们曾经认为的资产规模拼命增长；对员工而言，就是得到的成长和薪酬更多，而不是给员工一个安全的工作场所等等，否则就是低价值企业和价值破坏企业。企业价值创造体系是一个包括"价值选择、价值评价、价值分配、价值增值"的持续循环的过程。

首先，价值选择解决"谁创造了价值、要创造什么价值、重要性是什么"

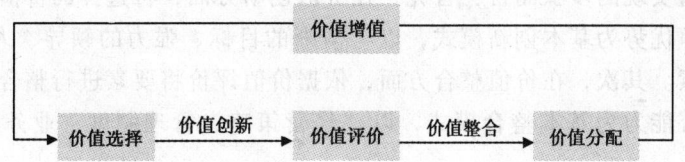

图 2-20 价值循环

的问题；其次，价值评价解决"如何评价短期、中期和长期价值，如何评价实现方式"的问题；再次，价值分配解决"向谁分配什么和如何分配价值成果"的问题；最后，价值增值解决"如何提升价值创造的效率和成果"的问题（如图 2-20）。

2. 高价值公司的价值创造循环体系

所谓的高价值公司，并不一定就是明星企业，更不一定是大型企业，他们一般具备下列特征（财富 500 强企业的评选标准），也即高价值公司在价值创造体系上的特点（如图 2-21）：

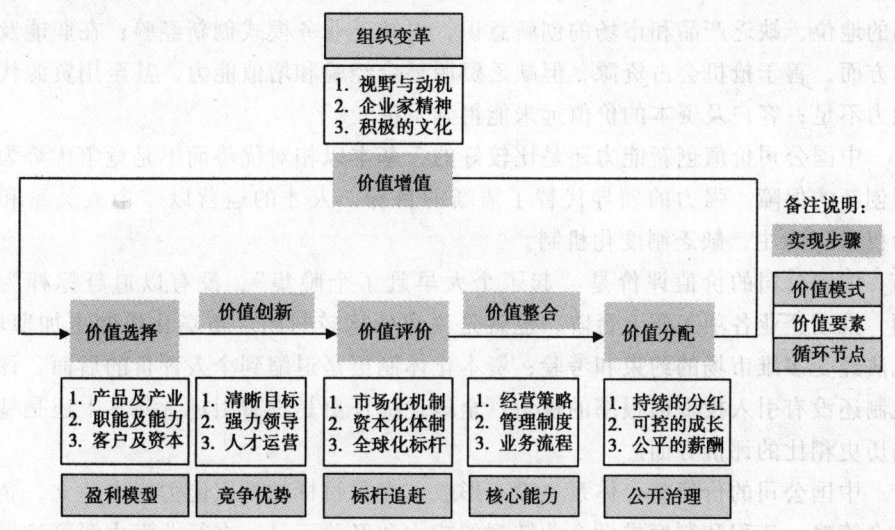

图 2-21 价值创造体系的特点

就价值创造体系的节点而言：首先，在价值选择方面，以盈利模型为基本选择模式，以"产品及产业的选择"、"职能及能力的选择"、"客户及资本的选择"为选择领域。其次，在价值评价方面，以标杆追赶为基本评价模式，以"市场化机制的评价、资本化体制的评价、全球化标杆的评价"为评价要素。再次，在价值分配方面，以公开治理为基本分配模式，以"持续分红的分配、可控成长的分配、公平薪酬的分配"为分配要素。最后，在价值增值方面，以组织变革为基本增值模式，以"视野与动机的变化、增值的企业家精神、提升积极的文化"为增值要素。

就价值实现的步骤而言：首先，在价值创新方面，将选择的价值要素进行创新，以竞争优势为基本创新模式，以"清晰的目标、强力的领导、人才的运营"为创新要素。其次，在价值整合方面，依据价值评价将要素进行整合支持各方需求，以核心能力为基本整合模式，以"经营策略、管理制度、业务流程"为整合要素。

四、中国企业的价值创造体系差距

在价值创造特点方面，中国企业与全球性高价值企业存在的较大差距将深刻影响着中国企业未来 30 年的发展，甚至可以说是未来发展的真正瓶颈。

1. 与高价值公司相比，中国公司绝大部分为低价值公司

中国公司的价值选择是以企业家为中心的个人式选择，没有盈利模型为基本依据，个人喜好大于所带来的价值。产品缺乏产业级影响力，处于产业链比较低端的地位，缺乏产品和市场的创新意识，更缺乏业务模式创新经验；在职能及能力方面，善于抢机会占资源，但缺乏资源整合经验和增值能力，甚至用资源代替能力不足；客户及资本的价值远未能得到发挥。

中国公司价值创新能力还是比较好的，基本以相对优势而不是竞争优势为价值创新的保障。强力的领导代替了清晰的目标，人才的运营以"个人关系和政治权术"为主，缺乏制度化机制。

中国公司的价值评价是"起了个大早赶了个晚集"，没有以追赶标杆为目的，推动企业各项工作上台阶，也就是说评价比较封闭。市场化机制更加薄弱，无法经受多维市场的约束和考验；资本化体制更是退缩到个人评价的后面，评价机制还没有引入投资回报率的视角；全球化标杆更是没有引进，基本上还是基于与历史相比的评价方面。

中国公司的价值整合体系也没有形成，多重目标的驾驭能力尚未建立，企业整合策略、流程和制度推动企业转型的能力和经验不足，在行业潜力深度挖掘方面的体系未能建立，而是采取习惯性转行。FQCD 多维标准的运营体系缺乏，客户服务肤浅。核心能力还没有从理念层面进入操作层面，经营策略上未能为企业日常运行导航，管理制度也没有起到稳定基本工作秩序的作用，业务流程停留在日常操作性工作的规范而不是为业务运行提供一种轨道。

中国企业的价值分配主要停留在股东与员工之间，在企业与客户、供应商、各类股东之间的分配格局尚未建立起来，甚至将控制权与分红权混淆。关键是公开治理的基本模式没有形成，信息公开、重大事件公开、问题公开等都存在不同程度的问题。非控制经营权股东参与治理的体制尚未形成。在股东的分红方面，企业持续分红能力比较薄弱，股东积极性未能调动起来；在风险控制方面，企业

成长速度加快但风险越来越大,没有形成持续的风险控制体系;在薪酬分配方面,员工的薪酬收入也存在不公平现象,薪酬获得机制存在着问题。

与中国公司价值增值相关的管理实践比较频繁,但增值水平比较低,持续性增值能力更是贫乏。深度组织变革尚未成为基本增值模式,或者说在这方面的组织变革经验比较少,不具备价值增值能力。在增值要素方面,中国公司在视野及动机上,其底线思考贫乏导致缺乏弱势环境的免疫系统;在企业家精神方面,中国企业仍然处于企业家的人品和风格层面,未能转变为"将企业经营管理的零星认识理念化、常见问题矛盾化、领导规范制度化、员工活动行动化等"体系层面,或者说中国企业有强势的企业家但没有强势的企业家精神;在积极的文化方面,中国公司的企业文化缺乏多种环境的考验和磨练,基本上停留在鼓动人员的积极性方面,属于人员激励层面,还没有形成对组织群体和各种问题的约束。

2. 面对未来价值创造规律,中国企业面临着价值变迁

未来企业的关键成功要素转变为:企业=市场力+制度力+科技力+文化力+品牌力,其中市场力(背后是产品力)是生存法则,制度力(背后起文化力)保障规模效应,科技力(背后是资本力)要求素质提高,文化力(背后是知识力)拓展发展平台,品牌力(背后是利润率)是基于未来的盈利法则。在环境变迁的影响下,中国企业要实现从"普遍短缺商品市场"到"饱和高品质市场"的转变,从"了解企业具体操作、了解经济增长周期的运行方式"到"把握企业规律"的转变,从"把握市场"到"创造市场"的转变。具体来看,中国企业的价值创造体系与过去发生了哪些变化,如表2-11所示。

表2-11　　　　　　　　　　　价值创造体系的变迁

项目	过去	未来	重建
价值选择	强烈事业心的企业家; 廉价的劳动力; 广泛的市场机会; 低廉的管理成本和社会成本; 社会和经济环境的驱动力。	战略牵引下的职业经理团队; 高价和低素质的劳动力; 高质量的市场空间; 高昂的管理成本和社会成本; 可持续的自我驱动力。	适应环境:战略创造价值; 机会获取:整合更新价值; 市场竞争:引导发现价值; 业务发展:增值放大价值; 运营领导:开放提升价值。
价值评价	企业规模; 增长率; 利润率; 现金流。	企业资产收益率; 员工成长率; EVA; FQCD。	人员评价:基于绩效的贡献; 客户评价:基于客户的服务; 运营评价:基于系统的协作; 能力评价:基于隐性的挖潜。
价值分配	资产增长; 低工资和高奖金; 高职位充分提供。	分红增长; 高工资与高服务; 素质增长。	主体:职业经理人为主; 保证:商业文化的开发治理。
价值增值	财富; 社会关注度。	品牌; 持续回报能力; 自我培养的管理者。	盈利模式升级; 管理系统升级; 品牌体系升级。

3. 中国公司不知道自己价值创造水平低下

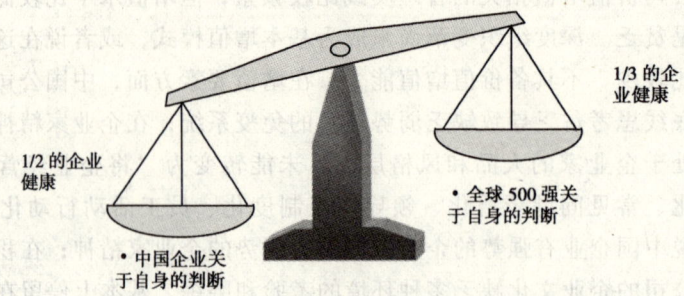

图2-22 企业健康调查

在一份来自博思艾伦关于"全球500强与中国企业关于自身的判断"的报告中,全球500强企业中有三分之二的企业认为自身组织处于非健康状态,而中国企业中只有二分之一的认为自身企业是存在问题的。也就是说,中国企业的自我感觉过于良好,并不知道自己价值创造水平低下。

五、企业价值创造体系的重构是对环境基本特征的适应

1. 新加坡经济发展过程与淡马锡企业发展对比表

表2-12 淡马锡与新加坡经济发展的比较

时间	新加坡经济发展	时间	淡马锡发展状况
第一阶段: 1959年—1965年	进口替代期	第一阶段: 1965年—1974年	企业创立期
第二阶段: 1966年—70年代中期	出口导向期	第二阶段: 1975年—80年代中期	共享成长期
第三阶段: 1970年—80年代中期	迅速增长期	第三阶段: 1985年—1995年	战略撤资期
第四阶段: 1980年—1997年	产业升级期	第四阶段: 1996年—2002年	打造一流企业时期
第五阶段: 1998年至今	调整恢复/经济转型	第五阶段: 2003年至今	海外扩张期

2. 价值重构成为中国企业的唯一选择

"天花板愈来愈低、地板愈来愈高、生存空间愈来愈小"、"在热闹空间内压力越来越大",这是当前中国企业生存和发展状况的形象描述。作为以"适应环境而生存"为唯一理由的中国企业,面对这种局面的唯一办法就是转型。但此次中国企业群集体转型与以往尤其是近30年的历次转型有所不同。"历史光芒能不能够照亮未来的征程",这是中国企业群首先要面对和思考的问题。

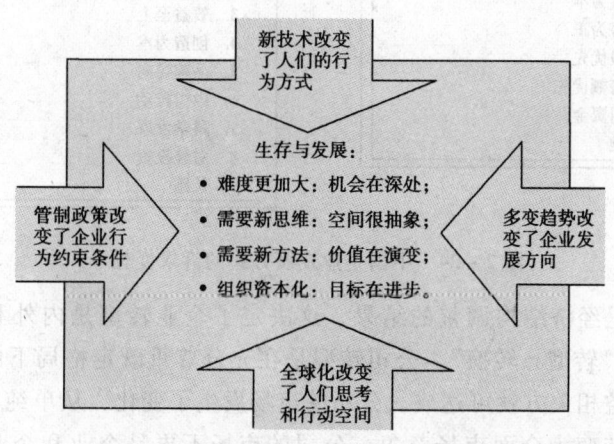

图2-23 中国企业集体的新思考环境

经营环境调整的全球性和深远性决定了企业转型的视野、理念和策略,或者说是"转型≠转变"。所有变化全部指向一个课题,即"全球市场消费规模增长率缩小+企业资源要素成本全面上升",这是中国企业经营面临环境变化后最根本的不同,决定了此次转型需要在全球化视野下整合内外资源、转换企业模式、构筑新生存发展体系。企业群需进入"全新生存发展轨道"这一生存发展模式,才能走出当前、驶向未来。"像IBM寻求信息社会服务机会一样在机会背后挖掘机会,像GE挖掘新能源、新材料一样在创新空间里创立空间,像米塔尔在传统行业塑造新业务一样在价值演变中转换价值,像微软以服务代替产品一样在目标进步中提升目标",成就企业全新生存发展轨道。

企业生存危机是全球化背景下价值迁移的结果,这决定了企业转型的驱动力和转型空间,或者说是"转型≠转移"。中国企业群不是缺乏生存发展的粮食,而是缺乏消化吸收转化为营养的能力。因此,中国企业群应该是自我推动式转型,而不是环境拉动式转型;是立足本行业的跨越式转型,而不是换到新行业的重新生存。"像万科一样从多元化求大转变为专业化求强,像格兰仕一样从成本领先到价值创新,从数量至上转变为效益至上,从制造为本发展到创造为本,从销售为上发展为品牌为上,从出口创汇转变为满足本土市场深层次需求,从销售额优先提升到企业可持续发展,从吸引资金为主转变为对外投资为主,从短跑制胜转变为赢得长跑",实现企业系统转变。

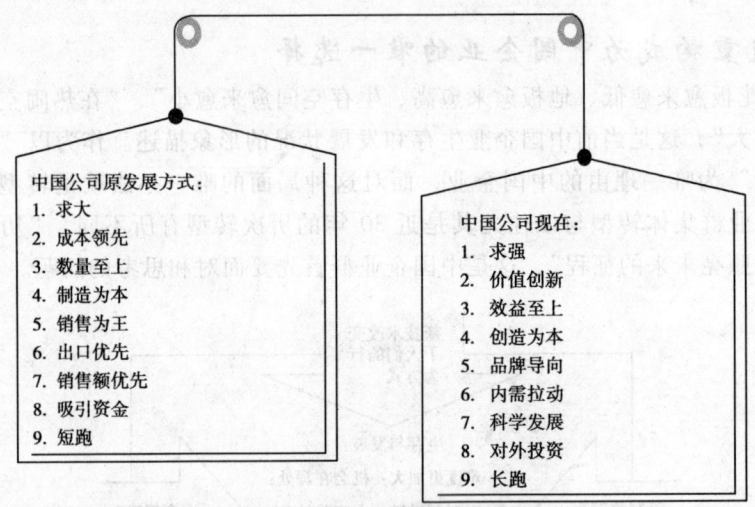

图2-24 中国企业发展方式的诉求变化

企业转型是经济结构调整的结果,这决定了企业转型是内外利益整合的结果,或者说是"转型≠转换"。公司转型是在充分尊重既定格局下的变化,而不是简单变化利益相关方就可达成。公司的市场发生了变化,从单纯客户市场的产品和价格竞争转变为全面市场竞争。公司的市场不再是企业和企业家"为所欲为"的无限市场,企业要经营资本市场来获取成长所需要的资本,要经营人才市场获取各类人才,要经营知识市场获取企业发展所缺乏的专利和技术等,更要遵守中国和各个国家及行业的法规管制,否则将被剥夺生存权或付出惨痛代价。

3. 价值重构是解决当前问题的唯一出路

出口贸易企业、制造企业等类型的企业遇到了前所未有的危机,作为企业而言其核心问题究竟是什么?在我看来,主要有以下几点:①远离了真正的最终客户;②缺乏资源增值空间;③缺乏高效率使用资源能力,存在着惊人的隐形浪费;④原材料缺乏的全球性问题被忽略。我们只有深层次分析引发这些问题的原因,才能找到中国企业群化解危机的出路。

(1) 战略失误。多年来我们所说的"战略"基本沿着"抓机会"的思路前进,我们过分关注数量增长和短期利益获取,而忽略了公司生存权及可持续发展权的争夺和建设。制造型企业或加工贸易型企业等类型的公司没有一个真正具备企业生存所必需的市场需求分析和判断能力,充其量是别人的生产车间而已。因为别人做比你做得贵,而不是你做得比别人好,才吸引了国际买家。他们关注了眼前收益,却忽略了生存权的投入与经营。

(2) 业务失误。没有一个出口加工与制造企业真正具备企业发展所必须的价值创新能力,充其量是全球供应链背景下具有一定加工能力的物流搬运公司。因中国资源价格低廉而吸引了国际买家。他们关注了资源获取,却忽略了资源价值创造。

(3) 组织失误。中国企业在资金和人员等资源使用上从未过关,资金周转率远低于国际同行,人员深层潜力尚未发挥,组织延伸向前未与客户握手,向后未能直接控制资源,包括自身生存发展所需要资源。

(4) 运营失误。中国企业通常"先花钱后算账",重视外部人力资源获取、轻视人员使用成本,重视高速发展、忽视风险预防等等,将危机解决时间大大向后迁移。

4. 出路:立足现实,争取空间(Space),提高速度(Velocity),跑赢时间(Time)

在全球化经济环境下,企业大都经历了"出口加工、进口替代"等阶段,这是国家经济发展与企业类型发展普遍规律。美国、日本、德国、韩国、新加坡等国的企业也大都经历过。所以说,中国企业经历了2008年大地震,并不是对我们不公平,而是我们自身没有抓住其规律而已。更何况,日本、韩国、新加坡等国没有我们今天所面临的优势:庞大的本国市场和相对丰富的资源基础。

(1) 争取空间。转型是开放式转型,抓住环境所赋予的转型机会。"中国企业之龙"如何吐出高价值体系的"彩球"(如图2-25)?中国企业尤其是庞大的企业群,赋予了重大加工贸易型企业和制造型企业大量转型空间。

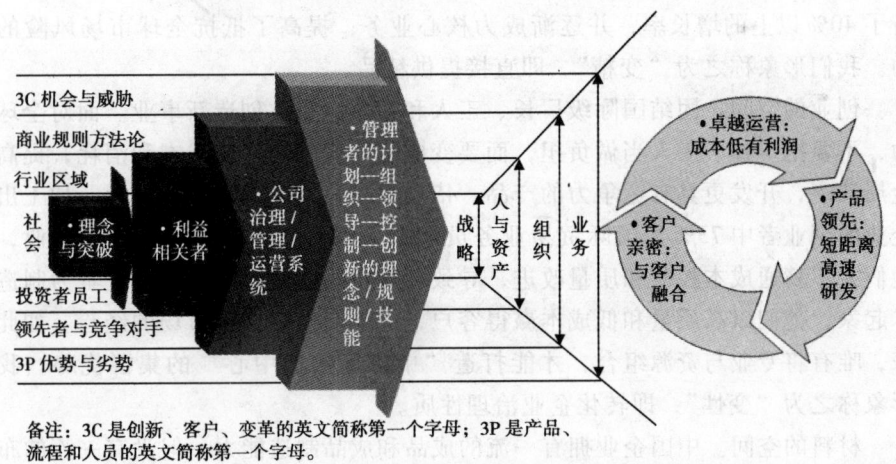

备注:3C是创新、客户、变革的英文简称第一个字母;3P是产品、流程和人员的英文简称第一个字母。

图2-25 中国企业的转型方向

联盟的空间。与本国行业领头羊企业或优势互补企业,甚至竞争对手们联盟,做他们的加工基地和制造基地,打造"来自中国的全球供应链"。中国人在生死存亡面前最容易团结,并结束双输的竞争。不能独步闯世界,而要携手走天下。这些制造基地所在产业大都有行业领头羊,领头羊以规模优势直接参与全球市场开发,而制造企业以自身规模无法分摊巨大的市场成本。日本众多中小企业成为松下、SONY、三菱等巨头的合作者。而且,当这些巨头走向世界的时候,也有众多企业群站在他们的身后。既增强了领导企业的实力,也给了自己发展空间。中国企业要打造来自本国的"鞋供应链、服装供应链、家电供应链、啤酒供应链等",参与到全球竞争中去。而且,全球消费者已经离不开中国制造商。华景咨询的一个客户,是一家拥有6000工人的家电制造企业,原专门为GE、沃尔玛制造家电产品。该企业的企业家与华景咨询的顾问曾在2005年就预测到了今天所发生的一切。该企业主动放弃当时较高的利润和准时付款的好处,与国内某著名品牌企业联手,将自己的国际客户转移给了该著名品牌企业,并与之联合采购物料,因规模获得低成本优势。后来,该著名品牌企业以规模优势直接收购了原来的代理商。因直接掌控最终消费者和规模采购,如今两家企业都运营得很好。我们形象称之为"变土",即从"与洋伙伴做洋市场"转变为"与本土伙伴做本土市场"。

聚焦的空间。结亲中国消费者,放弃低质量的国际规模,为中国消费者提供高质量精品。以自身产能优势获得与国际消费者、客户打交道的丰富产品经验,但是绝大部分产品是低质量的,等到美国、英国人把他贴上商标时,再让中国人购买。这本身也是中国消费者和生产者的集体代价。在中国乃至亚洲,有操作国际品牌的营销高手,是他们让我们认可了"LV、阿玛尼";有制造国际品牌的厂家,他们采用了更高质量的国际面料。浙江海正药业,是一家为全球领导厂家提供原料药的上市公司。自去年开始,该企业的企业家以制剂(原料药的下游)开发国内市场,严格按照国际标准生产原料药来支持高质量制剂业务。在国内保持了40%以上的增长率,并逐渐成为核心业务,提高了抵抗全球市场风险的能力。我们形象称之为"变精",即直接提供精品。

创业的空间。团结国际级厂长、工人和人才,集体创造新事业。面对全球压力,不要把厂长、工人当做负担,而要变成伙伴,共同降低成本和消耗,提高资金周转率,开发更具有竞争力的产品。依据华景咨询数据库数据显示,加工出口企业的创业者中73%为国际贸易业务员起家,以信息和客户关系成功创业,但他们并不精通成本控制和质量改进,导致利润空间缩减;21%的创业者为制造技术起家,他们以高质量和低成本赢得客户,但他们没有开拓市场的经验。如此看来,唯有将专业与资源组合,才能打造"中国新制造中心"的集群优势。我们形象称之为"变性",即转化企业治理性质。

材料的空间。中国企业拥有一流的成品和成品制造能力,但没有一流的布料和钢材等工业材料,这是中国制造软肋,更是中国制造的机会。创立高级、高档材料生产基地,以供应本土厂家,既解决了产品厂家原材料高价格的困境,又给自身创造了发展机会,更获得了整个产业链条的自控能力。日本企业在大转型时代,以股权投资方式直接参股甚至控制了欧洲和澳大利亚等国外许多原材料厂家,使原材料无论涨价与否,都能获得利益。我们形象称之为"变料",即转化原材料与成品的关系。

绿色的空间。环境保护不仅是成本,更是机会。苹果电脑的一项设计,仅涉及环保的创新点就有130项专利,也使其赢得了IPHONE的市场畅销。有设计先锋之称的"苹果"开始变绿了，必须考虑环保要求，不仅要无铅、抗燃烧，还要考虑设计成本和使用成本。我们形象称之为"变绿"，即转化业务的环保价值。

（2）提高速度。转型就是与速度赛跑，速度也是中国企业的硬伤。企业资源与要素价格上涨，如何摊薄该部分成本？唯有速度才能替代价格上涨。工人贵了、资金贵了，但工人的时间浪费了，资金周转速度低下。而速度的上升，离不开管理模式和管理水平的提高。

资金的速度。库存压垮了很多公司，也沉淀了宝贵的现金流。库存来源于哪里，来源于计划的不准确、生产的不准时、质量的不稳定等我们自身可控的要素。丰田在20世纪70年代末期，采取了现金流战略。将按计划生产转变为按订单生产、将先备货再生产转变为边备货边生产、将忍受供应商低质量转变为主动与供应商共同提高质量和效率，最终实现了零库存，更实现了"负现金流"，也就是说，不仅生产环节不占用现金流，而且产生了现金流。我们形象称之为"变负"，即将资源消耗领域转变为资源产出领域。

创新的速度。产品附加值低、新产品比例低，是中国制造企业和出口企业的硬伤，没有实现新产品高利润。许多企业建立的新产品开发中心，却反而成为管理的难点，制造了大量的呆滞物料、降低了产品质量、消耗了大量的管理费用。核心问题是我们没有找到研发方法和创新体系，没有充分调动组织资源快速将产品推向市场。在国际一流企业，新产品导入生产的成功率已经达到了77%，而我国只有13%；新产品导入市场的成功率提高到了65%，而我国企业只有9%。我们形象称之为"变新"，即转化业务新颖程度。

管理加速度。中国工人工资低，但人均产值并不高，核心问题是什么？就是工人积极性没有得到充分发挥和人力资本浪费。日本在大转型时期，以丰田为代表的公司，采用现场管理、看板管理等简单易行手段，将浪费降到极限。而在公司成本降低、质量提升方面，一线工人的贡献率为94%，他们依靠点点滴滴的改进，最终成为"业务价值创造者"而不是"成本重要组成部分"。最近20年来，我国企业也引进了大量管理技术，但并没有发挥作用。为什么？核心是我们没有面临过死亡，没有创造性发挥管理价值。我们形象称之为"变低"，即将创造和增值权往低层放置。

（3）跑赢时间。转型就是时间争取，核心是转型周期与耐心的关系。转型期间，日立在新产品的头3个月内能够降低45%的成本，西门子部分事业部的新产品质量稳定时间平均不到9天。我们形象称之为"变快"，即缩短一切能缩短的时间。

最终要赢得实践，离不开供应链集成式所带来的企业形态的改变（我们形象称之为"变态"，转化业务形态），与客户紧密关系所带来的企业中心的变化（我们形象称之为"变心"，转变组织中心）和新产品开发整合所带来的新业务结构。

最后要转变企业核心驱动器——组织及管控机制。即中国企业群应该持续关注,组织结构模式是否使大家减少了摩擦的隐性成本、流程体系是否提高了大家协作的效率、人员是否避免了工作质量低下和人员能力浪费;资源分配机制是否将资源应用到增值领域、人员激励机制和风险控制机制是否减少了失误等。我们形象称之为"变芯",转变企业的驱动机制和控制机制。

"12变"策略如能成功应用,才能真正实现危机企业战略价值转型:变土、变精、变性、变料、变绿、变负、变新、变低、变快、变态、变心、变芯。不同行业面临的问题不同,依据华景咨询数据库,关于各行业当前和未来发展趋势的数据显示,中国企业群应采用不同组合并关注各个策略应用的风险点,值得一提的是,电子行业、化工行业、服装行业、消费品行业是问题重灾区。

六、企业价值升级:体系的精益化和多体系的整合

企业围绕着全面成本、全面质量、全面交付速度改进,六西格玛管理和精益改进成为主要手段。细节制胜成为企业价值升级的核心要素,在初步建立各职能体系平台上开始增加最佳实践、管理专业方法论的含量,使体系的实际价值进一步得到加强。适应环境不确定性、企业合规建设问题也成为主要课题,风险控制的建设任务也依次启动,基于基本战略的领导、执行和运营管理体系统一整合"生产、营销和人力资源、财务管理"的效能得到加强。中国企业失去了纠错的标杆,需要寻找新的方向来指导企业的管理实践。与企业管理实践相关的图书和培训成为企业家和经理人们追逐的目标,希望从中吸取指导自身实践的营养。

规律比方向更重要,价值就是关于规律的回答。现在越来越多的企业家和经理感觉到以前经营企业的方式方法越来越难以为继了:明明比别人提前看准了机会,但仍没有实现收益;推出的先进理念本该一呼百应,而客户对此却无动于衷;拼了命的与时俱进,但仍未得到外部的认同,投资者、银行、客户对此也是一片漠然;原本顺畅的业务运作,现在却"道阻且长",拿着钱招不到人、拿着钱买不到货。凡此种种无一不在告诉我们,若要在不确定的世界寻求真理,就必须找到一种合宜的方法来组织甚至重构我们的思想。

七、企业利润间接化:决胜新利润链

迈克尔·波特的企业价值链是我们非常熟悉的工具。多年来把"研究开发、采购与制造、交付与服务、营销与销售"的经营部分当做主要部分,因为这直

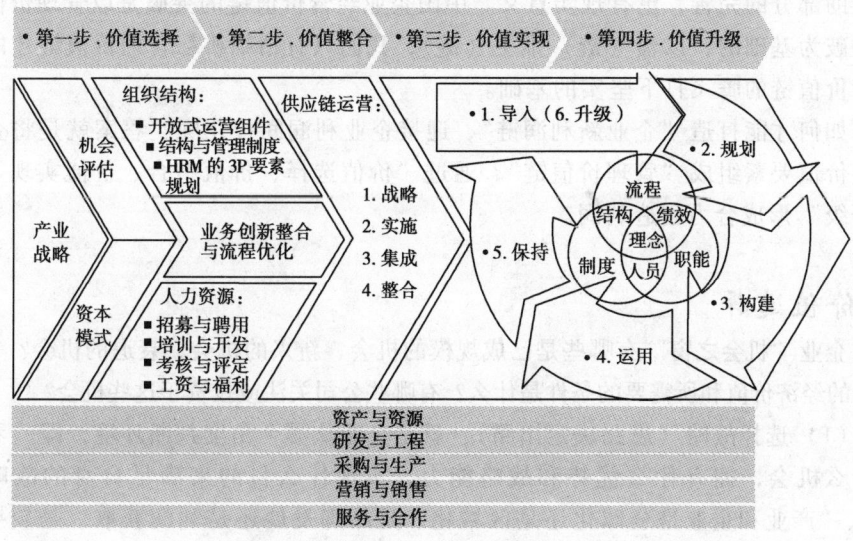

图 2-26 管理价值链

接关系客户，直接关系着生存。多年来，我们一直把大部分精力放在价值链的直接部分，希望销售创造利润，却导致很多骗局；希望制造创造利润，但是中国制造之梦逐渐破碎；希望研究开发创造利润，但是很多主流领域知识产权造就的"铁幕"使生存空间越来越小。

30 年的努力使我们明白，经营差距是历史性和阶段性的，是受外部环境因素影响，不是一朝一夕就可以改变的。而辅助部分的欠缺或薄弱已经成为经营价值发挥的瓶颈，因而中国越来越多的企业呼吁"软实力更加重要"。市场的全面竞争，将使直接部分的利润全部透明，而透明的东西是没有利润的。

于是，我们终于醒来：企业利润不是来自价值链的直接部分而是其辅助部分。这就是说企业未来的利润来自于价值链间的"战略、人力组织、技术研究、财务投资"等，这导致了企业利润的间接化。其中，战略决定了企业的利润空间、人力组织决定了利润规模、技术决定了利润品质、财务投资决定了利润增长等。

中国人经商和赚钱的才能是举世瞩目的，但中国人组织和管理的才能却是薄弱的，这已成为共识。对企业而言，经营价值链才能创造财富，管理价值链才能造就卓越。管理价值链是全球经济环境下参与市场竞争的基本工具，或者说是使财富远航的航空母舰。这里的"航空母舰"不仅仅是由经营规模造就的，更是由成熟、顺畅、高效的管理体制与机制决定的。

创造利润的间接价值链不是孤立存在的，它完成了"管理价值链"的构成。而对企业变革和转型来说，管理价值链比"计划、组织、指挥、控制、创新"的管理定义更加具有指导意义。管理价值链是认识企业和研判管理关系的方法论框架，它以"价值管理"理念为核心，系统判断了各管理体系在企业价值链上的定位。管理价值链来源迈克尔·波特的一个企业价值链，是对一个企业价值链中辅助部分的完善，更有现实意义。中国企业经营价值链的突破是以管理价值链的突破为基础的，以辅（链）推主（链），我们只有精细耕耘管理价值链才能为经营价值链的腾飞打下坚实的基础。

如何才能打造"企业新利润链"，迎接企业利润间接化呢？答案就是将企业间接价值要素组成"管理价值链"，通过"价值选择、价值整合、价值实现、价值升级"形成合力创造利润。

1. 价值选择

企业"机会之窗"有哪些是已成规模的机会、新兴的机会、衰退的机会？每个机会的经济价值和所需要的条件是什么？有哪些公司关注或投资于这些机会？

（1）选择战略（思路决定出路）：就是企业从哪个角度判断环境，即"看到了什么机会，拥有什么优势和战略能力，实现什么目的来满足自身的战略动机"、"产业和企业是全球化还是区域化、是品牌发展还是利润获取、是领导产业还是追随发展或是产业创新"、"企业是生存还是发展"。

（2）基本战略（市场决定空间）：就是哪些产业把哪些产品卖到哪些市场、公司采取什么目标定位的选择。

（3）业务战略（产品决定品质）：就是解决如何分步骤地开发这些市场和产品领域、将要面对哪些竞争对手的问题。

（4）竞争战略：就是采取低成本、聚焦还是差异化来赢得竞争的选择。

（5）运营战略：就是采取速度、成本、规模、质量、服务还是灵活来实现竞争战略的选择，解决"如何在研发、生产、营销、客服、采购、人力资源和财务管理等领域采取什么政策才能充分支持这种竞争"、"如何获取信息、技术、人才、资金、原材料等资源"等问题。

（6）组织战略：就是采取何种组织结构、业务流程、管理制度、经营职能、人力资源和财务管理政策来支持运营战略促进竞争战略，支持业务战略，实现基本战略，体现价值战略。

2. 价值整合

建立在价值选择的基础上，包括组织结构、业务创新整合与流程优化、人力资源的整合。

（1）组织结构：包括开放式运营组件、结构与管理制度、人力资源管理3P要素规划。其中，要解决好"开放式运营组件有哪些、哪些是核心部分、哪些是辅助部分、哪些是外包部分、哪些是培育部分"等问题。

（2）业务流程：包括企业新产品开发、物流及供应链体系、客户开发与关系管理体系分别与各业务的组合，以及融合资金流、实物流、工作流和信息流的流程。

（3）人力资源：包括招募与聘用、培训与开发、考核与评定、工资与福利。

3. 价值实现

即公司运营重组中的目标、计划、采购、交付、服务的整合运行。

4. 价值升级

就是为了实现价值持续升级，围绕理念、结构、制度、流程、职能、人员、绩效管理要素，通过导入、规划、构建、运用、保持、升级六大步骤，保证企业管理体系在现实经营环境中立足扎根。

八、区域性品牌价值链的空间

据我们对占行业规模最大的1000家食品企业（广义）研究中发现，区域型食品公司（数量占比73%，销售额占比55%）除了销售增长率和销售额低于全国食品领导型企业外，资产收益率、年度利润率、10年期增长率和存续时间四项指标均高于全国知名领导型企业。除方便面、饮料外，所有的细分食品在333个主要城市占有率为第一的都是区域品牌。打造高绩效的区域型食品企业，占据中高端市场品牌，是众多公司的现实选择，而不是千军万马挤"全国化品牌"的独木桥。

在广东市场上，"罐装王老吉"不敌"黄振龙凉茶"，"华润啤酒"不敌"深圳金威"和"广州珠江"等本地品牌，"娃哈哈矿泉水"不敌"益力矿泉水"；在上海市场上"蒙牛"不敌"光明"等，虽然在全国前者远远领先于后者。地头蛇占据强龙的地盘，"黄振龙凉茶"等"地头蛇"食品企业深深扎根所在市场，与全球、全国性龙头品牌平分秋色。

价值定位"嵌入"于区域客户特有的生活需求习惯，价值链条"深植"于区域行业生态系统，形成强有力的战略纵深，这是区域型食品强势品牌的成功所在。"黄振龙凉茶"等区域强势品牌以关注标准控制级的价值定位、打造紧密一致的价值链，来控制区域市场主导权。光明乳业也是用类似手段控制上海市场，导致蒙牛、伊利无法成为上海市场的领导者。这种例子比比皆是。

1. 纵向追求区域个性标准掌控和专业形象，全面嵌入区域消费习惯，抗击全国性品牌共性特征和时尚形象，实施差异化战略

（1）坚守区域个性化而非产品共性。"黄振龙凉茶"一直都是广东凉茶最具代表性的企业，在当地紧紧控制了凉茶的标准，甚至可以说"黄振龙凉茶"开创了广东凉茶产业，并拥有最多直营及加盟的凉茶店。在广东没有人把"王老吉"当做凉茶，因为王老吉凉茶主攻饮料特性，并不符合广东人"上火"和

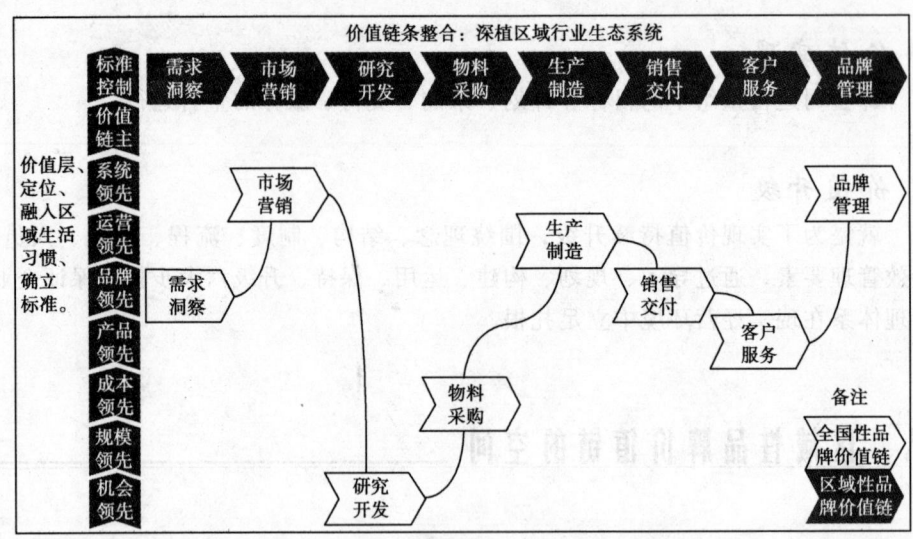

图 2-27 价值链整合

"潮湿"的深度需求。随着王老吉的崛起,"黄振龙凉茶"并没有介入新兴的"凉茶饮料"行业,其董事长黄富强认为"凉茶因为具有一定的药性,并不适合全国不同地方的所有人喝"。

(2) 坚守产品专业化而不是时尚化。凉茶是广东、广西地区的一种由中草药熬制、具有清热祛湿等功效的"药茶"。广东人因"爱上火"、地方"湿气重"等特点,使得"药性凉茶"成为当地人生活必需品。广东人把中草药当做日常生活的必需品,比如各种汤、粥和大菜中都含有中药,东北人参消费最大的省份就是广东。因此,"黄振龙凉茶"强调药性等专业特征,突出历史久远,而不是时尚潮流。

(3) 全面嵌入区域而非单点强行切入。除了商业融合外更重要的是集中资源与当地社会特点、文化特点、科技优势、政策优势全面"嵌入",以区域发展带动品牌发展。如黄振龙凉茶以"全面嵌入打造标准"的模式,嵌入广东人重饮食习惯,略苦的药味是当地非常喜欢的一种饮食需求,黄振龙凉茶与饮食习惯捆绑,成为当地人必须的饮食消费,而不是补充性食品;嵌入广东人保健性文化,广东人非常重视养生,与保健生活方式捆绑,而不是功能性食品;嵌入广东中医药大省优势,与医药科技优势捆绑,而不是普通食品;嵌入广东旅游大省优势,与旅游政策捆绑,成为当地资源的一部分。

2. 横向价值链深植当地行业生态系统,与价值链灵活机动的全国性品牌相比,其刚性价值链形成深耕细作,渗透每个商业机会和细胞

与娃哈哈矿泉水相比,深圳益力水就是强势区域品牌。

(1) 关注品质需求。益力等区域品牌关注矿泉水的品质，将强调品牌的娃哈哈、景田水等品牌空心化，深受当地人们欢迎，乃至在当地形成一个惯性认识，益力矿泉水是高档的，而其他水是低档的，深圳会务的档次从这点上就可以看出了。

(2) 全面市场营销。益力等区域品牌全面渗透，直销经销并重确保区域决定占有率，与强调主流渠道争夺的全国性品牌相比，其占据高端、覆盖低端、渗透终端的市场营销体系将全国性品牌推到了"大陆货"档次上，在市场格局上形成"上下夹击、终端拦截"的态势。

- 占据高端。益力矿泉水与深圳会务和高档酒店紧密合作，成为必需品，渗透到高交会和文博会等全国知名会议；渗透到深圳旅游市场，成为旅游景区和酒店赠送产品。大打"地产地销"优势，获得了当地政府和商业机构的支持。
- 辐射低端。益力矿泉水的成本较高，瓶子造价高于同行0.5元左右，原因是给防止伪造的瓶盖上专利。但是益力水做成了小瓶装，避免浪费，给人感觉更加贴心，也降低成本，成为当地普通老百姓的生活用品。
- 渗透终端。益力矿泉水做成桶装进入家庭和办公室，做成各种销售物料，遍布深圳各个地方，无论是街头还是小店。

(3) 深度开发产品。益力作为区域品牌，与强调时尚和时代性的全国品牌将开发重心放在品牌概念和外观上不同，强调水源开发和生产科技含量主攻产品内在开发。

- 嫁接区域优势资源。比如益力矿泉水拥有了本地唯一矿泉水地址、"黄振龙凉茶"拥有近200年历史传承和广泛消费基础等等，使区域型品牌产品的特殊性加强。
- 科技改造产品性能。比如益力矿泉水在包装上具有专利，避免了仿造等行业困惑；黄振龙凉茶不断用中医中药科学知识融入产品中，使产品配方建立在科学技术基础上等等，使区域品牌产品的高度和深度超越市场上同类产品。
- 扩展产品覆盖消费模式。区域型品牌往往不以竞争为战略导向，更加关注客户消费模式。比如益力矿泉水开发桶装和小瓶装、黄振龙凉茶开发在药店销售的大桶散卖模式，渗透各种消费领域。

(4) 掌控物料采购环境。区域品牌强调直接前向经营，甚至直接控制供应源，或与之形成长期稳定合作关系。而全国性领导品牌强调采购低成本模式外部采购。

- 采购资源垄断。区域品牌一般形成了区域特有资源垄断性，前面已述。利用地方政府和资源的深度经营，将地方相关资源逐步装入企业，形成独家供应优势。
- 培育产业集群。区域品牌要在区域做大做强，需要各种配套资源，甚至需要独立培育供应商成长。珠海早年有很多家饼干厂，都是依托澳门产业集群优势发展起来的，一旦这种产业集群消失了，珠海食品行业也集体衰落。

（5）直接生产制造。与全国性食品品牌倾向于许可授权生产不同，区域型食品品牌更加喜欢自行生产，并让生产成为品牌的一部分。

- 长生产链条。食品原料加工、制造和分装，区域型品牌企业一般都建立了长生产工序，而不是像全国性品牌仅仅在本地建立一个分装厂，前者便于控制品种。
- 多品共线生产。与全国性品牌更加专线生产不同，区域型食品品牌是多种产品共线生产较多。
- 成为品牌一部分。区域品牌强调环保式花园式生产，甚至成为当地居民旅游参观点。深圳本地啤酒"金威"就是一例，所以更加让当地人信任该品牌。

（6）多模式销售交付。区域品牌强调多种多样销售交付模式，使之与当地不同消费模式相结合，抵抗全国性品牌标准化销售与交付方式，使之更加贴近生活。

- 自建渠道销售和大客户直销并重。区域型品牌利用本地区优势，大力开发团购市场，甚至成为本地集团客户的最佳供应伙伴。他们自行建立销售渠道，或派遣内部员工创业作为代理商和经销商，而不主张与现有经销商合作。
- 多种容积包装模式对接当地消费习惯。标准装与零散装并重，豪华装与简单装同行。如"青岛崂山啤酒"为抗击同在本地的"青岛啤酒"就采取了更加低成本包装的模式；"好日子香烟"就开发节日礼品形式，一度成为人们节假日的购买品。

（7）综合性客户服务。区域品牌采取非常生活化的综合化客户服务方式，直接渗透消费者所有领域，与全国性强势品牌规范化服务形成鲜明对比。

不仅服务于消费过程，更服务于消费者的全面生活。如深圳卷烟品牌"好日子"，经常以举办音乐会、俱乐部等方式，为消费者提供综合服务，形成一个又一个社群体系。

不仅服务于产品问题，更服务于消费全面升级。深圳金威啤酒就开发了"金威"啤酒俱乐部，使之成为"以酒会友"的方式。

（8）全面立体的品牌。与全国性品牌强调"新"和"远"不同，区域品牌强调"实"和"近"品牌管理，强调对生活全面渗透。

- 涉足近距离产业，使区域客户感觉更加立体全面。比如好日子五星级酒店，给当地消费者高档安全的品牌形象。
- 强化区域品牌形象塑造，全面参与区域重点活动。黄振龙凉茶虽然不参与全国性活动，但对本地区的重大活动投入很大。

3. 纵横整合,形成稳健保守的战略发展模式和管理模式,财务保守、人才本地化、战略紧密配合本地区发展,成为本地社会经济的组成部分

地方强势食品企业从"全国化生态系统与区域生态系统的差别(见表2-13)"中找到了其独特的管理风格。

表2-13　　　　　　　　全国生态系统与区域生态系统的差别

比较	区域生态系统	全国生态系统	区域品牌空间
产品功能	强调丰富专业	强调简单,以适应各区域复杂性	专业性标准
生产模式	集中生产,便于控制品质	网络化生产,强调产品安全和标准化	品质为重
销售模式	重资产,直接销售与服务	轻资产直接营销,间接销售服务	独立经营
商业环境	区域管治,得到地方支持	多地区管治,尊重同行规则	地方标准
管理模式	管理模式	分散管理	前后一体化
盈利模式	产品生产为主	品牌化商业为主	产品经营
推广模式	与地方旅游文化特色结合,注重扎根于地方社会经济文化	与全国热点结合,注重活力,与社会时尚保持同步	满足区域市场
人才模式	雇用本地籍人才就业,长期稳定雇用	雇用敢拼搏的人就业,短期雇用	为本地人提供就业机会和生活机会

"龙有龙的天空,蛇有蛇的道路",彼此共栖。地头蛇食品企业成为本地社会、文化和经济组成部分,与全国纵横驰骋的领导品牌彼此补充,丰富着人们食品消费生活。

第十章
修复式系统变革管理

天天施行管理变革，但是人们却没有变革管理。

一、中国企业群体管理变革的误区

这也是中国企业管理实践最无知的时代，从学习政治治企到模仿家族治企，从局部引进规范化管理的人才和方法论到全面引进发达国家地区的管理理论和管理系统。这个模仿和引进的过程本身就是一个管理变革过程，其中充满了陷阱和错误，更给未来的管理变革者们以警示。

- 第一类陷阱，以局部系统建设为核心的陷阱，是仅有"理念+资源"的责任陷阱；仅有"体制+个人"的封闭陷阱；仅有"战略+任务"的游击陷阱；仅有"架构+队伍"的冲突陷阱；仅有"流程+提成"的分散陷阱；仅有"激励+人员"的博弈陷阱。
- 第二类陷阱，以人才配置资源的失控陷阱。将资源向人才集中，资源实际控制权从所有者手中转移到了资源使用者手中，无法评估是人才还是资源创造的价值，资源所有者认为是资源创造的价值，人才视为自身创造的价值，最终导致失控。
- 第三类陷阱，企业家个人或直接控制的团队替代人才和系统，但也导致了强将弱兵，导致业务创意高但业务质量不高；同时，企业家及领导团队，听话的不能做，能做的不合作，也使这种结构陷入困境。
- 第四类陷阱，无平台支持的绩效、流程、人力资源等单系统取得突破，但是终因孤军作战而无法发挥作用，反而使流程、人力资源和业绩管理成为更大的问题。
- 第五类陷阱，在实践中慢慢积累，但也因速度问题和经验局限而失去发展机会。

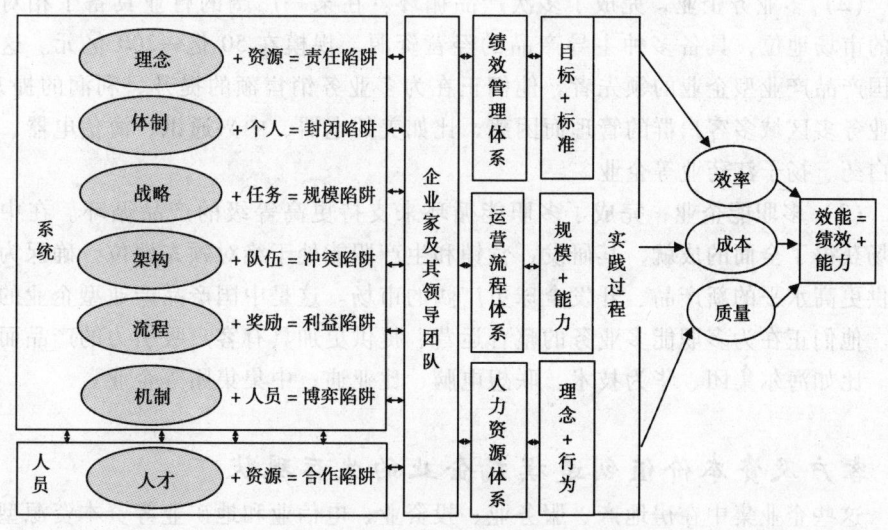

图 2-28　中国企业群体管理变革误区

中资公司其实就分为产品产业型和客户市场型两种，要清晰选择企业生存状态才能避免掉入变革陷阱。

1. 产品或产业价值创造模式的企业生存现状

这是中国最典型的价值创造模式，包括联想电脑、华为（2008年前）、中兴通讯、中集集团、海尔集团、美的电器、TCL集团、云南白药、立白、娃哈哈等近30年自然发展起来的公司，绝大部分都是遵循了这种价值创造模式。其核心就是，首先，找到一个产品，接着组织厂房建设启动生产、向市场销售产品、获得利润，完成原始资本积累；其次，组织投入资源，提高产品技术性能，扩大生产规模和生产品质，向更多的市场领域销售更多规模的产品，完成产品成长；其次，组织开发或寻找更多的产品，建设更多的厂房，开发更多种类型产品的市场范围，完成企业多产品领域发展，甚至进入全新的产业领域；最后，企业为获得产品绝对优势建立领先级的研发职能、营销职能、生产职能等，获得同行业难以获得的超额利润。坚持该模式的企业主要分布在家电电子行业、计算机通讯行业、生物制药行业、日化消费品行业。这些行业的企业的基本现状为"三级台阶"的局面。

（1）原始型企业，完成了原始资本积累。在某一行业具备一定的市场和资源条件，规模在1亿—50亿元（人民币）单一药品单一企业的中国市场规模为1亿—10亿元；单一家电用品单一企业的中国市场规模为3亿—20亿元；单一日化用品单一企业的中国市场规模为 1 亿—50 亿元，利润在千万元级。这是中国企业群的主流。他们产业的根基不稳定，或者处于受局限的行业。他们正在为新产品线的建立、新产业的开拓、新市场的开发而困惑，比如方太厨具、正泰电器、苏泊尔等浙江企业和神威药业等绝大部分制药企业。

（2）多业务企业，完成了多次产品循环。在某一广阔的行业具备了相对优势的市场地位，具备多种主导产品的经营资源，规模在 50 亿—200 亿元。这是中国产品产业型企业的领先者。他们正在为多业务销售额的提升、利润的提升、多业务多区域多客户群的管理而困惑，比如美的电器、中兴通讯、海信电器、云南白药、扬子江药业等企业。

（3）多职能企业，完成了多职能循环来支持更高等级的产品循环。在中国市场获得了全面的成就，其研发、营销和生产职能处于绝对领先地位，确保为其提供更高水平的新产品、开发全球更广阔的市场。这是中国产品产业型企业的领袖。他们正在为多职能多业务的整合运营、提供更加具有客户吸引力的产品而困惑。比如海尔集团、华为技术、联想电脑、比亚迪、中集集团等企业。

2. 客户及资本价值创造模式企业的生存现状

这些企业集中在房地产、服务业、投资业、电信业和地矿业等资本资源型行业。他们的价值创造模式是：首先，高投入获取高门槛的客户资源、资本资源等核心经营要素，迅速拉开与同行业众多同业者的距离，开始进行公司化管理；然后，围绕着核心资源，如客户、资产、权益等持续开发新产品（纵向延伸）和新职能（横向延伸），获取更多控制权；接下来，向周边配套环节占有缝隙市场以阻挡其他人进入或蚕食市场，以细分客户进一步占有各种机会；最后，以高昂的资金投入于与该行业相关的新兴技术、新兴服务、新兴领域，确保自身在该产业的地位，以绝对优势整合行业的其他弱势资源，提升行业的整体水平和自身的盈利规模。这类企业成"三分天下"于各个行业。

（1）开发型企业。获取核心经营资源，进入了公司化管理阶段。该类企业绝大部分以项目开发起家，且成功掌握该行业关键经营要素，如房地产企业掌握某一类型的客户（城市白领、商业用户）等，成功跨过了项目开发阶段，开始将项目转变为相对稳定的业务体系，向更多市场领域扩张以获取同类更多的资源。如房地产行业（除万科以外的公司）、绝大部分地矿企业、各个城市的商业银行、补充性的保险公司和领先地位的中国投资公司、中国联通、中国网通等。他们遇到的问题是，如何利用客户等核心资源获得更高利润收益，并不被其他替代者抢走。

（2）运营型企业。获取了核心资源控制权并纵横深入，开始细分客户，改善利润结构。该类企业在行业内获得绝对领先地位以后，整合产品服务与客户，形成分层次分类别的业务体系，并持续获得新客户和新利润机会，产生大量的新服务项目。如房地产行业的万科地产、银行业的招商银行、保险行业的平安保险等等。该类企业核心困惑就是，如何实现客户服务创新，形成"杀手级"服务项目。

（3）投资型企业。获取领先的能力和资本，投资或控制机会和资源。该类企业具有服务和客户优势以后，以超额利润和能力进一步控制机会和资源。如复星集团、中农工建等银行、中国移动、中国电信等企业。该类企业遇到最大困惑是，如何以更低成本获得新重量级业务、使低效资源发挥更大效果、应对行业新兴机会和技术、创新模式等。

3. 职能及能力价值创造模式企业的生存现状

这是中国特有的价值创造模式，包括格兰仕、格力、中国航天科技、中国船舶重工、中国电子科技、中国华联、中国南车、徐工集团、沈阳机床、中石油、中石化、中广核、国家电网、南方电网、苏宁电器等特殊背景企业。该类企业绝大部分是由出口加工企业、商业外贸企业、科研院所等企业转制而来。该类企业的核心就是依赖优势职能获得了大量的资源，为资源运用寻找一个特定的行业或市场或战略任务等特殊需求，将特定的行业、市场、战略任务转变为一种经营模式，将资源与特定需求领域结合成为可持续战略。该类企业基本分散在制造业、商贸业、研究业等。这些行业的企业形成了"三足鼎立"的局面。

（1）技术型企业。该企业具备技术特长，承担特殊任务。该类企业具有了绝对优势的职能，成为客户依赖的对象，然后通过输出这种核心职能及能力积累资源，具备独立开发需求的能力。比如作为华景咨询客户之一的中国航天科技集团公司，无论是人才还是技术储备方面，都具有航天领域的绝对优势，承担了国家航天领域的重大任务。在完成重大任务过程中，他们又提升了这种技术优势，使国家对其产生了更多的依赖，以至于其他国家也开始依赖于他们。但是，该类企业最容易出现的问题是，其技术没有应用在绝对优势的产品领域和产品系列，将一项技术应用在更多产品上、创造更大范围依赖的能力薄弱，也是中国十大军工企业发展的核心问题。

（2）生产型企业。该企业具备生产特长，质量、成本或交付优势明显，使产品和产业机会的增值能力更高。格兰仕就是成功例子，生产什么就做到最好。该类企业的瓶颈在于无法形成可扩张的模式，生产模式不具备更大的适应性，无法像伟创力、富士康那样获得更多的产品生产机会。中国出口加工企业的问题就在于此，除了某个产品之外什么都不会，无法将生产职能和能力业务化。中国装备工业的突破点也在于此。

（3）销售型企业。该企业具备客户优势，在新产品销售上具有明显优势，使产品进入客户需求领域的成本更低、客户服务更加完善。如何将客户技能转变为其他产品服务技能、如何将客户需求和服务业务化，成为客户生活或工作方式的设计者和推动者，成为该类企业最关心的问题。苏宁电器、国美电器是依靠销售起家，但在客户需求研究与服务业务方面还存在较大的差距，整合其他商业或产业的能力薄弱。中国商贸企业和出口代理企业的转型难点也在于此。

二、美国管理变革动力不是中资公司的组织变革的原因

公司为什么要变革？哈默博士说"变化（Change）、竞争（Competitor）、客户（Customer）"（简称3C）是公司变革的原因。在中国公司的现实世界里，到底我们在经历哪些变化、竞争是在什么层次上的竞争、客户到底有哪些新动向是企业变革的原因。不远的将来中国本土创业与成长型公司将因内外环境的变化从四个维度进行综合变革，而不是忙乱地为了变革而变革，更不是单一要素的变革。

1. 客户驱动组织变革的地震模式

消费和生产两个市场的变化，即消费者从生存型成为发展型和享受型，工业客户从购买型成为合作购买型。导致中国公司的销售与服务、采购与供应链、研究与新产品开发、财务与投资管理等经营体系从全局到局部发生剧烈的变化，这是公司存在和管理的地基。我们把它叫地震模式。

客制化：客户越来越不需要标准化服务，而需要为个性需求定制的产品和服务。公司的研发环节不再脱离日常经营竞争，被拖下日常营销、销售、服务、生产、采购等各个环节。同时，企业供应链体系也更加柔性化，交付也从产品延伸到服务甚至到技能。

品牌化：客户不仅仅因为功能、价格而选择产品，而是基于信任购买。如何获得客户的信赖成为公司的营销和运营体系最大的挑战，"转移全球成熟品牌稳定住全球市场地位、激活老祖宗留下的品牌资源培养经典品牌、开发全新品牌适应新文化观念"成为中国企业品牌化战略三管齐下的模式。

服务化：客户需要的不是硬件的产品，而是服务和知识等非物质因素。产品经营时代从"为自己发展负责"转变为"为客户生存和发展负责"。

全球化：客户选择范围是从全球范围作出的。中国公司如何在全球范围内找到自身的空间和独特竞争力，成为中国企业战略选择非常关键的因素。

2. 技术驱动组织变革的生态模式

技术应用的两个领域的变化，即产品要么集成新技术，要么被新技术所支持的产品淘汰。生产服务领域的绿色技术、装备技术、能源技术、信息技术和运营技术等将为中国企业设立全新门槛，使中国企业从手工功夫转变为智能功夫。

技术成为战略决策的核心内容，而不再是市场和产品就能决定销售收入，没有技术就没有生存的空间、成本和利润。技术路线选择失误将导致灭顶之灾。比

如 3G、生物、能源、环保等。技术成为结构与流程的基础部分，而不仅仅靠人工模式就能决定运行机制，没有技术就没有规模经营的效率和质量，没有 IT 等技术支撑的管理体系的企业是不存在的，比如 IT/IS 系统。技术成为作业单元的最基本平台和工具，比如机床。技术素养包括技能、知识、态度和理念将成为中国人力资源的基本素质。

3. 自上而下的组织变革的战略模式

升级、转型、危机、竞争、变化等因素依然存在，企业管理团队会根据外部环境的变化转变为内部行动措施，而不是等待和抱怨。这仍然是主流操作领域，其基本趋势使公司更富动态和集成性。

企业家生生不息的追求，仍然是企业变革的不竭动力；企业"QCDEF"的竞争压力，仍然是企业运营变革的压力；基于市场的资金、原材料等资源要素的选择，仍然是企业生存和运营的阻力；全新结构的资源集中于企业内部，全新的组织结构与管理体系，仍然是企业正常运行激发活力的支力。

4. 自下而上的组织变革的社会模式

全新社会力量、全新生活观念和工作技能、全新的经营环境，使中国企业重新理解管理、控制、人力资源开发、组织行为和文化等等。基本趋势的变化使公司更加开放、透明、规范。跨世纪的员工主体导致管理变革、全新社会价值观导致管理变革、职业经理制度导致管理变革、客户结构变化导致管理变革、全新竞争能力导致管理变革，这都是新环境下对管理变革提出的要求。

跨世纪的员工主体和全新社会价值观导致管理变革。从"抱怨着"到"动起来"，从"要求你做"到"你想做"，从"要我变"到"我要变"，是自发式的行动。其结果是变革举措引起共鸣、得到认同、容易推行。丰田创始人丰田喜一郎说："如果每个员工都能尽自己最大的努力去履行职责，就能产生强大的力量，并且这种力量可以形成一个力量环。""在丰田企业文化中，倚重而非减少对员工依靠，着重支持和鼓励他们持续改进工作流程，并且最大限度地尊重他们。这是丰田精益制造方式成功的根本。"持续改善是丰田模式五个基本要素之一，丰田的"小改善，大奖励"视每个丰田员工都是问题解决者。

在丰田文化中，关注发展丰田解决问题的文化而不是具体的结果，以过程为动力而不是以结果为动力。而这个过程逐渐造就了丰田文化中的"建议系统"。丰田的思维方式是：这个世界是动态的，工程师设计出的工艺流程在操作中可能会因为各种各样的现实问题而导致需要修正，甚至可能失败，专门安排人员现场监控并迅速排除故障可以解决问题，但这个成本太高了。那么，调动员工的力量，安排现场工作人员同时扮演这个监控角色，并与工程师和管理人员共同合作完成持续改善正是丰田工作方法的体现。丰田每一代总裁都保持着一致的领导风格，让丰田文化从生根发芽成长为苍天大树。

丰田更希望创建一种信任经济,从长远的视角来看待雇佣关系。丰田的领导努力向每个员工传达团队合作和公司成功对其自身的重要性。而员工的每一个小优化、小改善都凝聚成为强大的力量。让制度执行者参与制度优化,让流程操作者参与改善流程将逐渐成为组织管理变革的新趋势。

三、变革绩效:变而不革

1. "组织=结构"使变革成为空中楼阁

一提到组织,我们往往想到了组织结构图。但我们又会想到那张组织结构图不能发挥实质性作用,只是提供分工参考而已。我们会寻求组织结构的新替代手段,用业务流程去打破组织结构(因为组织结构诞生了部门墙),用人力资源去弱化组织结构(因为组织结构压抑了以人为本),用管理制度去约束组织结构(因为组织结构无法约束行为),用战略规划去罢免组织结构(因为组织结构与业务脱节),用信息系统去取消组织结构(因为组织结构产生了严重的信息沟通障碍)。

多年来,我们一直把 IBM 等领导级企业的管理问题当成了我们管理变革的答案,认为他们的问题也是我们存在的问题,但忽略了这些领导级的企业是因为组织过分结构化,而我们的组织结构过分薄弱,最终导致所谓的"万能妙计"全部陷入了管理变革困境。

"组织≠结构"。组织是将策略、制度、流程、职能、人员、信息等要素整合为层级、部门、职位的平台;是对策略、制度、流程、职能、人员、信息在应用过程中的创新;是其他管理体系的载体,与其他体系关系不是替代而是融合。

2. "管理=模版"使管理成为雾里看花

组织有耗散效应,如果没有有效的管理,任何事情都将从有序走向无序。组织往往本身就是问题的一部分。看一个组织是否健康,不仅要看是否存在优秀人才流失、销售腐败、采购腐败、人浮于事、部门扯皮、运营失控的现象,更重要的是看是否存在一种"品行不端正的人辞退、业绩不进步的人辞退、公司不景气时人辞退"的机制。

因此,组织离不开有效的管理。但如何管理一家组织呢?我们总是简单地认为,企业如果像 GE、IBM、高盛那样来管理就万事大吉了。若像行业的领先者那样管理,我们也能成为行业的领导者。但领袖企业的管理之道是与其自身的战略、业务、资源、规模、文化紧密结合的,是靠策略、流程、制度、职能、人员、信息去运行的。也就是说,他们的管理模版不仅仅是组织结构,也不是其中的任何一部分,而是与各个要求紧密结合的系统。管理是所有活动中最丰富、最费力、最复杂、最微妙、最关键的工作。

管理企业更多要关注的是如何创造一家伟大的公司,而不是随着市场波动而随意变化。一个企业的管理,是不断地探索适应社会环境的灵活选择,不断探索企业和业务基本内涵,企业发展之道、生存之道、管理之道、强弱之道、生死之道、竞争之道、制度、战略和文化。在这过程中,我们并不需要重新发明创造什么,只要努力发掘、培育、激发、激励身边大量存在的管理资源,并使它们激发出来。

"管理≠模版"。在组织管理良好的时候,最能使人充分开发自我的潜力。在个人潜力发挥的基础上,创造出人与人的互动与各种活动的结构,不断维护和修整,使人们在这一结构中成长、成功、尽情享受生命,同时为所有结构增添新意。

四、修复式系统变革管理

公司制企业设计实质就是现代法律架构下的企业组织设计与制度建设。公司制企业设计的难题,在于树立面向可持续发展的理念和指导方法论,用以分析未来到底会怎么样、我们该如何办、企业经营和管理核心驱动力是什么、对成功企业管理背后的常识性假设是什么等。职能矩阵表明了"部门分工及职责、管理流程定位、管理权限表"等。一般情况下,现代组织的制度须包含下列事项和内容体系(如表2-14所示),系统解决工作基本秩序和标准问题,避免公司各级人员陷于基本例行问题的处理、预防、检查和指导,而集中在核心的目标问题上,但公司不同,其承载形式也不同。

表 2-14　　　　　　　　　　制度包含的事项和内容体系

内容体系	营销	研发	生产	质量/服务	人事行政	财务与投资
治理层						
决策层						
管理层						
操作层						
辅助层						

组织变革尽管会产生动荡,但不是为了变动,而是为了产生确保战略实现的新规则——新的组织结构、管理体制和经营机制。而制度解决的就是结构、体制、机制的问题。没有制度,战略就无法实现,或者说无法高效率和低成本地实现。从人体角度上讲态度决定行为,而从组织角度讲是行为决定态度。如何协调"个体与组织的差异",只有制度才是有效纠正组织及人员行为偏差的管理手段。

当然，法理情都有效果，但法是过去的产物，情是未来的储蓄，只有理才是现在的指标。建立制度有其理论基础，目的在于构建"和谐"的生态系统（如图2-29所示），使置身其中的每一个角色集中精力发挥自身作用获取自身利益。

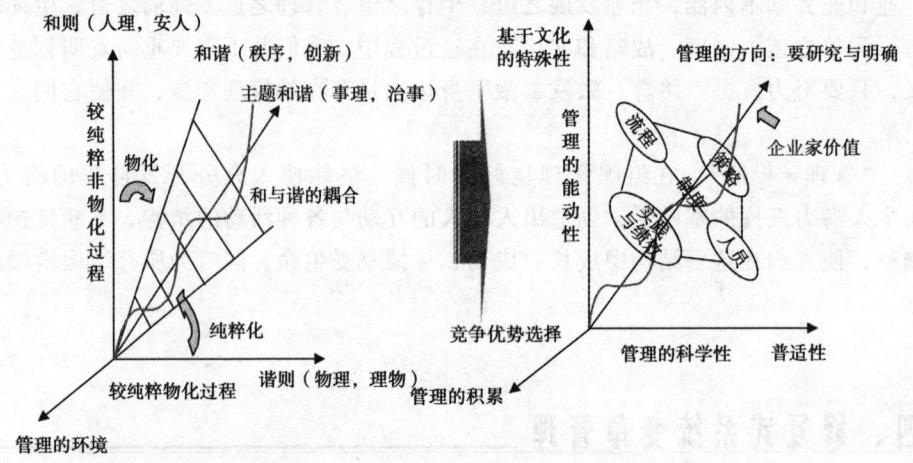

图2-29 制度所建的"和谐"生态系统

制度缺失导致人的行为和事物的混乱、目标管理与绩效考核的复杂。科学规范的制度是基础，是企业低成本营运的基本原则，是职能部门大规模高效运作的前提，与战略目标紧密相关。现代企业不一定拥有高素质有能力的人员才会成功，但凡企业开发一套完善的工作制度/流程，将普通人的想法、技能、活动结合起来，就能发挥最大的能量，任何人都会成为对企业有用的人。制度关系到组织结构、部门岗位职责甚至个人利益，给企业带来阵痛，所以适应制度必然会有一个过程。制度一旦确定下来，不宜频繁变化。多变的工作制度/流程会导致职责不清和管理混乱以及不必要的资源和时间浪费。

企业制度体系是修己安人治事，具有"以人为主、因道结合、依理应变"的三大主轴。形成三个层次和三个维度。三个层次，分别包括治理层、管理层和运营层；三个维度包括人员维度、财务维度和业务维度。在治理层面，是构建一个企业平台体系。解决一个企业要做的正确的事，包括要按文化规律要求管理人、要按定位规律来定战略搭架构、要按业务规律来定组织功能和业务流程。而这个文化规律、定位规律、业务规律是什么呢？选择哪些和放弃哪些呢？就是治理层次的管理制度。在管理层面，系统的管理系统，一个企业要做的正确的事，包括确定符合财务要求的目标、决策和责权利分工、科学确定符合业务要求的功能及流程、系统管理符合文化要求的人员管理体系。在运营层面，从财务角度如何配置资金资产等资源、如何评估业务过程及贡献、如何确保人员具有积极性和约束力，以构成实务体系，确保"正确的人在正确的时刻做正确的事"。在三层次和三维度基础上，"明确的责任分工＋常发问题与处理机制＋隐性结构与处理机制＋常见风险与预防机制＋最低绩效标准与处理机制"成为每一部分制度的基本内容。

制度设计具有三个特点：系统、细致、一切从效能出发。组织管理则需解决四个问题：组织与战略的结合、目标与现实的接口、组织的纵向设计（高、中、基层责权配置，突破传统的横向分工设计）、组织动态性与稳定性的平衡。

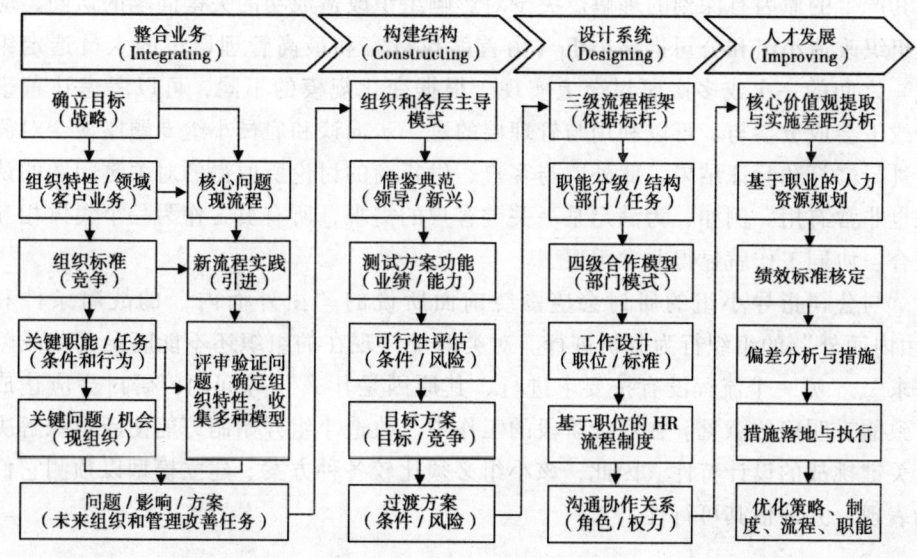

图 2-30　企业组织设计

1. "由外而内"与"由内而外"

组织改造是公司内部的一次"手术"，手术时间的早晚直接影响病症的疗效。要恢复患者的健康，主治医生不只需要在某一个方面做得完美，而且要保证在上述四个方面都正确无误，同时确保自己正在处理的是正确的问题、作出的是正确的诊断、采用的是正确的手术方法（设计特性），并在手术前后完成正确的技术操作和看护（变革管理），发现并诊断问题。

组织的改变是由外部引起的，企业战略、商业经济、客户需求、竞争环境以及上述因素的变化都是组织改造的客观条件。我们需要清楚地确定这种"由外而内"的战略条件。对组织的评价是看它能满足企业战略的需求。商业经济和客户需求选择最适合战略目标的组织形式。竞争提供了该组织成功必须满足的标准。上述四个问题中任何一个发生变化都可能引发组织变化。

相反，对公司正确的诊断需要对组织真实的运营进行全面的、"由内而外"的检查。一家制药公司花费很长的时间才能使一种新药上市，为什么研制过程如此缓慢？这就需要我们从内部深入了解公司的运作。要了解组织行为，就要了解该组织的关键流程、了解组织的运作和组织改造对流程的影响。影响组织行为的因素很多，所以，在描述组织改造时不能仅限于得到组织结构图。例如，制药公司研制过程缓慢可能有多种原因：整个组织内信息的流通不迅速；研制、医疗和推广部门之间缺乏有力协调；优秀研发人员流失以及内部责任分工不明确等。组织改造需要考虑所有使组织良好运作的因素。当然，改变组织结构常常比改变其他工作表现手段更困难，应把其作为最后的解决方法之一。

第一阶段工作的结果应该是对公司面临的关键组织问题作出明确的描述，并对其产生的原因有深刻的理解。关于对影响组织改造成功的关键问题的认同，应在组织改造小组和公司指导小组（由首席执行官和最高管理层中的人员选定组成）之间的一次或多次研讨会上实现。根据变化规模的不同，可以考虑让董事会或工会成员参与。可以利用与管理层的进一步面谈和雇员小组专题座谈会对假设进行修订和验证结果。此外，与客户、供货商的讨论所取得的对关键问题的认同也非常有用。例如，为满足某一关键客户的需求，所有员工作为一个集体相互配合、协同工作就显得非常重要了。

与公司指导小组的研讨会应围绕前面所说的"由外而内"的战略条件和"由内而外"的组织行为分析进行。对类似于"现在的组织还不能满足哪些战略需求"、"哪一个流程没有按要求进行、其原因是什么"等问题，研讨会应达成一致的、明确的意见。在后续阶段的工作中，改造小组开始制订能使新组织解决其关键挑战的设计特性。因此，该小组必须比较各种方案、建立模型以预测它们的表现，并评估其可行性。

2. 比较方案以确定方向

组织问题可能有很多的解决方案。如关于鼓励两种不同产品部门之间交叉销售的问题，可采用五种方法：第一种是把两个部门的销售人员统一起来；第二种是保持销售人员之间的距离，但对销售人员采取经济刺激，以促使其推销另一部门的产品；第三种是增加销售人员对其他部门客户信息的认识；第四种是在跨越产品部门的设计中引入分客户群的责任制；第五种则可以把精力集中在改变文化和强化合作上，把经理们召集在一起，庆祝为了客户的利益而联合起来所取得的成功。

3. 了解行业典范

充分了解行业典范的组织情况至关重要，行业典范设定了必须超越的标准。与行业典范的比较不能仅限于竞争对手的组织结构，而应考虑到其组织的各个方面，如行业典范公司和竞争对手的内部运作情况等。因此，组织改造小组应寻找机会，与竞争公司的雇员、供货商和客户面谈。

改造小组不仅要关注本行业的几位领先者，还应关注那些高速发展的新生行业。这些公司很可能按一种崭新的模式运行，值得学习和借鉴。了解典范的目的是学习。当然，若你的战略与它们存在本质的不同，你则可以判断出需做多大的差异才能获取最大的价值。

4. 确定组织方案

组织改造小组和公司指导小组从初始模型和行业典范中选择最能解决所发现

问题的组织方案。除改变组织结构外，正确的组织方案常常使用多种组织手段，如业绩奖励、培训和雇员技能开发等。

5. 建立模型以预计成效

通过下列步骤来检测公司正在考虑的新组织方案：

对新设计进行模拟运行：检测新组织的第一步是模拟其处理关键问题的方式，即探讨新设计创造出公司竞争优势的方式。组织改造小组根据一个关于组织业绩（包括所有重要的组织手段）的问题清单来比较目前的组织和其他的方案，同时把精力集中在当前的关键问题上。

组织：改造方案常常需要在不同业绩改进手段之间进行权衡。也许并不是所有这些测试都能同时满足。正确的权衡取决于公司的战略和具体情况，这会随着时间的变化而改变。因为采用一种新的组织结构存在着很大的业绩风险，所以，全面详细评估新的组织结构对公司运作是很有意义的，除精心计划外，在可能的情况下对新组织进行试验也是很有价值的。

选择最有优势的组织模式：少量的组织模式应加以详细描述，并针对公司当前面临的关键问题和广泛的改进手段清单进行评估，以创造竞争优势。这些组织模式就构成了与公司指导小组进行研讨的基础。如果是针对最高层的组织改造，则可以与董事会进行讨论。如果最高领导层改组是首要选择，则董事会的支持是非常关键的，因为这会影响到高级管理人员的工作和职权。此外，首席执行官需要利用其他手段确保最高管理层是一个专心工作的团体。例如，必要时应向关键人物表明他们在将来的组织中会发挥重要作用。如果需要在人力和工作方法上作出重要改变，而公司指导小组里又没有工会的成员，此时也可以与工会进行商讨。

评估可行性以规避风险：理论上是最好的组织结构在实践中常常无法实施。在此阶段，组织改造小组已经设计且公司指导小组也同意一种或少数几种能改善业绩的组织模式。但它或它们能够实施吗？为了得到答案，请先问一问自己以下几个问题：（1）我们能找到有能力的经理担任高级管理层的工作吗？（2）我们能为新组织在需要的地点找到合适的管理人员与工作人员吗？（3）我们能把基础设施投入使用及令其运作顺利吗？（4）我们能处理与供货商、客户和雇员之间潜在的不稳定因素吗？（5）新组织与我们的法律体系兼容吗？（例如，如果我们对子公司不是百分之百地拥有？）（6）如果拿不准，能否对新组织先做小规模试验？或者更缓慢地逐步引入？

例如，一家百货公司连锁店制订了一个新战略：从采购制造商设计、制造的品牌服装转向开发自己品牌的商品，并由内部设计、通过内部低成本地点（主要是亚洲）采购、最后公司直接制造。这就需要对购销体系进行完全改造。原来由服装采购员和服装采购助理组成的采购队伍，将来会由专业货品种类经理、服装采购员、设计师、技术员和材料采购专家组成。这些新技能当时在市场比较短缺，所以，原来要求在两个销售季节内完成过渡的计划肯定不现实。于是，公司决定把在亚洲的供货商选择和质量控制交由一个代理来完成,而不是新建一个自己的亚洲采购机构。这样做的另一个好处是,可让代理提供所需的信息和通讯技术(如提供产品样品的电子显示技术)。内部设计能力在更长一段时间里才建立起来,而重点是女士服装。

全身心投入新的组织:需要对新组织和总体过渡指导大纲作出一个基本的决定,或者考虑是否需要让组织改造小组重新考虑组织改造的问题。在一项重大的组织改造中,出现一些挫折是难免的。意志坚定是成功的关键。没有领导层的积极参与,重大的组织改造是无法成功的。公司领导层的任何不同意见都会在组织的低层传播、放大。公司指导小组、董事会和最高管理层都必须全力支持。此时应向那些不支持改造或在将来的组织中没有位置的高级经理提供过渡选项。针对那些仍留在公司的人员的反对意见,应编制应对计划。

6. 基于组织蓝图设计架构

组织蓝图或者组织架构体系由六个层面构成,才能使一个组织架构保持其完备性。其中各个层面的角色和任务如图 2-31 所示。

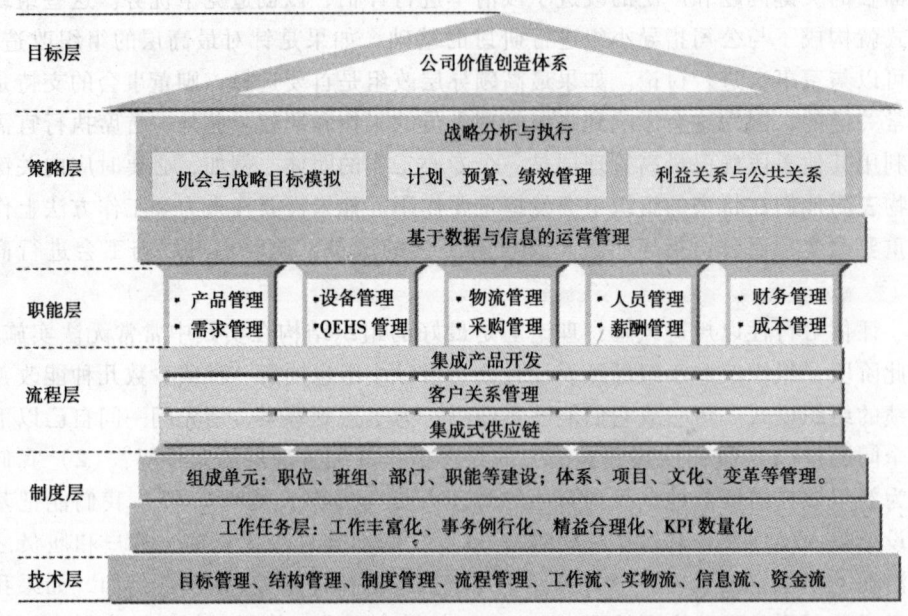

图 2-31 组织蓝图或组织架构体系

目标层决定了一个组织在外部环境中所发挥的作用和如何发挥作用,再依靠价值创造体系,使这些作用转化为具体行动。比如一个组织因产品的定位而设立研发、生产、营销及资本等职能,这就成为按盈利模式规则设置的价值选择;使用什么样的人员进行业务和管理,采取何种分权制度和结构模式,这构成了价值创新,按竞争优势组织起来;各个单位(SBU)与相关机构间的关系是什么?全面负责、管理权和经营权分离、投资权与管理权分离,是靠行政关系、经济关系还是法律关系将他们联系在一起，这构成了价值评价，按标杆追赶模式实施；这个企业如何处理不同职能、不同资本与产出、内部要求控制和各个组成部分的协作关系，这构成了价值整合，按核心能力模式进行；如何处理分配与投入再生产的关系、如何解决薪酬与贡献的关系、企业的成长与风险管理的关系，这构成了价值分配，按公开治理的原则处理。同时也要处理范围与边界、规模与资源、文化与领导的关系，这就是价值增值，依靠组织变革模式来开展工作。

策略层决定了这个组织采取什么具体目标和措施来确保价值创造体系循环，如何持续跟踪机会和选择机会（新兴机会管理），如何对战略目标进行分析（战略目标模拟），如何分析与执行目标战略（战略分析与执行），如何安排各项工作（计划管理），如何准备资源（预算管理），如何评价所达成的过程及结果（业绩管理），如何建立股东等利益关系得到各个外部机构的了解和支持（相关者关系管理），也包括如何运转业务运营（运营管理），如何利用数据信息改进决策及控制（数据信息）。

职能层决定了企业必须具备什么功能才能支持和管理各类业务持续开展，包括一般经济性组织必备的功能，以及需求管理、产品管理、设备管理、QEHS管理、物流管理、采购管理、人员管理、薪酬管理、财务管理、成本管理等十项基本职能。分别构成业务管理、工程管理、物料管理、人事管理、财经管理等五大类。

流程层包括企业四项基本业务：如何获得客户并保持与之健康发展的销售业务（客户关系管理）、如何组织资源开发新产品并迅速推向市场（集成式产品开发）、如何低成本高质量的交付产品（集成式供应链），以及如何依靠业务运营及数据信息管理确保业务正常运行。

制度层包括工作任务和组成单元两个层面。其中工作任务层面包括：工作丰富化（结构性分析评估、最佳实践中心），事务例行化（复杂的事情简单化、简单的事情标准化、标准的事情重复化、重复的事情精细化），精益合理化（在质量、成本、速度方面为持续追求效益和持续改善），KPI数量化（各项任务、工作都有关于过程及结果的量化的关键绩效指标来衡量）四项工作。组成单元包括：职位建设、班组建设、部门建设、职能建设、体系管理、项目管理、文化管理、变革管理八项工作。制度管理到位实现组织的"四平八稳"，使组织处于有序状态。

技术层使组织各个层面的各项功能能够到位是个难题，必须采用目标管理技术、结构管理技术、制度管理技术、流程管理技术、工作流技术、实物流技术、信息流技术、资金流技术八项组织技术才能将工作"组（成体）织（成制）"起来，否则也会成为空中楼阁。

最终面向未来与全球领先的企业成熟管理实践相一致的管理框架（见图2-32，未来企业管理框架），成为中国企业未来的选择，与过去30年管理实践有着本质的不同。

首先，策略是面对业务机会和提升业务竞争力的管理手段。不是人员的创业

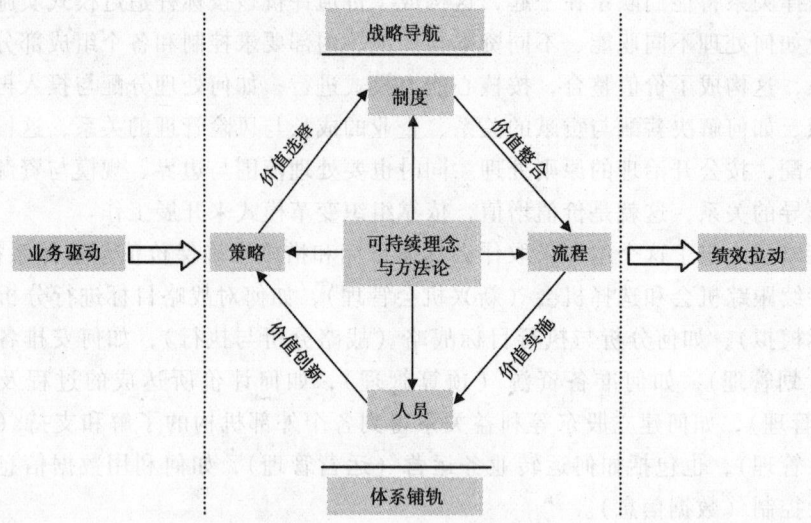

图 2-32 未来企业管理框架

精神下降,而是人力资源市场从原来的能力无法发挥到现在已经走到了能力的"天花板"。面对业务驱动,需要一批人的努力、智慧、工作和贡献,而不像机会驱动只要少数的人就可以解决。这就是采取把业务分解到各个业务节点的措施,通过系统反应去面对外部机会。人在企业的作用,从历史无所不能发展到有"普遍的瓶颈",只有策略才能产生系统的、可持续的价值选择。这样就从"人员决定结构"步入"战略决定结构"的正轨。

其次,人员是价值实施的目标和价值创新的源泉。虽然英雄越来越少,但"以人为本"则成为企业价值实现的归宿,是企业价值创新的根本动力。人员所带来的创新经"策略"选择机制,重新成为价值选择的"输入",转换为具有凝集作用的"结构",通过面向绩效的业务流程整合来重新塑造一种协调和自我组织机制。只有在自我协调作用的流程推动下,才能将个体的智慧、力量、经验汇集成一股巨大的力量。

再次,结构不再受理念影响、受战略牵引而成为一种连接战略与个体的开放体系。组织结构不再是基于现有人员的分工协作,而是基于开放资源的分工负责体系,使组织内外界限模糊,只要支持战略实施,任何人、资源都会被组织容纳、驾驭和使用。把作为"石头"的社会人演变为作为"砖头"的职业人,是组织效率的根本进步。

然后,流程不再服务于内部人际关系而是服务于绩效和外部客户。业务流程化、工作规范化,从流程和工作的点滴去服务客户,只有对客户有贡献的活动才是有价值的活动,只有满足绩效的活动才是有绩效的活动。

最后,管理体系的营养不再是公平分配,而是可持续发展的理念和方法论。可持续发展的理念与方法论丰富着管理的实践、润滑着系统的运行、滋养着价值循环体系。中国企业的发展要靠建设性的长远合作关系,而不是公平公开公正地分配眼前利益。

中国企业面临的问题中有80%可以找到全球版的"标准答案",但解答剩余的20%则需要在洞察本地环境和真正把握商业规律的基础上进行创新。"模版问题"和"标准答案"因问题发生的背景不同、解决问题的前提条件不同、标准答案实施的环境和主体不同,没有一样的路径可走,所以需要变革创新。

中国企业管理的新目标:培育和实施先进的企业文化和经营方式;有效整合人力资源、业务资源、平台资源、资本资源、智力资源等生产性要素,并优化配置资源的方式;提高人员和财务的使用效率;提高质量、降低成本、提升效率和灵活度;以管理创新提高科技创新的能量,包括自主创新、开放创新体系、技术集成式能力、技术应用能力;通过人力资源和财务资源管理提升资源效率;通过战略重组和业务战略,提升市场竞争力,打造自主品牌,构建新型劳动关系;加强内部控制制度建设,防范风险;提升企业运营效率,对供应链实施整合管理;组织管理扁平化。

企业的战略、架构、流程、人员、信息都有其内在商业逻辑。而坚定的战略驱动、团队管理的方法、实事求是的文化是企业发展的三大挑战。由于中国企业建立的基石不够成熟和健康,与国外健康而成熟的企业基础相比差距较大,故中国大致需要5—10年的资源重新配置才能做到清盘。"人力稀缺时代的人力资源管理、转型时代的战略管理、全球竞争力驱动下的流程与供应链管理、将想法变成现实"成为新环境下中国企业新的发展契机。

7. 设计系统,依据成长阶段实施配套组织运行

中国企业的价值重构,不仅要适应环境变迁,而且要适应企业成长步伐。根据企业所处的不同成长阶段,克服各阶段存在的核心问题。如图2-33所示。

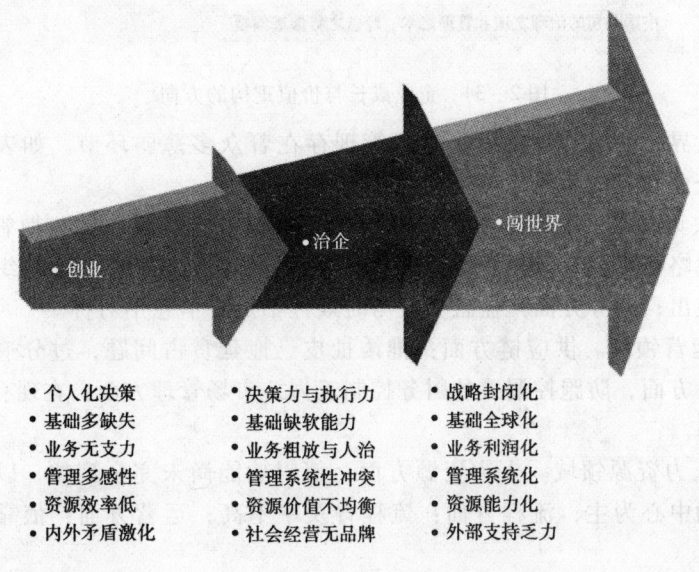

图2-33 企业成长与价值重构的问题

(1) 创业阶段。主要问题有：个人化决策、基础缺失、业务乏力、管理随性、资源利用率低、内外矛盾激化等。

(2) 治理阶段。主要问题有：决策力与执行力基础缺软能力、业务粗放以人治为主、管理系统性缺失、资源价值不均衡、社会经营无品牌等。

(3) 全球化阶段。主要问题有：战略是否封闭化、基础是否全球化、业务是否利润化、管理是否系统化、资源是否能力化、外部支持是否乏力等。

如图2-34所示，中国企业群的价值重构要解决好在创业、治企、闯世界三个阶段所面临的各种现实问题，使中国经济从恢复性增长转型为创造性增长、使中国企业的治理之道和管理之术实现"颠覆性"转变。

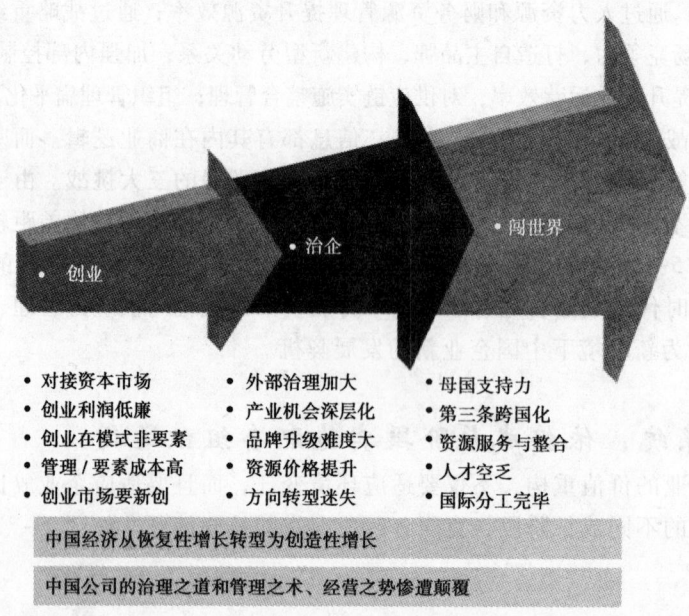

图2-34 企业成长与价值重构的方向

对比世界企业的管理，中国企业管理存在着众多薄弱环节。如表2-15所示，中国企业管理的薄弱环节主要有：

(1) 决策领域。战略方面："睡得早、起得晚、走得慢"的松散管理式多法人体系，战略得不到有效执行；企业文化方面："乱伦着吹"，即组织与个人忠诚的矛盾突出；业务方面：监管力度与时效性不足，信息不对称。

(2) 运营领域。供应链方面：推诿扯皮、拖延贪占问题，过分追求市场占有率；财务方面，防跑控漏式的财务控制乏力；市场管理方面：在现有市场进行无限制竞争。

(3) 人力资源领域。人力资源方面：部门功能尚未完全到位，以成本中心和业务辅助中心为主；流程方面：流程普及率不高；运营方面：依靠强有力的人。

表 2-15　　　　　　　　　中国与世界企业管理的比较

	领域	中国企业管理	世界企业管理
决策	战略	"睡得早、起得晚、走的慢",松散管理式多法人体系;战略得不到有效执行	"企业定位清晰、独到和专注",集中管理式单一法人体系;在主流业务体系中做纵深发展和无形资源建设;关于"环境适应性、持续性、模式变革、创新能力"有效性问题进行探索。战略到流程执行力强,能力与战略扩张匹配
	文化	"乱伦着吹":组织/个人忠诚	全球化价值逻辑清晰,职业忠诚的市场规则
运营	业务	监管的力度及时效性不足,信息不对称	实时或周期性监控考核监管
	ISC	推诿/扯皮,拖延/贪占,追求市场占有率	全面成本管理和精细化改进,资源占有率
	FA	防跑控漏式的财务控制的乏力	ABC/ABM等挖潜性管理工具
	MM	在现有市场进行无限竞争	新兴市场的洞察能力强;强调"品牌管理、细分市场、环境洞察和市场响应"
	RD	不会管,理不了	整合全球性技术资源;基于市场需求提升创新速度
人力	HR	部门功能尚未完全到位;成本中心和业务辅助中心为主	各个构成单元多为利润中心、增值服务中心;以"组织灵活性、流程优化和速度规模的平衡"为主
	流程	流程普及率不高	"合作伙伴、风险控制、效率成本、绩效管理"
	运营	依靠强有力的人	依靠SOP

8. 人才发展

组织结构要给合格员工以职场安全感,给优秀员工以职业荣誉感。组织结构,不仅包含有什么部门和职位,还包括层级(直接影响扁平化和组织上下沟通效率)设计、管理幅度(管理人员杠杆率)设计、企业各层级组成功能选择配置、企业构成人员类型和各类人员比例、领导者决策宽度、中层管理人员集成度、各级人员工作深度等指标。

组织结构,从员工角度看,给员工带来了什么呢?这是我们往往疏于考虑的。

- 给员工明确的上司

是谁帮助员工协调自己协调不了的工作呢,就是上司;由谁来指导自己的工作任务克服困难呢,就是上司;是谁才能评价员工的工作表现来决定他们的收入呢,也是上司。无明确的上司就没有依赖感和清晰的联系点,那么安全感无从谈起。

- 给员工明确的定位

所在职位给员工明确的职业类别,使他们关注和学习职业化;给员工明确的

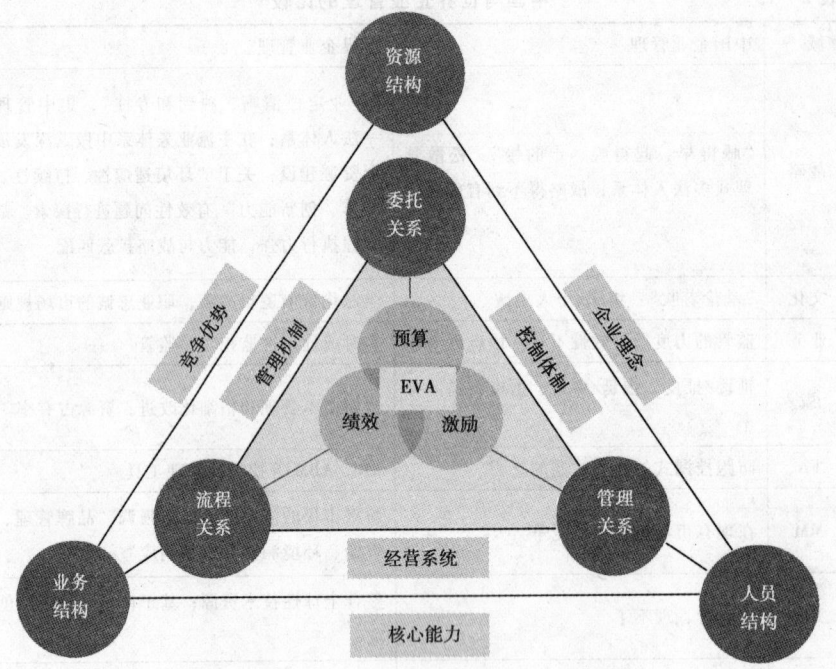

图 2-35　中国公司的价值创造环境体系

业务领域或职能领域，使他们了解到自己所在业务领域如何服务客户和公司；给员工明确的无制度团队，这个团队没有流程只要记住简单的规则就能开展协作；给员工明确的职责，使他们知道在哪里开展工作。

- 给员工明确的标准

员工知道什么样的标准在考核和评价自己的工作，避免靠员工猜测公司如何评价自己。

- 给员工明确的收入

员工知道自己的收入从哪里来、如何发给自己、是多少、怎么样才能多怎么样才会少。

- 给员工明确的制度

员工什么情况下才会因业务能力不足而被辞退、什么情况下虽然有业务能力但是个人行为影响到组织安全而被辞退，上级和公司不同的批评对个人意味着什么，什么情况下才会被外部人员替代，公司裁员最优先裁撤的是哪些人等。

这就是组织结构给员工设立的规则。安全感是依据员工的成熟度来设置的：

（1）不合格员工不能有安全感，否则就会产生劣币驱逐良币。这种不安全感，使他们不断提高职责履行率，不断提高业务能力，不断提高自己对组织贡献程度；同时，使没有强烈的工作愿望的、没有承受压力能力的、没有自我调整能力的员工选择自动离职。

（2）合格员工要有职场安全感，否则就会产生不稳定因素。主要包括上述五点（给员工明确的上司、给员工明确的定位、给员工明确的标准、给员工明确的收入、给员工明确的制度），使他们安心做好"本职工作"。

（3）优秀员工要有职业荣誉感，否则就会无突破业绩。主要是包括奖励制度，使他们能超越合格走向优秀。

管理顾问是在客户组织架构内做事情的人，对客户的组织架构与运行都有独特的体验。我们体会最深刻的是决策效率。决策效率，一个组织在架构内从一个环节提出议题到最终落实并达成预定结果的周期，包括提案、审议、决定、执行、检查和验收六个环节，缺一不可。

（1）提案，盲目决策。包括任务、问题、目标、预算、制度、方案等的提出。但是很多企业提案工作做得不扎实，包括怎么样、做什么、为什么、怎么做、谁来做、怎么做好等（提出问题也要提出问题的解决方案）没有调研清晰。有时候就是一个人一时的设想、感觉、意见等，导致决策难度大、针对性弱等，甚至提案本身就无法决策或无须决策。有些企业的文化有问题，下属提案本身就不是想解决什么问题，而是自我展现其肯动脑筋关心企业罢了；有些提案人就把因个人喜好而导致的差异当作问题提出来，"差异＝问题"等。换句话说，问题提出来了，但什么是问题没有搞清楚（问题＝目标－现实）。还有的人把"提醒＝提案"，不是给予上级明确的意见的，其实是提请上级关注的。

（2）审议，贸然决策。包括目标一致性、条件符合性、效果可接受、时间、投入等，都要与相关部门做细致论证和评估，达成一致后才能往下走。但很多企业在这个阶段往往采取了个人批准制，导致局部达成一致，在全局无法推进；或者只论证一两个点，其他考虑不成熟等，导致决策执行难度过大。更大误区在于，这种精细论证会给人以不果断的形象，所以为了个人形象而贸然决策。

（3）决定，模糊决策。包括"行、不行、不知道"三个结论，行就是立刻做，不行就是不能做，不知道要求补充材料或再审议等。"研究研究、等一下"等模糊决策，会严重影响效率甚至积极性。模糊决策的负面效果大，甚至产生不负责任的现象。但是现实环节中决定难度极大，征询大多数人的意见、听取部分人的建议、与小部分人商议、一人独立拍板。但有很多人，把决策层层往上推，推脱责任。

（4）执行，伺机而动。包括"谁、干什么、怎么干、凭什么干、干得怎么样"都要明确，约定时间和标准、协调新老工作的冲突。执行力不足核心就是三个问题，一是伺机而动，二是无计划而行动，三是行而不动。第一点，决定的事情没条件创造条件也要上；第二点，必须详细计划，没计划靠局部和能动性来执行，是没效果的；第三点，口头喊，在执行阶段强调"手脚比头脑更重要"。

（5）检查，偏离初衷。包括原则、目标、标准、效果。其实决策是检查出来的，不能任由其自然发展，那必然会偏离预定轨道。决策需要例行化监督检查并不断纠正和完善。

（6）验收，闭环决策。任何决策必须回顾决策，不要结果好就一俊遮百丑了，使整个组织失去了决策能力提升的机会。没有完美决策只有有效决策。

但是存在很多组织误区，使决策机制（怎么决策）比决策权力（谁来决策）

更能影响组织决策效率:
- 决定集体化,失去个人化责任机制;
- 提案想法化,失去方案化现实机制;
- 审议权力化,失去系统化完善机制;
- 执行个人化,失去体系化协作机制;
- 检查随机化,失去例行化纠正机制;
- 验收隐形化,失去闭环化提升机制。

第三篇

坐标纵轴：晋身全球化升级

全球化不是要不要的问题，而是怎么办的问题。与欧、美、日、韩等早期全球化企业处在单一市场不同，中资企业需要全面迎战五大市场：全球化市场拉动着中资企业全球化，不是全球化企业推动全球化市场，无论各企业所在母国的经济和社会政策环境、技术与资源条件、人才与文化环境多么不同。这是全球资本、人才、商品、技术等全球化市场充分流动所决定的，故称新版全球化——你的商品和办公地点覆盖范围，即使不出省也不得不成为全球化公司。否则，一家没有全球化人才、技术、资本、资金、物料、装备、公共服务、法规等的企业，把商品卖给全球的消费者进入全球产业是不可想象的。

晋身全球化公司，要从资本、人才、产品、客户、企业家精神等要素资源全球化配置的角度，跨越"市场化治理、系统化经营、正轨化管理"三座大山，这主要由"多维市场竞争、复杂不确定性、人才资本化"三大因素决定。当然，全球性企业共同面临的"公司模式重塑"，使中资企业与欧、美、日、德企业处于同一起跑线。

第十一章
市场化治理：BSA 模型

中资公司实施新版全球化的第一座大山就是"市场化治理"，公司战略管理模式要从"适应产业与商品市场单维市场"提高为"全面适应资本与资金市场、人才与技术市场、物料与装备市场、产业与商品市场、法规与公服市场的五维度市场的竞争"。即"只有全球化才能生存"，否则各类资源会流失到竞争对手处，新版全球化就是成为"资源向在全球市场都最具五大资源增值力的公司聚集，成为拥有更低价格、更长期获取更优秀的五大资源的权力的争夺战"。新版全球化格局下，企业必须建立最具有资源增值力的"经营战略性架构（BSA, Business Strategic Architeture）"！

一、产品——市场战略挽救公司命运

所谓的企业战略就是对"公司生态、GRP 表现、位置、模式、策略、架构、战略里程碑和项目群"的统治和梳理；确保公司符合"公司制度、社会要求、经济环境、技术趋势、政策法规"的要求，包括两个层次：公司治理层次和业务管理层次。前者是指公司以企业家为中心的制度、资本、产品、市场四大要素的选择与实施，决定一个企业在"社会、政策、技术、经济"环境的激励与约束下的系统分析和分步实施；后者是公司在既定的制度、资本、产品、市场约束下，如何结合"客户、竞争、公司"的形势分析"公司业务的优势、劣势、机会、威胁"后对企业规模、利润、风险等目标与执行策略的选择，也包括投资发展、市场营销、产品开发、生产产能的规划和实施等。本文所讲解的是公司治理层次的战略管理问题。

我们以前解决公司治理层次战略问题往往应用如图 3-1 所示的模型,基于所在地区或国家的政策、经济、社会、技术、文化的社会力量,而选择公司产品、市场、制度、资本四大公司级战略和企业家精神这一核心竞争优势。这是在单一地区或国家环境来选择"产品—市场",然后基于产品—市场的发展情况建立跟随性制度和资本措施,这就是"单维战略管理模式"。公司战略四大课题"产业选择、竞争优势、增长路线、目标选择"也是单维度的,或者说只要选择好产品和市场后,其他都是"走出来"的。

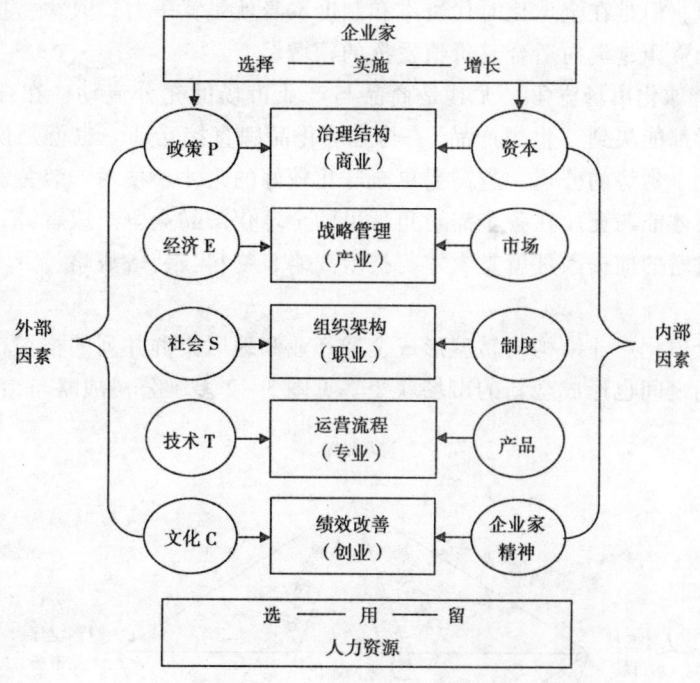

图 3-1 公司治理层次战略模型

企业成长也是单维度平滑成长,即产品立足——市场开发——产品多元——市场多元——资本配套多元——制度补充解决。资本、制度所获得的地位也是配套补充角色,仅保障产品和市场发展。

- 围绕一个产品,从一个地区销售到另外一个地区,从中国走向国际、甚至走向全球。
- 围绕一个市场,从一个产品开发到第二个产品、第三个产品……到多产品线。
- 围绕产品和市场所构成的平台,资金规模不够时开始出现"资本扩充"问题,解决资本扩充多少及资本结构化所产生的控制权、收益权问题的就是资本战略,这是典型的"资金拉动资本"的战略模式。
- 多产品线、多市场、多资本,公司产生企业制度问题,解决人员、资金、信息等授权和分权问题,分权前提是结构、流程、人力资源管理等。

全球化战争时代改变了单维产品发展模式，主要是单维战略管理模式的三个假设不复存在：

（1）人才与技术资源、资本与资金资源、法规和公服资源、物料和装备资源是极大丰富的，永远是供大于求的，只要产品与市场发展，这些资源永远不是瓶颈，显然这一假设不成立了。全球化市场导致市场充分流动到其最大化价值的企业，甚至一个产品——市场本身的成功就决定于非常稀缺的技术、人才、能源、资金、政策、法规、装备、物料。

（2）资本和制度就是服务于产品—市场的发展，只有内部作用没有外部约束和影响力。但是在全球化时代资本和制度本身就是竞争力，人才、技术、能源等越稀缺的资源越流向适合其价值发挥的领域。

（3）全球化市场竞争，尤其是商品与产业市场的充分流动，在任何一个角落，消费者都能买到"世界产品"，与全球化品牌直接互动。也就是说，越是产品、市场处于劣势的公司，越需要更全球化较好的人才、技术、装备、物料、能源等服务，才能与充斥在各个需求角落里的全球化产品竞争。或者说，进入市场的新产品战略的前提条件就是人才与技术战略、物料与装备战略、资本与资金战略等。

随着全球化产业结构与转型形成全球产业和地区集群并列的格局，在全球范围各大市场之间也形成全新的市场联盟。见图3-2多维公司战略与治理模型。

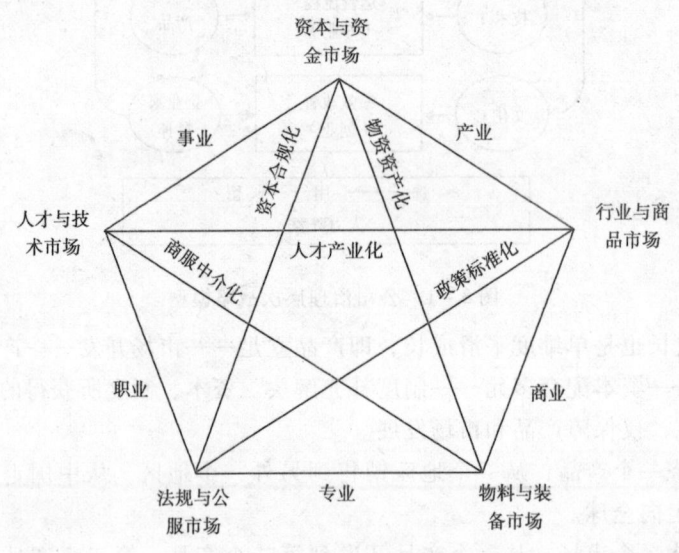

图3-2 多维公司战略与治理模型

1. 资本合规化

资本与资金市场、法规和公服市场联手，出现资本合规化趋势，比如面向环保的绿色资本、面向安全的文明资本、面向节能的清洁资本、面向法规的法治资本等等，使单纯逐利的资本和资金蒙上文化面纱。这导致企业制度、资本、产品、市场模式全面变化。

2. 物资资产化

物料与装备市场也开始金融化、实施产融协作。如物料期货化：在金属等大宗原材料之外，很多物料也开始模拟期货运行，而装备市场更是如此，直接以买方信贷融资模式开拓市场，甚至承担资产租赁业务，使下游客户直接购买服务，承担高于社会的利息。这导致企业资金模式和供应链模式的变化，也促进企业研究开发模式的转变。

3. 人才产业化

人才与技术市场也参与到行业与产品市场中来，出现大量的产业化人才，也就是说产业内某个KNHOW就是某几个人掌握的，企业要在该行业建立竞争优势必须适应人才产业化格局，这导致公司制度、资本结构模式的革命。

4. 商服中介化

在物料与装备市场因部分专业人才掌握专门技术，为一两家企业服务不经济，诞生大量中介机构，提供技术安装、物料购买、设备升级与维护等大量的商业服务，使企业产生外包优势，这导致企业产品生产和供应链模式变化，甚至导致市场模式变化。

5. 政策标准化

在公服和法规市场共同作用下生成了直接作用于商品市场和行业行为的标准，企业只有遵守这些标准否则无法进入市场，比如绿色家电标准。这也导致企业"制度、产品、市场"的变革。

6. 从人才到资本的事业阶梯

随着人才与技术市场的发展，由多年工作磨练具备的洞察力、判断力和某些企业资本结构所稀缺的技术，成为资本必备成分。因人才与资本结合成为很多人在就业市场的人生追求，这直接导致公司制度和资本结构模式变化。

7. 从资本到行业的产业分化

资本和资金市场也开始行业细分，直接服务于某些特定行业和商品，投资机构的商品市场判断力甚至高于企业本身，降低企业与资本谈判能力。这导致企业资本结构和产品、市场专业化的革命。

8. 从装备到产品的商业延伸

装备也开始细分到各个行业,甚至直接提供商品生产与交付服务,使企业开始把供应链职能外包出去,甚至要生产更加差异化产品才能赢得市场。这就是"产品和市场"革命。

9. 从法规到人才的职业固化

各种政府和行业的法律规范逐步内化人才的职业规范、技术规范、环境规范、安全规划等,导致企业的制度层面必须建立在合规基础上才能找到真正具有职业规范的人才。

10. 从规范到供应的专业规范

很多法规、能源标准、环境标准、职业健康标准成为物料、装备的专业准则,使"资金、制度、产品、市场"产生剧烈变化。

二、市场化治理:搭建全球化经营战略架构

与家族化治理、行政化治理并列的三大治理模式之一就是"市场化治理",即采用资本与资金市场、人才与技术市场、产业与商品市场、物料与装备市场、法规与公共服务市场的机制,推动公司更加开放、透明、民主,使之成为一个更加优秀的企业公民。

集多种要素于一体化的私人利益的中资本土企业群采用了"以法律为基础,以人治和文化为辅助手段,投资收益、管理收益、运营收益、业务收益和员工薪酬收入并存的利益整合体系",即公司多维战略与治理体系。这些公司甚至在创立阶段就要设计优秀规则才能进入市场竞争,即"公司战略与公司治理的一体化",两者甚至是"鸡和蛋"关系,也就是"企业设计=战略管理=治理结构=业务战略"。

市场化治理就是设计并实施经营战略性架构 BSA(Business Strategic Architecture),如图3-3。无论在公司创立、成长、成熟还是转型阶段,首先,就是基于"多维市场化治理下的战略设计",BSA(Business Strategic Architecture)推动当今流行战略管理模式变迁。

1. 洞察公司所在的全市场全球全息生态环境,而不是狭隘地评估某一客户、产业、地区的环境的"市场战略等于公司战略,产业、地区战略之下就是公司战略"的战略思维。传统战略管理模式非常容易丧失"四面八方的跨界机会、全球市场下生存空间、远在万里之外的竞争威胁、区域空间之外的价值空间和产

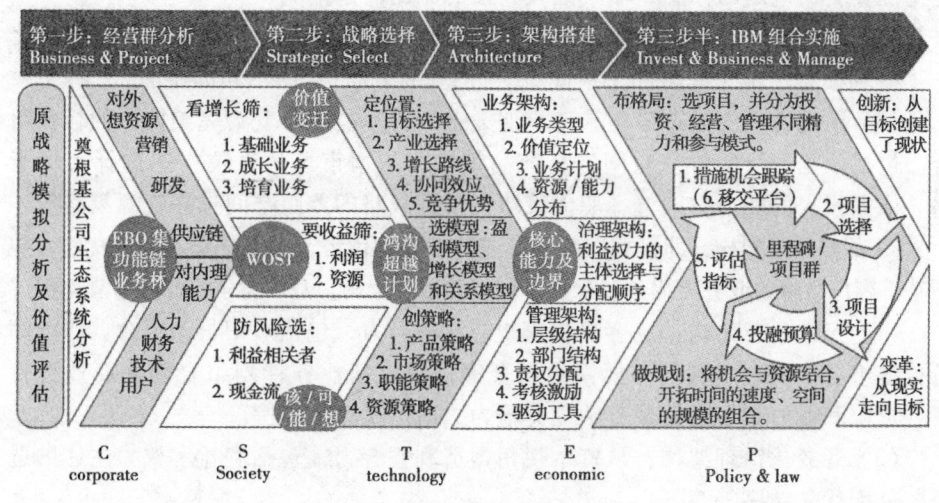

图 3-3　经营战略性架构 BSA

业空间"。

2. 要使原有战略及其价值符合当前和未来外部环境趋势，甚至就是从"战略模式、战略意识、战略思维"三个角度的突变，而不是单一战略要素的积累、更不是原有战略模式延伸。

3. 企业战略空间来自于对外部资源想象力和对内部能力整合力，而不是跟踪现有市场格局（市场格局说变就变，那么，现有供应链、研发、营销职能价值就会发生转型）、更不是在既有的能力框架下补短板扬长板（因为人力、财务、技术、用户的价值网络会发生突变）。

4. 你的战略≠别人的战略，你的战略来源于你的增长、利润、风险的业绩特征，每家公司的 GRP（Global Remuneration Professional，全球薪酬专业认证）绩效不同导致你的战略组合不同，而不是选择别人战略的"模仿战略"，更不是不同措施的组合战略。

5. 评估 EBO—项目群—业务林等现有细微"方向簇"，包括内和外的、可购买的和自培育的，而不是把高增长的市场、高利润的产业作为自己选择方向，更不是选对行业不选择切入点这么简单的事情。因为，现在的"肥肉"是明天的"沙漠"，或者，战略方向不会定位于广阔的领域。

6. 方向簇经过"价值变迁、WOST 态势和利益相关者整合期望"层层筛选，最后符合新资源格局和能力体系的方向才是可选择的方向，而不是别人选择的方向、产业提供的方向等等。

7. 战略选择必须是精准化、可操作的战略定义，而不是概念、思路、原则的粗线条选择：

（1）以点带面的定位置，使遥远的方向成为具体的标的，而且要四维定位精准选择。目标包括成为领导者、跟随者、创新者或是挑战者；产业的规模、利润、风险和品牌；企业的客户、供应、增长路线、协同效应和竞争优势等等。这是使位置更加坚定的标志,而不是大和强的原则性选择。

(2) 方法决定的创模型,使看似无利可图的位置成为"绿色草原",这决定于"盈利模型、增长模型和关系模型"等,在相同行业的不同的做法。

(3) 匹配协调的挑选策略,使看似无奇的行动措施转变为完美协调的行动组合。包括依据行业的价值空间选择产品策略、依据市场的区位空间选择市场策略、依据投入的能力空间选择职能策略、依据战略的差距空间选择资源策略。

8. 战略就是架构,即排兵布阵,形成特有结构优势、利益优势、资源优势,包括基于客户品牌的业务架构、基于资本利益的治理架构、基于竞争资源的管理架构。

(1) 三维业务架构:从客户视角塑造业务合力,包括短中长的组合、研产销价值链组合、现金—利润—规模的组合等,更包括业务计划组合确保商业可持续,资源和能力布局确保业务独立竞争力,而不是单兵突围。

(2) 开放化治理架构:从资本视角塑造利益合力,包括利益和权力主体的选择、分配优先顺序等等。

(3) 立体化管理架构:从竞争视角塑造资源合力,将公司目标转化为层级、部门、制度、标准、动力的支持点。

9. 战略就是争夺未来空间的行动,需要调整投资、经营、管理等方式,而不是立足眼前项目、资源、方式;需要综合把握速度、空间、规模,在艺术操作中找到蓝海,而不是寻求"梦想中蓝海"。

10. 战略是过程,是从目标创建到现实整合的创新,也是从现实走向目标的变革,而不是幸福的直线决策和等待收获。请参考一下,IBM 的战略研讨三部曲。这是针对一家企业设计的战略研讨会方案,企业和 IBM 同事都比较认同,在此也分享给各位朋友。

【专栏】讨论会

一、创意研讨会(一天)

目标:将分散在企业各处的创意集中、碰撞、筛选,确定 20 个左右的创意方案。

方法:各个部门和业务单位将最贴近客户、最熟悉业务、最善于思考的干部和员工推荐给战略委员会,战略委员会从中选择 40 人与企业高层组成"创意大队",研讨会期间"创意大队"将分成 4 个"创意小组",每组 10 人。

创意筛选过程采用"六项思考帽"的方法:

白帽子代表着事实和资讯。中性的事实与数据帽,处理信息的功能;

黄帽子代表与逻辑相符合的正面观点。乐观帽,识别事物的积极因素的功能;

黑帽子意味着警示与批判。谨慎帽，发现事物的消极因素的功能；

红帽子代表感觉、直觉和预感。情感帽，形成观点和感觉的功能；

绿帽子是创意的颜色。创造力之帽，创造解决问题的方法和思路的功能。

蓝帽子是天空的颜色，笼罩四野。控制着事物的整个过程。指挥帽，指挥其他帽子，管理整个思维进程。

在每个小组之内，按照如下5个步骤，快速提出、筛选、评估创意。在每一个步骤之中，大家同时"戴上"一个颜色的帽子，这意味着，此时大家用同一种思维方法，从同一个角度思考，以避免"要么我对，要么你对"的争执：

第1步：陈述问题事实（白帽）；

第2步：提出如何解决问题的建议（绿帽）；

第3步：评估建议的优缺点：列举优点（黄帽），列举缺点（黑帽）；

第4步：对各项选择方案进行直觉判断（红帽）；

第5步：总结陈述，得出方案（蓝帽）。

在这个研讨会之后，秘书组将创意筛选结果发给"创意大队"的每位成员，每个成员需要在三天之内，将补充建议反馈给秘书组，秘书组整理之后提交给战略委员会；战略委员会从中选择4项核心创意，作为后续商业模式研讨会的内容。

二、商业模式研讨会（一天）

目标：将"点"状的核心创意拓展为商业模式的"线"或者"面"。

方法：参照选择法

第1步：统一商业模式的定义，商业模式 = 盈利模式 + 运营模式 + 管理模式。

盈利模式是指，为客户创造价值以及客户回报企业的方式（利润隐藏在产业链的薄弱环节中；利润就是客户对于那些弥补了产业链薄弱环节的企业的奖励）；运营模式是指，企业实际为客户交付价值的过程；管理模式是指，企业的内部组织形式。

第2步：寻找可供参考的商业模式素材。

盈利模式素材（5种），比如中国移动的送手机收话费、吉列的低价刀架高价刀片、远大的按照"冷和热"效果收费等。

运营模式素材（5种），比如联想的双模式、京东商城的电子商务模式、麦当劳的"简单前台标准化后台"模式。

管理模式素材（5种），比如IBM的矩阵模式、海尔的自主经营体模式、万科的区域管理模式。

第3步：选择可供参考的素材，与现有商业模式进行"嫁接"；其中，关键点有两个：

（1）在每个小组中，推举两位"客户代表"，对商业模式的有效性履行否决权；

（2）在得到"客户代表"认同之后，确保盈利模式、运营模式、管理模式的"交圈"，也就是彼此协调，能够实现对客户的价值承诺。

第4步：每个小组，用10分钟呈现自己的商业模式构想，由"创意大队"集体打分；在一天之中，每个小组有3次呈现的机会。

在研讨会之后，秘书组将商业模式讨论的结果发给"创意大队"的每位成员，每个成员需要在三天之内，将补充建议反馈给秘书组，秘书组整理之后提交给战略委员会；战略委员会从中选择最有潜力的2个商业模式构想，作为后续关键任务研讨会的对象。

有关盈利模式的其他资料，可以参见IBM白立新博客文章《利润之舟及其四个定律》。

三、关键任务研讨会（半天）

目标：确保各职能和业务部门执行新商业模式时步调一致。

方法：红、绿、黄标签法

第1步：以部门为单位，分解关键任务，以支持新商业模式的实施，比如销售部门决定对客户实行差别定价、生产部门决定购买柔性生产设备、HR部门决定调整绩效考核机制。

第2步：首先，分配每个人10张绿纸条、5张黄纸条、5张红纸条。其次，大家对上述分解的任务进行投票。比如财务经理决定支持对客户的差异化定价，则拿出一张绿纸条贴在这项任务上；决定不支持生产部门购买柔性设备，则投给他一张红纸条；觉得HR的绩效考核方案不清楚，则贴一张黄纸条。

第3步：针对每一项被红纸条或者较多黄纸条质疑的关键任务，负责人作出解释，或者撤销此项提议。

第4步：针对每一项基本达成共识的关键任务，制定后续行动计划，包括负责人、里程碑、资源需求等。

特别说明：创意研讨会、商业模式研讨会、关键任务研讨会，只是一个"群策群力"的过程，不能取代战略委员会和战略发展部的日常职责。有关战略设计，可以参见白立新的博客文章，比如《战略设计——首先"归零"，然后"归一"》（欢迎行家批评指正）。

此外，应该根据业务复杂程度，把握研讨会的节奏：

1. 对于比较简单的业务单元，可以在一个周末连续举办两天的战略研讨会，作为一次完整的战略演练；

2. 对于中等复杂的业务单元，可以用三个周末举办这样的研讨会，但是在研讨会之前需要做好资料准备，并鼓励"创意大队"进行预备思考；在研讨会之后，"创意大队"成员需要继续思考并完成课后作业；

3. 对于业务比较复杂或者市场能见度较低的业务单元，可以用一个月做一个研讨会，以便会前会后有充分的准备。

三、如何实现市场化治理

中国处在领先地位的企业之所以相对强大，是因为它们在治理架构的策略、结构、流程、制度和功能建设方面顺应了市场力量的变迁，即"顺势而为"。凝集了战略性资本资源，稳定了结构性、业务性、职能性和过程性的资源，并调动了各个层面资源的积极性，牵引和推动了企业的发展。

从对四家大型合资企业的制度设计、九家高科技企业的治理制度改造、两家海外公司收购与整合，进行大量研究和分析发现：公司治理架构设计对运行绩效的达成，不仅仅是"股东会、董事会、监事会和经理团队"这么简单，更不是选择"国企、民企、外企"这种体制就可以的，是必须把"三会一队"的相关责权利与经营管理体系紧密结合，否则就被"架空"成为"花瓶"。治理架构设计与变革有五大步骤：

第一步，评估企业所需资源及其市场供需情况，确立企业价值定位和整合控制模式。

企业资源来源包括资本资金投资人、领导型（还包括管理型、营销型、技术型、产品型、运营型、功能型、操作型等）人才、材料拥有者、设备拥有商、公共服务管理者、运营资金拥有者、销售网络及渠道拥有者及其他关键资源拥有者，他们各自发挥着不同的作用，也适应不同整合与控制机制。如表3-1是全球领先企业在治理上坚持的资源定位，可供参考。

表3-1　　　　　　　　公司治理的资源定位

类型	角色	资源的特征	层级	整合与控制方式
资本	资本资金投资人	持续回报要求、个人拥有企业使用、资源稀缺、可交易	战略性资本	股权合作、契约交易、市场交易
人才	领导型人才	个人价值实现、个人拥有可沉淀、资源稀缺、不可交易	战略性资本	股权合作、动态合作、战略治理

续表

类型	角色	资源的特征	层级	整合与控制方式
人才	管理型人才	个人收入增长、个人拥有不沉淀、较稀缺、可替代、阶段性、过程性	结构性资源	契约合作、动态转化、管理治理、个人技能融入组织制度/流程中
	营销型人才	个人收入实现、双方资源双方收益、可替代、阶段性、区域性、成果性	结构性资源	契约合作、动态转化、绩效治理、个人资源被组织资源替代
	技术型人才	个人价值实现、双方资源双方收益、不可替代、阶段性、业务性、增值性	结构性资源	契约合作、动态转化、薪酬治理、个人资源及技能被业务所更替
	产品型人才	个人收入增长、双方资源双方收益、可替代、阶段性、业务性、成果性	业务性资源	契约合作、动态转化、绩效治理、个人资源被组织资源所替代
	运营型人才	个人角色地位、个人经验/行为企业收益、市场性、渐进性、职能性、成本性、易变质	功能性资源	机制催化、动态转化、管理治理、个人资源被他人所替代
	功能型人才	个人角色地位、个人经验及实现保证、市场性、阶段性、职能性、成本性、易变质	功能性资源	工资保证、动态转化、管理治理、个人资源被他人所替代
	操作型人才	个人安全及收入稳定、个人时间支持功能、市场性、渐进性、成本性、成长性弱	操作性资源	安全保证、管理治理、个人成本被他人所替代
材料	材料拥有者	价格、从个体转移给他人、阶段性、相对地位	业务性资源	商业契约、合作模式
工具	设备拥有商	价格、关系、从个体转移给他人、渐进性、相对地位	业务性资源	商业契约、合作模式创新与构建
环境	公共服务管理者	社会性、集体共享制、渐进性	战略性资本	商业契约、持续互动
资金	运营资金拥有者	价格、关系、从个体转移给他人、渐进性、相对地位	业务性资源	商业契约、合作模式
客户	销售网络渠道拥有者及客户	价格、关系、从个体转移给他人、渐进性、相对地位	战略性资本	商业契约、持续互动
管理	企业制度及管理	企业持续拥有、渐进升级、集体性和无形性	战略性资本	继承与发展、持续投入、长期受益
产品	产品及技能	价格、从资源转移到收益、互动性	战略性资本	商业契约、继承与发展、受战略调节
品牌	品牌与影响力	企业持续拥有、渐进升级、集体性和无形性	战略性资本	继承与发展、持续投入、长期受益
信息	信息服务商	价格、关系、从个体转移给他人、渐进性、相对地位	业务性资源	商业契约、合作模式创新与构建

通过分析这些资源来源、供求市场特征、资源属性和企业相对地位等构建企业治理体系，要明确下列问题：

（1）企业发展需要哪些外部资源？
（2）这些外部资源的必然关系是什么？
（3）这些资源在你所在企业的角色是什么？
（4）这些资源目前的特征是什么？
（5）依据稀缺性你的企业能处于什么层级？
（6）你准备采取哪种方式整合？
（7）采用什么方式确保该资源能够为企业作出贡献？
（8）更为重要的是，我们需要这些资源干什么？

须系统地设计：

（1）企业资源需求质量和数量；
（2）治理模式：单位资源数量、价格、角色、变动路径、获取市场、风险防范方式及双方责权利等；
（3）测算企业各类资源需求数量、紧密（外包还是自有，购买还是开发）程度和成本承受能力。

比如华为在1994年前后，成功开发了数字程控万门交换机，就意识到技术人才、营销人才、管理人才将成为华为非常关键的要素。对中国邮电通信人才供应情况的研究发现，现有邮电人才都是传统思维和技术路线的秉承者，无法适应华为业务发展要求，于是决定锁定"电子工程技术人才"，直接招收最熟悉数字通信技术和理论的应届毕业生。与之相比，当时巨龙、大唐、中兴等企业都喜欢从邮电单位挖人。华为所需要的"电子工程技术人才"，必须是拔尖的人才，如何整合和控制这些人力资源呢？华为技术采取了"员工持股制"，因为这些电子技术人才既是技术人才支持企业员工，又是技术供应商，因为他们是现代电子技术所有者。高工资如何支持企业高发展所需要的资金？通过高工资吸引了高素质的人才，而且员工持股又获得了企业快速发展所需要的资金，形成循环。企业所需的这些人持续贡献、以员工的成长获得企业成长，企业必须依靠与员工互动、考核与激励，确保员工持续努力避免人才沉淀。等华为自身技术积累远远高于企业员工所提供的技术知识与信息时，在2004年前后便转变为期权激励，以此来整合与控制对企业有全局经济贡献力的人才，员工持股机制开始弱化。当前华为需要的是技术经营人才而不是拥有者、产品管理人才、开发者、市场经营人才、订单销售者或客户经理。这些技术经营人才具备了管理型人才的特征，使用了"动态管理"的整合与控制方式。

第二步，治理驱动力的管理目标选择与价值创造流程设计。

外部获取的资源靠"资本、行业、企业家、制度"四大治理驱动来获取、使用、保有和转化，构成公司价值创造结构基础，如图3-4所示。但是也因资本市场、行业战略要素、企业家精神、管理制度成熟度的不同而不同。

通过详细调查研究，拟定可持续有吸引力的治理驱动力的策略，并通过与竞

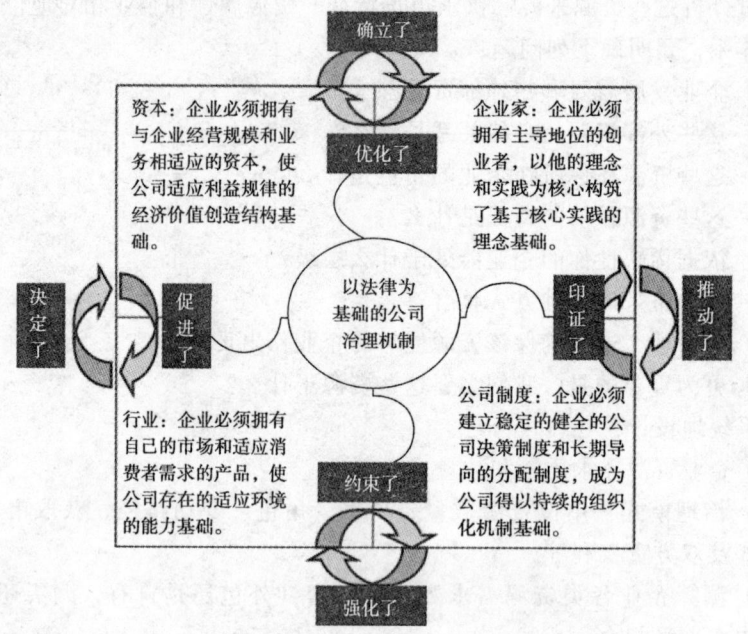

图 3-4 公司治理要素的定位

争对手比较，结合企业目标与战略，评估公司四大治理驱动力 SWOT 和定位选择：

（1）资本市场分析。弱资本市场发达、供大于求、企业相对地位较强，则可多种方式获取发展资本金，并拟定价格、成本、方式和控制力。确定企业是投资整合型（如国内的复星集团，国外的 GE）、产业发展型（如国内的华为，国外的 IBM）、综合运营型（如国内的国美、苏宁，国外的沃尔玛）还是职能牵引型（如辉瑞的新药品主导、强生的生产运营主导、宝洁的品牌营销主导等。缔造了客户关系型、新品提供型、供应效率型、项目管理型）的资本资金市场角色、要求。

（2）行业战略分析。该行业价值创造规律、核心价值地位拥有者的情况、企业缺乏的资源类型，并拟定价格、成本、方式和控制力，确立企业是产业领导者、产业追随者、产业创新者还是产业挑战者的产业和商品市场角色和要求。

（3）企业家精神分析。该企业是否具有企业家精神和企业家角色，意味着成本和创新程度，并拟定价格、成本、方式和风险性，确立企业是自上而下的企业家精神压力传递模式（如华为的任正非为核心，动力来自于高层）、局部企业家精神整合模式（如中兴通讯的事业部核心，动力来自于中层）还是自下而上的企业家精神引导模式（如国内软件企业）确立企业风格和要求。

（4）制度成熟度分析。企业制度的成熟，意味着公平性、透明性、规范性。确定企业在区域性、行业性、全国性、全球性等的制度目标和要求。

以万科为例，因万科拥有上市公司融资、银行融资等多种规范渠道，所以，其长期规模经营靠增发股票，而短期项目融资靠银行贷款。银行贷款在过去十年中价格非常低，融资成本也不高。万科采取规范、透明和阳光融资模式，使大批银行规范信贷通路，也获得了资金支持。因专业化定位于住宅市场，万科采取产品管理模式发展业务，没有采取"灵活个性设计专长的外聘设计师"，而是建立万创设计公司，自行培养设计人员，从事优化级而非概念级的设计工作，采用雇佣模式整合基础设计人员。这样一来，万科保证规范标准化的产品供应。此外，万科管理制度成熟度非常高。在中高级别管理人才整合方面没有采取股权模式，而是采取了高工资吸引真正职业化人才、期权激励使他们与公司中长期利益一致。因为，万科并不需要他们带来什么管理技术和经验，这些管理人才在万科是功能型人才，而不是拥有管理系统或理念的人才，他们只要将万科的管理体系运行好就行了。

第三步，结合要素资源和治理驱动力，评估要素资源的市场结构，选择治理主体搭建治理结构的责权利。

要素资源的市场结构决定公司的治理结构。依据外部市场结构来确立治理结构内部的各类责任主体和权利分配。外部法律框架与所搭建的"三会一队 + 组织结构"的结构一致，但市场结构不同导致治理结构中主体的选择来源不同。随着要素市场的稀缺资源从客户、技术、人才到资本，治理主体从客户、技术和人才，最终回归到股东或授权给董事会。而不是员工、能人作为治理主体，治理主体与控制主体逐步统一，若董事会代表股东利益施行自我治理，就会放手让董事去做，否则就更换董事会。内部治理结构包括"权力机构——股东会，管理机构——董事会，监督机构——监事会，执行机构——经理班子"；外部治理机构包括"原材料及设备提供商（影响资金风险和战略增长）——生产要素提供主体，客户及销售合作伙伴（影响产品质量/价格/效率）——产品及服务购买主体，员工及经理人才（影响组织结构/业务流程/薪酬支付）——劳动力提供主体，银行及债权人（影响企业透明度及内部风险控制）——非资本性的资金提供主体，舆论及社区政府（影响企业社会责任及公共影响力）——公共服务提供主体"。

第四步，分析企业发展瓶颈领域，选择治理目标和治理工具。

公司发展瓶颈决定公司治理工具：

选择确定治理目标，不要做没绩效的乖孩子。这也不是标准答案，企业不仅仅是市场规则的简单遵从者，而要做主动创建者。大型治理目标趋势从短期目标逐步回归到可持续稳定增长的长期目标，回归到财产增长及持续的分红等集体性利益目标，即稳健效益型，如 GE、IBM 大公司。创业企业和高科技公司体现个人理想、有较特殊的工作权、获取暴利等个别人性目标，即英雄创新型，如乔布斯和比尔·盖茨。高增长和转型公司使管理模式发生变化，即白衣骑士型，如韦尔奇和艾克卡。

选择治理工具，不要全能型的侏儒。企业发展瓶颈领域可能发生在下列领域：战略治理、经营治理、薪酬治理、绩效治理、人才治理及管理结构治理，这五大治理任务是停留在企业组织内部部门管理层面，还是需要上升到治理层。

表 3-2 治理任务的历史进化

治理工具	1978—1992 年	1992—2002 年	2002—2012 年
战略治理	外部注入战略任务，但不系统	能力追求、方法为战略，其他人审核批准	执行机构与管理机构共同提出战略，透明决策
绩效治理	内部经济责任制，建立财经工作、组织纪律	承包制、提成制、分红制、MBO 和员工持股制	采用科学绩效理念、方法论和系统绩效体系
薪酬治理	打破平均主义、调动基层人员积极性	面向核心人才和核心部门，如营销与经营人才受益	逐步市场化、法制化、技术化、契约化、价值化
经营治理	标准化、计量化、物料定额、资金资产定额、安全加强	单一职能拉动系统	战略与高端运营管理系统驱动各个部门/职能运行，并采用 ERM 来保证
人才及管理治理	强化信息意识与人际关系，推动责任主体素质（干部四化），打破终身制，解决软弱涣散、精神不振、纪律松懈等；强化个人责任	引进西方管理技术和企业家个人影响力；建立以"老板"为核心的领导体系和职能部门机制	合规性、竞争性、集成式性、创新性和战略性明显；市场化核心领导人才缺乏，领导模式＝企业家+家族+全体员工

（1）战略治理：回归到以透明化、集体化、可重复、程序化和系统化的战略方案执行效果的治理为主，而不是依靠外部提供和内部某个能人的想法作为战略——这是一种初级阶段。

（2）经营治理：回归到以战略和高级运营管理驱动各个职能/部门来运行，并采用全面风险管理（ERM）体系来保证，而不仅仅是采用技术和单一职能拉动——这是没有可持续性的业务经营方式。

（3）绩效治理：回归到以全面绩效理念、方法论和系统来控制过程及结果，而不仅仅是采用经济责任制、利益分享等压力和动力并举的治理方式——这是充满矛盾和冲突的绩效管控方式。

（4）薪酬治理：回归到市场化、法制化、技术化、契约化和价值化的薪酬模式及控制机构，不仅仅是以打破平均、向核心岗位/核心人才/核心业绩者倾斜的方式运行——这是一种充满普遍活力的薪酬管控方式。

（5）人才及管理治理：回归到"企业家治理+制度化治理"双轨制阶段，突出了第一负责人角色和作用，但系统、规范、动态的制度体系尚未在实践中真正运行起来，人才挖掘、选拔、培训和管理体系未能真正成熟起来。这主要还是由市场和环境因素导致的。

第四步，设计公司治理架构的配套控制机制，使血腥的治理骨架"丰满多情"。

各类资源市场分析清晰了，自身关于资源的真实需求也清晰了，各类资源所适合采取的整合方式也弄清楚了，接下来就是如何确保这些整合的资源发挥期望的作用。领先企业在这些方面都有成功实践。

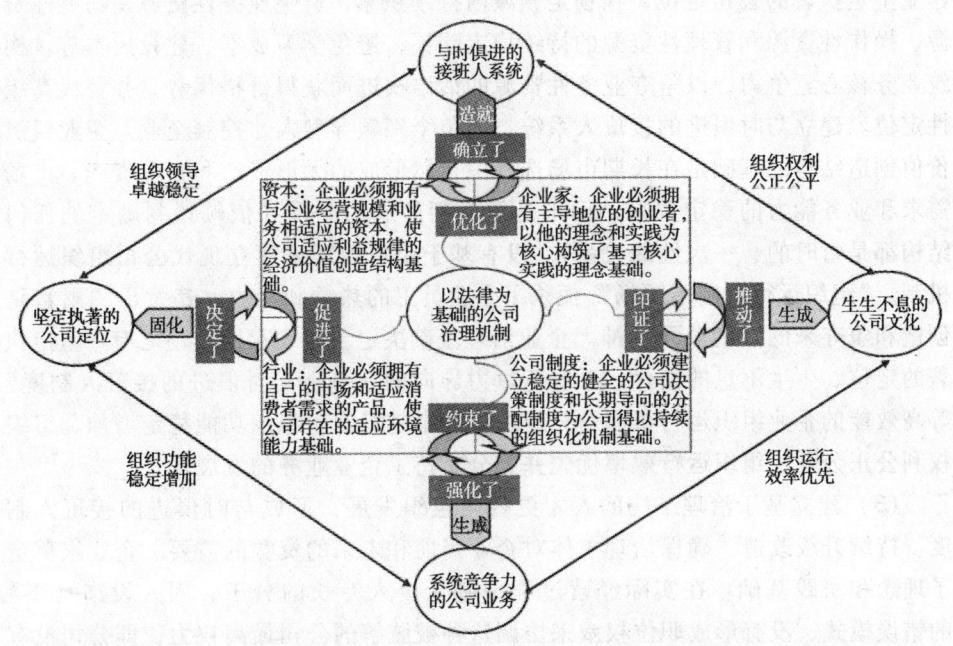

图 3-5 公司治理的整合机制配套系统

（1）优化基于治理结构的经营管理政策，塑造有系统竞争力的公司业务。坚守资源定位和整合策略，并建立与之配套的控制机制。公司的资本规模与企业业务不相匹配，要靠融资来解决，不能靠资金借贷来维持。领导型人才的贡献，不是弥补初期投资的不足，而是发挥其最大价值。而职业经理人和技术专家的价值，不是弥补领导型人才的不足，即由低廉技术价格/物料价格/劳动力价格导致的工作质量的不足，而是将其用好增值。员工工资采用市场定价，而不是用变相的股权。导致股东身份与职业经理身份模糊，这产生了企业资源结构的错位与混乱，最终导致价值创造主体的冲突。

相反，如果企业资源全部提升了应有的定位，而自我成长型企业对资源提供者又有特殊需求，这导致了各类资源成为普遍性资本性需求，所有的人都成为资本提供者，比如设备供应商不仅提供设备及基本服务，而且提供职能建设和人才培养责任（从业务性到人才性）；原材料提供商除了提供原材料，还要对资金占用负责，进而从业务性资源转移为资本性资源；管理型和功能型人才，根本没有企业现成的流程与制度，所以，必须建立好系统、培养好人才才能发挥个人技能经验作用，最终成为资本性的领导人才。

（2）建立基于治理结构的制度与流程体系，建立生生不息的公司文化。建立与治理整合机制配套的系统，从以获得延伸资源为目的的资源提供者定位转移到资源使用者的定位，将个人资源在本企业资产化，降低各个资源定位，最终建立长效机制。如图 3-5 所示，包括建立生生不息的文化系统，传承企业高价获得资源、能力和经验，避免二次重复购买，塑造企业家精神而不是企业家个人。

建立坚定执著的公司定位，在锁定领域内持续积累，避免业务性资源、功能性资源、操作性资源和管理性资源的持续稳定购买，避免学习成本、建设成本等。构筑业务核心竞争力，以争夺业务性资源的话语权进而获得价格优势，并替代高级性定位。建立与时俱进的接班人系统，避免个别领导型人才控制企业。企业经济价值创造结构的基础是在长期市场选择中自然形成的无形资产和金融资产、市场需求和业务能力的稳定关系，而不是靠谈判形成的关系（依赖谈判确定的任何结构都是暂时的、一次性的关系）。没有基于公司治理来建立现代公司组织运行机制。"组织运行机制不顺畅"扼杀了企业员工的热情和能力，违背了"财富是创造和争夺来的"的公司精神。企业治理基础决定了组织存续，使之有"坚定执著的定位、生生不息的文化、系统竞争力导向的业务、与时俱进的接班人制度"等高效能的企业组织运行机制——组织领导卓越稳定、组织功能稳定增加、组织权利公正公开、组织运行效率优先并充分支持了企业业务的发展。

（3）建立基于治理结构的人才更替与组织发展，形成与时俱进的接班人制度。持续升级改造，确保治理主体对企业当前和未来的资源的需要。企业家奠定了理念和实践基础。在实际经营过程中基于个人专长的分工，因人设岗（事）的错误模式，没有形成职位权威来协调这种被肢解的公司最高权力，即公司没有核心职位和核心人物。即使是核心人才，最终也会成为企业发展的障碍。公司不以经营者的经营能力而存在，而是以企业家精神而存在，企业必须奠定自己的理念基础和实践规律，并敢于为此付出暂时的利益牺牲。仅仅有经营才能而没有建设企业的理念和实践基石的能力，是有违企业家精神的。企业家精神是以组织长期发展为导向的而非以短期盈利为导向的职业经理精神。保护和激发企业家精神来塑造各个阶段/各个层次所需要的企业家队伍。企业实际运行过程如法律与制度关系、各个治理补充机制、明确定位等都会发生无法处理的例外情况，这还是需要靠人去处理的。怎么办呢？企业必须建立企业家队伍，靠什么？靠验证有效的企业家精神的传承和发扬。

"新太科技"因企业家精神消失，引起了内部股东唯利是图，拼命瓜分公司资源，最后因违背上市公司规范，其董事长被捕入狱，最后导致企业衰落。"安吉尔"曾经就是"饮水机"的代名词，是中国饮水机行业的缔造者和创造者。其创始人蒋鼎山，曾任某市轻工局局长。20世纪90年代初，他南下深圳，加盟某国有企业的下属公司——新世纪饮水科技有限公司。这家公司早年经营比较惨淡，蒋鼎山在一次出国旅游时发现了"饮水机"这一产品，并于归国后以30万元的企业资产全部投入到该项目上。但微薄的资金只能用来开发和设计，生产全部靠委外加工，公司只负责专利和质量保证、市场开发。他创造性开创了内部创业机制，面对全新产品没有人代理的局面鼓励员工去打市场，抓住了上海等大城市饮水质量差的市场机会，造就一批百万富翁，缔造了产业名牌。多次进行产业创新，将市场持续放大。但是，企业资本方频繁掏空下属公司资金，同时蒋因种种原因离开了企业。安吉尔因此衰落，被美的等品牌替代。在我的客户中也有一些创业型公司、家族企业、夫妻店式公司，他们在赚钱上都获得了非常辉煌的成就，但却无法永远的赚钱，原因就在于他们不具备有效的精神支撑，或者说无法将企业家精神传承和发扬。

（4）建立基于治理结构的业务竞争和发展机制，形成坚定执着的公司定位。逐步以能力确保各类资源开放性制度，以商业机制代替资本性机制，建立低变革风险的外部资源动态整合机制，降低控制成本。行业奠定了外部资源的基础。企业业务基础往往为企业奠定了第一桶金，尽管非常重要，并不是企业全部，客户基础、技术基础、人才基础和流程基础的制度奠定了组织机制基础。

中国企业普遍缺乏稳定的分配制度和决策制度。决策制度缺乏稳定性，就无法检验决策者的决策正确性，导致了公司的不稳定。公司分配制度，必须确立长期导向，公司盈亏乃常态，不能以短期为导向。但很多公司一旦出现了暂时良好业务，股东就修订了分配制度，扩大了职业经理人的期望，模糊了职业经理人关于企业成败的暂时认知，使公司组织机制无法稳定和长期保留下去。以决策权和分配权为核心的组织机制是在企业生死存亡中自然形成的，是无法提前设定的，并保持了与环境的动态协调机制，但从长期看是稳定的。

治理结构具有法律基础。以人际关系而非利益关系为导向的治理结构无法持续，只能靠在法律保证基础上的利益手段吸引。成功公司的成功之处在于企业治理结构是以法律关系为主的。"企业缺之即可使企业面临衰败"。许多创业型企业，他们绝大部分都徘徊在第一阶段，没有完全超越。巨大现实财富不等于伟大的公司。企业是追逐利益的，但伟大的公司追逐的是更加长远的利益，他们往往为了公司而牺牲个人财富和短期财富。真正企业家对创造一个财富机器的追求远大于创建一个暂时巨大的个人财富的追求。

第五步，建立可持续的治理结构升级战略，避免高昂的治理缺陷补偿成本。

治理策略有艺术成分，但治理结构、流程、制度和职能建设却是科学严谨的工程，最终建立稳定可持续治理体系，成为企业可持续发展的法宝。在治理体系领域，要渐变不要善变，要推进不要突进，要和谐不要政治。这是中国领先企业实践所证明的。该类企业在发展初期阶段的实践为后来者指明了方向。万向、万科、联想、华为、海尔等中国领导型企业或基本具备了，或花费很大代价基本成功建立了"稳定的企业治理根基"，成为同时代公司组织层面的赢家。他们建立的企业强大免疫系统，使企业能够克服其他艰难险阻，最终茁壮发展起来。开放性治理结构机制确保公司股东顺畅进出但保持公司治理机制的稳定。

企业治理结构要从基础慢慢做起，不要一时冲动。因为解决治理结构所需要的智慧并不是每个人都具有。那里有法律的陷阱、势力斗争、公司精神的践踏扬弃，尤其在根本利益博弈中，人性善恶美丑暴露无遗。现代管理体系是建立在现代公司治理结构之上的，因为现代公司治理和科学管理体系最终是用来创造"众人之财富"——企业可持续发展天花板。虽然商学院里面充斥着如此众多的中小企业老板，但他们中有一部分人把学到的东西仅仅用来保护个人财富而不是创造众人的财富，因而他们对现代管理的"挑战"也好，"鄙视"也罢，都漠不关心。"与其临渊羡鱼，不如退而结网"，真正的企业家都会回归企业结构治理，扎扎实实把企业治理结构做好，因为真正的企业家是创造众人之财富，而非仅仅创造自己的。

第六步，将治理责任落地为每个员工每天的行为规范。

（1）将资源型企业转变为项目型企业，凭借项目管理平台为产业、企业级客户提供定制服务，走出价格竞争，走向价值提供。

（2）将制造型企业转变为供应链型企业，凭借规模效率平台为不同类型的客户提供端到端的产品与服务，走出局部价格和产品争夺，走向整个供应链的成本和服务竞赛。

（3）将销售型企业转变为客户型企业，凭借客户关系和需求洞察力以客户服务网络激活生产网络，为客户提供高体验性服务，走出生产地局限，贴近客户服务网络。

（4）将技术型公司转变为新产品公司，凭借技术实力和新产品实现能力，为市场不断提供新产品满足客户新需求，走出跨国公司所放弃或主导的客场劣势，走向以中国新创公司所主导的主场优势。

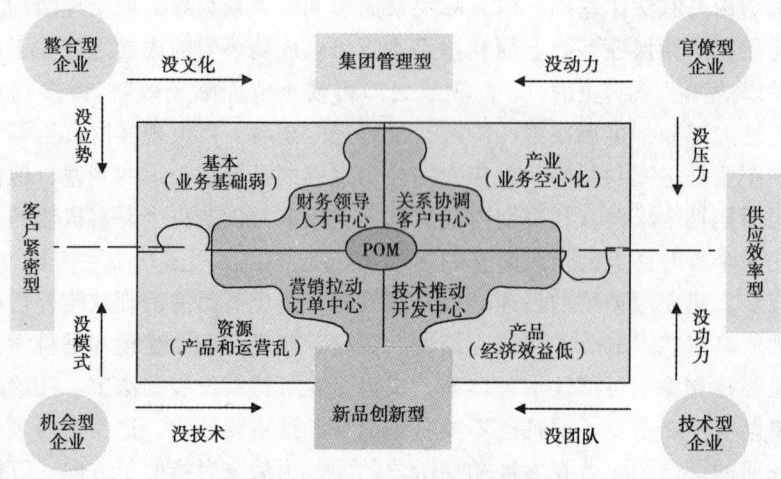

图 3-6 不同类型企业的治理架构

【解决方案一】集团化管理架构：搭建集团架构，塑造超级公司。

集团企业按竞争优势领域分为六种类型，每类集团企业绩效都有自身特点，但集团类型错位容易导致更为严重的问题，比如通用汽车、丰田公司失利于全球金融危机。这六种类型是：

金融投资类集团。这类集团与下属公司是投资关系，任何一个子分机构都是一个投资项目，集团机构与管理方式就是投资项目的进入、转化与退出，以项目为核心，资源获取、分配和价值实现为过程，资产经营、资本经营、资源经营为基础。比如国内的复星集团、香港特别行政区的长江实业等。

产业组织类集团。这类集团与下属公司是补充关系，下属机构是产业载体，集团机构提高下属的技术、品牌、资本、人才、制度等优势，形成软实力与硬实力的互补。这类集团的产业选择是核心,产业创新者转换为产业跟随者,产业跟随者成为产业领导者,培育一批有竞争力的优势产业的领袖公司。比如淡马锡集团、三井集团、艾默生集团。

战略管理类集团。这类集团与下属公司是战略资源提供关系,下属机构是业绩载体,集团机构为下属机构提供决策控制、人才资源、管理体系、绩效管理。这类集团的战略管理是核心,通过产品和市场选择,确保规模增长、风险控制、效益实现等目标健康成长。比如 GE 集团。

专业工业类集团。这类集团一般聚焦于某一个行业,利用下属竞争优势,综合开发其核心资源,超越下属机构所在行业业务利润,在集团层面成为所参与行业的特有基础。比如通用汽车集团,下属机构就是经营各类汽车,集团为下属汽车提供金融服务提高汽车经营,下属汽车产业为集团金融服务提供特有客户群。如沃尔玛集团,其下属商业机构加快资金流增长,集团集中现金流从事资金经营。

工业运营类集团。这类集团将某一价值链核心能力复制到其他工业领域,实现集团所属各类工业特有竞争优势。比如西门子集团,将精细制造能力复制到家电、通信、医疗器械、能源电力设备等领域。

资源管理类集团。跨国公司属于这种模式。集团通过掌握某一核心资源特有优势,管理分布不同机会市场/区域的其他资源,实现跨区域互动。比如微软的个人软件开发技术、可乐的品牌优势、IBM 的信息优势等等。

集团体系一旦形成持久优势,就成为市场替代者,但"难度要求很高,成功案例很少",我总是建议不轻易使用集团管理模式。在亚洲因资源交易私人化程度较高,集团企业也是我们最爱使用的组织方式。集团公司的绩效主要来源集团管理模式,发挥母公司及子机构的优势和价值"有所为有所不为",成为基于能力的服务者而不是基于权限的控制者。集团管理体系决定于"母子公司关系"是给不是要,甚至连投资收益都不是要出来的,而是给出来的,但人们在集团管理上容易掉入"集团管控陷阱",这是对集团机制认识不透导致,值得经理人们提防。

"集团管控陷阱"主要分为两类:

(1)"管控成为集团绩效的灾难,在忙于发挥集团作用中使集团丧失价值!""在共性和个性、短期与长期的博弈中寻求平衡是集团存在的价值"

在中国管理咨询界有一批集团管控专家,错误地鼓吹集团管控理念。他们忽略了过分强调本身就是错误的,因为,企业是均衡运营和和谐发展的结果。子分机构各自面对自己的客户群、竞争群、资源群和价值链,无法避免与远离竞争市场的集团管理意图冲突。各自的客户需求及购买特点的不同、竞争对手强弱的不同、资源特点与价值结构的不同,在过分关注共同性的集团眼中非常令人不安。

很多集团采用了"推模管理"、"对标管理"、"标准统一"等"改革行为",扼杀子分机构的差异化活力。子分机构各自关注短期目标和为自身需要的资源争夺,无法避免与关注长远目标和资源缺乏的集团发生矛盾冲突,集团采用"目标管理"、"资源交易"、"参与管理"和"预算管理"等,使子分机构没有精力关注自身经营管理,花费大量精力应付上级。国内部分集团管控专家及机构,错误利用了集团机构决策层对"失控"的担心,鼓吹"集而不团"的经营弊端,导致集团机构决策层开始集中权力,更加激发了集团机构所属职能部门的积极性,使集团成为子分公司的权力枷锁,使之"没脑子",更使之成为"没市场"、"没对手"、"没压力"和"没动力"的"五无的木头"。最终导致,子分公司内战内行外战外行,外部竞争能力小于内部协调能力。

(2)"控制是集团僵化为官僚机构的根本原因,在解决问题过程中制造出更大问题"。这样,集团机构成为凌驾于子分公司之上的特权阶层,剥夺子分公司的"政治权利终身"。集团决策层直接分管到子分公司的董事、总经理等关键职位上,甚至产生了真正有权限的人员,即便把子分机构搞垮台也没有责任,但真正与子分机构同命运的员工却没有决定自身机构命运的权力,这叫做"大脑替代决策"式集团管控模式。

集团将核心人员的任免、考核、奖惩权限通过"管理流程"拉到集团上来,使各个子分公司陷入集团管理的干部和分子机构管理的干部两种身份冲突,这是一种"替代资源控制"的集团管控模式。

集团机构将财务、项目、市场等权限集中到集团来决策,使"听见炮声"的子分公司职能忙于向上游说,"无暇无权指挥战略",没有独立行动权,这是一种"替代手脚行动"的集团管控模式。

集团机构职能部门与各个子分公司不是分工治理,而是与子分机构分而治之的共同管理,分层拟定、审核、批准、跟踪的分"人力资源管控体系、财务管控体系、战略管控体系、信息管控体系、行政管控体系"控制,成为"人人有权,事事无责"的"分化替代职能支撑"的集团管控模式。

有时人们在集团问题中不但没有解决好"集团问题",反而被"集团问题"所困,"掉入集团管控陷阱",其原因有二:

(1)集团机构决策层天天担心下属子分公司会出现问题。因远离经营管理过程现场,作为最终责任的决策层找不到抓手甚至无法决策。同时,交给下属子分机构独立行使分配资源、决策财务、选择市场和生产产品等存在私利的经营空间,都非常容易出现个人利益的寻租行为等。

(2)集团职能部门层日日陷入只有权利没有责任的边缘化困境。集团的财务部门、人力资源部门、行政管理部门、战略管理部门等,参与下属机构管理的空间不大,在"集团决策者和子分机构管理者"的夹板中生存——要么成为子分机构的"服务员",要么成为集团决策者的"秘书处",要么沦落为上下矛盾的"受气包"。

更为主要原因是企业集团级管理模型与人们所熟悉的单一企业管理模型有质的不同,如图3-7。企业集团是开放性私利组织,从事面对"企业、产业、商业、职业、专业"的竞争,更面临"资本市场、人才市场、技术市场、商品市场、要素(信息、物料和法规)市场"的全方位考验,必须综合运用"资本

(Capital)视角投资(Invest)思维、客户(Customer)视角经营(Business)思维、竞争(Competitor)视角管理(Manage)思维"。

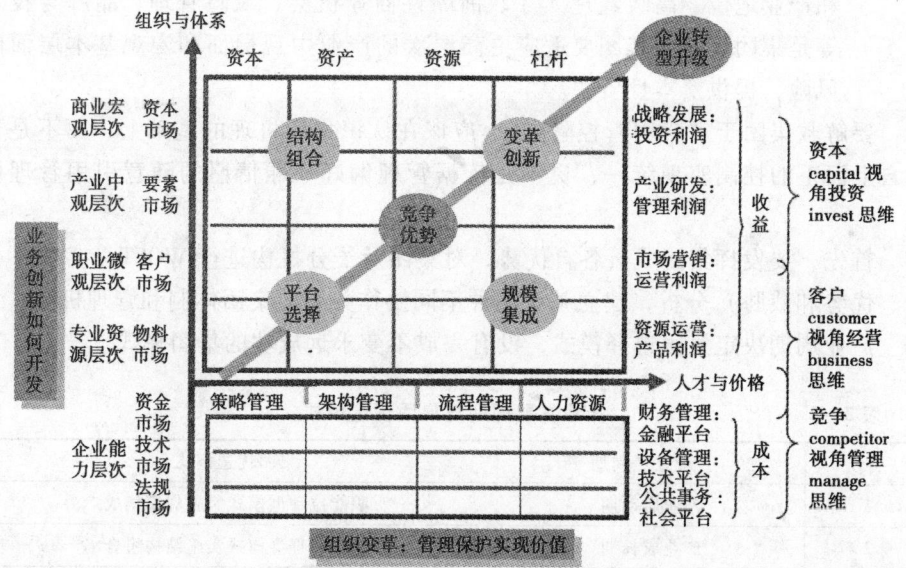

图 3-7 业务创新与组织变革

- "集"是实现竞争优势的目标,强化竞争优势。集中不同层次的工作空间和工作贡献,集下属所不能为的权利,而非集下属所能为的权利,各自从"业务运营、公司管理、资本投资"不同角度,分别面对客户市场、竞争市场、资本市场,分别承担起"产品利润、运营利润、管理利润、投资利润"的责任。发挥集团特有的物料优势、资金优势、信息优势、关系优势、技术优势等,而不是提供弱能力的权限服务。
- "团"是实现协同效应的责任,实现规模集成优势。实现"资本撬动资产、资产拉动资源、资源转化资本"的三资循环机制,团结"下属小打小闹"为规模经营:将下属相同物料整合采购并分散供应,实现规模定价优势,为下属机构提供成本更低的物料,而不是替代下属机构采购,将采购腐败权利归结为集团权利;将下属零散资金集中为内部银行,形成资金规模优势,为下属机构提供低成本的资金服务。
- "管"是推动资源能力的价值,选好基础平台。管住空白实现底线目标而不是控制住基本活动,成为下属子分机构的补充者而不是替代者,推动下属子分机构追求上限目标,也就是说"集团做下属机构的地板,让下属机构自行突破天花板"。这些基础平台,采用哪些投资管理模式找到投资点(Investment),采用哪些经营管理模式找到经营点(Business),采用哪些组织管理模式找到管理点(Management),是集团管理的艺术。
- "理"是范围选择的手段,塑造结构组合优势。梳理集团运行机制并理顺与子分公司的短中长期关系，成为下属子分机构的依赖者而不是压制者，持续论证"产业架构、治理架构和管理架构"的适应性，比如宏观环境和产业地位、高级经理人才、前瞻性商业机会、风险管理、品牌与技术等是集团责任。集团要适应更高层次的产业中观层面和宏观基本层面的风险，提供资本性资源。

要解救集团于"集团管控陷阱"，应该在认识集团机理的基础上，而不是盲目自上而下的控制实现统一，更不是依据管理偏好一厢情愿的随意引用管理模式。

首先，要发挥集团成员各自优势，对集团及子分机构进行 WOST（劣势、机会、优势和威胁）分析，建立基于四种不同协作关系的集团体制和管理机制。

产业周期决定集团选择模式，没有一成不变永远成功的集团模式。

表 3-3　　　　　　　　　　产业发展周期与集团优选模式

序号	产业发展周期	集团优选模式
1	产业启动期	职能拉动型模式实施规模集成
2	产业成长期	财务管理型模式实施结构组合
3	产业成熟期	综合运营型模式实施平台选择
4	产业转型期	战略管理型模式实施创新变革

（1）职能拉动型。集团直接掌管市场营销、采购与供应链运营、产品与研究开发管理等单一职能，下属机构就是依赖这些核心职能运行。该类集团处于内外环境的启动期内，某一职能的资源能力过大会成为劣势。应找到内外环境需求该职能的机会，在克服"职能资源能力过剩，寻求新合作方面——以该职能为中心规模集成内外资源——将职能价值最大化"的威胁中塑造特有竞争优势。

（2）财务管理型。集团与下属机构就是财务管理关系，包括资金、资产、资本的管理，确保利润和资金的高效运转；下属公司独立负责市场营销和生产运营。该类集团一般发生在内外环境的成长周期，快速发展导致了全行业内资金是劣势，甚至可以说融资与投资的运营是集团存在的唯一价值，充分利用资金剩余量大但利润不高的优势，抓住资金机会，在克服"银行资金运作——资本运营放大——产业资金整合"的威胁中形成独特竞争优势。

（3）综合运营型。集团对下属机构的资产、技术、社会关系和品牌进行统一运营，下属机构重在完成任务。该类集团处于内外环境的成熟期，现有的平台价值成为劣势。抓住市场环境成功所需要的特殊平台的机会，在克服"平台价值正在流失——为业务和区域选择平台——平台成为各版块发展的舞台收取租金"的平台价值不高的威胁中塑造特有竞争优势。

（4）战略管理型。集团对下属机构的目标、战略、绩效、治理进行管理；下属机构重在执行集团战略。该类集团处于内外战略创新和变革周期，业务不清晰就是这类集团劣势，利用其他集团所缺乏创新和变革优势，在克服内外环境复杂不确定性的威胁中抓住机会，在"发现新兴商业机遇——把机遇中趋势因素作为原则，实施业务创新和组织变革——内外重组实现集团价值"的过程中形成独特竞争优势。管理存在的唯一作用就是塑造集团机制。

"卓越的集团来自于绝处逢生而不是常规思维"。与我们所熟悉的"发挥优势就是管理模式"、"机会青睐于现有优势"、"威胁就是绕着走"、"集团要为机会发挥优势，躲避威胁隐藏劣势"等传统单一业务公司的观点不同，集团管理超越于单一公司之处是："现有最大的负担就是劣势W来决定模式选择——内外环境对劣势资源能力新需求就是机会O（为劣势的负担找到出路塑造现有优势"小S"，机会青睐于洞察出来的劣势）——在克服威胁T中塑造未来优势"大S"——推动集团从"小S"到"大S"的过程就是"集团存在的价值"的集团机制塑造路线图。

"独特集团管理体系来源于核心工作体系的细致分层"。在集团类型、集团价值和集团体制确立后，集团管理要找到核心工作要素，然后通过基础管理方法论进行整合设计，通过"业务创新和组织变革"来建立可管理、可经营、可发展的集团管理体系。任何集团管理无非来源于四层体系，如图3-8所示：

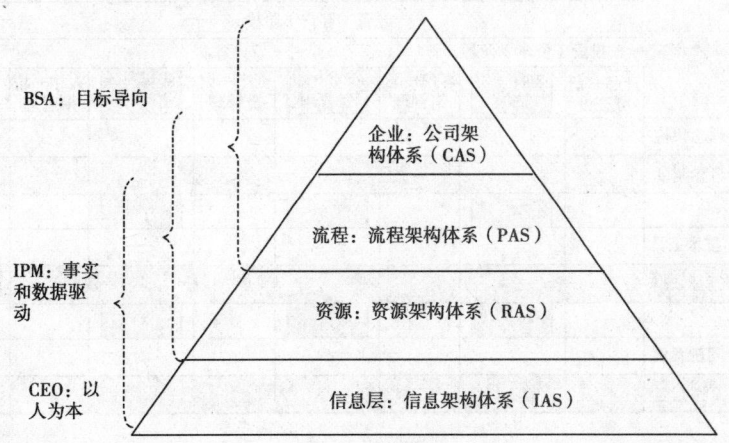

图3-8 四层工作体系

- 公司架构体系（CAS），集团基于外部而开放整合，否则就是封闭。集团管理的策略与项目整合，解决"为什么和做什么"的问题。通过集团管理的市场化治理体系，建立以业务治理为前提、战略治理为过程、架构治理为保障、投资项目治理为手段的业务战略管理体系，确保集团及下属机构处于适应开放环境与变革的状态。
- 流程架构体系（PAS），集团基于规则而高效管理，否则就是混乱。集团管理的结构与流程整合，解决"有哪些和怎么办"的问题。通过集团管理的系统化经营体系，建立以财务绩效为核心、绩效管理为基础、流程业绩和员工业绩为手段的管理绩效体系，确保各要素处于激活和进步状态。

- 资源架构体系（RAS），集团基于资源而规模运营，否则就是低能。集团管理的运营与价值发现，解决"资源从哪里来、如何低价格进、高增值出、价值到哪里去"的问题。通过资源集中采购与开发、以价差增值为基础、推动价值创造过程实现增值运营体系，确保发挥集团规模优势和增值优势。
- 信息架构体系（IAS），集团基于信息而快速行动，否则就是僵尸。集团管理的人才与信息整合，解决"谁来做和怎么样"的问题。通过集团管理的正轨化控制体系，建立以文化为上限指引、经济为底线推动、GMP（基本管理流程）为过程轨道的通盘运行体系，为各成员建立活动舞台，实现以职业化人才为核心的人力资源管理。

"管理体系是基于竞争导向的对集团企业资本要素的深耕细作"。各管理体系仅停留在资本投资阶段建立基础、客户经营阶段维持运行是不够的，只有在竞争管理阶段全面业务创新，才能塑造资源效能。

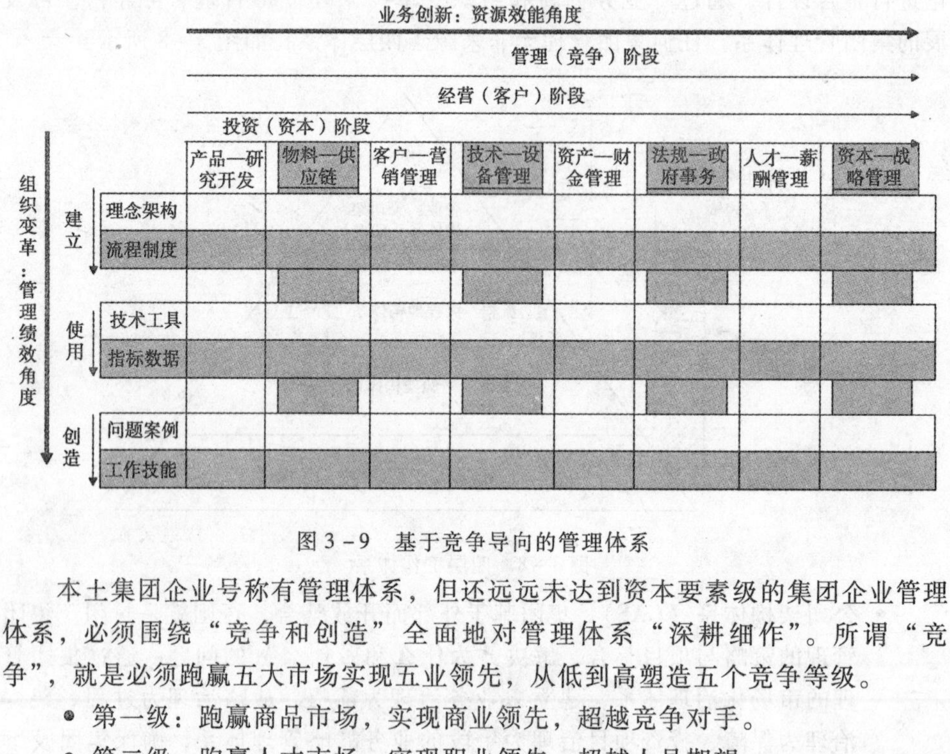

图 3-9 基于竞争导向的管理体系

本土集团企业号称有管理体系，但还远远未达到资本要素级的集团企业管理体系，必须围绕"竞争和创造"全面地对管理体系"深耕细作"。所谓"竞争"，就是必须跑赢五大市场实现五业领先，从低到高塑造五个竞争等级。

- 第一级：跑赢商品市场，实现商业领先，超越竞争对手。
- 第二级：跑赢人才市场，实现职业领先，超越人员期望。
- 第三级：跑赢物料市场，实现专业领先，超越运营成本。
- 第四级：跑赢要素市场，实现产业领先，超越资源价值。
- 第五级：跑赢资本市场，实现企业领先，超越投资价值。

所谓"创造"，就是集团管理体系必须完成"合规性、竞争性、创造性"从低到高三个等级：

- 合规性：面向资本，建立"理念架构、流程制度"，确保不犯错误。

- 竞争性：面向客户，使用"技术工具、指标数据"，确保顺畅高效。
- 创造性：面向竞争，创造"问题案例、工作技能"，确保个性超越。

【解决方案二】 供应链效率型管理架构搭建

企业发展的轨道是功能、供应商、客户和人员动态运营的结果，而不能用经验去指导。因为客户越来越挑剔，供应商和员工也开始牛起来，只有针对现实资源采用集科学与艺术为一体的运营管理，才能适应现实，将企业导向未来，在人与目标之间扎扎实实、点点滴滴地去运行——资金流、信息流、实物流和工作流合而为一。

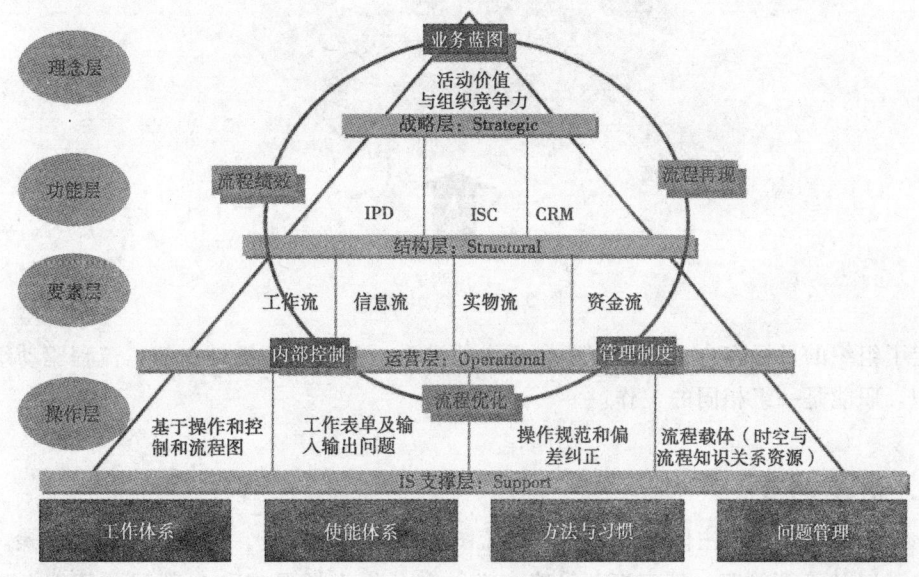

图 3-10 流程体系

组织结构是责权利分配的载体。组织结构是管理模式的基础，它不仅是权限实现的载体，而且是控制体系得以顺畅执行的平台；管理模式本质上清楚地划分了总部与事业部之间的权限，因此权限是整个管理模式得以成功的保障；控制体系则是管理模式的核心。组织设计的关键就是横向设计和纵向设计同时展开。组织设计前应该明确企业的领导职能、管理职能、业务职能和辅助职能的分类，以及它们之间如何匹配在一起（职能矩阵）才能实现公司的发展目标。

1. 制度评估

包括组织体系（如图 3-11）要素的既有内容、未来盲点、内部冲突、工作误区、执行情况、常见偏差、效率及成果、过程管理等基本内容。充分评估现行制度体系与战略、资源、客户、人员等内外支持要素的匹配情况。

战略决定管控模式；管控模式通过层级确立优先权秩序，优先权确立了管理模式；管理者通过组织结构管理员工；职位体系决定了人员安排；人通过程序体系完成工作；职能体系决定组织功能类型；部门体系决定组织界限；协调关系决

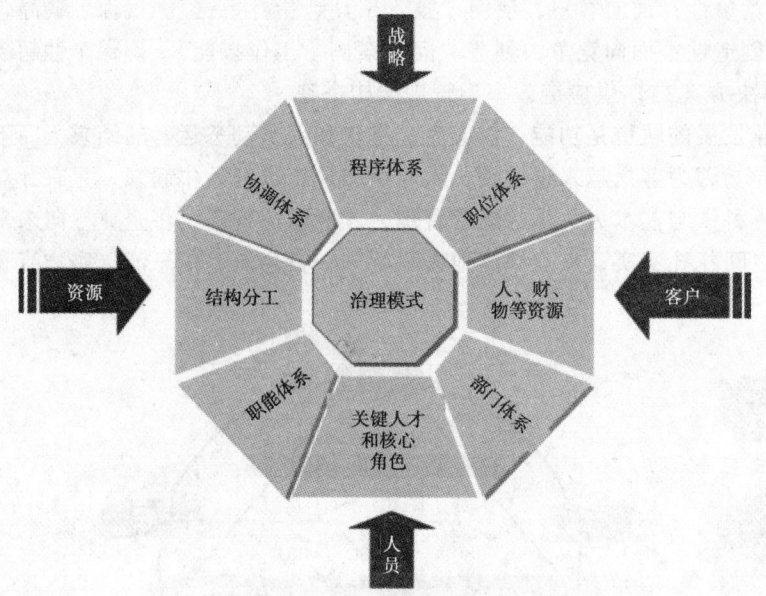

图 3 – 11 组织体系

定了组织的目标客户；人力资源激活人的潜力。关键人才推动组织，流程驱动组织。职能是一组相同的工作。

2. 制度转型

包括利益相关主体的变革策略、蓝图规划、制度转变、管理重组四个步骤。

（1）变革策略：拟定变革策略，必须在分析市场要求和内部问题基础上进行。

分析市场要求：现代企业制度，并不是封闭建立的，而是在充分开放的环境下建立的，必须评估各个市场的情况，主要包括资本市场、人才市场、法规管制、知识市场和客户市场。

内部分析：在评估基础和市场分析的基础上，将问题分门别类，按制度框架要求实行系统和局部相结合的解决措施。

（2）策略规划：依据内外分析，规划企业级、整合级、项目级、任务级、行为级的要求和变革任务，使变革成为集体的活动。使强有力的治理结构、清晰坚定的战略目标、清晰深刻地理解和驾驭内外环境形成奠基一批；使重构、再造、再生形成整合一批；使管理设计、管理改善、管理提升形成建立一批；使规划、实施、执行形成任务转化一批；使责任、活动、标准形成行为固化一批。

（3）蓝图构建：依据变革策略确保未来蓝图，建立高效能制度体系。以合规性、经济性、牵引性为基点，用基于问题的整合提升和精细化来抵御组织的操作风险；面对管理服务对象特点和原系统改革点过渡中，以基于绩效的推进计划、基于资源的提升保证、基于策略的系统管理、基于业务的运营系统、基于组

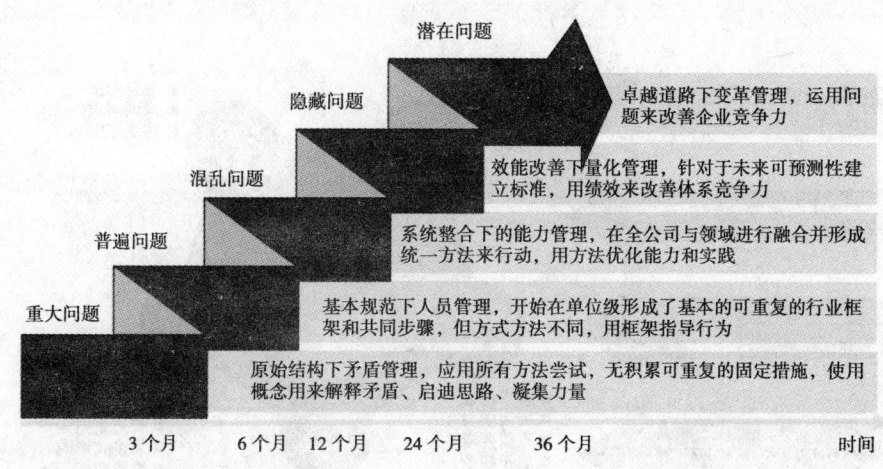

图 3-12 企业面临的问题与时间维度

织的执行方案来抵御组织的变革风险;通过对框架、信息、标准的掌握,和对责任、程序、人员行为、奖惩的管控,用组织理念指导战略实践、管理理念指导组织实践、行为理念指导个体实践,使系统风险得以规避。

(4) 制度转变:按照制度"四化"要求,向"管理制度"的系统化、集成化、简单化、自主化转变。目前,中国企业现存的问题有企业各管理体系自成系统,存在冲突和矛盾;企业管理体系初步成型但是与战略、业务和文化不相适应;管理体系成为问题发生的源头,而且管理复杂化和高成本;组织层面关注点与个人行为脱节,全员都非常急躁,且没有秩序。其中的核心问题就是未"系统化、集成化",远未达到简单化和自主化阶段。

- 系统化,就是在管理制度中"做加法"部分,包括:范围与所处理业务定义即业务内容(比如将企业招聘工作建成招聘流程);行为规范就是"绩效点+行动点";职责是依据关键绩效领域来确立关键行为事项,即绩效点;制度是将工作责任点分解成若干行动点;应用技术(招聘中采用测评技术);评价标准(招聘中采用任职资格模型);奖惩措施。
- 集成式化,就是"做减法":消除不合理部分,避免制度设计缺陷导致执行缺陷。常见的不合理部分有:与企业经验教训相关的事项无法转化和承载,制度中出现了与经验教训的背离;制度覆盖范围小、存在很多真空,导致不遵守制度也能达到目标且找不出错误;制度本身的奖惩力度和获得的效应不足,没有起到真正的推动和促进作用;制度配套性差,有些制度单兵作战,或行不通或彼此矛盾或缺乏支持;制度的落实体系不足,缺乏强有力的落实和监督机制;制度执行缺乏有效推动措施;旧的工作习惯成为推行的阻力和成本;用组织管理和个人灰色技能去弥补市场的不成熟性和市场风险的不确定性;决策要求过分国际化没有关注实际环境,过分关注工作方法实际缺乏生命力。

(5) 管理重组:依据蓝图规划制定专门计划,使企业经营活动达到蓝图要求。

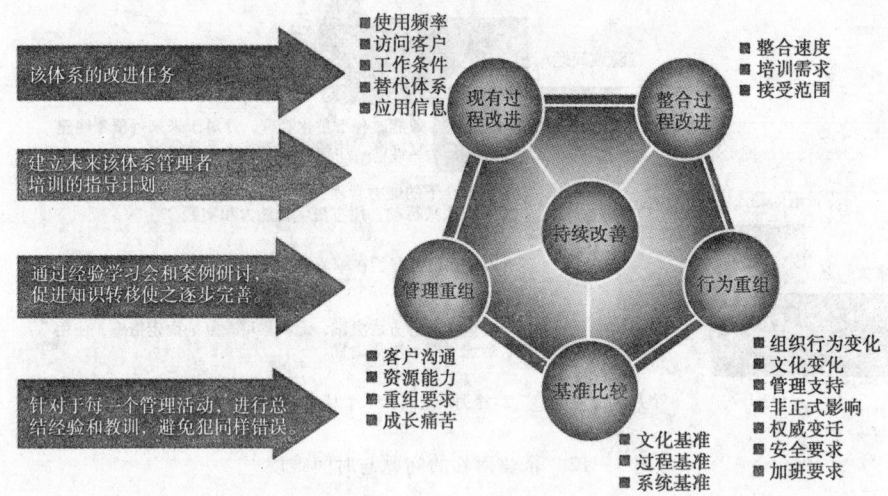

图 3-13 管理重组

3. 运营：包括里程碑推进、僵化性执行、精细化提升、成果性评估、避免时尚化

（1）里程碑推进：使组织从信息分享向互动关系构建、责任驱动、职能推动、团队协作的执行等级上推进，使变革成果真正地生根发芽。"企业家或高级经理主导，系统、多维、深层、持续解决问题和提升管理效能，迫切需要专业战略伙伴和信息支持。有目标、有视野、有企业家精神的企业文化"成为里程碑推进的重要保证。

（2）僵化性执行：任何转型成果要得到执行，必须建立高执行系统。执行系统以"个人知道、他人认可、服务对象满意"为动力，解决"谁来执行、怎么执行、执行与否和怎么样"的问题通过执行目标、执行任务和执行措施的规划，达到有利于决策、运营管理与人员机制运行的目的。

（3）精细化提升：①分析：执行业务诊断来评估所有的准备活动，评估潜在的回报，从而明确差距定位与准备度评估；②计划：结合"Breakaway Performance"的方法，发现机会并制定计划来消除差距；③集中：通过选择课题、实施课题，消除差距，并且在最佳时机合作来降低成本，提高质量，提高效率；④构造：激励组织来巩固改进措施，评选最佳实践，使人力资源优化、绩效优化、流程体系优化。

（4）成果性评估：围绕客户竞争需要、内部关系需要、全员理解支持、经营中需要、效率及效果需要、财务贡献需要，使管理体系真正地生存下来。

（5）避免时尚化，关注管理之能及所不能，不能为时尚化管理所迷惑。管理之所能：

● 根植管理实践，切实对管理者有指导的管理思想体系。

- 承载系统科学，切实为企业实际证实的管理知识体系。
- 关注管理贡献，切实为操作者能应用的管理工具体系。
- 遵循标准开放，切实为组织中人共用的管理流程体系。
- 兼容业务运作，切实推动并提升业务的管理承载体系。
- 恪守价值观念，切实与行动兼收并蓄的管理变革体系。

管理的要与不要。管理要被用户应用，而不要为观众表演；要尊重科学理性，而不要虚伪感性；要专业实践者，而不要业余爱好者和评论家；要用民主推动常人，而不要权威培养神人；要用职业精神耐心地精细，而不要创业精神大刀阔斧地急躁；要用开放式的广泛吸收，而不要封闭式的修炼；要用普遍性原则持续下去，而不要用特殊性伎俩暂时高涨；要用全球化眼光，而不要本土性视野；要过程化管理，而不要个人化权利；要有的放矢，而不要盲目行动；要通俗，而不要神秘；要实事求是，而不要空虚诡诈。

避免时尚化运动。管理的时尚具备下列特征，要坚决警惕：

- 简洁：通过简单词汇传播，容易沟通和记忆。
- 操作性强：具体指导管理者做什么。
- 虚假鼓励：承诺结果，如效率、业绩等。
- 以偏概全：万能药，在任何情况下都能用。
- 易于分割：可以片面地应用，某些功能可以嫁接到生产过程中去。
- 符合潮流：把目前存在的主要问题当作管理领域的基本问题。
- 表面新颖：将旧思想重新包装成新思想。
- 权威至上：从管理权威及其信徒而非事实获得依据。

【解决方案三】新品化管理架构搭建：不断自己给自己机会

很多公司都有自己的创新成果。这来源于他们多年坚持在研发不低于销售额的10%的高投入政策、吸引大量的国内外顶级科技人才和高素质人才、装备大量的国际上领先的科研和生产设备。但"三高"却没有换来更高的市场销售额，95%以上科研成果沉睡在公司产品货架上。这种事实普遍存在于致力于创新的公司，据统计全球每年6万种富有意义的新研发产品只有79种新产品成功被市场所接受。可以讲，富有研发实力的创新公司的竞争力并不在于能研发出什么样的新产品，而在于能将什么样的新产品推向市场。

富有竞争力的创新成果为何"沉睡"，是因为你的市场营销成为创新成果的"安眠药"。多年来，深处一线与创新型企业和企业家共同面临"创新成果沉睡"的挑战，我深刻体会到创新成果无法转换为创新成就，并不是创新成果不符合市场需求，更不是与市场上现存的产品不具备市场竞争力，而是缺乏与创新成果匹配的市场营销战略。

创新产品的营销与我们所熟悉的传统市场营销模式截然不同，宇龙酷派智能手机成功走向市场，为我们提供了现实案例。宇龙在2006年前后成功地将拥有自主开发操作系统的高端智能手机推向市场，获得了当年手机市场上超越Moto、Nokia等品牌的成功。我们在此基础上研究了其他数百家以科技为导向的创新型公司的数千个创新产品市场营销案例,将市场营销战略比较研究发现,七大错误市场营销战略成为创新成果未成功占领市场的"安眠药"。

- 安眠药之一:向成熟市场投放产品渗透渠道,忽略创新成果的替代性,使成熟市场驱逐创新。
- 安眠药之二:集中目标市场战略,忽略创新成果的市场是多方面彼此相互"感染"而成。
- 安眠药之三:价格服务于销售量,忽略了创新成果贵在价值创新而非价格创新。
- 安眠药之四:稳定产品战略,忽略了创新成果的整个产品线的长期稳定经营。
- 安眠药之五:寄托借势发展,忽略了创新成果是以我为主的造势销售的特点。
- 安眠药之六:集中于产品推广,忽略了创新成果是面向产业营销而非面向市场营销。
- 安眠药之七:以面向现有客户的销量经营,忽略了创新成功的客户需要培育培养。

表3-4　创新成果的成功市场营销战略与传统市场营销模式的对比研究

营销战略要素	成功的创新成果类	成熟的非创新成果类	差异点
体系构成	市场战略管理层、产品营销层和产品销售层	产品营销的拉动和产品销售的推动的系统	市场战略管理层做到重新判定选择市场、动态管理营销
区域选择	在发达地区或城市推广收获品牌,在欠发达地区收获销售额	精心策划选择目标市场,然后集中资源向该市场强行渗透	交叉市场选择策略,创新成果充分利用了市场瀑布特点,即高端市场影响低端市场经营
渠道开发	整合构建支持创新成果的新市场力量体系,包括客户等	采用商务手段与成熟的分销、零售、服务等既定行业渠道	重新整合市场力量,构建适合创新成果走向市场的全新体系,而不是与成熟渠道冲突
价格管理	高价格市场策略,促进市场成长	低价格市场策略,促进销量成长	价格服务于品牌而不是服务于销量
产品管理	产品动态版本管理,产品线策略稳定	集中于某一款产品的策略,同系列产品不稳	稳定的产品线策略,多变的产品策略
销售管理	以我为主,拉动各种商业力量,经营市场	以商业销售力为主,借势发展	以我为主,而不将产品成功的命运寄托在其他销售力量上
推广重点	以技术及应用为中心,以产品为载体	以产品为中心,以技术为销售策略	推广重点集中于技术及应用,而不是集中于产品推广
绩效管理	以客户发展为目的	以销量为最高目标	以客户发展为目的,使销量成为自然过程

构建创新型市场营销管理体系，铺就研发成果走向客户的阳光大道。如图 3-14 所示，创新型市场营销体系包括四个层次：

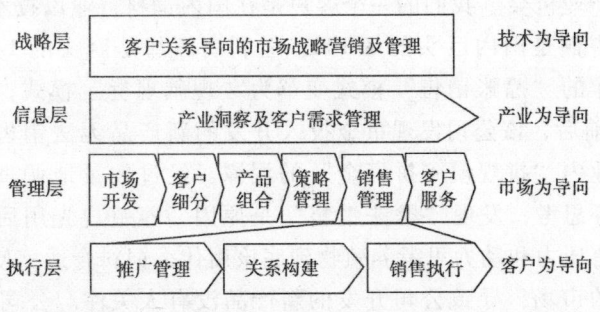

图 3-14 创新型市场营销体系

（1）以客户关系为核心的市场战略营销及管理体系，这是创新型营销体系的战略层。创新成果的营销模式是战略营销和动态管理，营销策略和管理体系依据客户群成熟度在不断变化。也就是说，创新成果刚进入市场时的技术偏好型客户群、市场成长阶段的功能偏好型客户群、市场成熟阶段的品牌偏好型客户群、市场转型阶段的长尾延伸型客户群，所采取的具体策略是不同的。

酷派手机在进入市场初期，客户定位是证券类客户、新闻类从业人员和刑事警察人员。与各大证券公司联手为他们的大户提供在线证券信息、与新华社相关部门为新闻记者提供掌上平台、为某省的刑警提供手机，使技术特殊应用者们成为首批客户群，这是卖技术阶段。在早期，公司也采用当时市场上流行的手机销售模式，招聘了当时手机市场上顶级操盘手，但因卖款式战和卖价格战为主的渠道无法展示该手机的技术特性而失败。

酷派手机因特殊的市场性能而与传统手机区别开来，获得了市场关注。但该产品的批量消费者在哪里呢？成为决策者和我必须解决的问题。经过研究，选择了深圳当年获得市长创新奖的企业家作为代言人，使公司从小众的特殊应用市场转型到大众市场。客户找到了，但谁来卖给客户呢？当时公司营销人员区区几个不可能建立直销网络。经过分析，决定交给移动运营商。他们都在为争夺高端客户而战，但当时有可能提供该类产品的公司仍旧限在款式的思维中，以技术功能为卖点的产品还没有摆在运营商面前。当时内部也考虑过采用国包、省包的手机分销体系，但公司还是迅速展开与移动运营商合作，使产品进入了高成长阶段，也保持了高价格策略。

与运营商合作占据了企业家及中高层经理这类高端客户群，客户开始抢购该类产品，成为三大高端职能手机品牌之一，销售和运营进入了正常运作阶段。公司又变换了营销战略，使公司该产品成为拉动运营商业务的重要手段，也是运营商营销战略工具之一。运营商投入了大量的精力和财力，继续推动该产品上量。

最近一年左右，高端智能手机开始普及，市场进入了红海，公司将市场战略变化为延伸应用。与 ERP（企业资源计划）厂商结合，推动移动办公，使公司产品向低端普及，避开了价格之争。

（2）产业洞察和客户需求管理，这是创新型营销体系的信息层，连接战略层和管理层。与传统营销模式仅从客户需求角度思考问题不同，创新成功需要产业洞察，发现产业机会。我们的一个客户是在国内饲料行业以技术和创新著称的企业，它的销售额是国内巨头的1/100，但利润额却是巨头的1/3。为什么呢？将饲料行业多年的"赊账销售"模式变革为"现款现货"模式，拉动了新产品销售。2006年前后，该公司发现重金投入开发的新产品无法销售出去，公司也不可能陷入行业内"拼规模+拼资金"的泥潭。经过大量地调查研究，和对产业如何良性循环思考，发现"赊账销售"是原因，养殖户先用后买，有效果再付款，他们没有压力和动力思考养殖物到底该用什么饲料合适，使个性化养殖市场成为无差别的市场，导致公司开发的新产品没有人关注。公司决定"现款现货"。养殖户开始与饲料企业讨论哪个品种有效，如何证明。这种购销模式立刻释放了公司新产品多和技术强的优势，公司也迅速建立了分区域、分客户的客户信息体系。该饲料企业不仅激活了"沉睡品种"，而且，成为以创新产品为核心盈利模式的企业。

（3）从市场开发、客户细分、产品组合、销售管理到客户服务的端到端的市场营销管理体系，这是创新型营销体系的管理层。与传统营销模式不同，并不是让客户接受一种标准化的交易模式，而是为细分客户群定制一种商业交易模式，使该交易模式更加精确化、集成性和客户锁定性。传统交易模式，不可能适应多种产品，尤其是创新型产品销售。

华为以营销著称，最近几年来形成了"客户TCO（Total Cost Own，总拥有成本）最低"的营销管理体系。首先，电信专家组成的客户经理站在运营商和智慧城市角度，研究运营商网络发展战略，形成商业计划书，为运营商提供建议，以此来开发市场。其次，将运营商的建设需求细分，将无线通信、数据通信、终端应用等形成多个项目组，分专业的与运营商相关部门合作。每个项目组组合产品系列，为客户提供端到端的解决方案，不仅拉动了公司新产品销售，也集成了合作伙伴的产品销售。再次，调动销售管理过程，与客户最终达成商业合作。最后，服务客户将网络建设效能发挥出来。

（4）从推广管理、关系构建到执行的销售体系，这是创新型营销体系的执行层。与传统销售"客户需求是现成的、客户也是比较成熟的、交易关系比较成熟"相比，需要以推广应用促发需求、重新构建商业关系、达成合作交易。该类销售以合作为目的，而传统销售以交易为目的。营销执行层更加具有动态性，难怪有些人说销售与营销没有区别，只是微观和宏观的区别。

【解决方案四】品牌化管理架构搭建：让平凡业务超越低俗

中国市场是世界名牌的大卖场。在中国的中高端市场，本土品牌就更稀有了。很多企业在与跨国品牌的角逐中，因体力不支而退守到商超、地产、投资、互联网领域。但也有一些企业，譬如钟表行业的飞亚达、服装行业的歌力思、灯具行业的阳光等品牌在没有环境依托的情况下却弱势突破。他们在与世界品牌竞争的过程中,不但没有被消灭,反而愈战愈强的奥妙何在?在与全球性品牌的竞争过程中,中国品牌到底该如何实现弱势突破?

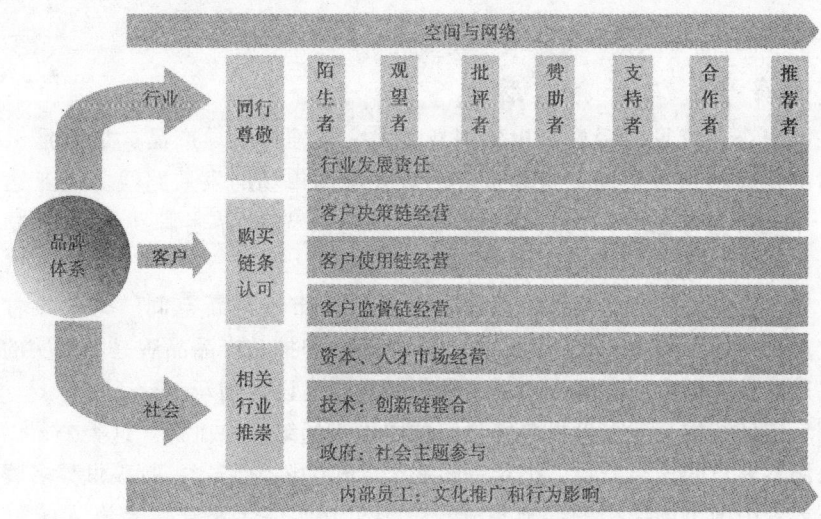

图3-15 品牌突围方向

十年来,通过反复研究飞亚达、歌力思、阳光灯具等企业,并在与这些企业的企业家深谈、与他们的员工们共同奋斗的过程中,深刻体会了其品牌战略和经营实践的演变历程。

1. 特立独行,市场竞争理念

他们挑战世界名牌以品牌竞争为乐,认为财路重于财富,要竞争客户而不是订单。这类公司有个鲜明特点,他们好像非常喜欢与世界强者竞争品牌,无论多残酷也不采用成本、价格竞争手段来争夺订单。这类公司为了打造品牌放弃过很多代工订单和被国际巨头收购的机会,他们相信订单带来的一笔财富是暂时的,品牌却是企业可以终生受用的财路,品牌建设之路就是铺就这样一个财路的过程。如果因一两笔订单失去了长期受益的客户,这违背了品牌竞争法则。

他们真诚喜欢客户,以服务客户为荣,认为需求重于供给,要竞争定位耐力,而不是灵活机动地贪婪占有全部市场。这类公司都非常喜欢和热爱他们的目标客户,甚至比客户自己还了解客户,讨论对客户真正重要的一两个需求,他们似乎不关注短期的市场供求关系。歌力思找到了"女人味的职业女装",飞亚达坚守"手表的社交要求远大于时间功能"等,剩下的就是"老实忠厚"提供产品,"虔诚细致"服务满足过程,只有具备市场定力才能坚守市场空间,甚至不惜耐心地教育客户培育市场等待客户群成长。

他们精心培育企业以持续发展为本,认为对内重于对外,要竞争企业实力,而不是广告影响力。这类公司似乎市场竞争意识不那么强烈,也不把市场推广放在第一位上,他们把更多的精力放在内部员工素质提升上,把更多的注意力放在企业持续发展上。飞亚达抓员工品牌化生活、歌力思每周集体研修德鲁克等。这类公司在广告上的投放量处于同行中等水平，但在从业人员开发上的投入却遥遥领先。

2. 慢四舞步，与世界名牌竞争

先推出企业背景，后推广生活消费方式，再推行主导产品，最后推出系列产品占据所有消费者空间，这是世界名牌在中国市场的发展路线。飞亚达、歌力思、阳光灯具等企业却另辟蹊径、逆流而上，与世界名牌跳起了"慢四舞步"。

首先，重点发展产品品牌，以设计创新抢占市场创新空间。与世界名牌相比，这类公司的影响力先天不足，如果以企业品牌推动产品品牌是不现实的，集中发展产品品牌是唯一选择：市场结构创新和产品设计创新。

创新市场结构，不在世界名牌界定的中国市场结构中血拼。这类公司以新的视角来洞察客户的核心需求，把这一核心需求作为阵地坚守，打破世界名牌按客户特征界定中国市场结构的经典模式。歌力思女装多年坚守"有女人味"的职业女装，在元素设计、布料选择等一切环节实现这一需求，无论什么风都不动摇，这有点不可思议。女性在服装消费上是最"善变"的，甚至女装行业有句不成文的生存法则——"不变化就会被女人抛弃，她们最爱跟风了"。歌力思认为，只有找到自身能够服务的那类女人，把她们当作目标客户，并经常告诫自己不要贪婪地妄图服务所有的女人，也告诫自己更不要妄图服务她们的所有需求，找到核心需求——女人在选择服装上不变的东西。"一定要在理解核心需求上下功夫，看得深才能站得稳；要在核心价值服务下功夫，站得久才能看得深"，这是这类公司的信念。变化的只是把最新元素与核心需求相结合而已。通过对很多与歌力思同行的女装品牌比较研究，我们发现，这些品牌昙花一现的原因，就是它们宁愿不断寻找新客户，宁愿不断地抄袭流行风尚，宁愿一味跟踪世界名牌，也不愿花工夫把女人的需求弄明白。

整合全球智慧独立设计创新产品，而不是所谓中国制造优势突破产品。这类公司面对全球品牌竞争，既开放合作又独立自主。所谓开放合作，主动融入全球品牌生态圈，飞亚达定期分层级地与瑞士钟表行业交流、合作、参与、学习和体会。在国际巨头的品牌价值区间里定位自己的市场空间。飞亚达的钟表设计、歌力思的服装设计有非常多国际智慧融入其中。所谓独立自主，坚持自己的核心需求定位和价值主张，整合全球设计资源服务于价值主张和核心需求定位，避免抄袭，在激烈的市场竞争中保持了自己的风格。产品竞争力来源于设计，"融合但不模仿"世界名牌，与国内同行以"中国优势"凭制造立足不同。

其次，开发和培育客户品牌，与最有前途的新兴消费者一道从外围进入主流。拥有客户才能拥有品牌，拥有品牌就拥有了持续的订单，这是品牌竞争之道。客户是借不来买不到的，必须靠自己，订单至上是品牌竞争的陷阱——世界名牌往往利用这点来消灭品牌竞争对手。

阳光灯具曾经得到了国际同行的一个大订单，给巨头加工十年灯具，阳光灯具不需要更改生产工艺和产品质量，按阳光的产能也不用接其他订单了，这个代工订单的利润比当时做自有品牌的两倍还多。但阳光拒绝了"天上掉下来的馅饼"，继续做自己品牌的阳光灯具，用本可以发笔大财的十年时间培育出了一个可以与之抗衡的品牌"阳光灯具"。这的确令人难以理解。后来那个国际巨头CEO告诉"阳光"的董事长，"这些年因与你竞争所花费的费用比早年给你的订单额还多"，一句话露出了国际巨头的那个订单，以消灭竞争品牌为第一目标，而得到一个高质量的代工是第二位的。"阳光"早就看明白了，多年国际竞争中也知道了"财路比财富重要，接受了订单得到一笔财富但失去了"一个财路"，这个财路就是今天众多忠诚的客户和长期与之形成的休戚与共的关系。

与世界名牌守株待兔等待着一批又一批客户成长为目标消费者不同，中国这批公司既要开发客户又要培育客户。这类公司从现实出发，对最有前途的新兴人群进行战略锁定，并与之共同成长为主流的中青年市场。飞亚达从青年学生开始，培育大学生和应届生这一消费群，塑造了"技术精英"和"职业新秀"消费者品牌，价格从几百元/只发展到几千元/只的主价格区。为此，飞亚达连续十年"垄断"中国本土最优秀的设计精英——清华大学工艺美术学院的智慧成果集中于飞亚达手表。为了让大众接受自身产品的正统特点，飞亚达用世界名牌的传统渠道推广不借助新兴渠道，避免产品边缘形象，这适合了这批客户群的特点。

再次，发展企业品牌为产品品牌和客户品牌提供平台。优秀品牌不一定是大公司的专利，而一定是优秀公司的专利。因品牌培育周期长要打持久战，这类公司面对生存现实建立了"三叉戟业务"：代理名牌的、生产顶级的、培育中国的。自行建立销售名牌的渠道，在学习世界名牌销售经验的同时，使自己产品的顾客也能得到名牌购买体验。为全球顶级品牌做代工到研发设计，不仅积累发展品牌的生产平台，使自己的顾客得到名牌的制造质量。比同行提前五年开始建立品牌队伍发展自有品牌。

最后，树立品牌文化塑造品牌差异和可持续能力。品牌是专业舞台上真枪实弹的竞争，品牌实力源自企业系统竞争力，要在目标市场空间立于不败之地，靠的是与品牌一致的战略和运营的综合实力，来不得半点的花拳绣腿。客户直接体验带来的长期归属感才是真正的无形资产，客户需要的不是一两个技巧和一时风尚，尊崇经典回归大道，忠实地用最基本方式做最基本的事情。当同行希望市场总监创造品牌奇迹时，这类公司的CEO肩负了慢功出细活的长期责任。因为他们坚信"文化是品牌的根，员工是品牌的第一位客户"。品牌竞争的是文化阵地，用特有的文化使品牌系统产生差异。并且，他们认为，品牌竞争给残酷商业带来了真善美，全心全意服务客户的真心诚意不虚伪，透明公正不昧良心钱，经过市场考验的社会文化基础上的专业素质使人正直善良，进步员工服务高质量客户，环境美好的公司服务职业化员工实现理想践行价值观。

3. 品牌资产化变革品牌管理模式

为了实现企业升级和业务转型，很多企业将经营行为从价格成本"地板"上抬起头来，打造品牌"空中"优势。但品牌管理没有找到企业价值的扎根之地，使得品牌没有找到"企业生存根基"，导致持续品牌活动成为阶段性促销行为的一部分。

（1）中国企业群逃离"价格战"而选择"品牌战"。"价格战略"是商战上常用的竞争战略，一般来说，价格战适用于以下四种情况：

- 面对新进入者，实施价格战略使其退出。
- 零售能力薄弱，实施价格战吸引消费者。
- 生产能力过剩，实施价格战消化库存货。
- 面对跟随地位，实施价格战挖掘领导者。

但是"价格战"对企业中长期发展而言是没有意义的，长期低价竞争锐减企业利润，不可持续。对消费者而言，消费者不可能长期为价格和折扣所吸引，这样带来企业和产业的恶性循环。企业中长期发展的答案就在客户的身上：

消费者的注意力（个性化能力）。对获取商业机会和客户关注度发挥重要作用，这是有研究证据的。一般来说，这往往存在于品牌设计阶段。这个阶段核心问题就是，没有找到品牌核心价值，导致品牌定位不断调整，影响品牌资产积累和品牌价值的持续成长。

知名度（市场占有率）。其对市场规模发挥巨大作用，没有被广泛知道的品牌就没有市场范围。市场销售是在市场影响力范围内而开展的，超过市场范围的品牌是偶然销售——零星客户往往带来负资产。这通常存在于品牌推广阶段，是"品牌空中推广（品牌承诺）和品牌执行行动（品牌能力）脱节"。

忠诚度（客户拥有率）。开发新客户成本是老客户成本的 3—5 倍，成功获得客户是品牌的独特价值。这往往存在于品牌管理阶段，这个阶段的核心问题是，公司增长来源于高成本的新开发客户，而不是客户重复购买，导致品牌失去地板。

无形资产（企业资产增值率）。品牌价值不同，企业的 ROE（净资产收益率）值是有较大差别的。这存在于品牌经营阶段，这个阶段的核心问题是，品牌未能作为资产管理，使品牌管理成为普通的市场营销行为。

社会支持率（情感与 C-STEP 的关联度）。品牌随着环境而不断变迁，需要持续维护，确保公司或产品的情感关联持续与社会文化趋势、科技趋势、经济趋势、政策趋势保持一致。这往往存在于品牌维护阶段。当下中国企业品牌问题事件纷纷暴露出中国企业品牌管理的核心问题。

产业领导力（自我象征所代表正面影响力）。品牌重塑随着公司市场地位和业务能力的提升，逐步成为"数量上的市场领导者"，但不是"质量上的市场领导者"。其主要原因就是其领导力塑造没有意识到品牌领导的责任、义务和权利，最后其领导地位没有获取相应的领导价值。

综上所述，品牌的设计、推广、管理、增值、经营和升级的行为，都是建立在"品牌资产管理"这一中心上的，成为企业的"资产的投资、建设、运营和转化"等资产管理生命周期的重要一环。

(2) 如何实现品牌资产化管理？

品牌管理责任在 CEO 或更高管理层面，而不在"战略设计、广告促销"等部门层面。这样可以树立研究开发、采购和供应链、客户开发与服务、人力资源、财务管理全价值链的统一，并在设计、推广、管理、增值、经营和升级各个阶段形成合力。

品牌战略要在业务升级、战略、架构和投资运营管理（IBM）实施中具有推动作用，甚至品牌战略本身就是业务战略的基础和前提，而不仅仅是执行。品牌体现出战略愿景和企业文化，使品牌承诺不能超越业务发展战略框架，没有战略支撑的品牌特征是百害而无一利的。也就是说，品牌管理模式要与公司的业务战略架构（BSA）结合，分析品牌空间和机会、选择品牌生态圈，分析四大外部资源经营链和四大内部能力管理链，判断与 GRP 目标的关系；确定品牌与战略要求，重组业务、治理和管理架构，并结合品牌投资发展战略提出规划。

将品牌战略与整合绩效管理（IPM）结合起来，进入企业绩效管理系统，以系统支持品牌管理。在财务绩效、投资绩效、经营绩效、管理绩效上要求品牌绩效，纳入企业绩效管理系统。有目标、有跟踪、有结果的管理，确保品牌战略的实效性。更为重要的是，得到流程蓝图、流程标准和流程管理的支持，提高品牌适宜性。最后得到职位、薪酬、评价保障，确保品牌的基础性，并成为品牌的激励约束机制、成本管理机制、预算管理机制的支持。

品牌管理要与人才资本管理（CEO）体系保持一致，得到企业文化、经济价值、年度运营的支持，并得到人才的选聘、PBC、TOP 的保障。

(3) 为什么品牌资产化管理如此难？

品牌资产管理之难，难在何处？一般来说，有以下五个方面，使得品牌资产管理道阻且长：

- 市场复杂性，导致品牌设计难。
- 新媒介出现，导致品牌推广难。
- 渠道动态化，导致品牌管理难。
- 竞争全球化，导致品牌维护难。
- 效益短期化，导致品牌升级难。

四、C-STEP 成为市场化治理的挑战

推动企业和管理变化的 C-STEP 五大力量发生了变化。

随着金融危机的发生，中国在文化上强调民族复兴和可持续发展、人口老龄

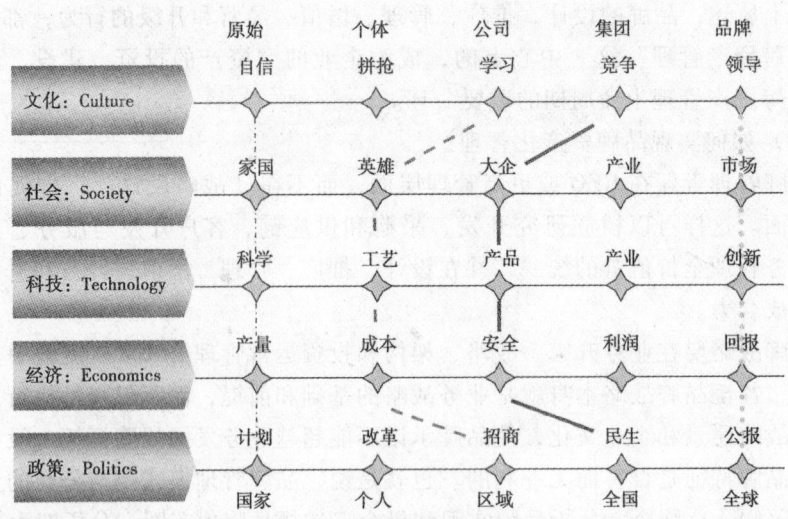

图 3-16 C-STEP 模型

化问题日益突出、科技技术接近世界领先、经济结构面临升级与转型、政策管制越来越严格等，对公司治理产生越来越深刻的影响。如征途网络面临着文化阻力、Google 面临着政治阻力、富士康面临着社会阻力、中国出口型制造企业面临着经济阻力、快速消费品行业面临着技术阻力等。内外部文化（Culture）、社会（Society）、科技（Technology）、经济（Economic）、政治（Polocics）五大环境直接关系着中国企业群的生存与持续发展。华景咨询根据研究和咨询经验提炼出"C-STEP 原则"（简称"中国步伐"），即管理公司的五大原则，为中国企业群宏观环境评估提供框架。

文化（Culture）原则：使公司和管理卓越。不要盲目崇拜大人物，其实平凡的小人物才是真正的英雄。自由精神、平等精神、公共精神、开放精神、试错精神、娱乐和解构精神、契约精神、自由与分权、合作与共享。中国员工大军从 20 世纪 70 年代到 80 年代、90 年代等变化，文化环境是最大的挑战，这是无法逆转的时代趋势。中国文化与全球文化处于冲突周期，但折射出来的文化困境是中国企业必须予以面对的。如很多在外企训练出来的人无法忍受责权利模糊的现状；在民营企业出来的人无法忍受生活第一、工作第二的追求；在国营企业出来的无法忍受自私自利的追求。再如，中国很多大型企业在全球化过程中，相继出现水土不服状况，这都是对包括文化环境在内的宏观环境把握不够所导致。

社会（Society）原则：使公司和管理舒畅。社会结构发生变化，从集中社会变迁为网络社会，每个人从单位人变化为独立的个人；必须建立共同的底线——法制化，否则没有安全感；联合起来创造财富，在自由合作之间寻求新平衡。30 年来，中国社会变化日新月异。民间出现了很多社会主体，如物业处、社团、SNS、媒体、协会等新组织，以及 80 后、90 后新生代人力大军的涌入等。中国大多数企业尚未学会与他们打交道，这些都会对管理业绩产生很大的影响。

科技（Technology）原则：使公司和管理高质，包括科学、工艺、产品、产业、创新。中国的产业升级和技术进步,不消说本产业内与产品直接相关的技术变化无穷,包括IT/IS、环境保护、质量技术、安全技术等全新的通用技术都令中国企业应接不暇。若不深刻把握这些技术,就无法适应未来的产业竞争,更无法实现产业升级。任何技术(T)都要向上研究社会(S)影响和文化(C)内涵;向下开发经济(E)价值和政策(P)管控方式方法,否则就不是全面分析和有用建议。

经济(Economic)原则:使公司和管理高效,包括产量、成本、安全、利润、收益等方面。大致来看,经济素养是中国企业家和职业经理人的短板,使用经济学的理念和技术分析与决策对他们来说是很难操作的问题。如大部分职业经理人关注内部位置,而不关注外部宏微观经济与自身行为的关系。无论外企还是国企,精通政治的职业经理人到处都是,他们能分析和决策各个人的心理,但无法决策环境与产品、人、价格、流程的关系。

政治(Politics)原则:使公司和管理安全,包括计划、改革、招商、民生、公服行业等。政策导向是企业必须面对全新课题,原来的政策、法规等政府治理企业的工具非常简单,导向就是支持企业发展,口号就是"以经济建设为中心"。但随着环境的变化,很多政策直接导致成本上升,甚至无法经营下去,比如最新的工资改革、工会改革、环保新政等等。

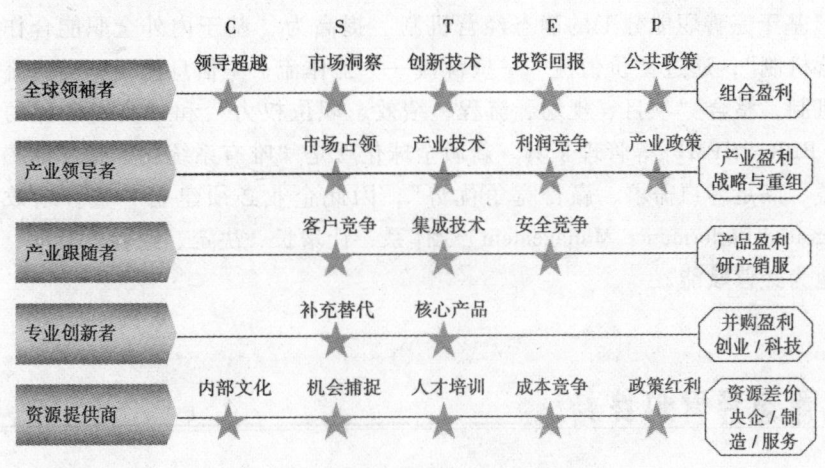

图3-17　C-STEP模型与企业定位的因素

"中国步伐"五大原则不是孤立无依,而是与产品密切联系的。如研究产品只需要从3C角度分析与决策,产品平台却需要跳出产业站在社会角度思考而采用C-STEP模型,"苹果大王"乔布斯就是把手表和轿车的设计文化植入手机(C)、把音乐产业和手机结合并采用产业链模型(S)、把互联网科技改造电子消费技术(T)等。

第十二章
系统化经营：IPM 模型

中资公司实施新版全球化的第二座大山就是"系统化经营"。公司经营模式要从"基于完善职能分工的静态经营机制"提高为"基于内外全职能合作的动态经营机制"，通过"价值流——资源流——工作流——信息流——实物流"的循环机制，整合"项目、规划、流程、绩效、职位权力"和"支离破碎的 PM、ERP、BPR、HPM"等管理工具。新版全球化就是"唯有系统化经营才能提升资本收益、满足客户需求、赢得竞争优势"，因此企业必须建立"整合绩效管理（Intergrated Performance Management）"体系，让增长、决定、经验、行动、标准更好地为经营赋能。

一、静态经营的终结

经营是一个过程，就是资本、资产、狭义的资源三类投入转化为资本、客户、竞争的三类产出的过程，或者说"生产什么、怎么生产、为谁生产"三大微观经济学问题。一直以来全球企业经营是静态经营的，如图 3-18 所示。

1. 永远无法解决"内部沟通不畅"和"横向协调不顺"的问题

彼此沟通"兵对兵、将对将、帅对帅"也只能解决各自层次的问题。真正解决问题就是层层上报，最后汇报到 CEO 处来"平衡"。这决定于 CEO 的职业

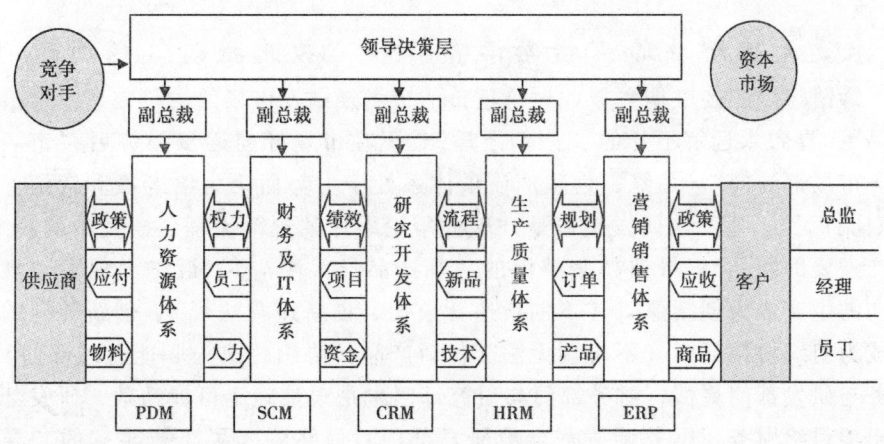

图 3-18　静态的企业经营

背景，技术出身就重视研发意见，营销出身就重视营销意见，生产出身就重视生产意见，财务出身就决定于财务问题是什么（关心成本就重视生产、关心收入就重视营销意见、关心新业务就重视研发意见），人事行政出身就是搞政治平衡。

随着计算机和信息专家的出现，研发、生产、营销、人力资源、财务管理分别建立 PDM 信息系统、SCM 系统、CRM 系统、HRM 系统、ERP 系统，但又制造了"IT 孤岛"，不仅使职能体系更加封闭，反而使内部信息更加无法协作。

2. 永远无法解决"组织臃肿和扁平化问题"和"清晰分工和责权利对等"的问题

基层需要协调，便设计主管职位，但主管职位一多又设置经理协调，依次类推总监、总经理、副总裁等。企业为协调一些重大问题设立了众多特殊角色，首席技术官协调跨部门的技术协作，最后陷入 CTO 与研发副总裁的分工问题。为解决质量问题设立管理者代表或首席质量官，结果制造了质量与生产、开发的责权利问题，再依次设立的首席安全官、首席人才官、首席信息官、首席文化官等 C×O 系列，人人都有"尚方宝剑"。这种解决问题的方法论，无疑使基层问题逐级推到高层。

流程与信息化解决方案专家发明 BPR 将问题解决在横向流程上，但忽略了上报解决的问题本身就是例外。在理论上"用解决例行问题的流程来解决例外问题"的逻辑错误，理论上对的不一定有效，但理论上错误的一定无效。同时制造了"变革领导人"与"运营领导人"的冲突问题。

项目与团队解决方案专家发明了 5S、TPM 和 PM 等手段，立足现场团队自行解决问题，但是"专家经理和行政经理"矛盾出现了，专家经理对如何解决行政经理的责任问题很纠结。最后，解决方案是"××是一把手工程"，本来不依赖一把手的事情最后又回到一把手手中。

3. 永远无法解决的"横向博弈"和"彼此推诿"的问题

营销与生产接口是"彼此讨价还价的市场规划、市场给的订单、生产给的产品",导致永远解不开的"产销矛盾",但在市场导向逐步强势后"市场导向=市场部导向"。最终,使生产质量体系处于劣势而沦为给老板和营销部门"双向打工"。生产与研发接口是"彼此争论不休的规范流程、研发给的技术、生产索要的新品",导致越来越深的"新产品导入鸿沟",最终出现了"规范导向的生产成为创新部门(不创新违背公司,创新违背法规),创新导向的研究成为组织协调部门(不协调无法交付新产品,协调就成为职能管理部门)"。财务与研发部门更甚,财务部门与研究部门也是艰难确定目标绩效,研发部门提出项目给财务,财务调拨资金给研发部门,最终陷入了斗智斗权的"导致谁决定研发项目(财务部门给研发部门定绩效提高新品率和毛利率,研发部门给财经专家们提出什么产品和什么技术的决策)"。财务与人力资源、生产、营销等交叉之间矛盾也是不断,最终解决导致"彼此制造宽松要求和空白地带"。

给出精益管理解决方案,基于六西格玛的精益解决方案来压缩这些空间,提高准确率。这就出现了一个新循环,"失职导致的错误——新出现专家团队名利双收——失职无所谓——空白点不精确越来越多",更为严重的是企业停留在过去问题解决上而不是未来需求的满足上。

4. 永远无法解决"体系筒"和"部门墙"的问题

在员工薪酬、职位、评价都决定于上司的静态经营体系下,一面为上司奉献真正的解决方案,一面为横向部门制造新问题。如果弱化部门或体系会导致公司所必备能力下降,如果强化体系和部门也导致公司必备能力下滑,那就出现技术工程师成为技术官僚,营销员对内营销为主,生产人员塑造内部环境,人力资源专员靠哪个部门买账,财务专员靠上级支持力度的情况。

组织变革专家和企业文化专家给出解决方案是"不断部门切换和改变每个员工学习、决策和行为",把公司转变为"学校"和"教堂"。

5. 永远无法解决的"动态博弈"和"静态经营"的问题

谁为客户和供应商负责呢?公司安排基层员工在奖金刺激下负责给客户提供并不需要的商品,经理负责争取回款,总监与客户博弈中确立了价格、费用、货款等政策,但副总裁和总裁呢,负责忙于与资本市场沟通。因此,静态经营模式本身就有降低客户满意度提高资本收益率的"泡沫机制"。而后端对供应商呢,员工要最高质量最快交付的物料,而经理千方百计地拖延应付账款;总监们忙于确立价费款货等政策,而高管研究竞争对手如何在竞争中取胜,这样静态经营模式也存在打击竞争对手损耗自己中长期利益的"自杀机制"。

客户联盟专家和供应链专家提出"端到端"的解决方案,最终仍旧决定于客户、供应商和公司谁更强势,导致"横向的纵向上下级关系"。

静态经营模式围绕授权和集权的管理老话题最终到了无法解决的时候,立足于静态经营的管理工具最后也失去效果,见图 3-19。成为"转折点的安慰剂、取悦客户的表演道具、寻找新道路的望远镜、人员思维的指南针",但真正效果确实"毁誉参半"。

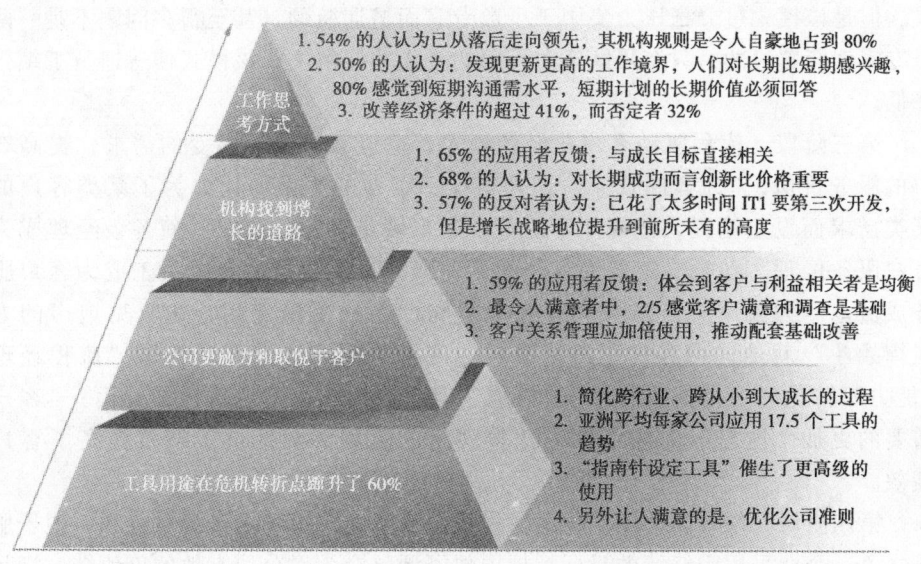

图 3-19　静态经营管理工具的失效

二、系统化经营才是有效的解决之道

"复杂不确定性内外环境"给"静态经营模式"敲响了丧钟。全球化领军企业和本土卓越企业都有探索性实践。

第一阶段,双向驱动的矩阵经营模式。整合"横向产品线和纵向行政线"的力量,使部门层次具有独立的灵活性,也就是一个职位同时归属"产品线+行政线"双重领导,在产品线上承担专业贡献角色,在行政线承担执行角色。关于矩阵式有很多论断我们就不赘述,这里要提醒的是,对员工的综合能力要求,因基于目标的自我驱动要求较高,成功实施案例不多,但毕竟已经开始从"静态经营"模式中走出。该阶段诞生和培育"产品 Product 经理(建立平台群)"角色,但该模式因过分强调产品为中心组织能力资源,最终,产品也无法聚集全部资源,甚至产品线之间争夺少数专家遭到瓶颈,导致该部门无法达到"产品绩效和部门绩效"平衡。

第二阶段,能力驱动网络经营模式。因履行工作所需要的资源不仅在本产品线，而且可能在副总裁等产品线外角色。这样改善员工行为的不是上司而是员工所承担的目标。在组织体系下"发现机会、实现机会、转化价值"，上司成为公司派给员工工作的企业代表和资源平台，其他同事无论任何行政层级等都成为支持者或客户，出现内部市场机制，该组织培育一批"能力专家（平台群转化建立能力库）"的角色（包括基于能力包的组织架构），成为网络经营模式的成败关键所在。其中，IBM在从计算机企业转型为服务企业过程中就采用该类组织模式，但是该模式过分把压力集中于少数专家而遭遇瓶颈，甚至很多问题不是一两个专家就能解决的，只有团队亲密无间的合作才能解决，该模式使普通员工绩效降低。

第三阶段，流程驱动客户化经营模式。适应客户灵活多变的需求，提高客户的服务价值，"为客户服务"是公司唯一存在的理由。比如为了某类客户的某类需求而设立流程，把内部资源整合起来满足客户的要求，使各级经理成为客户服务经理，各类专家成为客户的专业顾问，流程上的每个员工成为客户服务成员。华为公司所强调"只有客户线和产品线是稳定的，让听见炮声的人指挥战斗"就是这种客户化经营模式。该组织模式培育和造就了"流程经理（能力库转化建立为资源池）"的权威，但是该模式也遭遇这样的局面："客户需要的更加个性化"无法组织为比较固定的流程，降低员工绩效提高了客户绩效。

第四阶段，绩效驱动团队化经营模式。为了适应市场上资源整合和一揽子服务之争，企业采用围绕绩效目标，把内部资源整合为对公司有效的价值链。满足这一绩效目标，不是一个职位或一个部门能满足的。"绩效经理（资源池变为数据库）"这一角色开始诞生，所有资源围绕绩效开展。中兴通讯所实施的"合同值法"就属于一个重要的实践，最初就是为了解决"一个订单中研究开发部门的责任与贡献、生产交付部门的责任与贡献、营销与客服部门的责任与贡献"的问题。模拟建立一个"从产品开发、产品生产到产品销售的合同链，然后再把各个环境投入的资源资产化核算，两者相减就计算出每个部门在合同上的贡献"，这种模式使贡献全部归属营销部门的认知结束。这种模式过分关注内部股东绩效降低客户满意度。

第五阶段，项目驱动价值化经营模式。由于客户利益、股东利益、员工利益需要全面兼顾，企业内部需要基于EBO（新兴商业机会）进行快速反应，组建项目组织形态才能适应全面满足的形势。"项目经理（数据库变为项目库）"这一角色开始诞生，所有资源围绕项目开展。海尔所实施的"人人都是SBU"就属于一个重要的实践，每个员工都负责投入产出的SBU模式，基于每个人增值的要求整合内部合作资源，牵动公司资源通过为客户服务等活动确保为股东、客户等作出贡献。

第六阶段，规划驱动集成化经营模式。随着完成一个价值目标不仅仅需要内部资源，更需要经营情况的外部资源出现，各类长、中、短期收益项目复杂，公司开始把项目库转变为知识库。在基于知识的判断力和洞察力成为公司获得价值的关键后,建立基于行业和自身战略的规划成为"面向客户、股东、内部资源、外部合作伙伴、产业资源"的全面经营的依据。但因单一经营本身就是亏损的,而无法满足股东要求。现有职能存在价值也按"研发是战略资源、营销是战术资源、生产是服务资源"的战略定位重新划分。该类组织造就了"规划经理"角色,在 IBM 转型后期和辉瑞购并惠氏后就采用这种组织模式。

为适应"细分客户、第三方物流、第三方支付、生产和服务外包、不确定性环境、免费模式、体验经济、服务经济、互联网经济、跨界整合、产融协作"等商业形态和"项目、规划、流程、绩效、产品、能力"技术匹配的经营工具只有整合起来,才能适应"复杂不确定性"。"基于 IDEAS 的整合绩效管理 IPM(Integrated Performance Managing)"的模型(见图 3-20)就是在上述所有阶段基础上的升级,更是业务流程再造(BPR)、企业资源规划(ERP)、员工绩效管理(HPM)的集成的产物。或者说,是把这些工具从时尚技术的神坛上拉下来,与中资企业实物和管理情境相结合的产物,符合中国企业管理步伐,解决实际问题的"引进、消化、吸收、创新"的产物。毕竟,无论欧美给中资公司送来什么灵丹妙药,如果与生理条件、生活生态和具体病情脱节,那么都无法发挥作用。

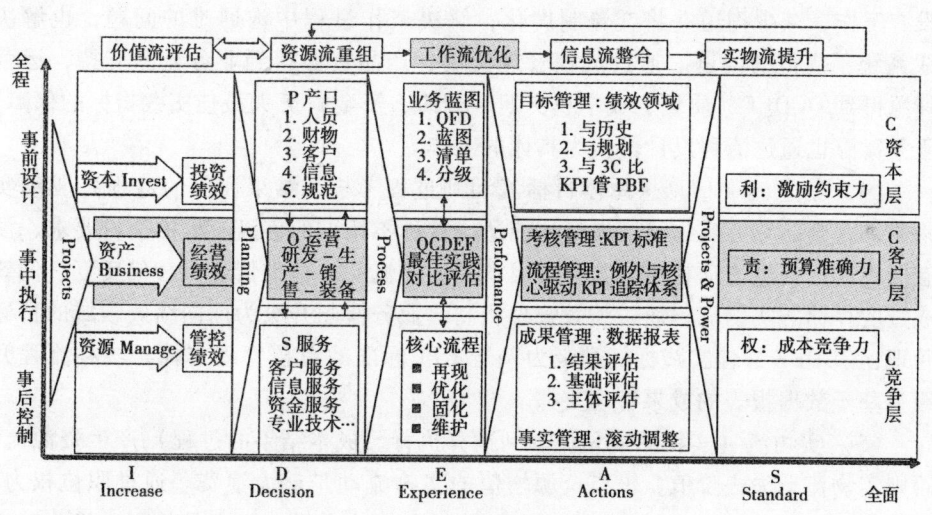

图 3-20 基于 IDEAS 的整合绩效管理 IPM

多年来中资企业和经理们忙于应该怎么做的学习和思考,但忽略了"为什么这么做"的思考,导致管理泛滥。管理不但没有解决问题反而成为最大的问题。本模型最大价值就是"逃离分模块的技术体系,使管理活动回归价值原点,避免为了管理而管理的破坏价值现象发生,更避免"向管理技术体系推卸责任"。目前唯一系统化经营成功模板是"乔布斯和苹果",在全世界人民面前缔造消费电子产业起死回生的奇迹。当我们真正站在中国企业角度分析乔布斯传奇背后"管理遗产"的时候,我们才能为"系统化经营"找到"一个具体可操作的管理情境"。

1. 不是按职能分析和架构公司，而是按开放动态的价值流、资源流、工作流、实物流而分层次闭环运行，不是基于职能负责人运行，避免产生"经理人瓶塞"现象。

（1）以价值流（价值从投资流动到经营、管理的过程）为中心，资本价值是地板，资产价值是空间，资源价值是天花板，一切流程（Processes）、绩效（Performance）、职位（Position Power）、项目（Project）、规划（Planning）都是为了价值流高效运转，传递价值是通过精心设计出来的，而不是掠夺或简单转移的。

（2）资源流（资源从新产品流动运营、服务的过程）需要工作流，否则任何资源就会被沉淀或浪费。没有工作，任何资源都不会自动增值，必须按资源运行规律来组织工作，而不是依据习惯，避免资源扭曲。投资资本通过规划升级为"人员、财物、客户、信息、竞品"等产品（Products）资源，经营资产也升级为"技术、装备、规范、环境"等运营（Operations）资源，管控资源更升级为"价、费、款、货"等服务（Service）资源，构成了资源流的 SOP。

（3）工作流（工作从蓝图流动标杆、流动节点的过程）产生信息流，否则工作只能现场亲自动手，无法适应知识工作的遥控影响的特点。没有信息输出就没有工作，减少沟通并将交流制度化，解决工作过程中沟通难的问题，也解决 IT 系统不规范的问题。通过流程管理机制，产品资源得到业务蓝图支持，运营资源得到 QCDEF（质量、成本、交期、节约、资金）五大最佳实践指标的保障，服务资源也通过流程设计落实为具体的工作。

（4）信息流（信息从总体目标流动到过程考核、结果评价的过程）驱动实物流，否则，只有实物过度储存才能适应这种不精准的信息流程的交付要求，没有低成本的信息流动就不会发生高成本的实物流动。精准信息流替代反复、低效或过度存储的实物流。通过绩效管理机制，业务蓝图升级为面向绩效领域的目标管理，QCDEF 最佳实践标杆升级为基于 KPI 标准的考核管理支撑，核心流程升级为基于数据报表的成果管理支撑。

（5）实物流（实物从规划流动到预算执行、成本结果的过程）产生资源流，否则实物流动失去价值，没有资源增值的实物流动是最大浪费。通过职位权力，目标管理升级为各职位任职人员的基于激励约束力的利益，考核管理升级为基于成本竞争力的责任，成果管理升级为基于预算精准力的权力。

（6）资源流验证工作流，否则工作失去评价标准，工作存在唯一理由就是增值资源。通过外部资本层、客户层、竞争层的杠杆效应，产品资源升级为投资绩效，运营资产升级为经营绩效，服务资源升级为管控绩效，这样验证投资、经营、管理活动。

2. 企业不是按模式套用，而是"事前设计、事中执行、事后控制"的全程管理，实现软性管理刚性化，使支离破碎的管理模块一体化，避免基于事后的无效争论、"胡子"投资、"推诿"经营和"私有"管理。

（1）事前设计：研究开发、市场营销、人力资源的激励约束机制，为资本投入层次活动而服务的，符合投资规律，重点解决利益问题。包括基于资本的投资绩效、产品资源、业务蓝图、目标管理、激励约束和资本层标准，实现先算账后花钱。

（2）事中执行：采购与生产、质量与安全环境管理、IT/IS 职能等是为资产增值保值满足客户要求而服务的，符合经营规律，重点解决责的问题。包括基于资产的经营绩效、运营资源、QCDEF 标杆、考核管理、成本竞争、客户满意度。

（3）事后控制：人力资源制度管理和员工服务、财务管理、行政制度、客户服务是为资源高效使用满足竞争要求而服务的，符合管控规律，重点解决权利的问题。包括基于资源的管控绩效、服务资源、核心流程、成果管理、预算控制、竞争优势。

3. 不是过分强调一个灵丹妙药，而是集成"项目、流程、绩效、规划、产品、能力"改善和支撑经营活动，并设立"项目为了增值而生成规划、规划依据决策而缔造流程、流程为集成经验转化为绩效、绩效需要产品和能力支撑，与部门、指令、任务、目标、协议、职位的机制。

（1）项目：为某一阶段性目标而临时设立固定组织的价值流的价值点协作，与部门常设机构机制相反"越快撤销越高效"。

（2）流程：为某一客户而整合设立固定工作形式的工作流的任务包和资源流协作，与上下级行政指令的区别是可以"按理性规则平行工作"。

（3）绩效：为某一目标达成转化为"过程（绩）＋结果（效）"信息流和工作流的开放协作，而不是基于任务的封闭达成。

（4）规划：为战略目标和内外环境而规划资源布局，是基于资源流和价值流的协作，而不是基于现有资源的目标设定。

（5）产品：为客户某个需要而整合资源的价值载体，是基于工作流和实物流的协作，而不是传统的协议。

（6）权力：为达成某项工作而拥有特殊技能的权力，是基于实物流和工作流的协作，而不是传统的职位。

4. 强化并落实"以事实和数据为中心"的管理理念，实现各个流程、绩效、规划、权力、项目的经营工具和五流合一的管理机制的一体化，避免企业基础职能体系建设完成后的各自为政，实现管理要素和工具回归原点，纠正"拿锤子的人看见什么都是钉子"的问题。

（1）解决员工的工作规范问题，避免错误和偷懒，以工作流提高人员绩效；

（2）解决部门与实物的作业规范，避免沉淀和脱节，以实物流提高财物绩效；

（3）解决跨部门的合作规范，避免扯皮推诿和重叠纪要，以信息流提高各部门绩效；

（4）解决跨职能协作规范，避免资源重复建设，以资源流提高职能绩效；

（5）解决跨企业跨层级的协作规范，避免低效替代和重叠挤压，以价值流提高企业和层级绩效。

三、如何实现系统化经营

以某一全国前100位石化炼油厂实施系统化经营实践为案例，我们将理论融汇到管理活动情境来讲解这一国内全新经营模式。

第一步　评估价值流。

IBM模型（投资I、经营B、管理M）是对企业绩效起决定性作用的价值流模型，涵盖一个项目从价值选择到价值产出、价值实现、价值增值的完整阶段。"投资决定定位、经营决定毛利、管理决定利润"。

用项目生命周期来指导项目规划，任何投资项目都要经历建设阶段（输出战略地位）、经营阶段（输出销售收入）、管理阶段（输出经营利润），但是很多项目在建设阶段开始追求销售收入导致战略地位丧失，或者追求利润导致项目面目全非；也有些项目在经营阶段开始忙于营销体系、组织体系、人力资源体系建设导致项目定位和投资目标改变，使项目仍旧处于建设阶段，甚至有些项目"边建设、边经营、边设计"而自以为先进；还有些项目到管理阶段，仍旧采取粗放经营，导致没有利润，更没有成本竞争力，甚至追加经营、建设力度来提高利润。

例如，一家公司的CEO经常讲"我们公司面临的机会太多"，中高层整天进行外部调查和项目谈判，但是五年过去了公司并没获得有效增长，甚至公司的基础管理开始下滑。公司又采取所有项目基本不接，除非来自商品客户的做法，这又造成眼光向内，陷入另外的极端，这家公司不适应系统化经营。

这家企业组织内外专家评估其从投资价值到经营价值、管理价值的价值流动过程，经过调查，发现其驱动资产经营的项目较多，导致成本较低，客户满意度较低，这为企业后续发展埋下祸根，因石化投资周期较长投资项目少使公司后劲不足，资源管理薄弱存在设备安全和能耗隐患，也就是说该企业目前的成本竞争力是以低收益为代价的，而三大成本来源的设备折旧成本和能源成本都被忽略了，只是公司原料采购、存储决策质量高导致了暂时的成本优势。

经过分析并梳理现有项目和项目需求，公司增加9个资本投资项目，满足异地设厂和其他型号油品加工要求，这导致公司资本规模上升；删减现有4个经营类项目，因现有油品库能超过本地产能需求，该基地不再建设油品库，也不再进行面向资产有效性的技改，公司新型号设备需要与现有设备对接等等，这样资本投资绩效为资产经营绩效指明了方向，否则继续盲目地进行资产投入降低资产收益率最终不仅使资本收益率降低，反而会成为"重资产公司"或"资产沉淀"；增加7个资源管理项目，提高人工、能耗、材料等资源利用率，因这家公司软实力太弱，技经指标过低不是设备或工艺导致，而是职位管理不清、流程优化不足、人力资源管理错误导致的。这家公司想要形成支撑增长的项目结构，即

"碗里的现有竞争力、锅里的成长力、田里的机遇占有率"的增长结构。因此需要建立与项目式经营相匹配的投资管理、资产管理、资源管理及项目管理体系,确保这些项目时机匹配,产生综合效益。

使用不同绩效期达到的管理目标。短期投资目标是利润率(管理绩效)、中期投资目标是销售增长率(经营绩效)、长期投资目标是机会占有率(投资绩效)。短期投资目标希望获得机会却导致企业错失真正机会的案例比比皆是。

具体项目流程如下:

(1)基于资本收益率评价投资绩效,梳理资本类项目及需求。正确设定资本收益率指标评价周期是关键牵引因素,资本收益率作为与资本市场沟通的工具,否则资本市场无法理解企业阶段资本投资导致的该指标下降。我们曾接触烟台万华和深圳万科两家公司研究它们的资本回报率并发现,短期评价资本回报率没有任何意义,对于房地产等投资周期1年的行业则容易高估价值,而烟台万华这种投资周期至少5年的行业则低估价值,但是纵观10年,发现烟台万华是最持续的"牛股"。这家公司建立并跟踪研究短中长周期的资本回报率指标体系,以10年期长期指标预测值纠正中期资本回报率的预测值,以5年中期资本回报率预测值比较短期资本回报率预测值。每个项目都要首先预测长期投资回报率的影响,并结合机会成本来估计这项值。每年都要分析出如何改善现有项目使资本收益率在中长期得以提高,作为年度投资绩效管理的任务,投资绩效是长期评价,但并不是可以等待的,也是每年扎扎实实工作积累而成的。

基于资本收益率的投资绩效管理存在下列误区:

不是投资绩效规律来指导投资。对行业发展机遇估计不足、对行业投资周期缺乏了解、盲目满足股东当前利益等,为持续成长和未来机会占有率而实施的项目少,都会因中长期资本提前投资不足而最终损伤资本价值。深圳曾经有10家超百亿国有集团,占据天时地利人和因素,却在1995—2005年深圳快速发展的期间退出历史舞台,基本都是该因素导致的。比如赛格集团曾经是国内电子元器件制造基地,虽然预测中国电子产业大发展需要大量替代国产器件,但是随着企业家退休年龄的到来,开始投资于房地产、合资经营等投资周期短的项目,导致中长期产业资金不足最终成为烂摊子。另外几家集团也在这种投资策略驱动下进入自身并不具备优势的市场化竞争领域,最后血本无归,甚至成为腐败和国有资产流失的温床。

不是投资项目周期组合合理推动成长。投资项目投资、经营和管理周期的组合设定不足,要么是企业停留于短期项目或成熟项目导致项目一投产即落后,要么因长期投资项目过多使公司在中期被他人重组成为别人收益期。任何一个项目都有一个完整投资周期,资本收益率对项目也有短、中、长期收益的要求,无论是利润、销售额还是现金流都会有要求。根据我们的研究,投资绩效不良,不是无法预测未来市场需求,而是很多企业或企业家没有周期组合意识和管理流程,要么使利润波动,要么使销售额波动,要么现金流分配不均匀甚至断血。

不是与资本、经营、管理规模匹配的投资项目。比如年利润超过2亿美元的公司投资未来贡献利润不足千万美元的项目，导致未能引起股东关注，当然无法产生良好的投资绩效。另外一家大型公司在软件等领域投资很难成功，就是管理规模与项目不匹配的原因。任何投资项目都是都在严格项目管理流程和投资管理流程下取得效益的，投资绩效需要严格投资管理流程来支持，而不是天马行空的战略举措。更为重要的是在投资绩效领域，品牌绩效、能源绩效、安全绩效、环境绩效、管理绩效等二级投资项目因素被忽略，而这些问题只能在投资层次解决。

（2）基于资产周转率评价经营绩效，梳理客户类项目及需求。建立并跟踪研究中短期的资产周转率指标体系，不使用长期资产收益率指标，因长期资产收益率指标属于资本收益率指标而没有指导经营的意义。

经营绩效不良的原因主要有：

重投资轻经营的理念，产生一流投资项目、二流经营。任何项目都是四分投资六分经营，但很多项目始终停留在投资阶段，甚至在经营阶段仍旧用投资阶段策略来解决经营问题，对决定经营绩效的营销绩效、生产绩效、运营绩效、人力资源绩效、资产与资金绩效等影响因素关注不足，使一个项目经营绩效无法发挥出来。可以说，很多收益很高的项目是由投资绩效决定的，尤其忽略生产、营销、服务相关的项目投入的经营绩效是减分项目。

重内部轻客户的理念，产生经营失去绩效源泉的错误。经营就是以客户为中心，这与投资以战略为中心不同。决定经营绩效的是客户选择和客户服务满足能力，对客户需求了解不深，没有客户需求变迁调整经营质量，或者忙于投资见效益，客户选择与定位不当，都会使项目失败。尤其是在供应商选择、经销商选择、中高层管理队伍选择、技术队伍选择等二级投资项目（属于经营项目）上投入不足，是经营绩效低的常见因素。

负债比例不合理拖垮（负债比例过高）或抑制经营绩效（负债比例过低）、现有经营的项目和资本投资项目混合管理、背离资产周转率盲目选择项目使经营竞争力下降。

（3）基于资源投资率评估管控绩效，梳理竞争类项目及需求。建立并跟踪研究短期的各类资源贡献率指标体系，管理绩效对外以竞争对手为核心，对内以成本竞争力为核心，合理评价战术性人力资源、资金资源、信息资源、物料资源与销售额关系，明确资源结构，通过优化资源效能提高项目利润率。更详细的情况见GMP部分。

（4）将项目梳理支持三步走的规划体系，优化价值流为企业绩效奠定基础。建立并跟踪研究短中长期的资本、资产、资源的交叉分析体系，找到本企业和本行业的杠杆关系：

- 投资绩效、经营绩效、管理绩效三者关系优化：避免"投资绩效很好，但经营后劲不足、竞争优势不足；或者经营绩效很好，但投资绩效不好、管理绩效不好"。尤其注重投资绩效靠经营绩效实现、靠管理绩效保障的机制。

- 项目的资本价值、资产价值、资源价值要归位：哪些项目支持销售利润率满足当前、哪些项目支持市场占有率满足增长、哪些项目支持竞争优势满足机会占有率和竞争优势。在价值流体系中分类分责管理"投资绩效（实现资本价值）、经营绩效（实现资产价值）、管理绩效（实现资源价值）"及相关项目，包括投资管理归属董事会领导，而经营项目要成为各经营部门的工作、管控项目要成为各级管理者的责任和义务，使公司形成项目经营所需要的氛围。
- 评估各项目的投资绩效、管理绩效、经营绩效，建立持续规划体系的项目输入管理，导致项目在规划轨道内运行，使企业绩效持续发展避免波动。

第二步，实施资源流重组，基于规划的和产品绩效、运营绩效和服务绩效，提升资源组织绩效。

如有的中国企业，资源总量非常大，无论资产总额、人数还是资金量等等，远远高于同行业同类资源规模，但是这家企业各类资源仍旧非常紧张。人员加班加点、资产超负荷运转、资金利息成本占据企业收益支出很大一部分。我们使用 CBM（公司业务组件）方法论来分析满足产品（Products）绩效、运营（Operation）绩效、服务（Service）绩效所需要组件和基于组件的配置情况，发现资源效能关键是"匹配性、完整性、层级性、结构性"，否则再多资源都没有用。

该方法论非常简单，依据企业规划把任何资源所构成的业务分成两个维度：

一是资源是否满足引导责任、控制责任、执行责任，偏重于人力资源及配套资源。如果缺乏引导责任，员工就会等待、迷茫、试错、冲突；如果缺乏控制责任，则员工们就会混乱、矛盾、劳而无功等；如果缺乏执行责任，任何事情都无法得以落地或取得较好结果。

二是资源是否满足该业务的"管理、设计、采购、制造、销售、服务、改进"七大工作价值节点的要求。或者说满足该业务管理要求的资源都是什么，以此类推。如果缺乏管理所必备的资源（缺乏管理性），则该业务是混乱的、无依据的、个人化的、偶然性的。

我们分析该企业的产品绩效、运营绩效、服务绩效所需要资源及布局，并依据规划要求进行全面重组，使之满足每个绩效模块的要求。

（1）分析资源布局，寻找绩效障碍的资源因素。产品资源（包括基于产品的人力资源、财物资源、客户资源、信息资源和规范资源）。在解决了这家企业的在销产品、在产产品、在研产品缺乏分类的问题后，对每个产品的各类资源的分布环节和层级进行了分析，找到很多资源分布问题。发现很多不同要求的产品使用同一个质量规范，导致产品缺乏差异化。导致有些产品质量高、成本高，有些产品质量问题很多，甚至很多很好的产品缺乏合适财物资源配置，有些产品客户资源为零或处于想象阶段。

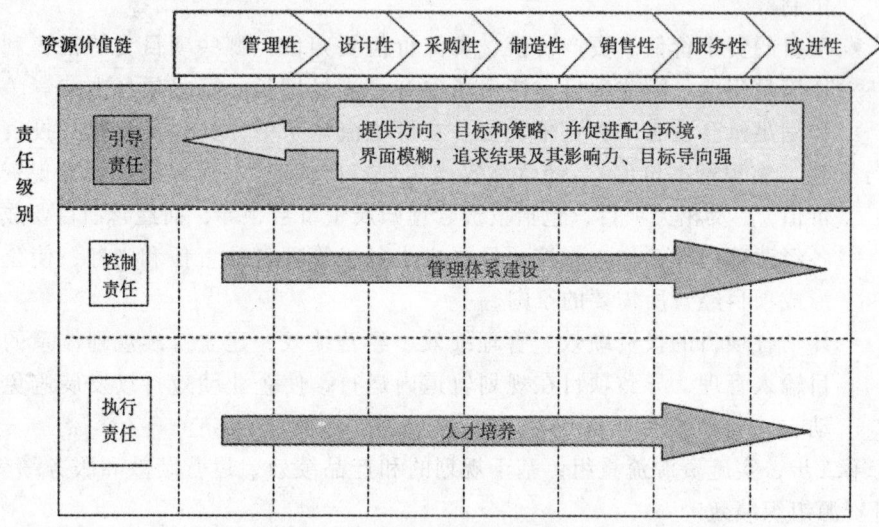

图 3-21 CBM 方法论分析绩效

运营资源（包括基于生产的研发资源、装备资源、生产资源、营销资源等）。这家企业的装备资源和生产资源非常丰富，但是研发资源和销售资源不足，显然与规划所提及的研发、销售导向不配套。

服务资源（包括基于品牌的客户服务资源、信息服务资源、资金服务资源、专业技术服务资源）。这家企业缺乏服务资源，都集中于产品和运营领域，对客户服务、信息服务、资金服务的专业技术服务都是用产品和生产领域最差的资源来保障，显然无法满足要求。

（2）依据规划实施资源重组，建立资源策略。根据 SOP 领域的各类组件的资源要求，实施资源重组计划（如图 3-22）。

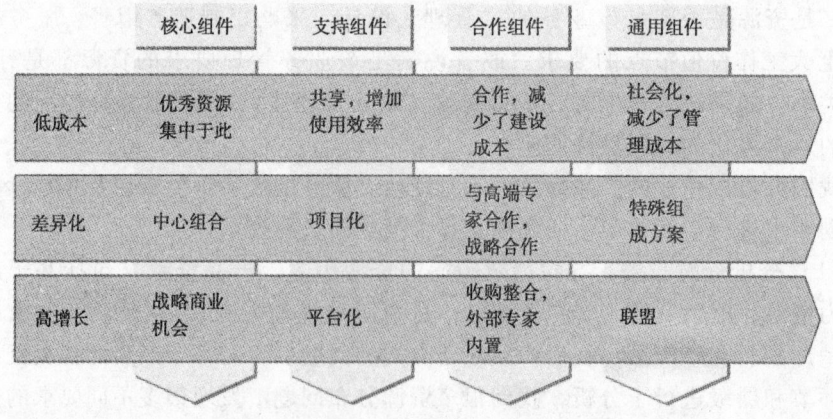

图 3-22 各类组件的资源要求

依据企业一体化要求建立分层资源定位,并使之与人员决策匹配(如图 3-23)。

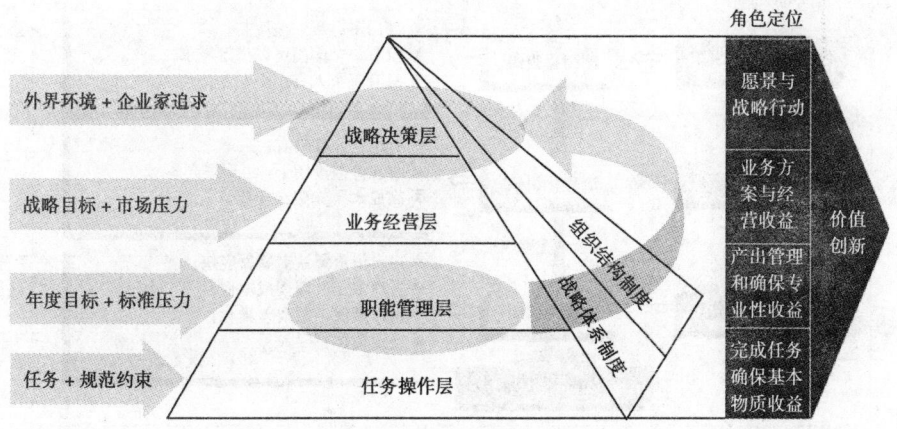

图 3-23 分层资源定位

(3)建立资源策略,解决资源瓶颈(如图 3-24)。

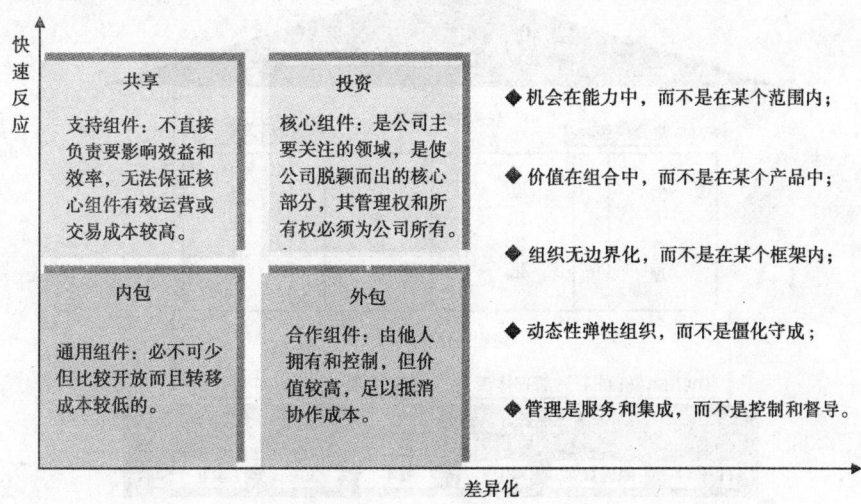

图 3-24 资源策略

3. 依据资源模块,实施与之匹配的组织模式来确保规划实施。这家企业只有建立专家化组织才能满足其在竞争中面临的压力和矛盾的要求,基于各种业务组件的专家化组织能有效解决专项问题和抓住特定的机会,同时保持组织能力可持续性和灵活性(如图 3-25)。

第三步,推动工作流优化,把经验凝集为流程,确保流程绩效

我们使用"流程大厦模型"来优化资源组织的工作流程(如图 3-26)。

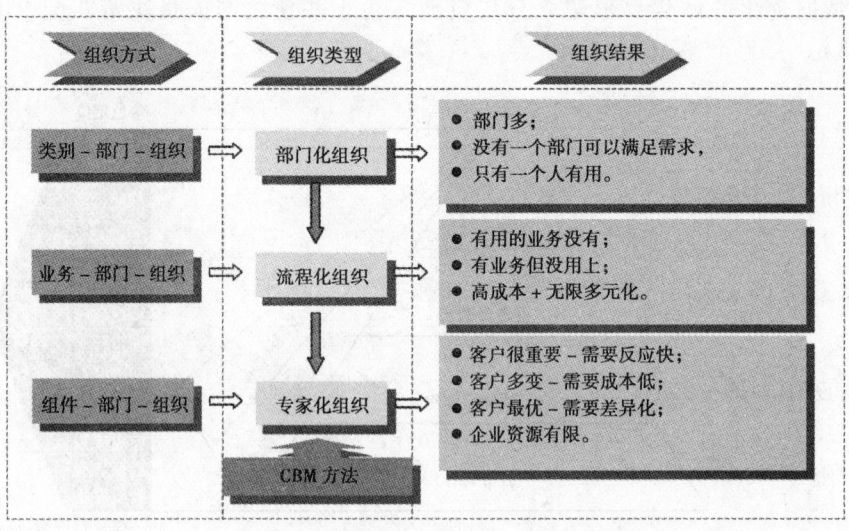

图 3-25 组织模式

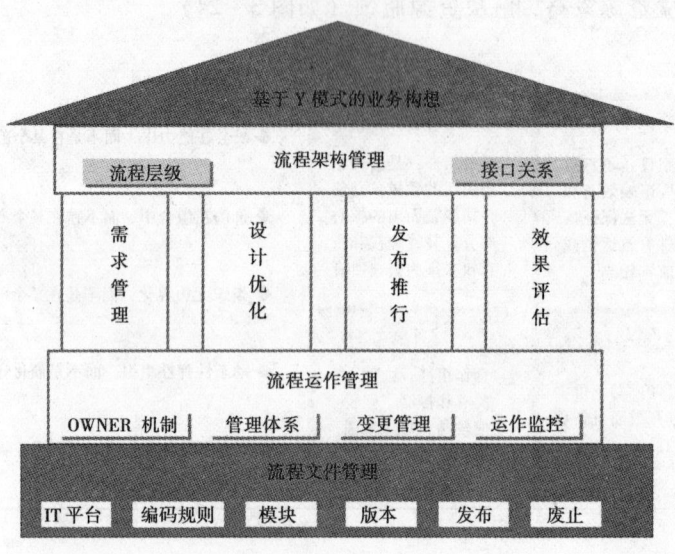

图 3-26 流程大厦模型

（1）业务蓝图，从战略角度理清工作流程的宏观逻辑，避免流程冲突，定义处于高管头脑中的业务情境。我们以营销公司业务蓝图为例来说明，业务蓝图明确了外部结构资源如何与内部流程结合，把外部客户的需求转化为内部的质量要求，在流程结构清晰的基础上确立流程清单，划分子、分流程等（如图 3-27）。

（2）确立所有流程输出结果外部最佳标杆，确保流程输出的质量、成本、

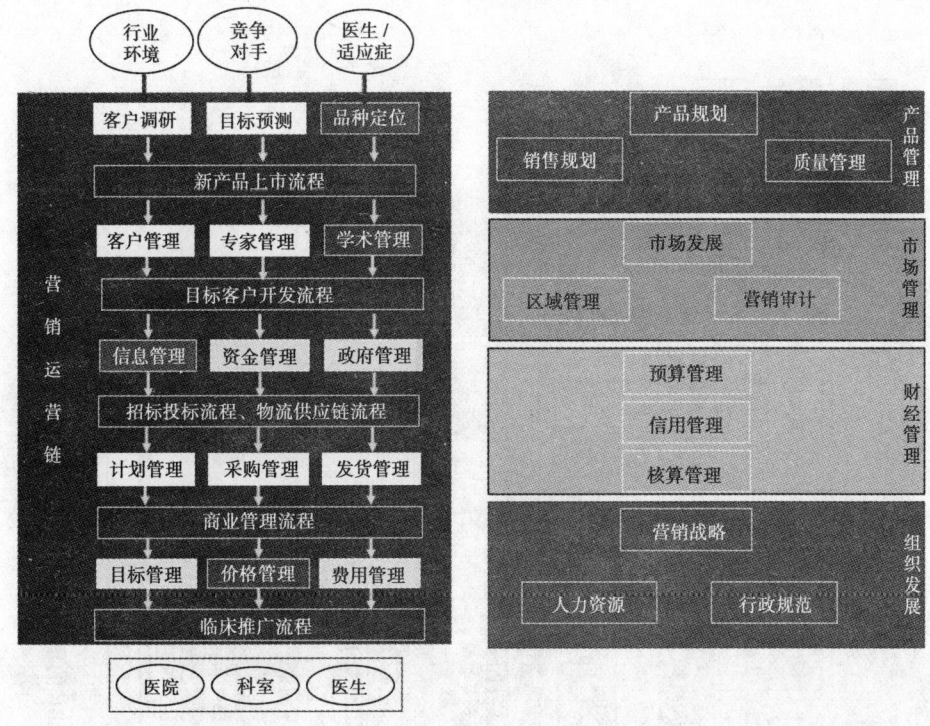

图 3-27 营销公司业务蓝图

交期、经济性和资金用量的要求,确立流程输出标准。

(3) 通过再现、优化后固化每个流程并建立流程管理体系(如图 3-28)。

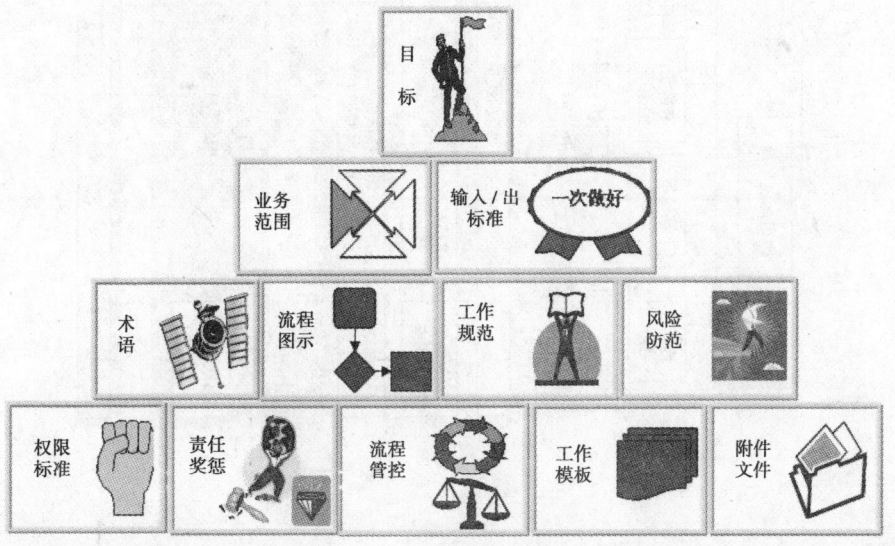

图 3-28 流程管理体系

第四步,信息流整合,推动行动到位,提高绩效管理的绩效。

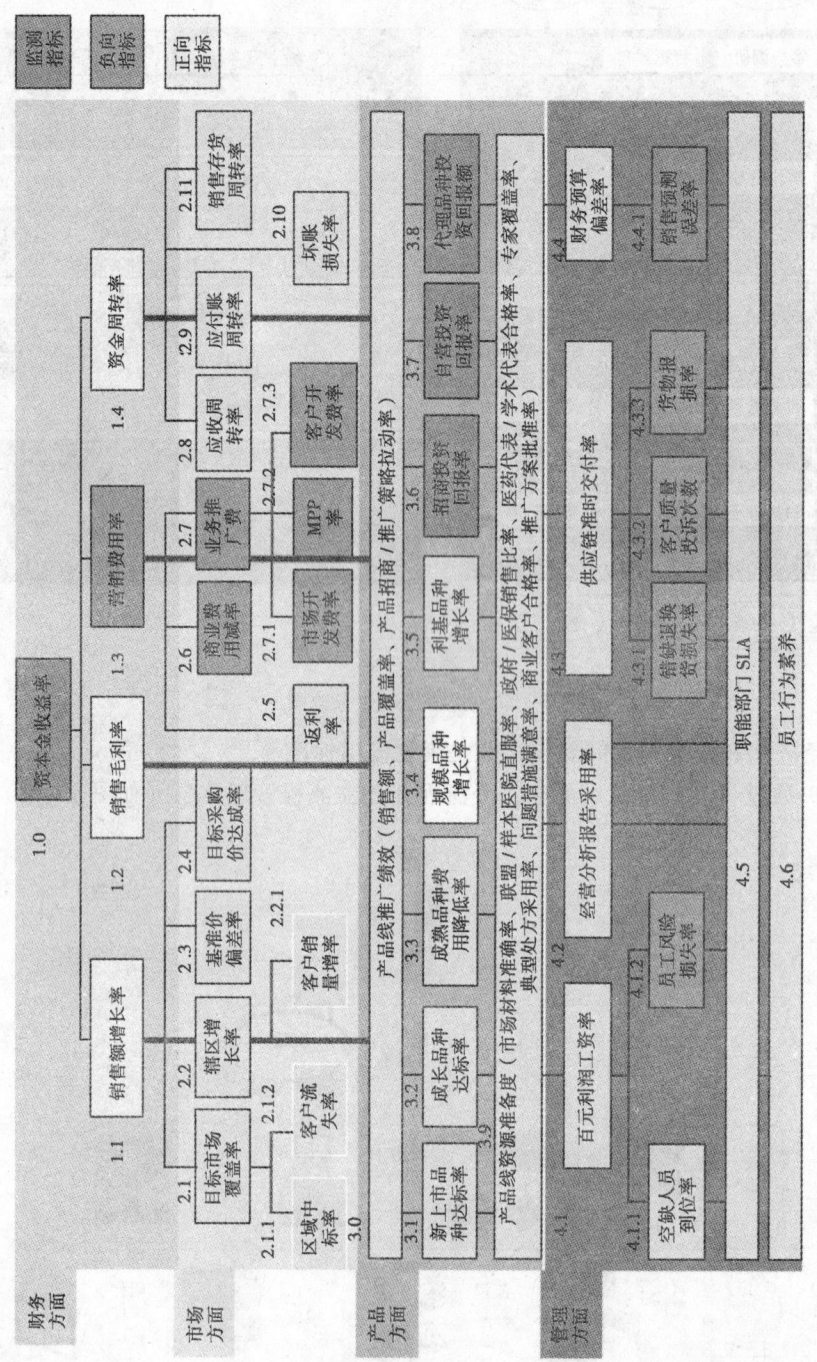

图 3-29 基于 PBF 的预算体系

（1）依据绩效领域确立目标管理，建立与历史、规划、3C相比的KPI体系并形成基于PBF的预算体系（如图3-29）。公司级KPI体系指标树必须满足"关键、瓶颈、定位"等三项要求，即体现阶段性策略、公司发展瓶颈、公司营销公司角色要求"。

（2）依据KPI标准实施考核管理，建立基于业务流程管理的KPI追踪体系。绩效管理到位，不到位的绩效是企业内部泡沫的最大来源。温情脉脉的绩效最后只能丢掉每个员工的饭碗，经理人会丧失客户、股东、合作伙伴的信赖。中资企业理解的绩效是发现缺点，但全球化竞争所需要的考核却是发现全部优点和改进点。

（3）基于数据报表的成果管理，实施结果评估、基础评估和主体评估，以事实管理为中心滚动调整。

第五步，实物流提升，建立支撑标准的产品和能力。

实物流的运行机制：

（1）获得管控类职位权，实现超越竞争对手的成本竞争力。企业绩效来自于组织的构架能力，包括"价值驱动战略、目标定位选择、现实共识达成、盈利模式设计、运营整合实施、能固化能领导、动力与绩效激励"。

成本竞争力的方向：结合外部角色选择的使命与内部期望的战略确定，不是牺牲性降低成本，而是找到做对事情的能力。

成本竞争力的依据：将生存条件和价值观整合作为变革的底线，不是盲目地把今天的成本转移到未来，而是把未来的成本转移到今天。

成本竞争力的策略：将策略和结构整合作为一项业务，为成本竞争活动提供支持，而不是排斥智慧，使用廉价蛮力。

成本竞争力的领域：依集成式流程和制度而生成的运营体系。

成本竞争力的动力：集成式职能和文化的领导机制，是确保成本竞争力的里程碑。

成本竞争力的基础：包括"企业资源、管控绩效、服务资源、核心流程、成果管理"系统。

（2）获得经营类职位权，实现满足客户需求的预算精准力。实现预算精准力不仅仅是预算流程，还有与之配套的理念、能力等，是由决定企业绩效的经营硬实力决定的。

改变理念，软工具和软精神也成为客户选择的硬实力。包括资产、运营资源、QCDEF最佳实践、考核、预算、经营绩效六大方面，缺一不可。把考核、预算和QCDEF最佳实践标杆作为硬实力。原因在于：全球化绩效战争是"买赢不买输"的游戏，试想"外部的客户、内部的员工及各主体"谁会与"资产陈旧、运营资源违规、QCDEF长期落后于产业最佳实践、考核未发现和改善推进能力、预算波动过大、经营绩效平平"的机构合作呢？尤其是"市场化治理"的背景下。作者在近20年职业生涯中多次与全球前100位产业巨人深度合作，发现巨人最富有的不是厂房、设备、资金等物化资源，而是我们往往判断为

"虚"的能力。

培育能力，精准的先算账后花钱才是最大化利用资源的唯一途径。从客户角度出发，整合"组织的使命、策略、资产和运营资源、流程、供应链、合作伙伴、客户"，它将行业的发展与盈利能力结合了起来。"手中有剩余资金是企业最大的浪费"成为全球化绩效战略的基本原则，如果整个协作链条都没有计划或计划都得不到执行或都持币待购，那么这个供应链是最低效的，必将因资金低效使用而被银行等资金供应方抛弃；这个链条上所有的参与方也因资金成本过高而无法盈利，或者因低利润无法得到高能力资源而进入恶性循环。

洞察利益相关者的根本需求和阶段需求能力，是"算准账"的基础。依据行业发展趋势和企业成长要求，一个组织必须明确选择自己存在的价值角色定位，这就是使命的抉择，要从行业角度、客户角度、投资者角度、员工角度、社会角度来思考自身存在的理由。

超越未来伟大的虚幻实现现实超能，是"算准账"的保证。组织的伟大使命是在生存这一前提条件下实现的，但必须明确自身生存的条件与优势。使命与生存的差距产生了发展的策略，指导企业如何从现实一步一步走向未来，避免无意义的试验。客户是问题的核心，客户是实现业务转型的基础和外部支持点。客户策略是组织变革最重要的环节。

"资源配置、流程翔实、资产高效、考核到位"越来越少的弹性空间是"按账花钱"的根本。如何在日常业务中创造价值虽然是流程所要解决的问题，比如建立新产品开发功能、采购及供应链功能、销售及营销功能、财务及投资功能、人力资源及管理功能。但流程精准运行，缺少弹性空间的灵活才是整个经营系统的能力体现。

（3）获得投资类职位权，实现满足资本价值的激励约束力。激励约束力，不是"有竞争力和公平力"的员工高收入就有约束力！这是错误解码，一是如果激励仅仅对"员工有约束力"，而不是对"投资层的目标管理能力、产品资源预估能力、资本层期望判断能力、投资绩效预测能力、业务蓝图架构能力"有约束，那么这场激励必然是分钱游戏；二是激励是从"资本层利益到员工利益的转移"，而不是"员工与资本层的一致性利益分享"；三是被激励对象只有员工，没有包括"资本层、各合作伙伴、与员工匹配的合作能力"等等。

实现激励约束力同样是由决定企业绩效的投资活动的主观性软能力决定的。软能力是"组织愿景、价值观、结构、营销、开发、人才"等主观性要素的整合为企业成长和员工成就的能力。组织内外大家对公司未来的勾画是必须明确的愿景，在愿景实现的过程中则必须坚持一定的价值准则。而在实现公司愿景和价值准则的过程中，又必须明确公司的管理模式和分工协作机制，这是企业结构所要面对的，包括资本层的治理结构、管理层的管理结构、业务层的经营结构。为了确保结构正常运行，防范风险，必须建立企业的规范制度。为了弥补制度的不足，则需建立起自己的文化体系，以此调整员工的思想和行为，从而接受现实的挑战。

激励约束力也需要对约束力进行激励。通过投资层"资本的投资绩效清晰、资本层期望的预判断、产品资源的完整性、目标管理和基于目标的行动力、业务蓝图的支撑力"的能力和努力,全体成员的"项目管理、规划管理、绩效管理、流程管理的成熟度"的能力与努力,每个员工与这些系统的配合能力,成为共同为员工利益而行动的全组织激励行为。

第六步,以价值流为中心促进持续循环:资源流需要工作流、工作流产生信息流、信息流驱动实物流、实物流产生资源流、资源流验证工作流(如图3-30)。

这家企业有个核心理念"生存、发展、变革",但是一直以来无法贯彻到每个层次、每项工作中去。我们通过研究发现,所谓生存就是经营绩效,发展就是投资绩效,变革就是管理绩效,把这三类绩效贯彻到资源组织、工作流程、绩效管理和实物控制中来就成功解决了这个问题。

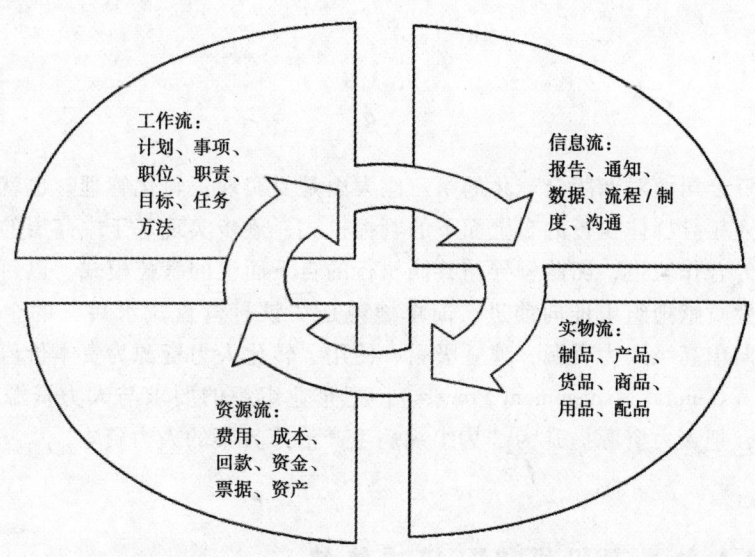

图3-30　以价值流为中心的持续循环

第十三章
正轨化控制：GMP

中资公司面对新版全球化的第三座大山是要实现正轨化管理，也就是要告别基于个人领导群体执行的自上而下的管控模式，逐步实现基于中高层的综合管理流程作为合作轨道，团队领导与共同执行的自下而上的管控模式，以每个人力资本阶段性贡献把组织推向前进，简单地说是"铁打营盘流水兵"的企业管理方式。面向中高级人力资源，建立吸引、使用、转化人力资源为资本价值的综合管理流程（General Management Process），把企业组织的要求与人力资源的需求紧密结合，把人力资源提升为"为组织病生产治疗方案的人力资本"。

一、"人力资源组织化"模式终结

中资公司适应人力资源组织化管理模式，把企业某个中长期能力寄托在某个具体的人身上，所以这个人在企业就具备这个能力。企业把这种人力组织化模式继续深化。比如，通过师傅带徒弟地传帮带，培养和复制更多的这种能力，把最后剩下来的人作为该能力的载体；企业实施脱离社会趋势的企业文化管理给现有员工们"洗脑"，使他们忠诚于企业；企业实施经济责任制给现有员工施加压力激发他们的工作潜力，避免他们偷懒；企业实施强势的行政监督体系使这群人遵守基于最高领导个人风格的工作方式和合作规范，使多人彼此不同的工作习惯统一于一个人，避免消耗。

企业也为此付出了巨大的代价，与绩效脱钩的薪酬、与组织规范脱节的职位、与组织模式不匹配的人情评价都是人力资源长期持有的理念所导致的错误的管理方式。职位因人而设，使这个不可或缺的能力持有者有"位子"，导致企业的组织架构不是"砖头的组合"而是"石头的组合"，也导致"因人设岗和因事设岗"成为中国企业解不开的难题；薪酬并不是按照企业效益、员工绩效、职位特点而增减，而是依据年龄、资历、职务和内部关系而水涨船高，使企业薪酬忙于被动追随外部变化，导致薪酬永远都是"分配"而不是"激励"手段，使真正的优秀人才要么被排斥出企业，要么安下心来成为和大家一样的人，接受企业所给予的"福祉恩泽"。而企业的评价模式，无论怎么创新，与市场竞争要求、企业战略责任、个人绩效成长等没有根本性联系，始终停留在"内部人际关系标准"的水平上，即使企业自上而下推行显性评价制度，也通过内部"潜规则"使之符合"内部的团结"和"软性的认同"，最后"共同进步"压制"个人突破"，使组织成为"中庸"派的"金銮殿"。

这种"人力组织化"模式不能持续。人力资源在国内和全球的市场化程度越来越高，人力资源属于员工自己，而企业只有人力资本。人力资源如果不能被哪一家企业所持有，那么人力资源要么沉淀、要么消耗、要么流失。而企业只能做到通过"吸引、使用、转化、保持"把每个人的资源转变为企业所需的人力资本，没有其他选择。

1. 薪酬水平、职位内容、评价规则是市场强加给企业的外部游戏规则，企业不再是游戏规则的设计者。企业是薪酬水平的被动接受者不是主动制定者，是职位规范的使用者不是规则设计者，是评价流程的执行者不是随意创造者。企业唯一选择就是"提供更高薪酬水平、支撑各职位任职者创造更卓越的经济贡献、开发超前评价技术并发现被其他组织和个人所忽略的人才潜能"。

2. 人才全球化、增值能力化、管控高级化使企业文化、经济责任和综合管理面临前所未有的挑战。人才全球化使基于区域文化、企业家个性、企业成长阶段所培育的企业文化遭遇普世价值观的考验。增值能力化使个人不犯错误和企业集体共享的经济责任制度遭遇市场透明化考验。管控高级化也使管理工人、应届毕业生所培育的管理人和组织的方式不适应职业生涯中后期的中高级技术、营销、管理人才的需求。

3. 人力资源市场层次提升对"人力资源开发为人力资本"提出全新课题。随着中国经济和社会的发展，很多优秀人才也开始步入"五等级职业生涯道路"的第四和五阶段（如表3-5），这是其一。因中国是从生产型企业转型过来，培养营销、研发和基于全价值链的管理人才需要付出很大努力，这是其二。

表3-5　　　　　　　　　　　五等级职业生涯道路

级别	职业生涯道路
【1级】	靠时间力赚钱，靠政策赚钱难以为继，充分透明的全球流动
【2级】	靠技能力赚钱，靠关系赚钱难以为继，资源充分流动没有人员归属
【3级】	靠判断力赚钱，靠资历赚钱难以为继，环境快速变革没有永恒经验
【4级】	靠整合力赚钱，靠个人赚钱难以为继，信息充分共享没有个人化资源
【5级】	靠洞察力赚钱，靠品牌赚钱难以为继，领导在于增值他人不在于奴役他人

二、正轨化控制

人力资源资本化,其道理很简单。比如说三个人是100分、30分、10分的能力,也就是说企业拥有100分、30分、10分的资源,但是三个人分别发挥了10分、30分、12分,则只得到了52分人力资本,对企业来讲第二个人带给企业的资本价值大于第一个人。

我们的团队多年来在部分领先企业所做的基于CEO的GMP模型(综合管理流程)的实践(如图3-31),就是解决"把市场充分流动的人力资源开发为企业所需要的人力资本"问题的有效工具之一。

人才市场化格局下人才找到"企业文化、经济责任、年度流程"三个杠杆支点,分别决定管理上限、下限和中线的管理空间;三个手段职位、薪酬和评价,分别作用于位子、票子、面子。关键在于使这六项管理活动逐步进入轨道,推动人力资源向组织所需人力资本的转化。

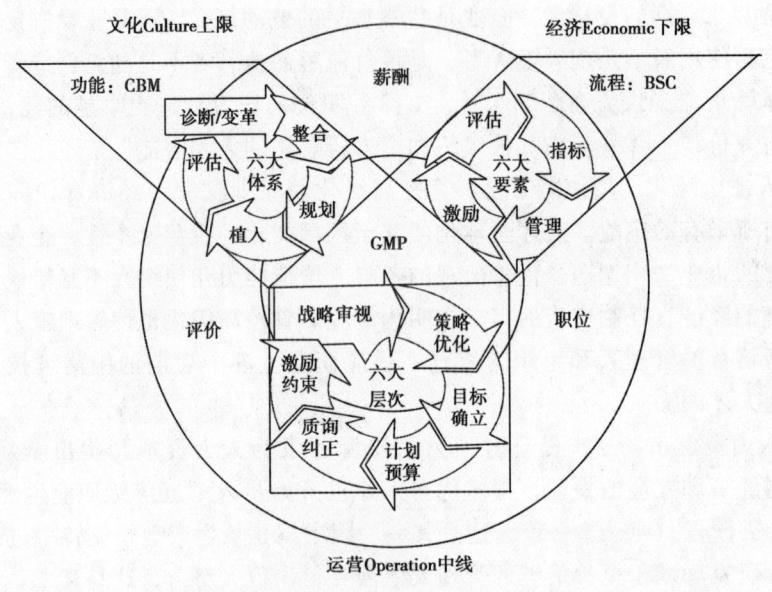

图3-31 基于CEO的GMP模型

人所共知,解决外部人力资源内部资本化问题,关键是解决好"吸引、开发、保持、转化"的四大问题。与传统人力资源管理体系模型关注于人与职位的结合不同,GMP更关注企业所在组织为人力资源发挥作用所需要的支撑,是"制度竞争力",而不是职位吸引、薪酬吸引、评价吸引等。

表 3-6　　　　　　　　　　　　资源资本步骤与资本化管道

资源资本化管道 \ 资源资本化步骤		吸引	开发	保持	转化
上限	企业文化	企业独特价值观与普世价值观融合	指导学习与成长、思考和决策、行动和规范	共享的价值观、共振的行为规范、共用的职业技能	客户、服务、流程、创新、变革等基因导入能力
下限	经济责任	经济责任明确和增值基础较好	具有合理但明确的人才经济责任	持续经济增值机制并高于市场水平	更高增值的价值循环体系切换速度
中线	年度流程	清晰明确的年度运营流程及贡献点	基于年度运营流程的各环节智慧支持	包容团队每个人力量和经验	基于年度运营流程的经营智慧分享
推力	职位管理	对接职业化市场的职位体系	经济增值责任成为个性化职位责任	跨职位的衔接和流动满足职业生涯	基于职位的能力模型满足个人与组织
拉力	评价管理	公正公开公平的评价流程和 KPI	多维的综合评价满足个人与组织成长	标准提升和个人收入、能力同步增长	素质评价满足组织变革和个人成长
动力	薪酬管理	不低于市场水平和精准的绩效薪酬兑现支撑能力	宽带付酬机制	基于市场动态薪酬调整政策与透明调整流程	与企业及各业务单元的经济增值能力相关关联

企业必须启动"新三项制度改革"：

• 从"基于 KPI 的绩效评价制度"到"满足年度运营流程，与企业文化一致的评价制度"的改革；

• 从"基于行政的职位制度"到"满足经济增值责任，支撑年度运营程度的职位制度"的改革；

• 从"基于利益的分成式薪酬制度"到"立足公司文化牵引，与经济增值责任匹配的预算式薪酬制度"的改革。

企业必须同步推动"新三项责任机制建设"：

• 基于企业家风格的封闭企业文化，要与普世价值观融合一致建设企业文化体系，并建立持续的"诊断、整合、规划、植入、评估"的管理责任和行动责任机制；

• 基于短期资本积累的经济责任制，要转变为企业持续发展的经济责任竞争机制，并建立持续的评估、衡量、管理、激励的经济循环；

• 基于个人领导习惯的年度运营方式，要转变为市场驱动的、透明的年度运营流程机制，并建立"战略审视、策略优化、目标确立、计划预算、质询纠正、激励约束"的责任机制。

三、如何实施正轨化控制

第一步骤，优化职位管理，嫁接经济责任，支撑年度运营流程。

从"基于行政的职位制度"到"经济增值责任＋年度运营程序的职位制度"。

1. 评估企业的经济增值责任的风险（目标与现实偏差），优化职位及职责降低增值风险（见图3-32）为了满足投资者、员工、客户、供应商、政府及社区六大市场的机会成本要求，简称为六要素（关于在六大市场竞争环境中如何实现经济责任增值，这在经营战略性架构（BSA）中已阐述得非常清晰）。如果六大经济责任在扣除相对竞争对手的总投入和资本成本后的盈余高于竞争对手就满足机会成本需要，否则就是贬值。

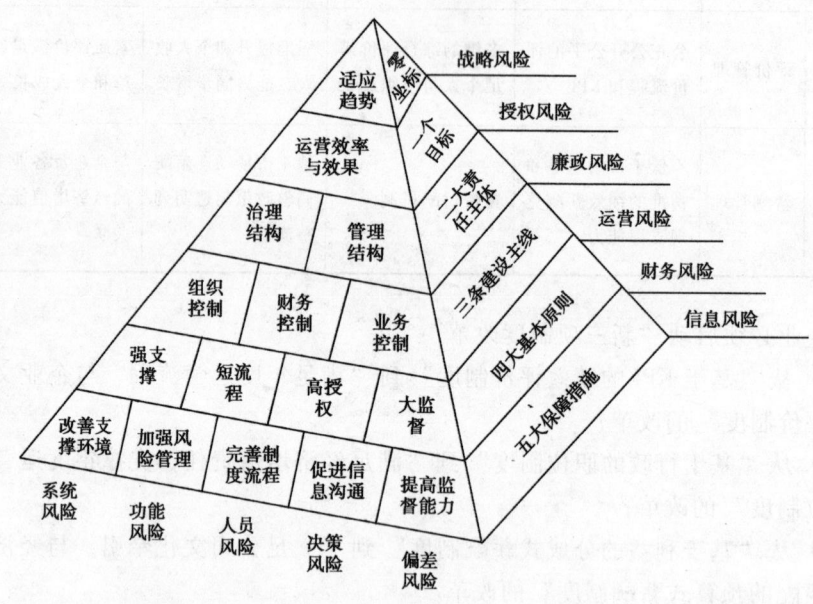

图3-32 经济增值责任的风险

2. 评估年度运营流程的工作要求，建立与企业的年度运营程序分层分类工作同步的职位层级体系（见图3-33），明确中高层年度运营责任和职位体系。

第十三章 正轨化控制：GMP 263

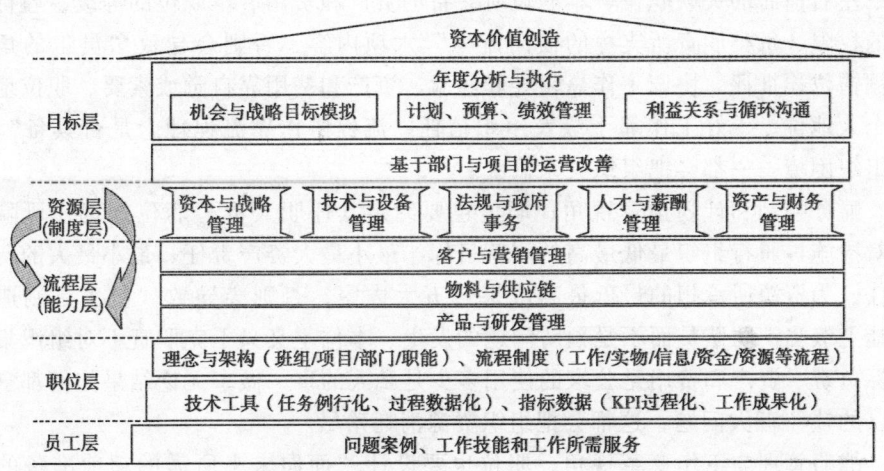

图 3-33 职位层级体系

- 资本价值责任层：股东会、董事会、监事会。
- 年度目标责任层：总经理团队及各战略业务单元群。
- 企业资源制度层：负责资源采购、管理、配置和维护。
- 企业流程能力层：负责流程设计、控制、指导和维护。
- 企业职位控制层：负责职位设置、使用、督导和维护。
- 企业员工支撑层：负责员工计划、组织、控制和创新。

3. 转型职位管理，以职业生涯变革实现业务创新和组织变革。职位说明书是管理专业人士与经理人都熟悉的管理工具，如何设计与实施职位说明书，此处无须多言，只讲述"业务创新与组织变革"视角下的职位管理转型方案：

（1）集成式职位设计（Intergrated Position Design，IPD）：传统职位设计与管理方案未能实现职位管理功能的集成，只从单一角度来设计与管理。职位要么从人力资源管理角度讲是员工与组织联系的节点，要么是从组织架构与业务流程角度讲是组织的最小构成单元、从财务管理角度讲是最小预算单位、从战略与变革角度讲是企业最小的发动机和转折点。但是业务创新与组织变革角度必须实现四大功能集成，要承接经济增值责任和年度运营流程，即实现"六维集成"建立健全24项要素，否则成为业务创新与组织变革的28个"癌细胞"，不但没用反而成为问题的温床。

人力资源和工作执行视角，职位要清晰告诉任职员工的"基本职责、达成职责要求、例行的内外沟通关系、必备任职条件、履行职责所遵守的流程和制度"五项内容，否则会导致"员工靠等任务的被动工作、工作是否完成看上级脸色、工作协调靠个人人际关系、任职条件靠上级赏识、工作依据靠个人摸索"共五大人才困境，每个困境都会把员工的资源价值耗损掉。

组织架构和业务流程视角，职位要明确告诉所有组织成员"职位的定位、上下左右前后的关联职位、本职位所必备的资产和费用、本职位的等级、履行职责的权限、每类职责所支撑的横向流程"六项内容，否则会导致"员工的角色模糊错位挨批评、协调工作靠领导和经验、资产和费用靠自觉或索要、职位地位靠个人地位、干好工作靠上级及组织信任、流程协作靠流程理念是否具备"六大组织困境——都会把组织关系搞乱。

财务控制和计划预算视角，职位也要约定其任职人员"职位的责任风险及应对措施、履行组织最低最高的团队目标、最小最大资产责任、最小最大的费用责任、为资源所承担的最低最高成果"五大内容，否则会导致"员工是制造问题让上级当消防队员而不是预防问题的发生、本位主义只干完职责不对组织集体目标负责、资产和费用是公家的使用多少是私人的事、做事无论结果如何都拿好自己的钱"五大问题，这都会把组织资源消耗殆尽。

战略管理与工作变革视角，职位也要设计"面向未来所需的超前准备的工作、支持组织愿景所需关注的领域、个人所需提前掌握的能力与技术、职位所需面对的不确定性"四项内容，否则会导致"员工吃保本比经验、关注历史和现状、保守于不出问题不做最大化准备、碰到不熟悉的或需协作的就推卸责任"四大问题，使组织停滞或退步。

经济责任增值与效能角度，职位更要确定出"为所使用的资源获得最大化结果所必须履行的责任和义务、为所支撑的流程在本职位范围的工作步骤所必须达成的最小 QCDEF 标准、为目标计划和预算所必须承担的最小额度、为下属及关联职位的效率所必须做的责任"四项内容，否则会导致"资源占有成为法定权利、别人给出要求是苛刻或找麻烦、目标越小越好预算越多越好的博弈、把方便留给自己把麻烦留给他人"四项问题，也会消灭而不是制造职位经济价值。

年度运营流程与周期角度，职位必须设计好"为年度流程各步骤所必须提供的方案与信息的责任、在日周月季年所必须达成的责任、每项职责自我检查自我改进的周期、在各类流程所承担的角色"四项内容，否则会导致"提供方案和信息是例外事项、关注责任范围以外长期责任、躲避检查问题持续发生、忙于行政关系疏远横线客户服务"四项问题，使组织停滞在眼前。

专业部门要持续评估本公司职位与行业、人才市场的 24 项职位要素，既要通用性又要差异化，避免职位成为人员的"吸引的一堵墙、开发的打狗门、保持的滑铁卢、转化的大革命"四大问题，限制"人力资源向人力资本"的价值转移。

（2）体系化职位控制（Systematicd Position Control，SPC）：职位管理靠员工本人的努力是一个方面，也需要实施价值化控制才能满足"经济增值责任和年度运营流程"。职位扎扎实实地设计是基础，职位狠深透细地控制也是不可或缺的。与全球化企业竞争，职位控制必须做好四大内容，才能使组织保持灵活性。

职数控制：一个职位所配置的人数就是职数。组织规模和业务增长的要求不同，各职位的人数要求也是不同的。不同职位实施职数控制的指标也是不同的。比如决策层管理类职位数与资产管理密度（管理人员费用总额÷资产总额，不同行业有所不同）有关，控制层管理类职位与组织管理模式有关，执行层作业类职位与工艺流程有关，执行层专业技术类职位与组织及业务成熟度成反比，执行层管理类职位与员工管理幅度有关，执行层服务类职位与组织官僚化程度有关，执行层营销类职位与营销模式有关等等。

职岗切换：一个职位工作内容相同，但所任职人员工作能力和负荷也是不同的。一个职位会存在人员高配（低素质人员做高要求工作）以保障职位运行、低配（高素质人员做低要求工作）以保障职位创新，真正适配情况很少见的。为解决这类问题，必须把职位和岗位分离管理，一职多岗是合理的，使"员工跑步上岗给员工达成职位所必需的阶梯，加快员工成长推动员工从出任到胜任、资深的深化职位成点，靠多人来保一个职位来适应多种局面"，否则一步到位岗位太细不仅使工作分工复杂反而导致组织冗员过度。

主辅分离：为提高一个职位任职者的工作效率和个人价值最大化，组织也会涉及秘书（分担事务性工作，使之从这些工作中解放出来）、助理（分担非增值性部分工作，使主官担任更有附加值的职责）、副岗（分担例行的或特殊技能要求的工作）、继任岗（能够履行该职位的全部职责，但个人影响力和经验等软性因素尚需培育）、替补岗（在业务高峰期承担部分工作，无法完整履行职位的全部职责）。但必须明确这些职位的运行成本和价值产出，否则也会成为职位价值贬值的一个漏洞，甚至成为职位福利。

分类保障：在一个组织内按照"组织战略价值的贡献性、任职人员技能的特殊性"将职位分类并采取不同管理措施：通用职位（贡献一般、技能一般）给劳务提供商、辅助职位（贡献一般，技能特殊）战略合作或外包捆绑、发展职位（贡献较大，技能一般）自建临招配置人员、核心职位（贡献较大、技能特殊）自建自储备长期培育为核心组织能力。

（3）专业化职位发展（Professional Position Developing, PPD）：尤其是核心职位代表组织特色，员工是不能拿着职位说明书直接工作的，职位说明书只界定了一个人在这个企业的战略系统、组织系统与流程系统、绩效系统等所承担的角色、工作范围等，没有明确地界定他怎么做工作，职位说明书仍然需要其他配套文件，构成"核心职位手册和能力模型体系"。因此采用最佳指导者与最佳任职者的方法来编写职位说明书，让优秀者制定标准，让其他人去学习优秀者的做法。

（4）职业化职位提拔（Career Position Improvement, CPI）：为了满足人力资源市场资源特征和员工基于组织长期发展需求，企业把职位按职业生涯分六类职位管理：

- 管理族：决策层（CXO、总裁、副总裁、总经理）、控制层（总监、职能经理）、执行层（直线经理、基层主管）。

- 技术族（研发族）：技术员、工程师、高级工程师、资深专家、技术总监等。
- 营销族：业务员、业务主管、业务经理、业务总监、业务顾问。
- 作业族：普工、技工、技师、专家。
- 专业族：专员、专业经理、专家。
- 支持族：文员、秘书、助理等。

这些职位族不仅鼓励员工做精做透，也鼓励员工跨职位族发展，降低员工转型成本，确保员工基于组织实现职业目标。组织依据各类人员所要求的深度选择性配置各族所用层级，建立不同跨职位族发展通道，并通过跨职位族的合作项目、兼职或轮岗手段，确保员工在组织内所必需的经验和技能。

（5）价值化职位管理（Value Position Management，VPM）：职位管理要立足经济增值保证年度运营，必须实施"职位价值管理"，定期评估内部组织可优化性和外部人力资源市场的可替代性，确保各职位投入产出比最大化——职位价值最大化。评估职位价值要满足"四力模型"：

职位竞争力：包括两项内容：职位对人才市场目标人选的吸引力，一个职位一个人选有多少候选人数；公司该职位与竞争对手相比的产出高于多少或投入低于多少。

职位生产力：包括两项内容，即职位薪酬总额与职位所支撑业绩目标的比例，一般用单位产值工资率（作业族）、单位销售额薪酬率（营销族）、单位投资额薪酬率（技术族研发类）、单位资产薪酬率（管理族）等加以衡量；也包括该职位为组织中高级职位所贡献的合格人才总数。

职位支撑力：包括该职位的员工的平均胜任率、胜任周期、空缺补偿率等人员匹配性指标和现任员工满意度、员工晋升率等人才培养性指标两个维度。

职位控制力：该职位的员工异动对职位风险的影响程度，或者员工离职对组织造成损失的总额，组织必须摆脱对个人的依赖。

第二步骤，变革薪酬管理模式，以企业文化激励，靠经济增值责任分享。

从"基于利益的分成式薪酬制度"到"以公司文化激励，靠经济增值责任分享的预算式薪酬制度"，走出"唯利是图"的"有薪无酬"、"薪金愁于决策"、"薪金仇于结果"的怪圈，走出"涨薪——不满——涨薪——不满"的薪酬管理怪圈。这也是人力资源市场分层化（劳务市场、就业市场、技术市场、经理市场、资本市场、特殊市场）使基于利益分成的传统薪酬制度终结。

1. 薪酬体系＝激励机制性完善＋激励价值性循环

确立薪酬成为激励约束机制的薪酬要素，从两个维度澄清激励要素，并将激励要素提前转化为员工动力，满足人才、经营、变革、战略的完善机制，建立与价值创造、价值评价、价值分配、价值增值同步的循环。避免事后算账使价值只能一次性分配而不是持续循环，机制只能是存量人员的保持而不是增长资源的牵引（见图3-34）。

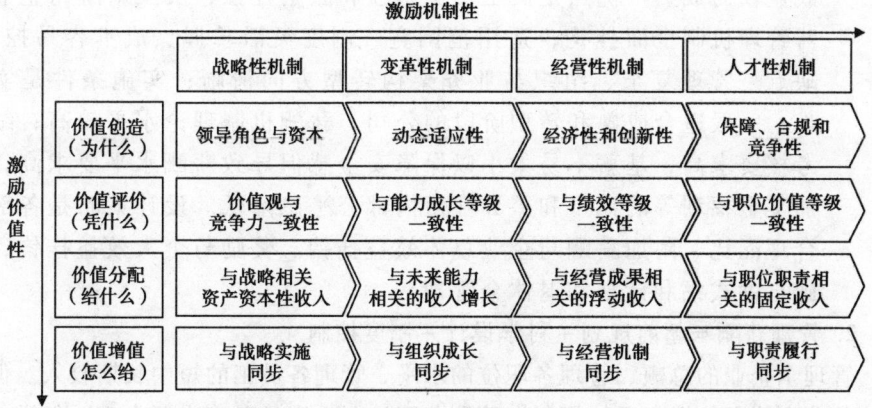

图3-34 薪酬体系

(1) 激励机制性完善：薪酬不仅仅是人才管理工具，也是经营杠杆、发展杠杆、战略杠杆。企业文化体系的战略要素、经营要素、变革要素、人才要素的目标、理念、政策、制度、规范、资源，组织与员工个人要看得到、想得明、做得到、用得好、干得久，这才是双赢局面。

比如，产业结构转型、企业升级等战略因素也导致薪酬市场的变化，比如从销售到市场网络转型、从产品生产向新产品研究开发转型，会导致营销管理人员、研究开发人员的薪酬市场的提高，尤其是高端人才，使之成为资本性人才。

(2) 激励价值性循环：薪酬不仅仅是给什么，也是为什么给、凭什么给、怎么给的闭环循环，这样才能确保增值。遵守经济增值责任体系的投资（洞察投入、冒险启动、长期推动、持续收益）规律、经营（目标执行、资源整合、成果实现、跟踪改善）规律、变革（机遇判断、创新推动、能力整合、链接未来）规律、人才（机会获取、组织融入、职责履行、权力增长）规律。

- 高弹性模式：适用条件是工作热情不高、企业人员流动性大、业务伸缩性较大的职位。优点是激励功能强、与业绩挂钩紧密，容易控制总量；缺点是员工缺乏安全感、员工收入水平波动大不容易核算成本；实施条件是绩效考核要及时准确，并且公平合理；一般适合创业、成长阶段；设计策略是增加奖励和附加部分比例，减少员工福利比例，基薪施行绩效制度。
- 高稳定模式：适用条件是工作热情高、企业人员流动性小、业务伸缩性较小的职位；优点是员工安全感强、员工收入水平稳容易核算成本；缺点是员工缺乏激励性、容易成为企业负担、人力资源规划与配置要求高；实施条件是容易实施；一般适合衰退阶段稳定队伍的公司；设计策略是增加基薪比例，个人奖励与公司总体水平挂钩。

- 复合型模式：适用条件是职位划分、业务运行特点、发展阶段、企业效益较为成熟。优点是员工安全感强和激励性强，员工薪酬与企业经营管理机制全面挂钩；适用范围宽、制度灵活掌握、成本容易控制；缺点是管理复杂、组织与业务架构转型方向清晰；实施条件是实施难；一般适合成熟和转型阶段的公司，薪酬机制理论水平较高；绩效考核要求高，基薪不易太小以保障安全感但导致薪酬水平要求高；增加奖金福利等的比重和差异性使内部公平感降低。设计策略是各部分合理配比、附加薪酬与企业总体效益挂钩、奖励与个人效益挂钩；实施自助式福利计划和退休金管理。

2. 管理薪酬 = 超前规划 + 科学设计 + 制度控制

管理全企业的总额、管理各职位的水平、管理各员工的短中长期收入。但是传统的薪酬管理依据事后结果制定薪酬分配计划，满足薪酬来源合理，但没有满足薪酬的经济性，更没有满足薪酬的激励性。这是老板决定每个人收入的模式，更是一种事后管理模式，企业文化和经济增值责任所要求的因素没有提前传递给每个员工，从而失去薪酬激励性。

更为关键的是传统薪酬管理存在两大弊端：

（1）鼓励员工的财务贡献，忽略人才的全面发展，更忽略了组织与人才的融合。这是付酬因素没有与企业价值观体系融合的缘故，导致老板发了钱也不开心；员工们得了钱也不知道所以然，使员工唯"多少"导向。

（2）鼓励员工的短期效益，忽略经济增值来源于长期投资、中期变革、短期经营和现实管理等因素，也使企业经济增加不可持续。

我们建议采取如图3-35所示的流程以避免上述弊端：

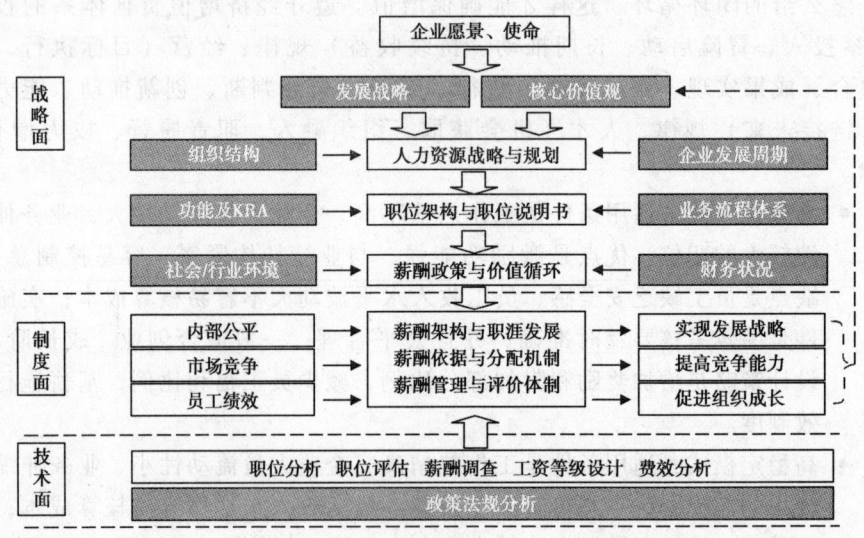

图3-35 管理薪酬 = 超前规划 + 科学设计 + 制度控制

(1) 超前规划定盘子：管理只有组织超前规划才是激励性因素，否则就是补偿性保健因素。如供求关系影响薪酬市场的变化，如果供大于求则薪酬市场会降低。

(2) 科学设计定职位：管理是依靠技术工具和科学的严谨活动，这样才能实现管理的合规性、竞争性和创新性。物价指数等因素也会导致薪酬市场的变化，物价增长，导致薪酬市场增长；企业盈利水平提高、企业劳动效率提高都会导致薪酬市场的增长；企业其他要素，技术、物料、客户、资本、资金、产品等要素变化也会导致薪酬市场的变化。

(3) 制度控制定个人：管理只有公开、公正、公平地操作，才能避免人员个人影响力。制度也是策略一种反应，不是为了公平而公平。比如，人力资源市场所供应人力资源通用性越强，薪酬市场与人力资源市场关系越一致，如劳务性操作工、事务性文员、财务管理、行政管理、人力资源管理人员、应届毕业生等；而技术性人员、经营性人员（销售与服务、生产与品质、研究与开发）、中高层管理人员则与人力资源关系不强。

3. 薪酬预算 = 共同目标 + 动态互动 + 权利一体

实施"预算制薪酬管理"不是全新发明，比如现行 PBC 个人绩效承诺就是预算制薪酬管理的一种体现（如图 3 – 36）。

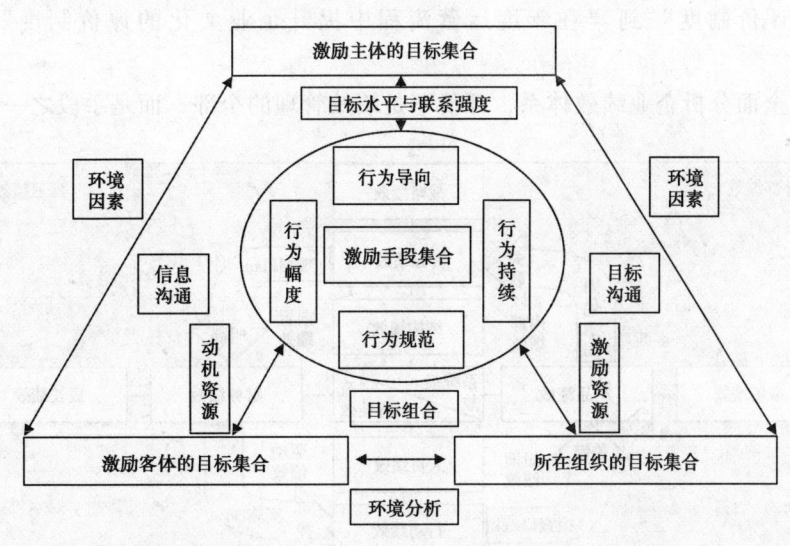

图 3 – 36　薪酬预算 = 共同目标 + 动态互动 + 权利

(1) 共同目标：员工薪酬的工资福利、考核奖励、超额分享三部分分别来源于企业规模匹配的固定投入（低于则员工流失怠工）、可变投入（低于则员工没有积极性）、利润分享（低于则员工不超产），企业经营预算的最低值就是确保员工收入增长期望，经营预算的最高值就是确保员工收入领先。这样，高经营预算必然带来员工的高收入，低经营预算必然带来员工的低收入，使员工个人收入目标与企业经营预算目标统一。

（2）动态互动：企业目标体系、各级经理目标和员工目标体系是动态的，企业很难实施适用所有人的薪酬激励方案。在确保企业目标体系的基础之上，各级经理所实施的薪酬预算综合了所在目标和员工的个人因素。同时，在激励过程中彼此不断分析环境、沟通目标组合、动态实施综合激励，使上下级的利益互动、责任互动与权利互动统一起来。

（3）权利一体：解决自上而下的员工参与积极性、经理自上而下的预测积极性，员工从"争工资"到"挣工资"的薪酬责任主体；而企业与各级管理从"想成本"到"想利润"的激励责任主体，把自身的经营计划与员工收入计划紧密结合。不是双方不控制总额的你赢我输的游戏，而是一起创造的薪酬水平率（薪酬总额和利润等财务指标的挂钩）的规则。

第三步骤，变革评价体系，在年度运营程序中推动员工塑造基于企业文化的创新氛围。

传统评价管理只是与员工收入挂钩、企业效益挂钩，使评价成为一种负向激励，使评价失去了"牵引行为、提升组织、促进合作"的机理，甚至成为一种负担——员工的负担、经理的负担、企业的负担。评价没有与年度运营流程挂钩成为一种例外管理责任，没有成为一种发现机制而是惩罚机制，没有成为有共同原则的评价依据而是人为权利。因此需要完成从"基于KPI的绩效评价制度"到"在年度运营流程中提升企业文化的评价制度"的改革。

1. 全面分析企业绩效体系，评价不是绩效管理的全部，而是手段之一

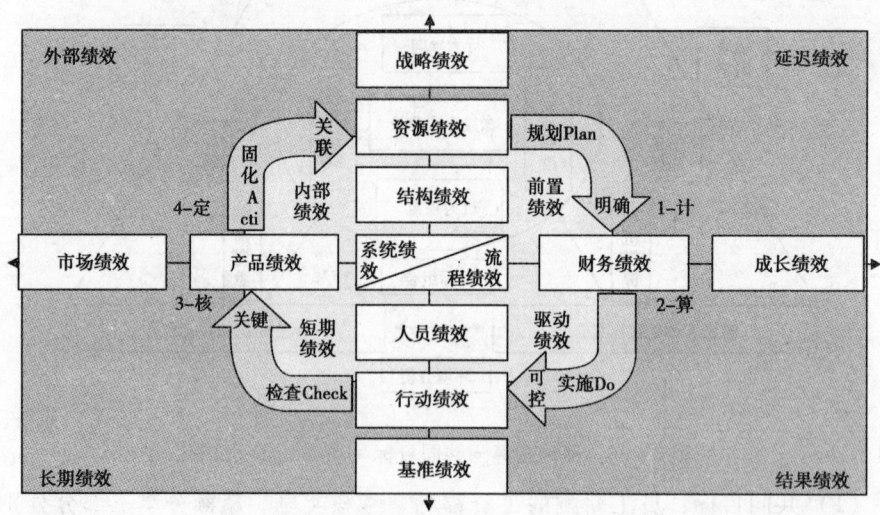

图3-37 全面分析企业绩效体系

2. 以员工过程推动企业整体绩效提升

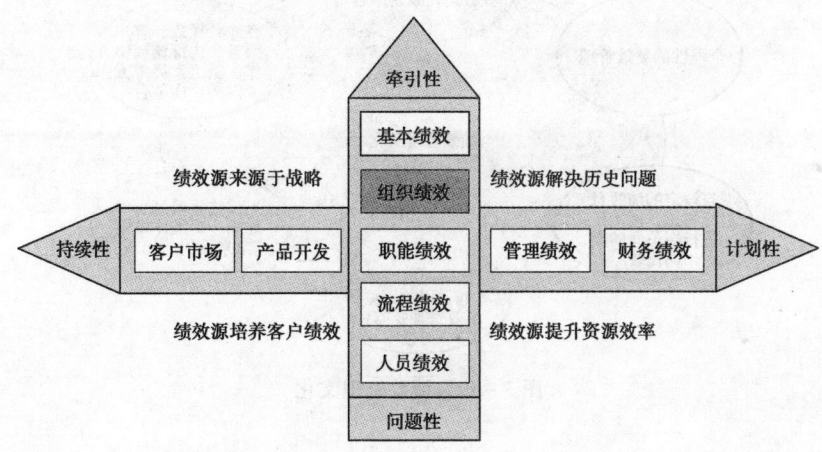

图 3-38 以员工过程推动企业整体绩效提升

3. 把绩效转化为所有人的行为

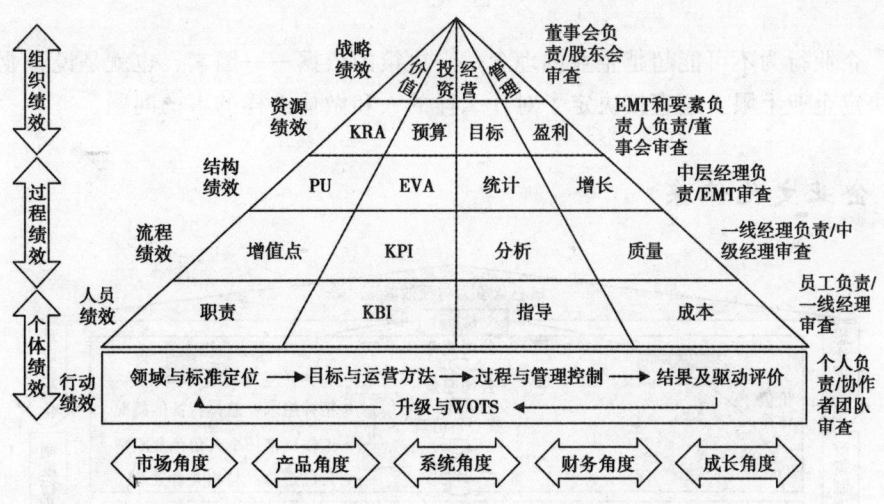

图 3-39 把绩效转化为所有人的行为

4. 绩效文化才是评价目的

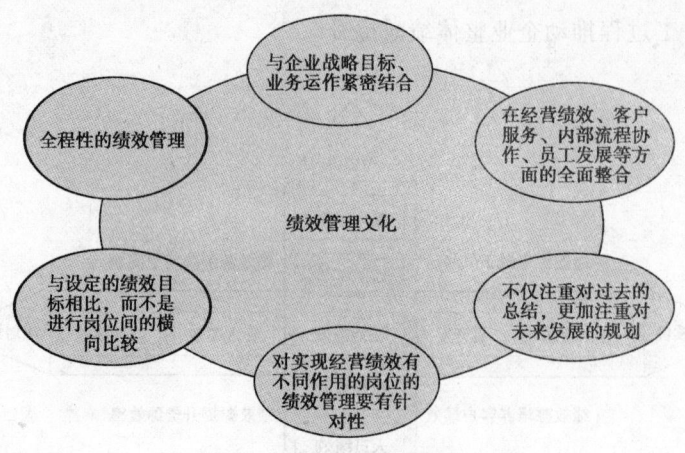

图 3-40 绩效管理文化

四、如何提高正轨化控制效能：
企业文化决定上限

企业行为不可能超越企业的理念——决策的依据——因素，也就是说企业文化决定企业上限。这直接决定了对什么样的人和做什么样的事的问题。

1. 企业文化体系

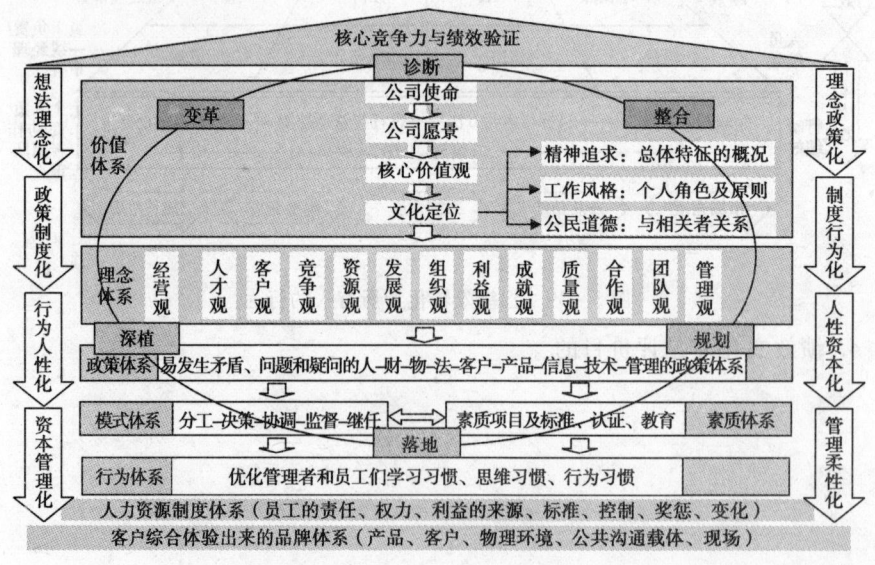

图 3-41 如何提高正轨化控制效能

（1）目标体系：从目标追求上解决持续生存问题，生存中考验目标体系，特别是生命。

使命：存在的价值是什么：为什么重要，符合企业未来的发展领域、反映管理的核心追求吗？指明了企业发展的方向吗？界定了企业的特征吗？昭示了企业经营的目的吗？有凝集他人的人生价值定位的作用，即"价值决定价格"。

愿景：凝聚力的源泉：我要去哪里，体现利益相关者的追求、注重可行性、存在差异性、存在想象力、具有吸引力。凝集了他人的人生理想，即"目标决定结果"。

核心价值观：有威力的准则，与行同行，与为而为，学习则进、思想则清；重行轻教，贵近贱远；凝集具有相同是非判断标准的人和力量，"原则就是力量"。基于企业家核心价值观的经验思考未来的系统准备，如何做一个基业常青的企业的全面思考，对未来如何发展应对什么挑战的超前准备和部署。但事实上，企业内部价值观体系冲突严重，行业价值观、企业价值观、管理价值观、人才价值观、实践操作价值观等在不同类别人员中无法融合，企业家失去了开放的心态，职业经理人挫折感严重，员工失去发展活力。

企业精神：被认同的准则，企业文化的总定义，凝集他人的情感和精神境界。"人最大的敌人就是自己，只有精神力量才能挽救一个人"。比如，中核集团的企业精神："事业高于一切，责任重于一切，严细融入一切、进取成就一切"。在实践过程中自然形成、现实完美的管理境界、蕴涵深刻的人生哲学、个性化的表达形式、被员工认同并付诸实施、随着实践不断扬弃而赋予新内涵。

工作风格：令人称赞的要求，最有力度的气氛，开阔他人的工作视野，避免乏味，"议则百家争鸣，行则狠深透细"是基调。如何为员工创造良好的发展环境，激发员工责任感，将个人行为与企业行为统一到一个方向上来，处理好员工的思想矛盾和协作矛盾等等。

公民道德：最有原则的公民，破解角色困境；获得他人帮助。企业如何对待顾客、股东、员工和社会，必须承担什么责任。

（2）理念体系：从效果选择上解决效益问题，在效益问题中提取理念体系；要符合人文伦理特点，而不是如《华为基本法》所体现的战略特点。思想寻源是生命。调动他人的思想和知识，使人们保持在最佳的激情状态，"有理走遍天下，无理寸步难行"，"有梦想就有未来，没希望就没有力量"。心服的"理"，头脑的"念"，理可用，念成愿，人有希望。理是公开公平公正的，念是鼓励人员需求满足和自我实现的。包括面（职能领域）、点（管理者、客户等关键角色的关键工作时刻）、线（要素，如人、市场、资本）。

如何确保成功：多看则清、多听则明、多思则准、多干则成。历史上哪些成功关键要素要继承，哪些要抛弃，把握哪些原则才能指导我们继续成功。

质量理念：有缺陷的产品就是废品。

人才理念：破解选人用人难题，赛马赛能，相马识得。人和工作的关系：人人都是一把手，人人头上一方天。员工管理方式："钱袋和脑袋要两袋投入，使人品和财富同步增长"。企业在发展员工的物质财富的同时必须发展员工的精神财富，真正在实践中锻炼员工，使其能够成长为企业发展所需要的人才，或者说企业要为员工的持续赚钱能力负责任。

组织理念：是市场环境的产物。

协作理念：助人者人助之，职责内的：积极主动承担；职责边缘的：多做无缝隙连接；职责外的：多帮助，积极补台，先救急再处理。

自立理念：自助者天助之，只为成功找方法，不为失败找借口。

薪酬理念：激励是为了进步，薪酬是为了回报。

利益理念：财和人的关系，"财散人聚"。财富获取的方式是君子爱财取之有道，用之快乐，如何处理利益关系。在客户面前宁可丢失金钱也不丧失信誉。如何发挥各类资源作用。

（3）政策体系：从资源配置上解决资源稀缺问题，资源争夺问题提取的政策体系是准则不是原则。日常矛盾的根源是生命。调动人员努力，而不是消耗组织资源。以公平公开公正为原则，避免矛盾激化。"无规矩不成方圆"，清则明，明则正。

基于企业运行明确追求的上限和退出组织的底线的，留出组织成员的活动空间。

人尽其才、物尽其用、钱尽其值、各尽所能。如何看到资源和条件：在没有资源和条件下，是争夺资源还是等待条件成熟，是怨天尤人还是主动放弃。做什么事情：一天做一件实事，一个月做一件新事，一年做一件大事，一生做一件有意义的事情。

（4）模式体系：从系统框架上解决团队协作顺畅问题，在形形色色的人中保持统一来达成模式体系；是思想不是思路。组织内在价值创造机制是生命。调动个人的知识，而不是试验。以协调一致为要求，避免磕磕碰碰。以"成就源于团队，团队成就自我"为基调，比如孤雁飞咫尺，群雁行万里，团队不仅是企业需要，而且是个人需要的。"团结就是力量，时间就是生命，效率就是金钱"。

这些基于市场成长起来的企业都曾经处于本行业弱势地位，若想生存下来必须吸引人才并发挥出员工前所未有的潜力，保持这些团结一致，避免内耗或发挥负面作用。"《华为基本法》是公司上下形成合力的基础"（任正非）。

企业领导者与员工尚未明确分析和判断标准，分析处理问题的逻辑关系不清楚使大道理和小道理混淆，分析处理问题的视角、范围、高度尚未达成一致。

如何对待创业阶段作出贡献的老员工，如何对待有能力有干劲的新员工？继承与抛弃的关系。以"丢掉老本，继承根本"为基调，老本是历史的业绩，根本是精神。

企业为什么需要这样那样的管理制度和流程，这些制度和流程是否结合了企业历史经验和未来发展指导原则。比如华为的矩阵式组织管理模式，每个人都有两个上级,每个人必须主动行为,而且上级之间分工合作。

需要一个什么样的文化呢?华为鼓励流程化运作,这些流程高效运作必需的条件是什么,如何避免因按流程运作而导致管理成本过高和结合不稳的空白点呢?

(5) 素质体系:是标准不是要求,人员的素质是生命。"怎么用人"是理念问题,但"用什么样的人"是企业素质体系的核心。"如何处理人与人之间的矛盾"是政策问题,但从能力素养上解决企业人的品质问题,在人心不古和利害诱惑下保证人员品质,则是素质问题;"如何调动个人的能量"是模式问题,但不教而助纣为虐,"立足现实,追求完美,追求完美但反对不计代价的完美"的人员标准,则是本体系该解决的问题。

德和才的使用:什么样的人才是合格的员工,什么样的管理者才是合格的管理者。比如联想发展"三心"型员工,普通层员工要有责任心,骨干员工要有进取心,高层员工要有事业心。本部分要写进《企业员工手册》和《管理者手册》。

个人在公司是什么角色:做到严密配合,确保服务好客户。本部分要写进《企业员工手册》和《管理者手册》。

鼓励什么工作作风和工作方式,确保差异化和竞争力。本部分要写进《企业员工手册》和《管理者手册》。

下限和上限的行为准则是什么。比如华为"狼性文化,敏锐的嗅觉、不屈不挠的进攻精神、群体奋斗"。为此,任正非带着个人顾问与某咨询公司女高管谈话"跨国公司是大象,小型企业是老鼠,我们是什么,我们必须保持强烈的竞争意识、团队合作、牺牲精神和敏感性,这是什么,就是狼"。

(6) 行为体系:从行动内容上解决个体的行为规范问题,在懒惰勤奋喜怒哀乐中规范问题并验证人员行为。点点滴滴的言行举止是生命。"行体传信,信任才能尊重"的基调,冷静思考、敏锐反应、快速行动、和谐沟通为基本内容。文化只有行、才能动,只有动、才有能。"机器再完美,不点火也只能是废铜烂铁",行为的有效是检验文化的唯一标准。

规范个人的行为:诚实做好事情,坦诚对待同事,忠诚服务企业,真诚面对现实,尊重企业首先是将文化要内化于心,成为一个分子而不是客人,做对企业最有价值的专业行家。本部分要写进《企业员工手册》和《管理者手册》。

如何处理公与私:舍己为公,大公无私,公而忘私,是先进的;先公后私,公私兼顾,是允许的;先私后公,私字当头,是要批评教育的;假公济私,损公肥私,是要制止和打击的;表现为公,暗中为私,是要防止的。本部分要写进《企业员工手册》和《管理者手册》。

以树立榜样为核心的正面引导文化:强调正面,产生责任;强调负面,产生畏惧,畏惧让人关注工作中的自我,信任让人关注我的工作;创造在一个愉快环境下一起工作的氛围。文化是不能用来批评和惩罚的,否则会让组织压抑。本部分要写进《企业员工手册》和《管理者手册》。

奖惩体系：如何奖罚：奖罚分明，多奖少罚。本部分要写进《企业员工手册》和《管理者手册》。

员工行为规范：对待同事，彼此尊重相互欣赏。敬人者人敬之，送人玫瑰，手有余香。发展关系是"互动分享，携手成长"。

《企业员工手册》中要包括：
- 职业道德。
- 仪容仪表。
- 交往礼仪：讲话应认真投入，动人心弦；矛盾中要主动沟通；问答应直抒胸臆，气氛热烈；知无不言，言无不尽。
- 工作程序：多找共同点、少找差异点；多斤斤计较工作质量，少斤斤计较个人得失，不斤斤计较个人短长。把复杂的大事情拆解为简单的小事情，把基本的事情做好、做熟、做到位，把琐碎的事情做细，把单调的事情做精。
- 责任：少出错、少忘事、少推托、少担心别人的影响、少等待、少批评、少遇到问题就打退堂鼓、少依赖；高标准做事，低调子做人，大海一样身处低位而成就博大精深，大者无形，圣者无名。
- 集体活动。
- 对公司：怀着感恩之心，忠诚获得信任，信任源于感恩。
- 中国高度敬业员工为8%，低敬业人员为25%，60%的员工愿意留在所工作的企业。
- 无能：找借口、推责任、卸任务、好高骛远、眼高手低、不主动思考、偏离目标、工作差不多、应付了事；工作不精益求精，马虎了事；等待任务，不主动请示任务；遇事拖拉；凡事低标准，浅尝辄止；工作内容投机取巧，不愿意付出相应努力；未能按计划执行到底，虎头蛇尾。

管理者职业操守：关注职业工作体验，将企业文化工作管理起来，使"软任务"变成"硬指标"，每个阶段要逐一进行考核、总结通报。逐步扩大内部人员晋升管理职位，确保文化继承和统一，见《企业管理者手册》。

- 管理层级≠管理等级。
- 管理：管好自己，理出境界。突破新境界，事业无边界。事业边界在于管理者的境界。
- 管理者的一言一行成为焦点，不能用"管理者也是人"来解释，不能混同于老百姓。在员工看来，管理者就是企业，你的好坏就是企业的好坏。遵守诛大罚小狠抓关键人物的文化，不要总拿一般人员说事情，不树立文化特权阶层。
- 管理者不尊重下属的心情，下属就不尊重管理者的事情。
- 给下属创造机会就是给自己机会，通过发展员工来提高工作质量。
- 在员工工作上帮助、协调、配合、指导、奉献、谦虚、真诚、热情；在生活上多给予帮助、照顾、关心、体谅。
- 管理的制度来源于管理者的态度。
- 成就部属就是成就自己,不能打压下属,要做员工发展的奠基者,尊重部属的劳动成果,不要夺人之美,不要贪天之功为己有;员工职涯的设计师,规划好部属就是规划好自己;员工业绩的策划师,给部属创造业绩完善自我的机会;员工工作的监理师,给部属耐心帮助和专业的指导。
- 管理者:把事做实、把业做大、把人做真、把心做正、把职做新、把位做通、把权做小、把责做透、把利做久、把上级做成明白人、把下属做成上进人、把同事做成依托人。
- 成绩属于团队,问题属于自己。
- 管理者计较团体体系的原则和方向,不斤斤计较个人的责任和权利。
- 管理者之间的冲突是理念的冲突,员工间的冲突是行为的冲突。

(7) 制度体系:从制度约束上解决问题,避免人性之恶影响生命,防止他人破坏。文化要固化为制。文化灵魂要与制度骨架相结合,要理念的权威树立起来。将文化核心内容融合到企业的制度中去。
- 开放式的对外为主灵活控制的创业导向(学习、尝试、风险、自主、进取)。
- 对外为主严密控制的目标导向(客户、指标、计划、业绩、价值)。
- 对内为主严密监控的规则导向(纪律、流程、制度、信息、服从)。
- 对内为主灵活机动的支持导向(团队、共享、培训、参与、协作)。

确立理念的权威地位,抓住贯彻落实理念的最关键的制度,比如分配制度、考核制度、任免制度、决策制度、费用制度、QEHS 制度、预算制度等。一般以人力资源管理制度为主体。

(8) 品牌体系:从客户认识上解决问题,客户衷心佩服是生命,防止他人误解。
- 知己知彼,己是所做的事情,彼就是共赢的目标,这是品牌的基调。
- 电视是基本的文化模式,卫星电视、城市电视二元格局形成;报纸、广告牌、公交车、电台、INTERNET、移动电话短信营销、电影院、电梯的覆盖率增加;印刷杂志、专题报告的作用在加大,但渗透率降低。
- 亲朋好友推荐成为影响人们信息的重要形式。
- 病毒式推广信息非常关键。
- 客户体验及员工亲属体验非常重要。
- 与公众媒体互动,得到外部文化的支持。

2. 如何提升和改造企业文化体系

众多企业都拥有一定的文化基础,推倒重来的可能性不大。关键是导入"创新文化、服务文化、责任文化、全球化文化、客户文化、企业家精神"共同六大文化基因，逐步改变企业文化构成，给企业塑造理念基础（如图3-42）。

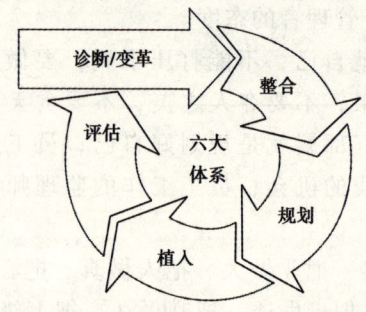

图3-42 企业文化导入流程

（1）诊断与变革：

①基于3C模型的企业价值驱动要素评估：按"对内——对外"和"控制——灵活"不断更换重心来选择文化建设模式。评估企业长远战略、关键领域及核心驱动要素。确定未来的企业文化总体特征。与时代精神同步的价值思考及企业发展。

②评估最近三年新加入的企业或核心领导人物对企业文化影响。

③企业文化现状提取：深入现实进行系统调查，彻底了解企业文化现状和问题，了解企业家、管理者和员工急需回答和明确的价值观困惑、思维方法困惑、目标和愿景困惑、现实工作障碍困惑。进而明确了企业文化的对象和内容领域，细分各个职能领域工作内容的困惑及各个制度激励和约束作用的困惑。

- 网络社区："有不满就投诉、有牢骚就发泄、有智慧就建议、有事情就讲话"的原则，真情实感地了解员工思想基础，反对的不是无的放矢，提倡的不是空穴来风，真实就是力量。
- 问题辩论：话不讲不透、理不辨不明。深入完整就是力量。
- 牢骚发表。
- 员工眼中的公司征文。
- 客户眼中的公司征文。
- 同事的故事征文。
- 专题研究、讨论、报告。
- 内部流传的段子。
- 公司的潜规则。

④调研并锁定核心问题。

- 问题海选和思想配对。
- 面临重大的发展机遇，对管理水平提出更高要求。
- 企业直面诸多深层次问题，寻求解决矛盾的根本途径。

以华为为例，经过8年发展，华为为什么成功呢？哪些创业阶段的成功关键要素要继承，哪些要改变呢？如何找到一个规律性东西，指导大家取得更大的成功呢？（1）1995年前后华为进入了迅速膨胀阶段，公司出现了很多问题。企业家写了《华为兴亡，我的责任》一文，并组织了员工大讨论，相关部门还组织了辩论会，任正非发现自己宣言的观念并没有得到很多人的赞同，平时埋头苦干的员工根本不知道总裁在想什么。

华为成立了工资改革小组，希望重新设计工资分配方案，但遇到了重大困难，大家习惯了个人工资和股票老板一个人说了算的模式，无法就共同的分配原则达成共识，历史受益的认为过去挺好的为什么改，新员工认为不就是一个数吗，为什么这么麻烦？关于设计一个怎样的薪酬体系，员工工资的依据是什么，都无法很清晰地解释。

1996年，市场部门集体大辞职，震动了行业，但被华为很多人认为在做秀，总裁和人力资源部门不能很好地回答市场部门原来的人员为什么不合格要辞职，未来需要什么样的人才是合格的？更为核心的问题是，为公司初期成长作出贡献的人该怎么办？公司制定了很多制度和ISO9000文件体系。有的人认同有的人不认同，公司如何解释这些规章制度体系呢？

员工对企业现状不满，殷切希望真正改变之时；鼓励员工参与企业文化的创造。

领导团队的思考：出思想、出思路、出对策。

企业积累的可传承性验证。

⑤评估并引进"传统文化、卓越实践、优秀理论和本区域及行业"的精华。

⑥同步的规律性思考、与企业情况紧密结合的现实性思考：决定了社会文化专家、企业战略专家和企业家团队的密切合作，彼此取长补短。否则会脱离时代背景对外没有推动力，脱离企业发展规律失去了指导力，脱离企业现实失去了号召力。

⑦基于企业实际和时代特征的鲜明的原创性文化：例如：万科、华为、海尔、万向、联想都有自己鲜明的文化特征，与"求实、创新、团结、奋进"八字覆盖了中国80%的企业文化相比，正是他们的成功之处。企业拥有自己的文化，才能使企业具有生命的活力，具有真正意义上的人格象征。

⑧基于解决人员管理的深层矛盾出发的文化管理要点，明确企业文化建设任务和清单。

- 明确重大利益相关者，尤其是客户、员工和企业家的目标、理想和价值观念如何得以保护和结合。
- 组织困惑问题和企业文化建设清单的讨论，挖掘员工现实智慧和思路；组织辩论，推动员工进行深层次思考，激发管理层的理性思考。
- 使不同管理层级的人员，不同背景的人员，不同动机的人员等就问题进行深层次思想对话。
- 吸收并提升业界最佳的理念和方法成为指导企业前进的理论，避免陷入经验主义，用第一次成功的经验去指导第二次成功。
- 使企业创业经验和教训上升到知识和规章制度层面，最终上升到系统层面，成为企业管理架构、流程制度设计的总纲要。

⑨框架搭建要有神仙会,彼此完善,形成体系:大提纲、小提纲分解到小题目;三次会议反复论证,最后确定提纲和核心题目。

(2) 整合:明确导入类型和明确组织责任:

- 组织机构:设立领导委员会,一把手负责,各个系统齐抓共管;设立企业文化变革办公室,作为归口管理。
- 学习调研:调研先进企业、全球或全国领导企业、新兴企业、本地区本行业代表性企业的企业文化及建设经验。
- 请专业研究机构和专家授课,把握企业文化建设的基本知识和相应类型文化的最佳管理实践。
- 研究典型常见病、措施和相应领域文化的驱动力。
- 确立目标、任务、范围、明确关联单位之间的关系、安排。
- 企业文化现状与新文化适应性评估。

(3) 规划。建立具有明确主题的企业文化体系:

- 确立×××内涵,比如创新文化的内涵是"敢为人先、鼓励探索、团队协作、甘于奉献"。
- 使命和愿景的修订。
- 核心价值观修订和导入文化的价值观的确立。
- 企业精神、工作风格、公民道德的修订。
- 企业理念的修订和导入文化的理念的确立。
- 企业政策、模式的修订和导入文化的模式的确立。
- 行为体系和素质体系的修订与导入文化的行为与素质的确立。
- 利于×××领域的制度体系。
- 以品牌建设为手段,从外部拉动企业文化建设(集团公司)。

(4) 植入。企业文化的落地。确立核心内容,要采取如下行为:

- 载体变革:企业文化资源的整合与疏理(集团公司)、企业品牌疏通与整合(集团公司)、活动、媒体、评选先进个人(集体/事件)。
- 抓住突破点,以核心价值观突破为中心,以企业精神突破为方向,带动企业文化整体建设(集团公司)。
- 建设责任企业、培养责任员工,突破责任瓶颈,比如三峡总公司的"建好一座电站、改善一片环境、致富一批移民、带动一方经济"核心价值观。
- 建立××××文化,如中航一集团,将文化渗透到企业经营管理的方方面面。
- 突出主业或主体企业文化来树立总部文化,否则会导致母子文化冲突,最后以失败告终,比如东航等兼并购企业。
- 以新型管理模式推动管理制度升级为手段,将核心价值观转化为企业管理实践(集团公司)。
- 以领导观念转变来加速系统建设步伐(集团公司)。

- 以发展规划引领企业文化协同建设（集团公司）。
- 反复讨论，层层深度设计。
- 对外统一，对内正视区域、民族、业务、国别等对文化建设有显著影响的因素的差异。

（5）评估。评估导入文化项目带来的绩效，包括：
- 管理主体职责考核。
- 明确考核办法。
- 实施考核。
- 奖惩实施。
- 问题改进。

五、如何提高正轨化控制效能：年度运营流程确立中线

1. 年度运营流程（Annual Operation Program，AOP）

AOP决定一个公司每年如何运行，是连接中长期的管理体系与眼前事务的桥梁。也就是说，任何一个科学有效的管理设计，如果无法转化为周、月、季、年的具体活动，也是没用的。年度运营流程决定了企业正轨化控制的中线。该流程覆盖了六个层次的六大步骤，简称"66顺"（如图3-43）。

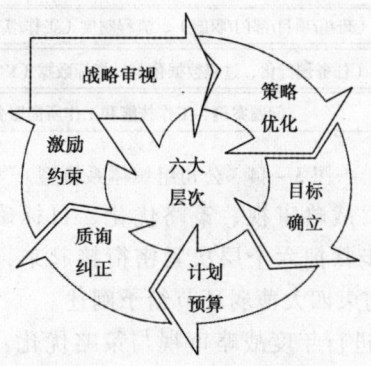

图3-43 年度运营流程

所谓六个层次，包括"资本价值层、目标管理层、资源管理层、流程管理层、职位管理层、员工管理层"，每个层次年度运行的内容是不同的，所对应的管理主体也不相同（如图3-44）：

- 资本价值层是由董事会来支撑的。从资本收益率到资产收益率、投资回报率到年度分红率，不断分析和提升"谁创造价值、如何评价价值、如何分配价值、如何增加循环"的循环过程。
- 目标管理层是由总经理来支撑的。从年度利润率目标到年度销售收入、

成本费用率等,不断分析和提升"市场占有——财务收益——运营周转——学习成长"的循环过程。

- 资源管理层是由部门中级经理来支撑的。依据公司分解的年度目标来创设各类专业任务、组织各类专业资源、发展组织能力的,完成"计划——作为——检查——施行"的循环机制。
- 流程管理层是由一线初级经理来支撑的。完成来自客户、上级、下游的任务,并对"质量Q——→成本C——→交付效率D——→节约E——→资金周转F"的循环过程负责。
- 职位管理层是由员工自我管理来支撑的。集成部门、流程、个人、团队所输入的任务,对"关注哪个领域——→执行什么活动——→遵守哪些职责——→达成什么结果——→向谁提交工作成果"的循环过程负责。
- 员工管理层是由工作团队来支撑的。包括"做什么（职位和项目）——→怎么做（流程）——→怎么样（绩效）——→好坏处（薪酬）"的循环过程。

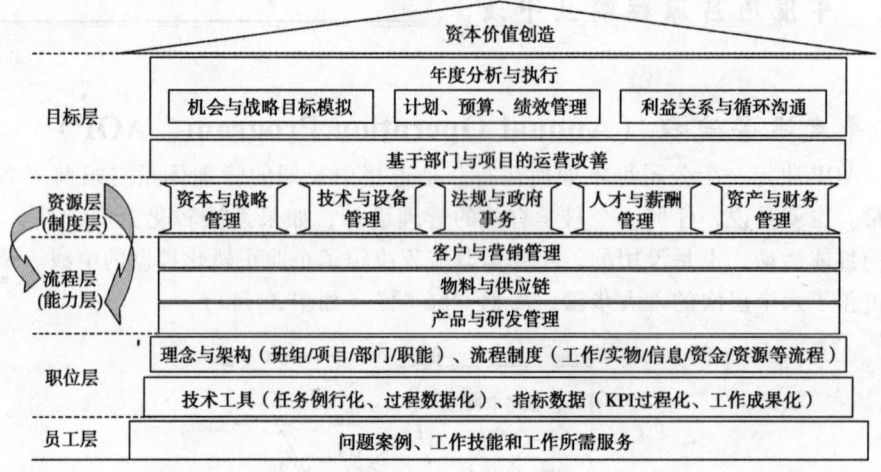

图3-44　公司组织体系模型

每个层次都要经历"战略审视、策略优化、目标确立、计划预算、质询纠正、激励约束"的六大步骤把六个层次紧密衔接起来,这里就战略审视与策略优化、质询纠正和激励约束四大薄弱环节给予阐述。

每年5—7月份公司进行年度战略审视与策略优化。我们以某科技与通信产业的领袖公司的年度运营流程为例,简要说明如何设计并实施年度运营流程（如图3-45）。

这个时间也是公司刚刚把本年目标实施调整到合适状态的时候,也是公司依据市场本年度事情完成年度调整的时候,年度目标、计划和预算的压力在高层"卸载"给中层的时刻,公司高管就有时间"抬头望远"了。公司把市场分为六大区（客户部门）和四大类（行业政策部门）共24个"战略绩效单元",按个人专长分解给九个高层及职能部门总监来调研。按既定调研大纲（也是每位高管所关心的问题集）离开办公现场到市场一线进行战略调研,询问客户当前难题、探讨客户业务走势、倾听客户对本公司及竞争对手的评价；回到调研组工作处就连夜讨论，以便可以与客户进一步深入确认。我们曾经问过该企业家"为什么不依据政府等权威报告来修订自身战略呢？"他说"公开的是给追随者的，真正领袖企业必须靠自己的眼睛和客户的心声"。

战略审视工作组每周也召开一个电话会议，汇总跨区域的情况，不断升级问题和深化思考。为了确保市场信息完整度，各工作组也不断"出题"给异地组以使信息得到求证。各组汇总本身调研信息，组织高层及职能部门召开"年度战略研讨会"，各组无约束地汇报调研情况和洞察分析，其他组还不断"深挖"询问个人关心的问题。就这样头脑风暴下去。

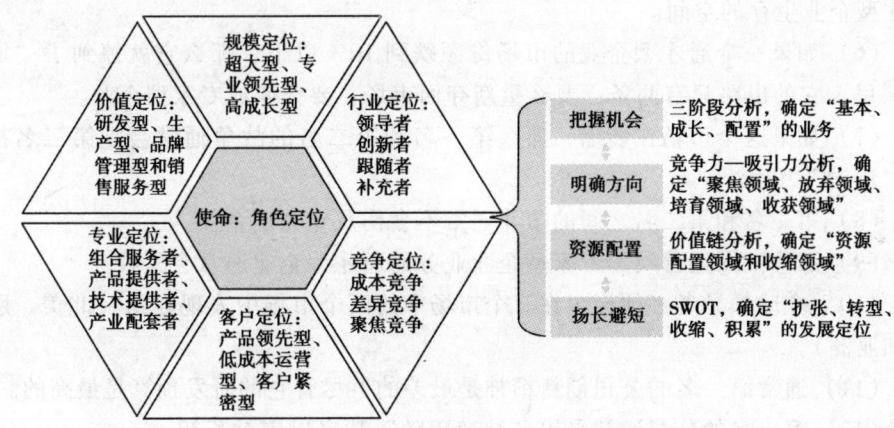

图 3-45 简易的战略审视与策略优化

公司战略审视与策略优化，包括如何把握机会的评估、明确方向的评估、资源配置的评估和扬长避短的评估，确定公司是否要在该行业发展和如何发展。

使命最终确定"行业群——公司定位"，确定行业内区分公司最关键的维度，将产业内不同公司划分成若干企业群，确定公司要做什么类型的公司。比如汽车行业，按价格、质量分为豪华型（高价高质）如奔驰宝马等，实用型（低价低质）捷达、福特等，还有高价低质和低价高质的，丰田决定生产低价高质的汽车，去攻击高价低质的美国市场，结果一举成功，获得自身的使命定位。

企业定位法则：企业基本可以定位为通才型企业和专家型企业两个大类，根据产品、市场等因素可将企业定位为以下五类中的一类：提供全线产品/服务的通才型企业、业务组合通才型企业、产品专家型企业、市场专家型企业、超级细分市场专家型企业。成熟市场的特征是存在着 3 个最主要的企业，加上无数产品专家型企业和市场专家型企业。大企业的财务业绩随着其市场份额的提高而提高，但是只是在某种程度上如此，通常是 40%。超过这个点，就会出现规模不经济性，还有一些与更为严格的政府审查相关的政治问题。和小公司相比，三巨头的股票被高估了（用价格/收益率来衡量）。专家型企业的财务业绩随着其在市场中所占份额的升高而恶化，但是随着其在细分市场中的份额的提高而提高。

（1）成功的超级细分市场专家型企业从本质上来说是其细分市场中的独家

垄断者，他们控制着其细分市场中 80%—90% 的市场份额。

（2）如果市场领导者因专利或专有的标准而控制着 70% 以上的市场份额，那么就没有第二个通才型企业的生存空间。然而，这种江山一统的局面不会持续太久，新的通才型企业最终会出现。

（3）如果领导者所控制的市场份额在 50%—70% 之间，那么就没有第三个通才型企业的生存空间。

（4）从长远看，一个新的第三名通才型企业通常会出现，尽管领导者控制者这个市场。

（5）如果市场领导者占有的市场份额不到 40%，那么暂时会有排名第四的通才型企业生存的空间。

（6）如果一个通才型企业的市场份额跌到 10% 以下，那么它就掉到了"壕沟"里，它的出路只有两条：要么重新夺回市场，要么变成专家型企业。

（7）如果这个市场在萎缩，那么第一名和第二名的战争通常会把第三名推到"壕沟"中。

（8）第一名和第二名之间的争斗通常不会伤及专家型企业。

（9）那些试图经营属于专家型企业业务的通才型企业通常会失败。

（10）全球领导者必须至少在三个市场中的两个市场中表现强劲（北美、欧洲和亚洲）。

（11）通常第一名的公司创新精神是最差的，尽管它的研发预算是最高的。

（12）第一名的公司通常采用"快速跟随"战略以应对革新。

（13）第三名的公司通常是最具有创新精神的。但是它的创新成果通常会被第一名和第二名"偷走"。

（14）这样的公司应该努力通过申请专利来保护他们的创新成果；然而随着时间的推移，这种保护正变得越来越困难。第三名的公司还可以制定第一名无法匹敌的战略。

（15）第三名的企业是过得舒服还是处于危险的境地，取决于它们离"壕沟"有多远。

（16）处于"壕沟"中的企业财务业绩是最差的，而且难以生存下去。

（17）人们可以把"壕沟"比作破产法庭的候审室。处于"壕沟"中的公司只有在其前面没有第三名的公司阻挡他们时，才有可能重新成为一个大企业。只有在他们能够找到一个可以防守的细分市场，而且他们在这个细分市场中凭借独一无二的资源拥有可持续的竞争优势时，他们才可能会以专家型企业的身份复出。

2. 质询纠正与激励约束

华润集团建立"战略规划——全面预算——业务管理报告——内控审计——绩效考核——经理人评价"的基础管理体系。按业务版块管理各个业务，成为保证公司正常发展的强有力的工具。为了适应"业务专业化、管理集团化"

的矛盾而创设：

（1）中心号码体系：为避免主观印象束缚，对各个业务中心进行战略分类，并依此编制管理号码，使管理体系完备，排列清晰，体系完整。依据战略，形成一级、二级的 SBU。

（2）中心报表体系：每个中心按规定格式和内容编制管理报表，在此基础上形成集团管理报表。

（3）中心预算体系：在对各个业务统一认识的基础上，形成自下而上和自上而下的预算，结合集团和业务的双重情况。避免与竞争战略脱节，重结果轻过程，重考核结果轻业务思路，重数字轻举措。重投入轻产出，重财务轻客户，重远期轻近期。

（4）中心评价体系：确定部分依据量化标准评价，不确定部分从"促进管理、提高能力、公平合理"的角度集团最终决策。业务经理参与不够，业务/产品/环节不够清晰，KPI 个性化未能体现；各个公司找不到合适的标杆；业务边界划分存在死角；业务单元还要进一步疏理，直接掌控各个业务点的业务情况。

（5）中心审计体系：对下属中心进行不定期审计，确保报表、经营实情和制度/流程的遵守。对战略跟踪、业务跟踪容易忽略。

（6）人员评价体系：实施考核上岗，建立科学选拔程序，实现奖罚分明。经理人的人力资源管理体系需要配套改革，既要统一化，又要个性化。同时必须与战略推进的速度和力度挂钩。

中高级经理控制。建立中高级经理的职业化制度才是确保"年度运营流程"得以成功的关键。

（1）推动公司每位经理人思考和澄清"如何做一个成功的职业人"？正确认识自我和职业人角色，自知才能自信，自信才能自律，使自己的感觉与大众的感觉逐步趋于一致。正确认识自己的工作目标、正确认识工作的来源：信任和委托，是"放牛娃"不是"牛主人"；艺要精；职业人是商品，商品价值在于压力环境下的实际贡献。

（2）做职业经理不是从工作中，而是从生活中开始。比如我们所做的一项调查，合格职业经理的生活方式表明，职业经理还是存在很大差距的。职业经理人的"看、想、做"三点式：看，不要关注什么而要关注怎么办，每周读一份报纸、企业与行业信息与状况；想，不要想是什么而要关注怎么办，磨砺志向、企业如何健康发展、行业如何健康发展；做，不要关注做什么而要关注怎么做，关注经营、管理、企业领袖、行业英雄。

（3）中国职业经理的能力构成是从石头开始，而不是从砖头开始的。包括"集中精力、不要轻视你的工作、有条理地言行举止、对你的收入（希望、期待、意图）等私人信息要守口如瓶、做个有原则的人（因为任何成功之门都向没有原则的人关闭）、走出办公室、倾听顾客、做好日程安排、说明真相、管理个人品牌、速度（先去做，再完善，持续追求完美）、思想简单行动坚韧、汇聚人才（关注员工能力是否发挥）、对自己保持新鲜感、跳跃而不是爬行、持续前行、不让组织停留在黑暗中、最大限度地尊重收购对象、数码式决策、清晰的思想、超前的计划、冷冰冰地决策生气勃勃地行动、平凡的常识超凡的见识、商业才能（赚钱＝现金产出＋资产收益率＋增长。核心是吸引什么样的客户、怎样吸引客户、提供哪些商品、如何定价、如何让商品到达客户、如何提高商品在市场上领先地位。这不仅仅需要掌握知识，还要掌握实践经验。要从基本业务中了解生意所蕴涵的基本原理，并能真正会操作。比如销售领域、财务领域、生产领域、开发领域。在实践中培养商业语言、培养商业敏感性，直到商业原理成为自身的基本技能）"等能力构成。

（4）职业经理人首先是组织解放经理人，然后是经理人恪守组织角色定位。"经理只做两件事，第一件事情，建立一个系统然后通过选配考核合适的人，让管理自行运转；第二件事情，将它（系统）的竞争能力与外部机会结合起来，这需要发挥我的潜力"让管理自我运行，释放经理人潜能。这才是中国企业的各类管理者们的出路。否则，我们多少曾经的市场高手、研发高手和生产高手们，因为自身稍稍具备一定沟通能力和组织协调能力，一旦成为经理人后，就整天忙于救火——解决问题、决定问题、评估措施——而不能自拔。一旦身居高位多年，对技术、客户、工艺都不了解了，管理劲头消耗殆尽。这种组织环境，成为中国企业和中国经理人的集体困惑。这个问题也困惑了包括华景咨询在内的管理顾问和管理教授们，明明非常好的管理工具，为什么到了我们的企业就不适合呢？找了多年，发现我们的经理人们理念有问题，大家热心肠地培训了四五年的管理理念，除了在沟通和会议上有些用途之外，研发工程师、销售员、操作工人依然发现他们的主管还是那样；甚至是，主管也批评这些工程师们没有管理理念、缺乏培训，于是工程师将"职业黄金时光"消耗在了MBA的课堂上。其实是我们工作环境出现了问题。我们成为下属的工作环境，思路要我们去想，标准要我们确定，问题要我们去解决，流程要我们去告诉大家，绩效结果要我们去评估，员工要我们去面试。我们真是经验丰富，无所不能。

解放经理人，将自己的经验、团队的经验和企业成败经验上升为智慧，进而构建一个系统，然后让人们运作这个系统，将系统指挥你的部下做到：靠清晰的目标和明确的政策，给下属一个持续的工作思路。靠合理的职责和工作制度，给下属一个自我努力的工作标准。建立有效的流程，使大家共同负责业务，给他们以团队方式解决问题的途径。建立公正公开的绩效体系，在你有限的参与下，使下属们能够不用看你的脸色就能评估自己的表现。

（5）如何管理职业经理人。中国职业经理人市场尚未成型。管理与使用职业经理人对于中国企业还是一个全新的课题，或者说这种管理实践尚在探索阶段。在成长时代，管理者分为两大类：业务型经理人和专业型经理人。业务型经理人擅长经营运作或某一项经营职能（如产品研发、生产制造、市场营销）的运作，依靠业务经验或专长成为负有计划和执行责任的管理者，负责业务目标达成。专业型经理人，在如华为、万科和联想等管理较好的公司工作过，或者接受过本土或国外的管理教育，他们对管理理念和方法有一定了解，而最终成为负有计划和控制责任的管理者。在成长时代的卓越经理人都是有缺陷的经理人，或者说"成长时代没有真正的管理者"。在成长时代的业务型经理人的业绩表现显而易见，如销售额或产量等业务业绩较好，但是人员管理一般却不怎么样，使所负责领域的未来业绩无法保证，而且如计划、沟通等管理活动也凭着兴趣而行动，对业务改革活动也是偶然性活动。可以说，业务型经理人在开创业务业绩的时候也在制造着管理问题，在推动成长的同时破坏着成长的基础，他们造就了"较高的未来成本"。在成长时代的专业型经理人，个人素质良好但组织贡献不大。一般地说，他们的理念和方法无法与管理对象对接，他们所开展的活动更很难与业务现实进行整合。专业型经理人在组织与实施组织变革的时候，却往往沦为"批评家"和"管理力量的代言人（他们往往说出了企业家想说出的声音）"，他们造就了"较高的管理成本"。

在成长时代，企业家依靠特殊性领导艺术将这两类有缺陷的经理人"拧成一股绳索"，依靠业务型经理人实现经营业绩，依靠专业型经理人解决管理问题，形成"矛盾"，推动着组织的发展。同时，成长时代无限的机会和高额的利润，消化了业务型经理的"未来成本"，消化了专业型经理的"管理成本"，消化了企业家的"协调成本"。但是在转型时代没有这种"利润空间"能够消化吸收这种成本，因此，转型时代背景，尤其是转型时代的组织环境、业务模式和管理范围发生了较大的变化，赋予经理人以新的角色类型、新的职业理念、新的责任构成、新的绩效标准。

中国改革前沿的企业在职业经理制度作出有益的探索：

①定义什么才是职业经理人，给每个人以清晰的角色。华润集团对职业经理作出了如下定义：

- 德润身，责润心。
- 将职业目标与企业使命相结合，"职业升华为事业"。
- 从今天开始的职业态度，不要总把历史挂在嘴上。
- 持续加强对工作对象的认识。
- 持续优化个人的职业环境。
- 专业性、忠诚性、责任性。

②如何确认职业经理人职业化工作条件。帮助职业人弄明白工作条件，比如中粮的宁高宁"八问经理人"：

- 面对不断变化的社会环境和人们的思维，你满意你在中粮的工作吗？
- 你对工作和生活的具体要求是什么？工作的稳定、家庭的幸福、提升职务、增加收入、受人尊敬、工作成就感，你认为公司能提供吗？你通过什么样的努力得到这些？如果暂时不能得到你怎么办？
- 在公司工作最终会使你成为什么样的人？你能找出你的偶像吗？在精神上、物质上，你怎么定义"体面"生活？
- 公司面对股东要求、社会要求、客户要求、员工的要求，他应该有怎么样的使命？你能描述吗？

- 对上年的经营情况和今年预算目标，你满意吗？有改进意见？
- 人的目标、企业使命要靠经营来实现，要与公司经营战略相联系，你觉得公司的战略定位清晰吗？你能描述公司的战略定位吗？
- 你能描述你理想中的企业文化？
- 你能为经理人的年会提出建议吗？

③提出对职业经理人群体而不是个人的工作要求，实现"个人、战略、企业目标"的统一，并提出境界要求。中粮也有比较有参考意义的实践：
- 把个人的目标定位得高一些，远一点，对自我要求高一点。
- 把精神和理想的目标看得重一些，把自我提升看得重一些。
- 把组织的、集体的、大局的目标和需要放在更重要的位置。
- 要有专业的原则性和做人的正义感。
- 要坦率、真诚、表里如一、做人比较快乐的生活方式。
- 要包容、要信任、以信任自己的态度信任别人，以坦诚的态度影响别人。
- 要相信科学的方法。
- 要勇于承担责任和风险，积极地投入工作和生活。
- 接受多元化的锤炼。
- 磨练自己的生意经。

④约束职业经理人。综合采用各种手段，教育使人不愿意做；制度使人不能够做；监督使人不敢于做。中粮的管理制度有"职业经理操守十四条"，成为底线和红灯，以操守保证制度和流程的科学性和严肃性：
- 不做假账。
- 不设小金库。
- 不违规拆借资金。
- 不违规对外担保。
- 不违规放账。
- 不违规投资。
- 不违规动用资金投资冒险。
- 不向下属公司和客户索取利益。
- 不拿任何形式的回扣。
- 不私发奖金和回扣。
- 不违规私下兼职取酬。
- 不泄露企业机密谋利。
- 不与亲属做生意。
- 不利用职权为自己和亲友谋取利益。

⑤确立职业等级给职业经理人以新发展方向和增值舞台，成为职业经理职业发展目标的指挥棒。走出"短期输赢论英雄"的怪圈子，走出"不同标准、不同角度、不同时间的因人因时因事的差异化"的怪圈子：
- 维持型经理。基本保持企业经营的稳定，去年怎么样，今年还怎么样，

上一任怎么样，下一任还怎么样。这类经理没有给企业创造多少价值，反而给以后留下了风险。
- 职责型经理。不仅保持了业务的稳定，还有许多改善——降低了成本、提高质量、调整了业务流程，提升了运营效率。公司随着市场一起成长，与竞争对手保持同步水平。
- 发展型经理。分析市场、产品、客户、对手，在基本管理改善的同时，改善了产品和盈利构成，引入了新产品和服务，走在竞争对手前面，核心竞争力提升，市场份额提高，盈利成长优于行业水平。这类经理为企业创造了价值。
- 战略型经理。不仅在产品层面快于竞争对手，而且注重了公司的战略布局，优化了在本行业和相关行业的资源分配、开创了新的商业模式，创造性改变了竞争格局。不仅培育了企业新增长点，而且建立了长期发展的平台。不仅实现了运营盈利性，而且提高了资本性升值。
- 持续型经理。将创新和进步的精神根植在组织中，优化了组织架构，培养了团队，使公司发展依赖组织推动。

⑥如何测评职业经理人？

有形资格测评：
- 学历：教育背景、系统训练、专业资格、基本技能、对学术研究的兴趣、理论功底。
- 经历：工作背景、地方、层次、责任、难易；工作中的竞争性、市场环境、锻炼程度、业绩取得、成功与失败的分析、个人的成长和成熟、过往的经历使专业技巧形成。
- 智力：聪明、悟性、数字敏感性、判断能力、反应能力、文字能力、谈判能力、分析争辩能力。
- 表达：沟通能力、表达力、感染力、鼓动力、影响力。
- 体质：身体、年龄、心智模式、对生活环境的适应、对艰苦工作的承受。
- 环境：家庭、父母、子女、配偶、成长环境、生活环境稳定、个人工作动力。

无形素质测评：
- 激情：坚毅、顽强、投入、目标性强、坦率、容易激发、冲在前面、不计较、牺牲性、求胜、主动性、责任心、不推脱、价值观透明、敢于面对自己、敢于面对现实、自信心强。
- 学习：理性思维、领悟力、观察力、自我反省、适应环境、变通自我、行业洞察力、有意识学习、自我完善、总结工作、回顾和延伸、求甚解、不断推动进步、与新的世界同步、逻辑分析和推理能力、战略思维、前瞻性。
- 团队：领导能力、选人、用人、发展人、性格完整健康、领导风格、团队一致性、分析能力、团队威信、给员工支持、亲和、包容、民主与独断、吸引他人、团队竞争力、自己与团队的关系、率领团队努力、制定目标、组织建设、团队调整、评价奖惩、文化环境、调动积极性、熟悉成员。

- 诚信：言行一致、前后一致、上下一致、情况好坏一致；对利益相关者透明、讲求商业道德和为人准则、自律、对家庭和朋友忠诚、不谋求私利、客观不夸大、处世公正、无私欲。
- 创新：改变现状、突破框架、有不断超越的意识、对原业务的改善、业务不同层面创新、敢冒险、有灵感、对现有事物深刻了解下求变、以变创新带动发展、致力于发展推动而非资产推动、不甘于现状。
- 决断：制定方案、执行能力、实际完成、有发展进步、不找借口、不退缩、在大战略果断、充分利用各种资源完成任务、敢担当少顾虑、执行方法有力度、重结果重目标。

工作业绩评价：持续跟踪职业经理人在"选人、建队伍、定战略、执行力和价值创造"方面的业绩。选人是评价其是否使用组织规范来选人，避免拉帮结派；建队伍是要督促其建立团队，避免个人英雄主义；定战略，督促其采用系统全面的指令，来整合内部情况和上级要求，避免不规范的行为模式；执行力，督促其确保过程遵守及结果达成，避免无结果事件的发生；价值创造，考核其为组织所做的经济贡献，直接监督结果。

(6) 如何做职业经理人的领导者。关于领导力理念和技术太多。但现实生活中的领导者却处于"迷宫"：

迷宫之一：下属听不懂或听不进上级的想法，领导者感觉指挥不到位。领导者越过下属直接把工作安排到最底层，领导者最后摧毁了亲自搭建的组织结构和指挥体系。下属们更加无所适从，有的默无声息，有的走向了反面，有的只能躲开。

迷宫之二：下属执行走样，最后老板收拾残局。领导者采取的措施：事事听汇报，时时要检查，处处拿主意，像监督生产线操作工一样监督着中高层管理人员。最后事情办成了，中高层却没有了积极性，最后产生决策依赖。

迷宫之三：领导者感觉到孤立无援，就多安排直接分管下属，缺什么就补什么，希望他们帮助自己指挥好下属。领导者需要帮助的实在太多，不过几年发现最需要管理的是这些直接下属。于是，治政先治吏。最终又砍掉了这些下属。

领导者必须避免自己掉到自己布下的迷宫里：

领导力才是领导者的唯一资源。领导者：就是申明信仰，确定自己的价值观、人生观、人生目标和生活方式的选择与公司使命保持一致，进而推动从个人定位到团队定位，从思想共鸣到行动一致，这才是团队领导追求的目标，将自己从职位领导者发展成为团队领导者。领导者只有一个可以利用的工具，就是自己，只能从自身找答案——从内心世界里找到自己的合理定位和真正的领导角色感，只有自己掌握符合自身特点的领导常识和艺术，才能突破这种"领导力障碍"。

领导力 =（领导者 + 追随者）× 团队成就

领导者：有下列四种：职位领导：按职务任命确定的领导，是职位带来的工作的责任和工作的权力。情感领导：与下属谈得来，建立共同语言，形成情感依赖层面的领导者。能力领导：能干、聪明、敬业、敢决策，在业务上有主见，对行业有认识。团队领导：在深刻理解愿景、目标、团队建设、影响力、变革基础上，必将全面培养队伍的整体能力，带领队伍去完成使命。在精神上形成依赖。

追随者：领导者在塑造下属的时候，不要把大家培养成与你一样的人——企业人，而要首先把他们培养成"职业人"——真正做到职位赋予你的责权利。推动他们忠于职位，而非忠于你个人，否则一开始他们就对你提出更高的期望、要求和标准，最后你必然成为核心问题。忠于职位，可以帮助你建设该职位，职位有问题是他的，而不是你的问题。

团队成就：没有成就就没有领导力，体现每个人价值的团队成就，而且是成长、突破、创新性的成就。

领导者自我经营。领导者要清晰，"要做什么、怎么实现目标和实现怎样的目标"，这是领导者不能授权的工作。更不能授权的就是修炼定位自己的个性品质：分清职责、明辨是非、公正、诚实、开放、有道德、可信赖、富有幽默感、谦虚、平等待人、言行一致、自知之明、善于总结优点发现缺点、力求完美、善于调查、待人诚恳、和蔼可亲能够接受别人的意见和建议、思想开发（在商业活动中尊敬竞争对手，在工作中搞好团结，善于向竞争对手学习，以其之长补己之短）、目标明确计划周密（不凭个人兴趣行事，保证人文不熄，奋斗不息的态度，直到达到最终目标）。

领导者要培养自己的想象力品质。富有想象力和创造性思维，并且预想结果并符合社会潮流，以推动社会进步为目的；把理想转变为切实可行的目标和相应的行动计划为结果；激发他人的想象力，把读者吸引到实现理想的活动中去，然后才用法律和管理确保这一过程。

领导者不仅仅是思想者，更要具备卓越的行动品质：勤奋工作，不借故偷懒，保证完成任务；推动和影响变化，拒绝接受"我们从前没有做过"的说法，防止出现"我不会做"的说法；在抓住当前机遇的同时不损害未来的利益；在坚持原则的前提下尽一切可能实现成功；评价人员完全依靠素质、表现和潜力；积极行动，态度乐观；仔细检查每一个行动步骤，明确目标达成的现实情况，不要追求细节，舍本逐末；保持组织团结，防止内耗和混乱，容忍别人犯错误；经常与人交流，相互影响、相互鼓励、相互批评、相互倾诉；不尊重不愿意追随的人的个性和远见；向每个人详细描述组织所期望的成就，让全体成员相信，并成为评价的基础；相信群众，在责权利明确的前提下，尽可能给敢于承担责任的人提供机会。

领导者的信心品质：健康的自信；给组织以信心；以可预见的、平凡的、虔诚的方式去推动组织进步；在现代社会，人们面临着困惑和挑战，因此，领导者的信心是建立在深刻的思想基础上的，他发展精神力量替代自己的人格力量。

领导者的合作品质：从每个人身上汲取营养，不断学习；尊重自己的伙伴，用符合实际的方式支持合作伙伴；超越自我思考，在一个共同系统内思考，把大家联系起来，增加已确立活动的价值；在合作范畴内，增加人的技能，扩大加入者范围。

六、如何提高正轨化控制效能：经济增值责任确保底线责任

为什么要把经济增值责任作为底线呢？2006年开始以来，某家公司出现频率最高的词就是EVA（经济增加价值），公司的第一次办公会、第一次全体中高层管理干部会议、第一次全体员工大会、公司发布的第一份文件，主要内容首先是价值贡献责任体系的研究、学习、贯彻，为EVA铺垫。

为什么花这么大精力来构建和推行EVA，专门召开EVA构建工程启动会？价值贡献责任体系构建工程是公司经营管理发展的一个新坐标，也是全体员工职业发展的一个新坐标。这套体系的实施将使公司的经营理念、管理模式发生很大变化，将使公司的经营管理水平得到较大提升。

EVA的形成是公司"管理年"最显著的、必然的成果。公司推出一系列管理提升专题，研究如何改进和提升我们的经营管理水平，并步步向前推进。年初的会议提出了"提高经营质量，实现良性经营"的指导方针，将发货工程形成率、工程合同形成率、工程验收率、合同回款率、费用效率、利润率等作为良性经营的考核指标。年终营销工作会议上，提出各分公司、办事处要由产品销售中心提升到利润中心。同时，将"降成本增效益"活动贯穿全年。这一系列管理提升工作的步步深入，到年底催生了价值贡献责任体系的思路和框架。

EVA管理体系的设计与实施，给公司带来的四个（见图3-46）变化。

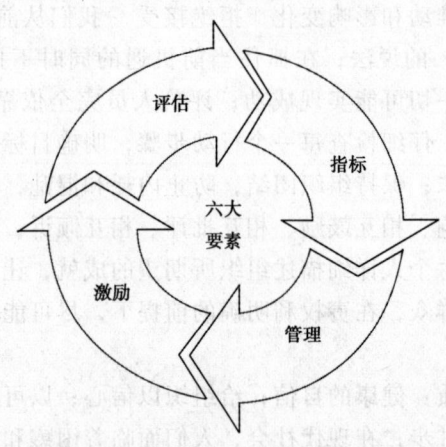

图3-46 经济增值责任体系

1. 评估：从投入端争斗演变到产出端增值

过去，因为缺乏一个科学合理的资源配置标准，几乎所有部门都向公司争人、争费用、争设备仪器、争货物，而且人越多越好、工资越高越好、费用越充足越好、设备仪器越先进越好、货物越富足越好。这样不计成本地争夺公司人力、财务、物流、技术和管理等五大资源，造成公司资源使用效率低下，从而造成公司的经营成本不可控、目标利润不可控。

现在，公司的资源配置原则发生了变化。公司的人力、财务、物流、技术和管理等五大资源要依据各系统、各部门贡献值的大小按计划进行合理有效的配置，谁的资源增值贡献大，谁的资源使用效率高，资源配置就向谁倾斜，从而保证全公司投入的五大资源最大限度的增值。这种配置原则核心是"效率"，并通过资源依此原则流动来实现，不是依据公平等其他原则来分配。

2. 指标：从"收入等上限指标或费用等底线指标"演变"收入与费用的差值"

比如，上述这家公司过去评价营销系统业绩主要看合同、回款、工程、验收指标，其中重点看合同、回款完成没有？超过多少？是超了一项，还是超了两项？评价研发系统业绩主要看有多少研发成果？有什么重大研发成果？评价生产供应系统业绩主要看产量多少？有没有按时供货？

现在，这家公司对各系统、各部门的业绩评价标准发生了很大变化。这个标准的核心思想是"贡献"。公司的经营管理实现了三个转变：一是由资源的无偿使用转变为资源的有偿使用；二是由各环节不承担资源增值责任转变为分别承担资源增值责任；三是由用业务性指标考核转变为用贡献值及相关指标来考核。

评价各系统、各部门的业绩标准是贡献值。营销环节的贡献值就是有效销售收入减去公司的货物成本、营销费用投入、人力成本、固定资产的折旧、资金占用成本，以及公司管理费用的分摊。生产供应环节的贡献值就是按内部核算价核算的生产产值减去材料、制造费用、人力成本、固定资产折旧、公司管理费用分摊，加上应付账款的资金占用成本节余。研发环节贡献值就是按内部核算价核算出研发产品销售创利总额减去研发材料成本、研发费用、产品（质量、呆滞、退换坏）的三项耗损、人力成本、固定资产折旧以及公司管理费用分摊等等。过去由于我们没有这样做，在业绩评价标准上存在很大的偏差，导致在员工大量工作的同时，公司也出现了大量的问题。在这种情况下，员工重点关注了与自己相关的大量工作，简单地用个人投入比公司产出来衡量个人贡献；公司重点关注出现的大量问题，用公司总投入产出比来衡量员工的贡献，业绩衡量上的不对称造成员工不满意，公司也不满意，结果是公司经营机制受到破坏。EVA体系的实施，就是要采用科学的业绩评价标准，从而强化资源增值责任，提高资源使用效率，使公司的目标利润可控。

3. 管理：管理模式和管理职责

过去，公司各层管理者只简单地关注并经营业务性指标，而现在，各系统、各部门要科学地经营管理公司投入的人力、财务、物流、技术和管理五大资源，并使用这五大资源来创造贡献值。所以，各系统、各部门就必须下工夫研究用多少人、用什么人、用多少钱、用多少设备仪器，才能降低成本提高贡献值？公司的整个管理模式发生了变化。这种管理模式的变化将"经营和管理"从"冲突或替代"转变为"互动"。

资源的有效使用、对增值责任的承担，以及对贡献值的考核，使公司各层管理者的职责发生了变化。公司各层管理者全年的目标责任书就要重点体现这个变化。这是一个"我们对什么负责"的问题——"价值负责"和如何履行责任的问题——"创造性履行职责"。

EVA 使公司的业绩评价标准、资源配置原则、管理模式和管理职责都发生了变化，每一位中高层管理干部都必须适应这种变化。为此，公司对全体中高层管理干部提出以下要求：

（1）学习提高。全体中高层管理干部和全体员工要认真学习并深刻理解价值贡献责任体系，领会其内涵，并真正能够创造性地灵活运用到各系统、各部门、各岗位的经营管理中去。

（2）培训团队。各位中高层管理干部首先要承担起团队 EVA 培训的职责，要一层一层地学习、传达、贯彻。系统领导就是你那个系统的首席培训讲师，部门领导就是你那个部门的首席培训讲师。每次培训后都要进行严格的考试，通过提高全员实施 EVA 的意识和能力，确保公司 EVA 体系构建工程的成功实施。

（3）参与设计。各位都要参与到价值贡献责任体系的设计中。在这方面，我们首先在营销系统先走了一步。从今年 1 月 2 日开始，营销系统就召开了大区总监、各部门经理参加的营销工作筹备会。筹备会期间公司布置他们算几笔账，对销售额、回款/应收账款、营销费用、人员效率、存货、利润等 6 项经营指标进行了分析，经过两周的算账工作，形成了 249 项指标并分解成 31 个分公司、办事处共计 7719 个指标，然后，对各分公司、办事处的合同计划完成率、合同增长率、新产品合同额、回款计划完成率、回款增长率、应收账款率、人均合同额、工程人员人均工程额、发货工程形成率、超额费用、费用超标率、利润总额、贡献率等 13 项主要指标进行排名并进行专题分析，分析结果令与会所有人员震撼。

最后得出了这样的数据：对比 2005 年的经营分析，一是如果坚守价格，价格每提高 1% 公司将增加利润 776 万元；二是如果将费用控制在年初制定的标准内，公司将增加利润 3576 万元；三是如果提高人均效率，公司将增加利润 1000 万元；四是如果增加回款减少应收账款 4 个亿，减少资金成本，公司将增加利润 3600 万元；五是如果有效降低和控制库存，公司将增加利润 720 万元。综合以上五项，即可为公司增加利润总额 9672 万元！数字很惊人！这个过程中，大家对构建推行 EVA 体系的理解步步深入，思想观念转变得很快。随后，在营销会议上，各大区营销总监组织办事处经理、副经理等与会人员对上述分析和 EVA 体系进行研讨，研究 2006 年如何提高贡献值的措施。同时，营销副总裁组织各大区营销总监进行了 EVA 体系营销 KPI 指标的研讨，初步确定了营销的 9 项 KPI 关键指标。各系统都要这样做，要让 EVA 体系的设计过程成为自己"生育儿子"的过程，让公司的 EVA 体系成为大家的"亲生儿子"。只有这样，对 EVA 我们才能理解得更深刻、更透彻。同时，价值贡献责任体系的设计过程也体现着一个团队的管理水平。

（4）横向协作。价值贡献责任体系构建工程的设计实施需要全公司各系统、各部门之间的通力协作，需要全公司整个管理链条上的各个环节互相配合、互相协作，才能使整个 EVA 体系构建工程成功实施。

（5）计划推进。EVA 体系构建工程的实施要严格按照计划推进。今天，公司已经发布了第一阶段实施计划。今后，每一阶段的实施计划都要正式发布，各领导小组、推行小组、专题小组要确保按计划及时有效地完成每个阶段的任务，从而保证总体构建工程的成功。

4. 激励：从薪酬保障到增值分享

通过组织体系激励到位："做什么"形成"角色权威和流程驱动为基础的内部运行机制"。

公司原来确立的通过投资扩张带动公司扩张的发展道路，具体成本高风险大的缺陷，而且公司管理模式比较混乱，谁管理谁决定自身的管理模式，公司提出了"以销售网络扩张带动生产网络扩张"的发展策略，得到董事会和股东会多次讨论表决。股份公司该如何定位，股份公司与分公司关系如何处理，这涉及合并以后的效率，也是摩擦产生最多的地方。公司设计了"核心企业带动网络运行的管理模式"，确立组织结构、职位体系、管理流程体系，提高了股份公司运行效率和总分公司互动效率，将人为作用减到最小。

通过考核传导激励到事："做得怎么样"形成了"以业绩管理体系为核心的指挥体系和改善机制"。

公司在股东会和董事会的支持下，以战略和计划为核心，建立相应业绩体系，并与经营管理责任建立联系，使内部形成了"以业绩为核心"开展日常运作，改善经营状况。

公司按照"战略决定指标"的原则设立公司 KPI 体系，KPI 体系包含"KPI 辞典、统计报表、监控程序"等，KPI 体现了公司战略，EVA 体现了经营者贡献，统计体系疏理了业务数据系统，监控程序使 KPI 成为内部日常经营的工具，避免 KPI 成为考核人的唯一工具使机制实施太难的问题。

公司根据"计划决定目标"的原则设立公司部门/分公司的考核体系，依据不同分公司成熟度设立不同目标，建立经营责任体系和业绩契约机制，主动牵引分公司/部门达到年度目标，支持公司发展战略。

公司根据"考核牵引员工"的原则设立员工考核体系，以部门考核为基础，KBI（关键行为指标）和 KPA（关键项目事件）牵引员工按照公司行为规范达成业绩，并且针对于关键岗位设立 KPA 牵引为公司未来成长进行战略储备，建立全面考核体系。

通过机制设计使之激励到人："与我有什么关系"形成了"以绩效为核心的全面激励模式和统一激励机制"。

员工知道该做什么做到什么程度，还需要相应机制。公司与董事会一道，组织股东和经营班子进行"激励战略研讨会"，梳理激励主体、激励对象、激励手段、激励依据和激励原则，使大家在基本问题上达成一致。而不是向客户推销一种激励模式。在此基础上建立适应多地域、多业务的薪酬体系、奖励机制、股权共享机制等，并成功引进了"任期制"替代"年薪制"，使各级管理关注整个任期贡献避免经营者短期行为和局限于公司阶段推动力。

为支持这种激励机制，建立了主要面向中高级员工管理的人力资源管理体系，包括招聘体系、选拔体系、任用体系、培训体系和淘汰退出体系，使公司人力资源体系本身具有激励机制、约束机制、牵引机制、竞争机制，使人力资源管理体系实现服务战略、服务业务、服务创新、服务员工的四服务原则。

EVA 要体系化运营。EVA 管理体系的建立，难点是把"人、机、料、法、环、信"六大要素分别从治理角度、管理角度、运营角度分别建立详细具体的管理载体（如表 3–7），否则只是美好的理念罢了。

表 3–7　　　　　　　　　经济增值体系相关的管理载体

层次	维度	关键节点				
		常见任务事项的责任分工	常发问题与处理机制	隐性结构与处理机制	常见风险与预防机制	最低绩效标准与处理机制
治理制度	财务角度	《公司章程》	《企业内部控制制度及实施规范》			《公司高管人员选拔办法》、《高管人员薪酬管理办法》、《高管人员责任考核管理办法》
	业务角度					
	人员角度					
管理制度	财务角度	《公司财务制度及实施规范》（财务责任及权限，角色要求，应收–应付–费用–资产–资金–利润–投资等财务业务、操作程序及规范、控制规范、奖惩措施、制度管理）				
	业务角度	《组织结构与职责划分》	《行政办公及公共关系管理办法》	《公司信息管理及系统办法》	《决策及流程/制度管理制度》	《目标、计划及预算管理制度》
	人员角度	《公司人力资源制度及实施规范》（人力资源责任及权限、角色要求，薪酬–绩效–职位–招聘–培训–考核–激励等人力资源业务、操作程序及规范、控制规范、奖惩措施、制度管理）				

续表

层次	维度	关键节点
运营制度	财务角度	《成本-信用-物料-价格-收益-下属机构-预算-统计-报表-审计项责任权限、操作程序、核算办法、监督规范、人员责任》
	业务角度	《客户-合同-报废处置-产品-SHE-质量-技术-机构-研发-生产-采购、销售-责任权限、角色要求、计划-决策-业务分工分类-变更-领导-核算报告等基本业务、操作程序及规范、控制规范、奖惩措施、制度管理》
	人员角度	《招聘渠道-编制-工资-福利-奖金-晋升-异动-档案-辞退-社团组织-文化等责任权限、计划-决策-业务分工分类-变更-引导等基本业务、操作程序及规范、控制规范、奖惩措施、制度管理》

第四篇
成为全球未来领袖

改造"管理为公司制管理",实现"市场化治理、系统化经营、正轨化控制"的全球化公司,在全球范围内从未领袖企业,首要的是"管理(Management)、创新(Creative)、变革(Change)"能成为领袖企业的新力量,"从头到尾、从天到地"地实施全新管理变革流程。全球领袖公司,不是源于偶然,一是企业已不可能拥有差异化的资源和优质资源——因其本身就是现有领袖企业的专利——其他类型企业只能使用"低端、异类、错误管理溢出"的各类资源;二是随着规模企业所犯的管理错误越来越少,真正领袖公司的成功不能寄托在别人犯错误基础上。

第十四章
新变革力量

告别过去企业成功模型"中国企业的成功 =（符合市场需求的产品 + 借力社会发展的销售 + 稳健的资金提供）× 突破成长瓶颈的持续管理变革"，这是中国企业家所笃信的公式。但突然发现不"灵光"了，"符合市场需求的产品"成为阻力，有产品没品牌 <0；"借力社会发展的销售"成为陷阱，有销售没合力 <0；"稳健的资金提供"成为无源之水，有资金没项目 <0；"突破成长瓶颈的持续管理变革"成为竞争瓶颈，有理念没效力 <0。

我们的团队一直以来认为爱因斯坦的质能公式 $E=MC^2$ 对于企业变革也同样受用，能量、管理、变革、创新就构成了新企业变革模式的四个要素，这是中国企业未来成功公式：

$E=MC^2$

新模型中 E 表示能量（Energy），M 表示管理（Management），C 表示变革（Change），C 表示创新（Creative），或者说"敢于尝试超越产业规范和领袖模板"的管理体系，并且利用"船小好调头、企业惯性小"的优势提高变革速度，利用"产业盲点少、企业没有成功负担"的优势创新力度，成为非领袖企业创新竞争优势的唯一道路。或者说"管理只有创新和变革职能"。

能量是动力模型的出发点和归宿点，包括以聚集更高级能量为目的的利益相关者责权利的再定位、企业的"企业家、市场、制度、技术、资金及资源"等五大核心企业要素的再整合等。能量要素要推动企业发展，需要解决如下问题：

立足于"股东"的是"分享"机制而不是和谐的"共创"机制，更没有理顺员工、客户、股东、供应商、政府及社区等的价值顺序，使得这些优势资源无法聚集，进而无法达到高等级的能量；

企业治理模式与企业家、产品与市场、制度、技术、资金等资源不匹配，使聚集能量无法发挥应有的作用。

一、管理的力量

　　管理是手段，包括业务、战略、流程、架构、制度以及基于绩效的人力资源管理等要素的重新塑造。企业生存环境的现状使得管理要素在企业中的地位依然不可动摇。"管理本身管理"问题仍须克服：

　　业务：盲目跟风导致企业陷入进入大数失败区或资源规模血拼区；缺乏独特的选择价值标准或价值主张；企业对业务体系的管理严谨程度和差异化严重不足。

　　战略：战略管理专业性、系统性和操作性不足；基于个别人的想法作为战略，或者想法持续停留在口头上未能落实为行动计划；企业的战略管理主体责任兼职化使战略能力边缘化。

　　流程：单一专业水平不足，过分权利导向而非能力导向；流程开发深度不深；企业对多流程管理体系整合不足，导致企业流程间冲突严重。

　　架构：组织结构稳定性不足；过分满足于现有人员；责权利没有形成一体化制度；持续推进组织管理与变革的能力尚未建立；

　　制度严肃性不足，未能将人包括老板置于制度之下的现状，表明制度管理仍然任重道远；

　　人力资源与绩效关联性不强的现状则对人力资源管理水平提出了较高要求，要达到管理出绩效的目的。

　　管理作为企业能量核心要素，管理理念与正轨化管理还存在很大偏差，与企业的管理功能的最佳实践比较可知：

　　管理对事情的功能："只求根本，不问效果"，使管理处于"合理化"状态，产生"事清则理明，理彻则情稳，理通则业大"，最后"止于至善"，对资源产生凝聚和释放作用。而不是"只求结果，不管过程"的短期化管理功能。

　　管理对企业的功能：扎根在"细根（管理活动）——中根（管理体系）——树干（管理人才）——枝叶（投资活动）——花果（经营活动）"的企业树理论体系，管理活动的理（有理走遍天下）可以使用更多资源，活动集成为管理体系（1+1大于3的系统效应）成为资源活动的平台，有共同管理体系的管理人员可使双方避免犯错或试错成本，基于管理人才的投资活动使投资项目快速融入既有业务平台和快速提高经营活动的质量。而不是"管理就是解决彼此不相容的投资业务和低质量经营问题的手段"的矛盾激化平台。

　　管理对管理的功能："面向实际，致力行动"和"面向理念、着力造人"，使管理体系有实际效果、可以操作、指导思考、培育人才。而不是"脱离实际、改造思想"的文化革命模式。

管理对制度的功能:"统一管理、分级实施"而不是"自我管理、统一整合";"独立监督、强化稽核"而不是"效果验证、自我稽核"。

管理对组织的功能:建立"行政体系+专业参谋体系的双轨制度",其中专业参谋体系分为"中央专业参谋体系(制度的制定、执行监督、改善提升,即立法。把管理业务分为"十二项",每个项目包括规则、办法、细则、作业点、计算机说明等措施。包括现场稽核、计算机稽核、制度的管制)、分部专业参谋体系(制度的执,即执法)"。行政体系包括"行政体系按制度管理,把制度作为管理的轨道"、行政体系的行为就是"不出轨"(即制度的目标值与实际值的偏差,视为异常管理,按"反馈、跟催、稽核、改善"流程使之不出轨道")。

管理对活动的功能:做到"量化考核的人力资源制度(把业务、管理、投资活动全部量化为人的责任,并与人的利益挂钩)"、"严格精细的财务资金管理(资金集中日日结算)"、"成本分类(生产成本持续降低、单元成本整体分析、专项成本专项管理)"、"全面落实的 SHE 管理(目标分到每个人、全员提示卡、未遂事件活动、严格承包商管理)"、"目标集中生产分散的运行体系(自上而下的指导目标、自下而上的承诺目标、自外而内的指令目标,这些管理权在公司;而工厂实施自己的管理,按制度有序运行独立指挥,上级公司不再干涉)"、"分段负责的投资决策机制(各 SBU 均设立独立的发展规划部门,负责提出本 SBU 的发展规划和投资计划,销售和研发部门、专业参谋体系负责审核,行政中心集中决策)"、"分散计划集中实施的物资采购"、"全面信息化管理(全面规划、一次输入、多次应用、彼此勾核)"、"面向运行效率和产品成本的全面实施的经营改善活动(与主动言谈的"全员合理化"建议不同)"。

二、变革的力量

变革是撬动企业向上发展的杠杆,包括"文化管理体系、经济增加值、企业运营"和企业/员工联系体制等的启动杠杆,也包括"绩效管理、流程管理、人员管理"等的保持杠杆。很多企业把"唯有变化不变"作为企业的文化之一,熟知"穷则变,变则通,通则达"对企业的意义。变革成为企业发展的持续课题,企业生存的现状也说明"不适时变革就是坐着等死"。

变革本身就影响变革,包括两个方面:

第一,影响变革启动环境因素:

缺乏与全球化共同价值准则相一致的企业文化引进和发展体系,使组织内观念冲突、决策冲突、价值观冲突和行为规范冲突不断,严重影响组织战略发展的进程;

缺乏以资源市场价格为底线的投入产出评价标准和增值体系,使组织资源投入不足和过度浪费同在,企业高中层和前后左右的增值责任不明显,使公司长期处于低水平状态；

缺乏跨职能、跨背景、跨层级的中高层管理者共同的工作体系，使中高层冲突严重或长期处于低效率状态，而靠亲友等非市场化机制建设的中高层管理队伍使职业经理人制度缺乏具体环境甚至走向反面；

员工与公司的绩效承诺和激励约束机制不市场化。这些因素将驱使管理变革成为企业常态。

第二，影响变革持续的企业因素：

企业缺乏对绩效本身的管理，更谈不上用绩效去管理员工。要么绩效模糊导致员工靠悟性工作、靠上级主观决定命运；要么绩效标准彼此矛盾，缺乏以财务为结果、以学习与成长为源头、以流程运营和市场服务为手段的可持续绩效机制；要么是目标缺乏管理、过程缺乏数据、结果缺乏应用的体系。

企业缺乏为员工绩效创造管理环境的动作，使员工绩效无法最大化。流程与企业整体模式脱节、缺乏最佳实践标杆；流程本身缺乏管理，不但没有起到支持作用，反而对员工业绩产生反作用。

习惯于压榨员工潜能的中国管理者，缺乏给员工产生高绩效的独立舞台（职位）、动力（薪酬）、调控（评价）等机制和体系，最终使之成为不可持续的"老板与员工的交易"。

变革与最佳变革标杆相比存在路线和深度的差距有：

变革的路线：与单一变革相比，是员工的自我挑战、企业资源再分配和协作"流程"再造的三线并进。需要以企业成功与失败的经验教训作为"基石"，需要真知灼见作为"指导"，需要依靠整个组织和下属的能力，需掌握员工的组织"行为"。三线并进过程中，自我挑战、与自己抗争、放弃旧的理论假设、需要对新领域加深理解并胸有成竹。

变革的深度：管理制度化、制度表单化、表单信息化。随着文本制度的越来越多，文体、语气相似，反复强调，内容雷同，沿着"设计、颁布、背诵、考试"逻辑延伸下去无法持续。不仅有制度设计与实施，更有制度的控制，即制度的制度。把实施对象、解决问题、推行步骤、评价标准一一表单化，本身就是对制度的控制，换句话说，制度可以无法理解但只需要做到。企业变革是兴奋、痛苦、恐惧集于一身的，其声音往往超过了以往对企业不满的喧嚣声，阻力和推力决定变革深度。

组织变革团队力量需要"八大金刚"齐备：

- 目标框架设计者，为迷茫的人们提供框架方向和目标蓝图。
- 历程详细记录者，把纷繁复杂无法辨别的信息整理成信息。
- 专业沟通影响者，把真知灼见书面表达来传递着改革精神。
- 改革活动参与者，分担改革事务设计与执行使领导脱身。
- 资源能力启迪者，为负重前行改革者提供具体措施和原则。
- 负面问题关注者，为改革者清晰提供不成功案例真情实貌。
- 视野坐标开拓者，为改革者打开眼界提供成功背后的成功。

- 力量积极激发者，为改革者提供值得憧憬令人信服的前景。

三、创新的力量

创新要素是基础，不断为企业发展注入新鲜血液，成就企业发展的"高速轻轨"。如职业经理制度等人类商业社会的共同成果在本土企业的实施，成功吸引了外部资源；研究开发、供应链管理、客户关系管理等职能级共同的成果，为提升企业市场竞争力而塑造了"客户服务型、供应成本效率型、新产品提供型"等三类基本盈利模式。

但是创新的创新存在三大问题：

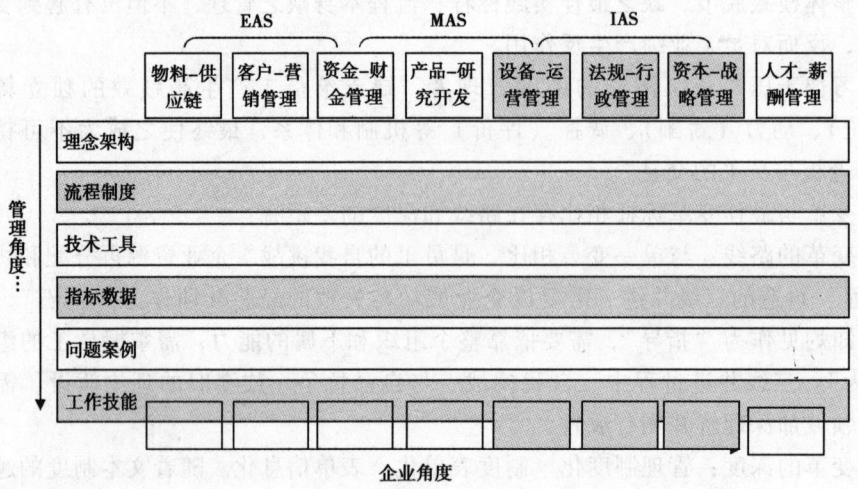

图 4-1 企业经营与管理组合矩阵

创新对客户的意义：中国企业的盈利模式远未定型，有点"大而全"，客户体验标准差异较大，无法形成对客户有意义的风格。

创新对资源的意义：中国企业的资源投入方式非市场化，没有稳定的人才吸引、资金、技术、物料等经营资料的制度和体系。更为现实的是，急需从自然资源向智力资源获取模式转型。

创新对增值的意义：中国企业的生产方式是低效率的，解决业务"从无到有"的研究开发体系、解决产品/服务"从原料到成品"的供应链体系、解决客户"从无到有、从小到大"的客户关系管理体系，都急需提升职能和效率。

与全球化创新的方向相比：

从生产毛利发展品牌毛利和研究开发毛利。

从劳力浪费资金节约（以劳力换财力）发展到劳力节约智力浪费（以智力换劳力）、以智力换财力，"赚一元钱不是你的，省一元钱才是你的"。

从"跟踪欧美日的理论"到"基于原则"的架构式活动（如图4-2），企业管理活动走向"文明管理"，而不是文化管理。

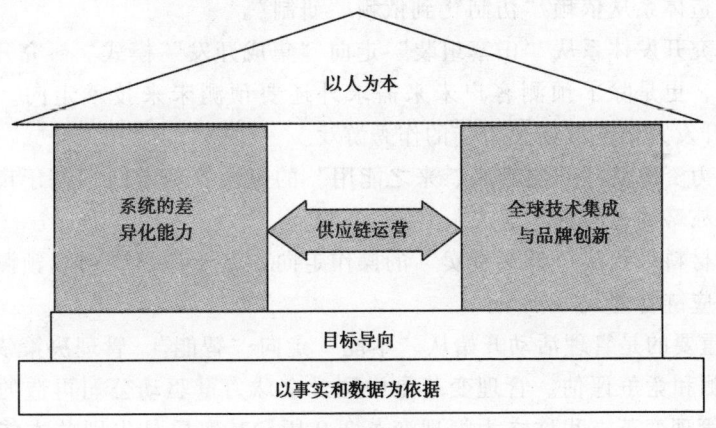

图4-2 企业创新"3+3"导图

四、乘数的力量

在 $E=MC^2$ 的智能公式中，能量是企业各方面能力的聚合，是企业综合竞争力的表现，是企业管理、变革、创新积聚的结果和持续管理活动得以进行的前提条件。现代企业管理的综合特征决定了能量的得来不是管理、变革、创新的简单相加，而是三者的相乘，任何一个方面出了问题都会对结果造成致命性的影响，只有管理、变革、创新都获得成功，才会使企业绩效具备全球化水平。

乘数来自于企业家群体的思考、竞争和合作。近两年广东、香港、台湾等先行地区的优秀企业都感觉内外环境不正常：欧美领袖企业突然弯下腰来主动示好、中国内地的员工和经理们突然自信起来、中国内地广大消费者在国内花钱很谨慎但在海外花钱却非常大方、原来的基础业务突然不顺起来、原来没希望的业务反而被很多人挂念着要合作、广东地区无论在政界还是在商界突然很少说话了。这是企业成长内外环境改变的最直观景象。

乘数来自于企业从"本能"走向"智能"的转型。2010年，富士康的"十二跳事件"宣告中国企业告别了依靠自然资源的"本能"时代，如可随意污染的环境、低廉的劳动力、便宜的原材料、廉价的企业进入和退出成本等。伴随着富士康将研发、中试和样品基地放在深圳，而将制造业务大规模转移到内地的战略举动，包括深圳在内的广东企业开始走向"智能"时代。

- 战略从"本能业务"走向"智能业务"、从"基地经济"走向"总部经济"。
- 市场营销体系则从"狼式推广"转变为"基于需求洞察的品牌打造"

等,通过品牌战争的"长线战略"而不是短线的价格、渠道、促销、产品等单一要素争夺市场。
- 制造体系从依赖"仿制"到依赖"研制"。
- 研究开发体系从"山寨组装"走向"集成开发"模式。研究开发更加务实,更是除了预测客户未来需求外还要预测未来技术走向,才能避免"开发完毕=市场关闭"的作秀游戏。
- 人力资源从"召之即来、来之能用"的短线管理走向"基于市场预测的有战略的人力资本模式"。
- 原材料采购从"低买贵卖"的操作走向"基于原材料市场预测的采购与供应链管理"。

更为重要的是管理活动开始从"本能"走向"智能",管理决策依赖于对市场前景预测和竞争评估。管理变革是中国及全球力量驱动公司再造的"要素重组式"的管理变革,我称之为管理变革3.0版,其实质是告别"本能"管理走向"智能"管理的时代。无论是"企业家自我驱动"(第一管理变革)、还是"跨国公司拉动的管理追赶"(第二代管理变革),都是基于企业本能的反应,而不是主动竞争。第三次管理变革不是由单一要素影响,而是全球视野下的"人才市场、资本市场、商品市场、技术市场、原料市场"全要素从外而内的推动。第三次管理变革不是拼资源拼规模,而是全新企业生存发展模式下的"品牌、技术、管理"软能力自内而外的驱动。第三次管理变革不靠逞勇气的本能,而是依靠"智、信、仁、勇、严"的"智能"管理。如何"把未来看得真真切切、明明白白"才是此次管理变革的核心主题。

第十五章
新变革模式

一、回归"真管理"

多年来，关于管理我们犯了两大错误：

第一，错误认为"管理＝经理的工作"，忽略了"管理＝体系＋经理"，代价是什么？经理人裸体工作导致经理之间的冲突不断，不仅使企业长期对个人依赖，也产生了管理封闭和不可持续性。

第二，认为"企业管理＝公司管理"，忽略了"公司管理＝公司制度合规＋经营竞争有力＋管理创新持续"，脱离公司制度和竞争有力的经营机制，使企业管理"神化"、"泛化"。

立足30年管理原点，一面修正"公司化管理"，一面实现"市场化治理、系统化经营、正轨化控制"，必须完成下列转变：

第一，告别盲目，严谨整合"管什么理什么"，塑造公司化管理体系。

管理体系融入经营体系，并超越经营体系，使管理体系成为业务运行的不断成长的架构。从微观上来讲，经营体系的实质就是"机会＋资源"，要经过"开发机会、整合资源、搭建系统、持续改善"才能实现经营规模和收益。而管理体系呢？是计划（Planning）、作为（Doing）、检查（Check）、活动（Action）。

但是随着组织规模扩大，开发机会的团队化、部门化、职能化等转型，需要市场营销与销售体系来满足订单机会开发；需要投资与项目管理体系来满足投资机会开发；需要技术研究和产品开发体系满足技术与产品机会开发。

整合资源，将资源细分为人力资源、财务资源、物料资源、信息资源，并逐渐形成人力资源管理体系、财务资源管理体系、物料资源管理体系、信息资源管理体系。

整合系统，如何把资源与机会对接呢？企业建立生产与供应链体系来把物料做成产品，建立服务与客户关系体系来把问题转化为客户体验，但这两大系统不是孤立存在的，需要解决好与上述各职能体系的工作关系，比如部门墙问题等等。

最后持续改善，如何提高这个经营体系的质量、成本、效率、节约、周转等问题呢？就需要持续改善系统来解决这一问题。

随着经营体系成长，计划（Planning）也逐步演变为生产计划体系、研发计划体系、销售计划体系、投资计划体系、人力资源计划体系、财务预算体系等各类职能必备的子系统，这些计划体系也成为需要统一管理从而诞生了战略管理体系；

作为（Doing），逐步演变为职位体系，确保个人和团队的作为，为管理需要诞生组织管理体系；

检查（Check），逐步分为所投入的资源数量和质量检查（省）、过程效率检验（快）、行为结果检查（多）、周边影响的检查（好）等制度，为管理而诞生绩效评价体系；

活动（Action），逐步演化为流程体系确保顺畅，避免问题的制度体系，而管理流程与制度体系以诞生企业的企业文化管理体系。

第二，提升经验，科学设计"怎么管怎么理"，是全球化公司的智能系统，这是实现全球化公司的要求。

虽然很多一线经理人员总是感觉管理很复杂，但其实他们认识还是很浅。管理体系建设须从"六层深度管理"入手。如图4-3，第一阶段：理念架构阶段，中国企业导入理念、技能，通过学习、体验升华为组织结构；第二阶段：流程制度阶段，中国企业使用文件、办公软件和个人零散的信息支撑着畸形规则；第三阶段：技术工具阶段，中国企业使用组织技术和模板管理方法、资源和技能等；第四阶段：指标数据阶段，中国企业使用系统软件升级管理知识和技术等级；第五阶段：问题案例阶段，中国企业整合形成独立管理智慧；第六阶段：并行阶段，中国企业使用全球企业培养的管理人才。

二、业务创新与组织变革方法论

在管理变革上中国众多企业陷入"变革泥潭"，总是革而无果。（如表4-1）具体原因出在9大问题和7个步骤上，这其中有变革领导人问题，但更为严重的是变革方法论的问题。在调研上没有充分评估"看对人"、"把对脉"到"有毅力"的问题，为了调研而调研，在诊断方案、设想方案等环节也是如此。怎么办呢？第三代业务创新与组织变革流程是走出"泥潭"的有效方法。它从流程和内容两个维度来实施"业务创新与组织变革"。具体内容因篇幅限制在此不再多叙述。

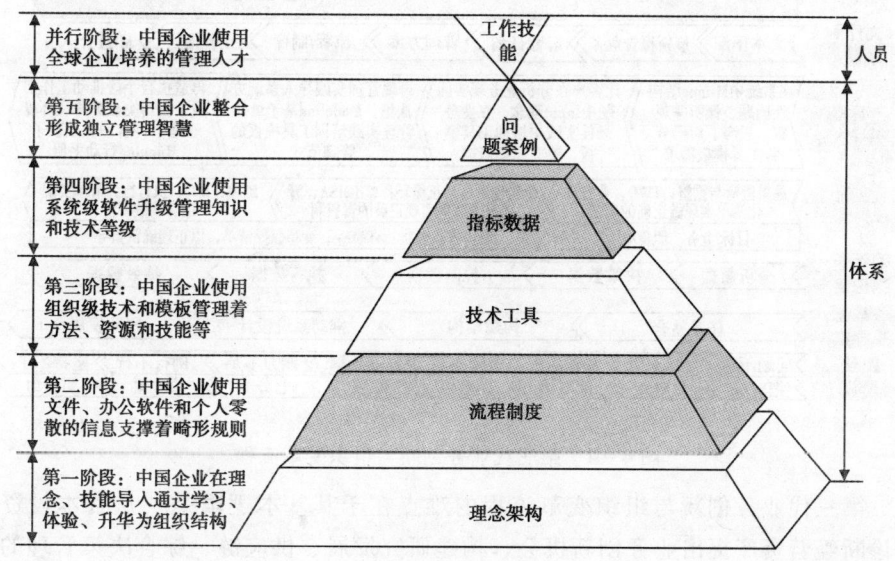

图4-3 中国管理体系六层深度金字塔

表4-1 管理变革问题表单

常见问题	工作步骤	调研	目标评估及问题系统解决方案			落地	施行	总结
			诊断方案	设想方案	方案计划			
1. 认知不同（看对人）	业务领域							
	组织领域							
	环境领域							
2. 问题不清（把对脉）								
3. 目标不明（开对方）								
4. 基础不牢（配好汤）								
5. 政策不当（用对药）								
6. 过程不顺（吃顺口）								
7. 能力不足（七分养）								
8. 例行不行（贵在动）								
9. 坚持不了（有毅力）								

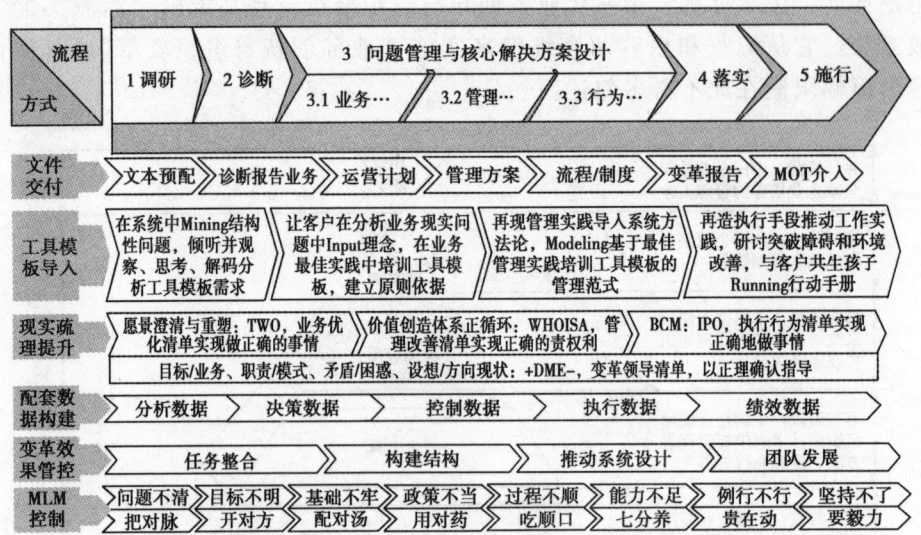

图4-4 第三代业务创新与组织变革流程

第三代业务创新与组织变革流程的难点在于其基本逻辑是"从资本投资切入诊断经营资产提出业务创新机会，构建研究发展、供应链、综合决策管理的组织变革解决方案，然后以人才资本为核心的财、物、信息管理重构实现项目成果落地实施"。

1. 从资本投资切入诊断经营资产提出业务创新机会

传统或现行的业务创新与组织变革逻辑是从"愿景"开始的，其原理是把人们引向未来。接下来是洗脑换思想、思想产生行为、行为产生绩效、绩效产生习惯、习惯塑造个人、个人塑造团队、局部行动累积为系统创新与整体变革"。

但这种模式是错误的。我建议各位读者从"资本与资产视角下分析盈利模式"，彻底思考公司未来总体利益，这才是业务创新与组织变革的起点。这决定于：

（1）中国本土众多的所谓"公司系统"停留在"利益合伙制"的原始企业形态阶段，没有达到"责任合作制"的现代化公司形态阶段，尚无机制和体制保障愿景有效传导到行为。

（2）中国本土众多的所谓"公司资源"来源于"老板定夺"的自上而下供给制，没有达到"从市场上来到市场上去"的从外到内到外的横向增值制，市场化治理尚无建立情况下愿景驱动是利益赎买制度。

（3）中国本土众多的所谓"公司职能"来源于"分权分工"的横向制衡制度，没有达到"高层交叉、中层嵌入、基层串联"的上下互动的协同推动制度，系统化经营远没有建立，愿景驱动会导致"鞭打快牛、枪打出头、落后光荣"的恶性循环。

（4）中国本土众多的所谓"公司人才"来源于"个人控制"下的基于权利的代理制度，没有达到"系统驱动团队"的基于能力的共生制度，正轨化控制一片空白，愿景驱动是个人算盘的"皇帝新装"。

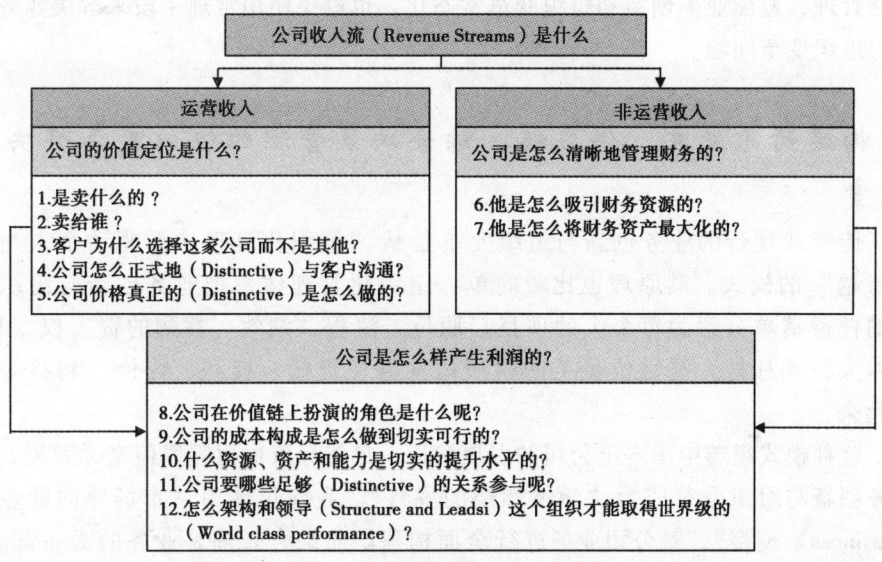

图 4-5 资本与资产视角下盈利模式分析

经过基于盈利模式 12 项内容的分析与探索，我在共同利益到个人利益的畅通机制构想和过去 30 年的管理原点的基础上，找到所在公司的"业务创新与组织变革任务清单"，与第三代业务创新与组织变革流程的调研诊断挂钩：

（1）交付的文本作为剧本，预配置的问题作为蓝图：诊断报告作为创新与变革的起点和有偏差的创新点与变革点的清单。

（2）导入的技术与工具作为行为"模具"：在系统中钻取（Mining）结构性问题，倾听并观察、思考、解码分析工具模板需求，给每个人尤其是骨干穿上他们所需要的"业务创新与组织变革"的"跑鞋"，而不是创新与变革领袖所喜欢的"时尚衣装"。

（3）梳理的现实提升作为共同起点：在此基础上每个人在愿景澄清与重塑中思考、超越、共同承诺彼此托付（Think——Winning——Ours，TWO），形成的业务优化清单实现做集体正确的事情，避免囿于现有习惯。

（4）分析与决策的数据作为自我测量的标尺：从现实数据和事实出发，建立可量化的数据分析与决策体系，以实现半步代替伟大的理念畅想，衡量和督导集体行动。因为业务创新和组织变革过程是每个员工从内到外的自发行动，而不是从外到内的施压。

（5）任务整合的变革效果管控作为集体旗帜：把上述业务创新与组织变革活动全部转化为任务整合清单，使全体员工在集体行为之下推动进步。因为，自下而上无组织的,是革命;自上而下有组织的,才是变革。

(6)管理生命周期(Management Life – cycle Manage,MLM)的核心任务是"问题清目标明",避免本阶段的空洞的群体激情。从这里就开始实施管理生命周期管理,避免业务创新和组织变革常态化,也避免使用常规手段来解决业务创新与组织变革问题。

2. 构建研究发展、供应链、综合决策管理的组织变革解决方案

传统或现行的业务创新与组织变革是从"组织化管理体系驱动个人与单元跨越"的模式。其原理也比较简单:组织化管理体系把业务创新与组织变革的任务清单分解为每个人的项目、职位、流程、绩效、薪酬的责、权、利、义四大行动杠杆,与每位员工的阶段的义务、责任、权利、评价、利益等结合起来。

这种模式超越中国本土公司的发展阶段,最终导致血雨腥风但毫无效果,使业务创新与组织变革成为"激情燃烧的岁月"。我建议使用"市场导向的业务(Business)模型",对公司业务进行全面构建。而综合管理是业务的必备部分,也是业务创新与组织变革的核心环节,为什么呢?

(1)中国本土众多的所谓"公司经营"是"强人们的私有田地",还不是"法人权属下共有平台"的现代化公司形态阶段,脆弱的"组织化管理体系推动个人跨越"最终导致组织变革因"利益交换"而妥协,并违背其初衷。

(2)中国本土众多的所谓"公司职能"是"只有职能缔造者才能低成本地获取资源",根本不是"全面使用各个市场交易机制来分层运转",市场化治理缺位必然导致"组织化管理体系"成为各职能领导人的博弈平台,最终使经营系统越来越依赖个人。

(3)中国本土众多的所谓"公司系统"来源于"人和为主"的协作模式,没有达到"资合"为基础的法制化匹配,系统化经营没有完成情况下,组织化管理体系的专业权威在"人为的权力权威下"会变成"秀才游戏"。

(4)中国本土众多的所谓"公司资源"来源于"低社会信任下的暂时配合",根本不存在"替代交易成本的公司化高效机制",在正轨化控制尚需时日下,组织化管理体系只有在"同学帮、老乡帮、亲属帮"的领导下才能得以运行。

构建研究发展、供应链、综合决策管理的组织变革解决方案包括三项基本业务:如何获得及保持客户并与之发展健康业务销售(客户关系管理)、如何组织资源开发新产品并迅速推向市场(集成式产品开发);如何高效交付低成本高质量的产品(集成式供应链);如何依靠业务运营及信息管理确保业务正常运行。见图4-6"市场导向的研发、供应链和管理决策体系整合B型图"。

第十五章 新变革模式

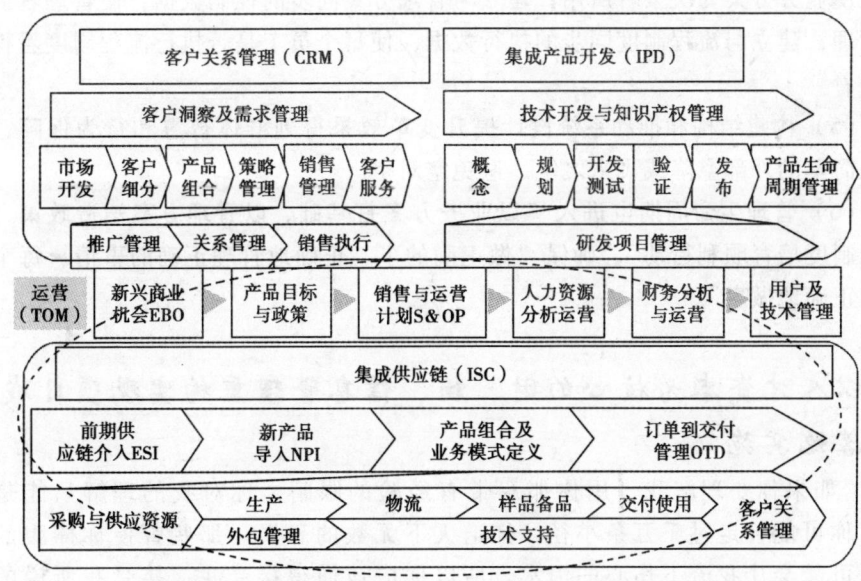

图 4-6 市场导向的研发、供应链和管理决策体系整合 B 型图

构成 B 模型的四大类构件体系，是业务创新与组织变革流程攻坚阶段，以目标问题为核心解决方案来推动整合管理体系进步，或者说以局部突破整体。

（1）交付的文本作为推进步伐：业务方案作为经营基础，与业务方案匹配的管理方案解决了业务可管理问题，基于业务的管理最后通过流程制度固化为约束，也推动着业务创新与组织变革从业务到管理、行为，使组织、经理和员工三赢。

（2）导入的技术与工具作为推动力：让每个企业在分析业务现实问题中输入（Input）理念，在业务最佳实践中培训工具模板，建立原则依据，或者说，在解决具体经营问题中"自己发现思想"，而不是依据思想去行动，这些思想本身成为管理方案的源泉。同时，再现管理实践导入系统方法论，用全球通用模式塑造本企业的管理模型化（Modeling），并辅之以基于最佳管理实践培训工具模板的管理范式，使人们自然而然地理解管理体系。

（3）价值化现实提升使业务与管理可衔接：对业务、管理、行为按照"谁创造价值、如何评价价值、如何分配价值、如何促进增值"的价值创造体系正循环的机制去构建，使用 5W1H（Which，What，Who，Where，Why，How）简单易行的工作方法，明确业务、管理、行为的责任主体（Owner）并整合（Integrated）为系统（Systems），形成可固化的行为规范（Actions），这样才能把管理改善清单真正实现为正确的责权利。因为被约束的管理方案和流程制度，是每个参与者自己找到的。更为主要的是，把零星群体活动变为组织体系。

（4）决策、控制和执行数据督导群体进程：建立与业务方案同步的决策数据,使业务方案为决策者所用;建立与管理方案同步的控制数据,使管理者们驾驭管理;建立与流程制度同步的执行数据,使每个员工是否执行流程制度看得见摸得着。

(5) 构建结构和推动系统设计提升变革效果得到群体智慧和行为保障,而不是简单的外部空降或飞来之笔,避免空对空。

(6) 管理生命周期也进入"以业务方案打基础、以管理方案塑造政策、以流程制度培育顺利行动",确保"做正确的事、正确地管理正确的事情、每个人都在正确地做事"。

3. 以人才资本为核心的财、物、信息管理重构实现项目成果落地实施

"如果你要理解我,用你那双带有经验的眼睛,你对我的理解只能是误解。你可能曾走过千万条小径,知道天下无数的恐惧。那些曾使你捧腹的趣事,可能会让我流下伤心的泪水。所以你应该懂得接受我,接受我所说的怪话和我所做的怪事,也许由于你的接受,你将会赢得理解。"——变革环境下人才是落脚点。

传统或现行的业务创新与组织变革的"物质资源重组倒逼人才发展"模式是无法施行的。这种模式暴露中国本土公司的固有物质资源劣势,甚至把人力资源推到对立面,使业务创新与组织变革成为"对人不对事"的陷阱。"以人力资本重组来带动人、财、物、信息全面资源重组",否则业务创新与组织变革将难以为继:

(1) 中国仍然停留在"资源缺乏"的阶段,资源充裕及规范化流动的"公司化管理"的基础尚未具备,人力资本是解决财、物、信息资源内外环境不规范的"鸿沟"。

(2) 中国的各类市场体系仍旧在建立过程中,具体表现为"资源交易与流动速度慢、人为因素大"等问题,市场化治理"在路上"的现实情况,使人才成为解决资源流动的核心。

(3) 中国的企业组织的员工是非标准件,系统化经营也是靠人的弹性来推动人的职业化。

(4) 中国公司主流管理理念和模式尚在形成中,正轨化控制仍旧靠人的社交满足。

作为业务创新与组织变革具体当事人的员工要经历"脑损伤恢复、好奇心、有兴趣、自己懂得、让别人懂得、写出来让别人做、突破自己"的考验。而人力资源管理体系,尤其是管理人才、研发人才和营销人才三大人力资本,包括战略定位、系统整合(体系规划、管理平台整合、职业生涯管理塑造)、经营与管控(人力资源运营、人力资源技术支持)三大段工作(如图4-7),也要经历启动当前影响未来的突破。

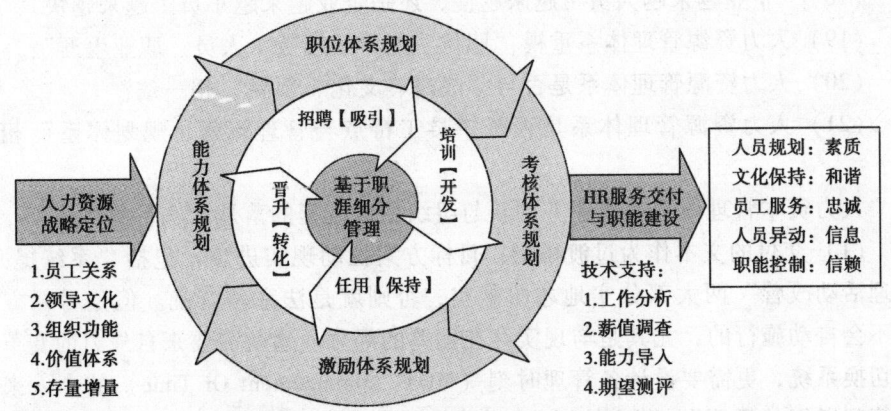

图 4-7 人力资本为落地点

作为业务创新与组织变革落地的承载，我总结了问题清单，以帮助读者盘点自己的人力资源管理体系。人力资本是业务创新与组织变革的动力还是阻力，这需要明确区分现有员工存量与增量，除了哪些是知识持有者、问题解决者、工作导师或内部关系协调者的变革价值区分外，企业家、管理者、营销人、研发人四大人力资本的价值与管理方案更为重要。下列就是组织变革不得不管的"三七二十一"：

（1）企业家升级计划，从入门级的会赚钱的生意人到会花钱的成长级乃至成熟级的运作钱的企业家？

（2）管理者从"知其事，但不知其理"的权利派到"知其理，但不知其事"的书生派？

（3）营销人是"业绩分成者、业务创建者、业务监管者"？

（4）研发人是"技术支持者、产品创建者、技术资源转移者"？

（5）"想留的人留不住、想赶走的赶不走"？

（6）"有水平的工作积极性不高、积极性高的没水平"？

（7）"被动防守的要主动还账、主动进攻的要储蓄未来"？

（8）"工具与技术化僵化、思维与行动多样"？

（9）人力资源获取模式到底是"购买型还是制造型"？

（10）人才产业链条的定位是"新型行业、过渡性行业还是终点行业"？

（11）"底层人员要和谐、高端人才要协作或中级人才要效率"？

（12）雇佣关系是"长期关系还是短期关系"？

（13）"员工要成为企业的一部分，企业要成为员工生命的一部分"？

（14）"给员工的收入不打折扣，公司绩效打折扣"？

（15）员工"在体会从蓝图到现实的快乐，也享受业余爱好的自由"？

（16）变革是"为员工找安乐窝，还是将员工赶出去迎接挑战"？

（17）"用昨天成功经验去解决今天问题，还是用今天问题去储备明天的能力"？

（18）"企业越来越大员工越来越慢，还是企业越来越小员工越来越快"？

（19）人力资源管理体系重视"职位、能力、绩效、人员、职业生涯"？

（20）人力资源管理体系是否与"战略、文化、领导"相一致？

（21）人力资源管理体系是否与"员工特点与管理流程、规划体系"相一致？

人力资本管理体系达成业务创新与组织变革流程的落地和实行的目标：

（1）交付的文本作为过渡桥梁：目标方案拉动现实进步，包括"系统提升、管理活动改善"两大部分实地才叫落实，否则就是法乱和官乱。但是目标方案是不会自动施行的，尤其是与现实存在偏差的部分。这就需要来自外力的变革报告切换系统，更需要设计各管理时刻（MOT，Management Of Time）的介入来避免管理者们"无用"：不会使用和不去使用。

（2）导入的技术与工具为执行加油：面对目标方案和阶段特征，必须再造执行手段推动工作实践，使用各种变革技术研讨突破障碍和环境改善，与客户"共生孩子"为理念的运行（Running）手册。

（3）持续化现实提升使现实与目标平滑过渡：引进商业持续性管理（BCM，Business Continuity Management）审视我们为什么和做什么，将阶段业务创新和组织变革提高到可持续角度，避免虎头蛇尾，采用整合进步运营（Integrate Progress Operation，IPO）为BCM铺桥建路，避免"天上飘、地上走"彼此脱节。阶段性的执行行为清单实现正确地做事情，满足"生存、变革、发展"的三重要求。

（4）绩效数据是现实梳理中推进业务创新与组织变革的燃料，针对于业务创新与组织变革活动建立绩效评估系统，"没有桃子，猴子是不会上花果山的"。

（5）团队发展确保变革效果得到组织支撑。

（6）管理生命周期也开始到了"培育能力、例行转化、坚持固化"阶段，使公司进入全新发展阶段。

后记

本书出版于 2011 年的严冬，更成于我 10 年管理咨询行动之际。回想 2000 年不足 30 岁的我应邀为中兴通讯侯为贵总裁及 100 多位中高层管理者讲课，时任高级副总裁的周苏苏为"怎么介绍佟顾问才能引起高管们重视"的问题而犯难，我答曰"关注我讲的内容是否有用，不要关注我是否权威"，这句话成为中兴通讯登峰全球行业前五位的管理变革思想的指导，也正是本课开启了中兴通讯的管理建设之路。这种小人物办大事的压力几乎每天都伴随着我，聘请我们的都是"懂管理有能人"的优秀机构，在"与优秀者比优秀"中诞生了本书所提及的管理问题、解决方案和行动措施。与其说本书是我用手写作的，倒不如说是企业和管理者们用行动堆积起来的。受职业道德的约束，我对本书中的实例做了处理，把有效影响客户的理念与架构、流程与制度、工具与技术、问题与案例、工作与技能五个层次的共性内容抽象为原则、框架、模型，某些地方用近似公开案例替代了真情实景，这是"无奈选择"！读者朋友可能有疑问，做企业需要思考这么深吗？我会直截了当地回答："是的，优秀公司做得比这还深，我长期跟踪研究的港台粤地区的领导企业 10 年前就做到了！"

这本书将发行于 2012 年的中国企业和管理的困惑期，这也是中国企业为全球贡献管理智慧和管理创新的最佳期。美国著名管理大师唐·舒尔茨在与我的一次私人谈话中告诫我："中国企业应该到了给全世界贡献商业智慧和管理模式的时候了，欧美管理模式走到头了。中国应该多反思自己再理性前行，不要用学习别人代替独立思考，不要用模仿管理来代替管理实践。"海尔的张瑞敏先生近来痛苦地探寻海尔的商业智慧创新和管理模式的经历就说明了这点。聘请的国际管理大师是无法给海尔以有效指导的，因为他们总认为自己是唯一正确的，而中国的都是错误的；另外，我也体会到张瑞敏等领导型企业家的商业智慧和管理追求已经超越了西方的主流框架，管理模式也面临着深层文化冲突。今年上半年我与美国某著名出版集团总裁当面沟通本书出版计划，就曾谈到欧美企业界和管理学界无法理解中国的企业运行机制和管理方式，"把差异当做问题"，他们很希望我从实践中总结出来的本书成为欧美企业界了解中国企业及其管理的"窗口"。在与全球顶级企业对话、与中国优秀企业同步思考中，我认为"只有管理才是企业生存和发展的手段"，尤其对技术、产品、文化影响力都处于弱势的中国企业。面对这种全球性的对中国企业管理的迷失，面对着中国企业管理失败多成功少、学得多用得少、想得多干得少等三多三少的痼疾，我把中国企业管理真实现状当做坐标原点，把狭义管理所依托的载体——公司制度的创新与修复作为横轴，把与全球企业竞争的管理任务当做纵轴，给企业管理变革领导者们以管理实践体系的坐标、管理变革路线的坐标，希望使所有从业者们走出"耳鼻喉"的局部限制，关注企业这个"身体"的整体，更关注"独资公司、有限责任公司、公众股份公司、集团公司""不同发育阶段的身体特征"来供给理念、模式、工具和经验等，不要再在泛企业管理的真空世界批判中国企业和经理们了。

这本书的出版得益于众人的帮助，不仅仅是领先企业的实践所提供的素材，更不仅仅是与顶级企业家和管理学家深度交流和同步思考。中国管理学科奠基人之一的汪应洛院士当面听我汇报并阅读书稿后为本书作序，使我备受鼓舞；原国家国资委副主任兼考核局的领导李寿生先生也在百忙之中阅读书稿，作为有长期中国国资企业领导经验的他对管理的热心和责任感，为我提供动力。本书是我华景咨询的深圳、上海等各地团队的支持结果。中国财政经济出版社的李莉社长和责任编辑王飏不厌其烦地提供的出版方案，更使我的思考接近成书。我们一齐努力使《坐标》一书为读者提供全新且实用的理念和模型，并在实践中发挥作用。

佟景国

2011 年 12 月 16 日